21世纪动画专业核心教材编委会

（以姓氏拼音为序）

曹钰	陈果	陈红娟	侯沿滨	刘超
刘大宇	刘振武	路清	米高峰	彭国华
孙雯	佟婷	文婷	吴振尘	于海燕
张慨	张天翔	郑玉明		

"十二五"动画专业重点规划教材

21 世纪
动画专业核心教材

三维动画基础

彭国华 陈红娟 编著

陕西科技大学动画系主任，副教授，硕导，从事三维动画方向的教学与科研工作10余年，主要讲授课程有"三维动画基础""建筑漫游动画""三维角色动画""3ds Max 动画设计"等。在教学与实践中，积累了相当丰富的三维动画制作经验。2004年获得3ds Max全球认证教师资格；2007年获得maya认证工程师资格。先后参与完成青海油田、香港合筑国际、西安城市建筑设计、中国交通部第一公路勘察设计院等三维虚拟动画项目的制作工作，并兼任多家社会电脑培训机构动画设计课程主讲教师，具有丰富的社会实践经验。在学术研究方面发表论文10余篇，著作6部。

彭国华
PENG GUOHUA

陕西科技大学副教授，硕导，主要从事工业设计教学与研究工作，曾在国内重要学术期刊上发表多篇学术论文，著作5部，参与香港合筑国际有限公司和汾阳文峰景区等多项建筑漫游动画项目的制作，在三维动画与工业设计的结合上具有一定的理论与实践经验。

陈红娟
CHEN HONGJUAN

前　言

三维动画是近年来随着计算机软硬件技术的发展而产生的一项新兴技术。从简单的几何体模型如一般产品展示、艺术品展示，到复杂的人物模型；从静态、单个的模型展示，到动态、复杂的场景如房产酒店三维动画、三维漫游、三维虚拟城市，角色动画，所有这一切，三维动画都能依靠强大的技术实力来实现。随着计算机三维影像技术的不断发展，三维图形技术越来越被人们看重。三维动画因为它比平面图更直观，所以更能给观赏者以身临其境的感觉，从而在各行各业(如影视特技、电视广告与栏目包装、建筑表现与漫游动画、动画短片制作和游戏制作等)得到了广泛的应用。特别是三维动画技术广泛地应用于电影特效制作(如爆炸、烟雾、下雨、光效等)、特技(撞车、变形、虚幻场景或角色等)、广告产品展示、片头飞字等等，能够给人超强的视觉冲击力和耳目一新的感觉，就像我们熟悉的电影《2012》《阿凡达》以及国产影片《铁臂阿童木》等，大量使用三维技术，创造了史无前例的强大视觉感受，受到人们的普遍欢迎和喜爱。

近几年来，随着我国动漫制作行业的兴起和飞速发展，使得动漫设计与制作类人才需求量也日益增加，许多高等院校针对市场上这一日益突出的人才需求，纷纷开设了动画类专业。但是由于动画类专业是一个新兴的专业，没有多少成功的经验、成熟先进的教学模式等作为借鉴，因此大多数的高等院校动画专业仍然沿用传统艺术专业的课程体系和教学模式。目前，3ds Max 由于其强大的动画制作功能，已经成为各大高等院校三维动画专业首选的主要必修课，需要大量的专业针对性比较强的教材作为教学的支柱，虽然市面上 3ds Max 的图书和教材很多，但大多是关于操作命令介绍的工具书或是实例教程，缺乏针对动画专业学生系统性学习而编写的三维技术的教材，基于此种现状，作者将自己多年从事三维动画教学和制作实践的经验，按照初学者接受知识的难易程度，由浅入深地完成了本部教材的编写工作，从 3ds Max 初级建模方法、中级建模方法、高级建模方法到材质、灯光，涵盖了整个三维动画制作的各个环节，可以说是一本比较全面的三维动画入门教材。适合刚刚接触三维动画专业的学生，既通俗易懂又全面完整，目的是不仅帮助初学者快速掌握基本操作,而且也可教会初学者使用3ds Max进行三维动画制作的技法和正确途径,从而达到由入门到中级的顺利过渡,为以后从事影视片头动画、建筑漫游动画、角色动画等专业方向的工作打下坚实的基础。

本书的特色是对于3ds Max软件操作命令的有效性介绍,主要针对三维动画制作过程中有效工具的讲解,并结合案例,去除不常用命令,尽量简化制作过程,使读者易于掌握;另外是精彩案例制作过程的讲解,作者选用最具吸引力的游戏模型和场景,既能引起读者学习的兴趣,又可以让读者快速掌握制作技巧。

本书可作为高等院校三维动画专业本科、研究生动画基础课教材,各种社会三维电脑培训机构学员培训教材和广大CG爱好者的自学参考资料。如果读者按照本书的教学进度进行授课或学习,对教材中的经典实例进行反复训练,并认真完成课后思考与练习,那么需要3~4个月的时间可以对3ds Max有一个全面、系统的认识,达到中级培训班水平。

本书由陕西科技大学设计与艺术学院彭国华副教授和陈红娟副教授结合多年的三维动画教学和科研经验共同编写完成,其中第1、2、3、4、5章由陈红娟老师编写完成,第6、7、8章由彭国华老师编写完成,在本书的编写过程中,尽管作者全力以赴,但错误在所难免,望广大读者不吝提出宝贵意见。如果读者在阅读的过程中有问题和建议,欢迎与本书作者联系共同探讨,作者的e-mail地址:pengguohua@sust.edu.cn。

彭国华

陕西科技大学动画系

目 录

第一章 三维动画概述 ·············· 1

第一节 三维动画及3ds Max概述 ·············· 2
第二节 主流三维软件介绍 ·············· 7
第三节 国内三维动画应用的主要方向 ·············· 10
第四节 三维动画制作流程 ·············· 15
思考与练习 ·············· 17

第二章 3ds Max基础操作 ·············· 19

第一节 视图操作 ·············· 20
第二节 工具栏主要工具介绍 ·············· 26
第三节 菜单栏常用命令介绍 ·············· 31
思考与练习 ·············· 34

第三章 3ds Max建模方法 ·············· 35

第一节 建模思路分析 ·············· 36
第二节 3ds Max建模方法综述 ·············· 36
第三节 建模方式分类 ·············· 37
第四节 3ds Max基础建模 ·············· 39
第五节 3ds Max基础建模实例 ·············· 45
思考与练习 ·············· 59

第四章 3ds Max初级建模——修改建模 ·············· 61

第一节 修改建模综述 ·············· 62
第二节 修改二维几何体 ·············· 62
第三节 修改三维几何体 ·············· 68

第四节　修改建模完成红警战车模型⋯⋯⋯⋯⋯⋯⋯⋯⋯⋯⋯⋯⋯74
　　第五节　修改建模总结⋯⋯⋯⋯⋯⋯⋯⋯⋯⋯⋯⋯⋯⋯⋯⋯⋯⋯101
　　思考与练习⋯⋯⋯⋯⋯⋯⋯⋯⋯⋯⋯⋯⋯⋯⋯⋯⋯⋯⋯⋯⋯⋯⋯102

第五章　3ds Max中级建模——复合几何体建模⋯⋯⋯⋯⋯⋯⋯103
　　第一节　复合几何体建模综述⋯⋯⋯⋯⋯⋯⋯⋯⋯⋯⋯⋯⋯⋯⋯104
　　第二节　Loft放样建模⋯⋯⋯⋯⋯⋯⋯⋯⋯⋯⋯⋯⋯⋯⋯⋯⋯⋯104
　　第三节　Boolean布尔运算⋯⋯⋯⋯⋯⋯⋯⋯⋯⋯⋯⋯⋯⋯⋯⋯121
　　第四节　其他复合几何体建模工具⋯⋯⋯⋯⋯⋯⋯⋯⋯⋯⋯⋯⋯123
　　第五节　复合几何体建模制作星河战舰模型⋯⋯⋯⋯⋯⋯⋯⋯⋯127
　　第六节　中级模型制作总结⋯⋯⋯⋯⋯⋯⋯⋯⋯⋯⋯⋯⋯⋯⋯⋯156
　　思考与练习⋯⋯⋯⋯⋯⋯⋯⋯⋯⋯⋯⋯⋯⋯⋯⋯⋯⋯⋯⋯⋯⋯⋯160

第六章　3ds Max高级建模——编辑多边形建模⋯⋯⋯⋯⋯⋯⋯161
　　第一节　编辑多边形高级建模工具详解⋯⋯⋯⋯⋯⋯⋯⋯⋯⋯⋯162
　　第二节　多边形建模实例⋯⋯⋯⋯⋯⋯⋯⋯⋯⋯⋯⋯⋯⋯⋯⋯⋯179
　　思考与练习⋯⋯⋯⋯⋯⋯⋯⋯⋯⋯⋯⋯⋯⋯⋯⋯⋯⋯⋯⋯⋯⋯⋯239

第七章　3ds Max材质基础⋯⋯⋯⋯⋯⋯⋯⋯⋯⋯⋯⋯⋯⋯⋯⋯⋯241
　　第一节　材质编辑器简介⋯⋯⋯⋯⋯⋯⋯⋯⋯⋯⋯⋯⋯⋯⋯⋯⋯242
　　第二节　材质贴图基础知识⋯⋯⋯⋯⋯⋯⋯⋯⋯⋯⋯⋯⋯⋯⋯⋯250
　　思考与练习⋯⋯⋯⋯⋯⋯⋯⋯⋯⋯⋯⋯⋯⋯⋯⋯⋯⋯⋯⋯⋯⋯⋯268

第八章　3ds Max灯光基础⋯⋯⋯⋯⋯⋯⋯⋯⋯⋯⋯⋯⋯⋯⋯⋯⋯269
　　第一节　灯光的种类与创建⋯⋯⋯⋯⋯⋯⋯⋯⋯⋯⋯⋯⋯⋯⋯⋯270
　　第二节　灯光参数详解⋯⋯⋯⋯⋯⋯⋯⋯⋯⋯⋯⋯⋯⋯⋯⋯⋯⋯272
　　第三节　易拉罐场景实例⋯⋯⋯⋯⋯⋯⋯⋯⋯⋯⋯⋯⋯⋯⋯⋯⋯278
　　第四节　蜡烛台上实例⋯⋯⋯⋯⋯⋯⋯⋯⋯⋯⋯⋯⋯⋯⋯⋯⋯⋯285
　　思考与练习⋯⋯⋯⋯⋯⋯⋯⋯⋯⋯⋯⋯⋯⋯⋯⋯⋯⋯⋯⋯⋯⋯⋯296

参考文献⋯⋯⋯⋯⋯⋯⋯⋯⋯⋯⋯⋯⋯⋯⋯⋯⋯⋯⋯⋯⋯⋯⋯⋯⋯⋯297

第一章 三维动画概述

>>>> **本章重点**

了解国内外三维动画发展历史

了解三维主流软件及运用领域基本概况

掌握三维动画的制作流程

>>>> **学习目的**

通过认识国内外三维动画的发展历程、三维动画的应用领域以及初步了解三维软件的特点和三维动画的制作流程，增强读者学习 3ds Max 三维动画制作的兴趣以及对三维软件有一个宏观、总体的认识。

第一节　三维动画及 3ds Max 概述

3ds Max 是一套在全世界范围广泛应用的建模、动画及渲染软件，其功能满足了生动的动画创建、游戏开发及独特的造型设计的需要。在经历过多个版本的升级之后，3ds Max 的功能和使用变得更加完善，为艺术家和动画工作者提供了更广阔的创作空间。

本章主要介绍 3ds Max 的功能与特色。

一、国外三维动画发展史

1982 年，迪士尼推出第一部电脑动画电影——Tron，这是电影史上第一部运用计算机动画拍摄的电影，也创造出电影史上第一位数字角色。这部科幻冒险电影，至今依然是许多计算机动画玩家所津津乐道的一大突破之作。尤其片中将计算机程序拟人化的手法，后来更被频繁地放到许多类似题材、计算机游戏当中，足见创意的独创与魅力，如图 1-1 所示。

图1-1　第一部电脑动画电影《电子争霸战》

1995 年 11 月，迪士尼与皮克斯（Pixar）合作，诞生了划时代的全 3D 制作电影《玩具总动员》，如图 1-2 所示。其制作过程电脑制作人员运用了电脑动画软件 SoftImage，在面部动画、水波模拟及大场面制作上都有不小的突破，尤其是对水纹的处理，每格胶片上都有数百万颗数字化的水滴，呈现出动画片中前所未有的模拟水景。

图1-2　《玩具总动员》

图1-3 《泰坦尼克号》

特别值得一提的是，1998年获得多项奥斯卡大奖的《泰坦尼克号》，它的成功在很大程度上应归功于电脑三维动画的大量应用：利用基于SGI平台下的三维动画创作系统SoftImage/3D，制作出了几百个在船的甲板上的乘客、利用动作捕获系统捕捉演员表演的各种动作，利用影视后期特技效果制作系统Inferno/Flame/Flint等把所拍摄的轮船模型镜头合成在由三维动画制作的场景中，其杰出的三维动画制作获得了影视和传媒界的一致好评，由此宣告了电脑三维动画时代的到来。

自从1996年Kinetix推出3ds Max第一个版本之后，3ds Max迅速成为三维制作领域的明星，在3ds Max2.5和3ds Max3版本中，3ds Max的功能逐渐完善，并已经足以完成各种大型的工程制作。在3ds Max4版本中将Character Studio角色动画模块并入，使它在角色动画方面开创出一片新的天地。3ds Max5版本中加入了功能强大的Reactor动人学模拟系统、全局光和光能传递渲染系统，使它的适用范围进一步扩大，从此3ds Max再次被用户视为中低端的三维软件制作平台。Max6.0版集成了电影级的渲染器Mental Ray。在最新的3ds Max 2010版本中，3ds Max的技术范围几乎涵盖了所有与三维制作有关的行业，成为广大CG制作者的首选，如图1-4所示。

Autodesk 3ds Max 2010是一个全功能的3D建模、动画、渲染和视觉特效解决方案，广泛用于制作最畅销的游戏以及获奖的电影和视频内容。3ds Max因其随时可以使用的基于模板的角色搭建系统、强大的建模和纹理制作工具包以及通过集成的mental ray软件提供的无限自由网络渲染而享誉世界。

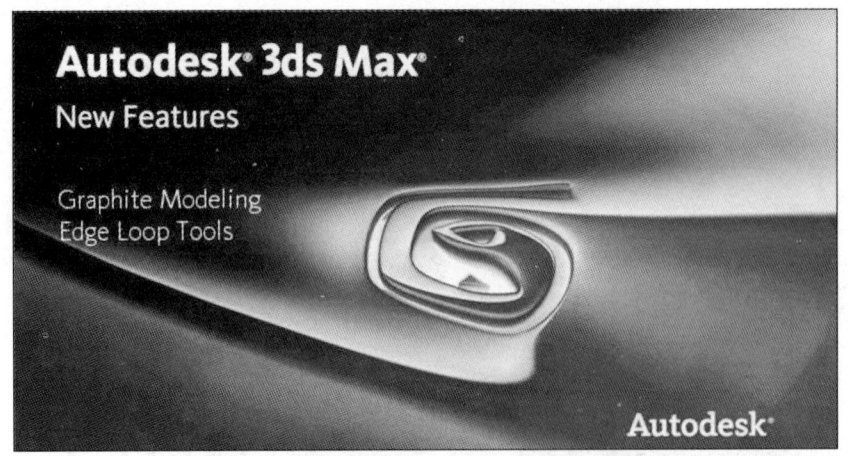

图1-4 3ds Max 2010

二、国内三维动画发展史

下面介绍国内三维动画在上世纪90年代的发展情况。1990年北京第十一届亚运会为我国电脑动画带来了关键性的契机。中央电视台、北京电视台在当时电视转播中首次采用了电脑三维动画技术来制作电视片头。从此以后,电脑动画技术开始在我国迅速发展。随后,北方工业大学与北京科教电影制片厂、北京科协合作,于1992年制作了我国第一部完全用计算机编程技术实现的科教电影《相似》,并正式放映。1995的《秦颂》是一部制作精良、场面恢弘、明星荟萃的历史大片,如图1-5所示,阿房宫就是由电脑三维动画技术制作完成的。

图1-5 《秦颂》

1998年北京三辰动画公司制作的《蓝猫淘气3000问》动画片中有40％以上的镜头是用三维动画技术制作而成的。在该动画片中,利用三维动画技术再现了许多人们无法亲眼目睹或亲身经历的精彩画面,如天体运动、大陆漂移、原子弹爆炸、火山、地震、细胞分裂、纳米技术等,使人如临其境，融知识与娱乐于一体，极大地增强了国产卡通动画的艺术感染力和视觉冲击力，如图1-6所示。

图1-6　《蓝猫淘气3000问》动画片

2005年荣获第14届中国金鸡百花电影节"最佳美术片"提名的《魔比斯环》，如图1-7所示，是我国首部全3D高清动画电影，其制作历时5年，使用了三维动画软件Maya，在制作过程中，研究和开发多个插件，比如，在3D动画中加入线条（原创漫画有很强的线条风格）。

图1-7　电影《魔比斯环》中的三维角色

2007年，位于杭州国家动漫产业基地的杭州玄机科技信息技术有限公司制作的全三维武侠动画长片《秦时明月》，如图1-8所示，在动作上，为了打造电影级的武打场面和镜头效果，投巨资采用 Motion Capture 技术，捕捉角色的动作场面，并首次在国产动画片中采用最新的 3D 渲染技术，其渲染效果兼具手绘动画的精美细腻和三维动画的强烈动态演出效果，带给观众新鲜完美的观影体验。它的上映标志着我国三维动画技术的应用达到了一个崭新的水平。

图1-8　动画片《秦时明月》

但是对比国际动画的发展水平，我国动画产业只是刚刚起步。尤其是三维动画技术，无论是在三维动画的应用制作上，还是在理论的研究水平上，都和国外存在相当大的差距。一方面，国内的三维动画技术起步较晚。从世界范围看，三维动画技术自 20 世纪 70 年代产生到今天只有短短 30 多年的时间，但是发达国家如美国、加拿大、日本凭借自己的经济和科技优势，在三维动画的制作技术水平上及其软、硬件的研发上都处于遥遥领先的地位。20 世纪 90 年代 3ds Max 才刚刚进入中国，到现在只有短短十多年时间，技术和设备落后，还处于模仿阶段，因此要赶上发达国家还需要一段很长的时间。另一方面，也是因为传统动画技术在我国一直占有非常大的优势，利用计算机技术实现三维动画的设计和制作对于国内以手工见长的老一辈动画师来说非常陌生和不适应，尤其在观念上存在着相当大的差异。另外，由于资金和技术上的问题，我国三维动画还远远未形成规模，三维动画制作技术没有自己的核心技术，还处于模仿阶段。尽管在国内的电影、电视以及广告上常常也有三维动画的身影，但是至今还未有一部完整的三维动画影片出现。以上诸多因素影响甚至制约着我国三维动画的发展。但是近年来，在国内有众多三维动画公司和企业如雨后春笋般迅速崛起，一些跨国公司也纷纷进入中国，国家相继建立了一批动画基地，成立了一批国家重点实验室,并且在政策上大力扶持,投入大量资金,积极支持人才培养,这对我国动画产业尤其是三维动画制作的发展起到了非常大的推动作用。

第二节 主流三维软件介绍

目前市场上的三维动画软件很多,各有利弊,了解这些三维软件的特点,并进行分析和比较,有助于我们在制作三维动画时取长补短,相互补充。

三维动画界普遍公认的在 PC 机上运行的三大三维动画软件分别是 3ds Max,Maya 与 SoftImage。下面我们简单介绍一下这三大主流软件。

1. 3ds Max

Autodesk 下属子公司 Discreet 开发的 3D Studio,虽然曾经出尽了风头,但是随着三维软件的不断发展,3D Studio 逐渐受到专业人士的冷落。为了重振往日雄风,Autodesk 推翻了 3D Studio,推出了全新的 3ds Max,如图 1-9 所示,它支持 Windows9x、Windows2000、WindowsNT 平台,具有多线程运算能力,支持多处理器的并行运算、建模和动画能力,材质编辑系统也很出色。

图1-9 3ds Max软件截图

现在，人们眼中的 3ds Max 不再是一个运行在 PC 平台上的业余软件了，从电影到电视，你都可以看到 3ds Max 的风姿。3ds Max 是当前世界上销售量最大的三维建模、动画及渲染解决方案运用软件，它被广泛应用于视觉效果、角色动画及下一代的游戏制作中。至今 3ds Max 获得过 65 个业界奖项，比如在《迷失太空》中，绝大部分的太空镜头就是由 3ds Max 制作的，如图 1-10 所示。另外，3dsMax 最大的优点在于插件特别多，许多专业技术公司都在为 3ds Max 设计各种插件，其中许多插件是非常专业的，如专门用于设计火、烟、云效果的 After-burn，制作肌肉的 Metareye 等，利用这些插件可以制作出更加精彩的效果。因此，3ds Max 基本上能够满足三维动画制作的需要，但缺点是渲染质感相对较差。

图1-10　电影《迷失太空》中的三维镜头

2. Maya

法国的 TDI、加拿大的 Alias 和美国的 Wavefront，曾经是竞争对手，都设计有非常出色的三维动画软件。在竞争中，SGI 兼并了以上三者，组成 Alias/Wavefront 公司，并推出了一个新版本，这就是 "Maya"，如图 1-11 所示，它凝结了几个国家无数三维动画精英们的心血。

图1-11　Maya软件截图

因此，对于广大三维动画爱好者来说，Maya 尤其专长于角色动画制作，并以建模功能强大著称，相信看过《星球大战前传：幽灵的威胁》《恐龙》《精灵鼠小弟》的观众都会感受到 Maya 强大的功能，如图 1-12 所示，同时，Maya 提供的用于建立衣物、毛发的特殊动画造型的外挂模块，更是让同类的其他软件望尘莫及。但是，Maya 也有缺点，内建的渲染器速度不快，渲染质量也不高，对机器配置的要求比 3ds Max 要高。

3. Softimage

1994 年，Microsoft 公司收购了三维动画软件公司 Softimage，并随之推出 Softimage/3D PC 版，如图 1-13 所示。Softimage/3D 由 SGI 工作站移植而来，主要应用于 WindowsNT 平台，最擅长卡通造型和角色动画以及模拟各种虚幻的情景、光影，是影视制作中不可缺少的重要工具。

图1-12 《恐龙》

图1-13 Softimage/3D

电影《侏罗纪公园》中的恐龙，如图1-14所示，就是用Softimage/3D制作完成的。Softimage/3D的建模能力很强，支持网络、NURBS及变形球等对象。它的渲染效果也非常好，远远超过了3ds Max，国内电视台和一些影视广告公司都用它来制作片头，比如中央电视台的《东方时空》和《中国新闻》等。

图1-14 电影《侏罗纪公园》中的恐龙

除了上述提到的主流软件之外，还有另外一些非主流软件，比如：Lightscape，Renderman，Bryce，Rhino，Lightwave3D，Poser等，它们功能相对专一，各有所长，但操作简便，并针对所要完成的功能预设好了多种动画效果，可以作为主流软件的补充，深受专业和非专业人士的欢迎。

第三节　国内三维动画应用的主要方向

3ds Max是Autodesk公司出品的最流行的三维动画制作软件之一，它提供了强大的基于Windows平台的实时三维建模、渲染和动画设计等功能，被广泛应用于建筑、广告、影视、工业设计、游戏、多媒体制作及工程可视化领域。3ds Max的图像处理技术极大地简化了图像处理的复杂过程，在三维动画制作方面发挥着巨大的作用。

一、建筑表现与漫游动画

建筑效果图与建筑漫游动画制作是现在国内三维设计软件应用最广泛的领域。拿北京奥运会的鸟巢和水立方来说，2002年，鸟巢和水立方的建筑漫游动画就已经完成，全方位向世界展示北京奥运场馆的恢宏气势，也帮助世界人民进一步了解中国，了解奥运。建筑效果图和漫游动画能够在建筑地产项目未完成以前将最终效果展示出来，能实现预知项目完成结果的效果，可以说，现在每一个建筑地产项目，大到城市规划、城市形象展示，小到家庭装修设计，都使用了三维动画技术，如图1-15和1-16所示。

图1-15 水立方和鸟巢效果图

图1-16 建筑漫游动画（引自网站作品）

二、影视广告与栏目包装

近年来，每当打开电视，我们就会被构思新颖、形式多样的电视广告和栏目包装所吸引。如何吸引观众的眼球，如何提高电视频道的收视率越来越得到相关媒体的重视，其中，三维动画技术以其新颖的创作手法、神奇的创作效果和高效的性价比日益渗透到电视节目制作领域。国内知名的栏目包装策划公司有完美动力、5DS、世纪工厂等，创作了很多大家熟悉的经典作品。如图1-17所示。

图1-17　栏目包装（引自www.5ds.com）

在电影特效制作方面，3ds Max 也得到了很好的验检，国产电影《功夫》中的很多特效镜头，也用到了 3ds Max 的三维特效技术，给人很强的视觉冲击力。如图1-18所示。

图1-18　国产电影《功夫》中的三维特效

三、动画短片制作

动漫产业是国内继 IT 产业后又一个具有高经济增长点、急待发展的新兴产业。因为其艺术审美及复杂制作工艺的要求,导致产业链条延伸很长且覆盖面扩展很广,这一行业特点决定了它对于人才需求的多层次化。国产动画短片《秦时明月》是近年来国产动画片的一个亮点,该片主要使用 3ds Max 完成,娴熟流畅的角色动画和卡通化的场景设定增加了众多中国动画人的信心,国产动画片的春天就要到来了。如图 1-19 所示。

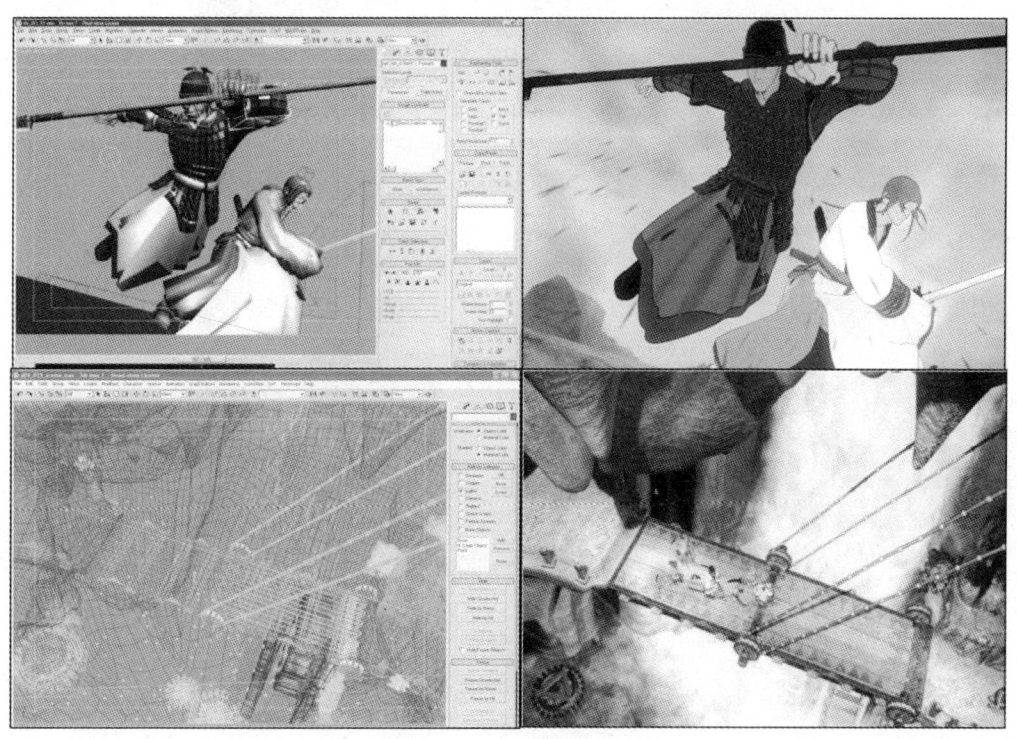

图1-19　电脑三维动画短片《秦时明月》中的三维场景

四、游戏制作

当前,随着电脑、网络技术的升级发展,原来的平面模拟三维的游戏正在被三维电脑游戏所取代。对于一些战争、探险或竞技体育类游戏,我们发现只有做成全三维才能更吸引玩家,让人身临其境,如《星际争霸》《古墓丽影》《魔兽争霸》《半条命》《极品飞车》等,如图 1-20 至图 1-24 所示。国产三维网络游戏也正在蓬勃发展,由于 3ds Max 的高效、可操作性和开放性,在众多三维软件中,最受游戏公司欢迎的游戏制作三维软件就是 3ds Max。

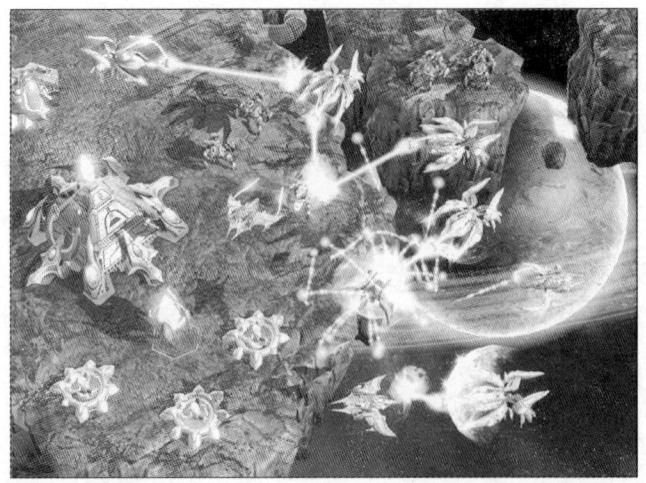

图1-20 《星际争霸》三维场景

图1-21 《古墓丽影》中的三维模型

图1-22 《魔兽争霸》

图1-23 《半条命》三维场景

图1-24 《极品飞车》三维场景

第四节 三维动画制作流程

三维动画的制作流程大致分为构思动画,故事板,建立模型,赋予材质,设置灯光和摄像机,动画设置,渲染合成输出七个阶段。如图1-25所示。

我们可以把这个过程看成是拍摄一部电视剧或电影的过程。

首先，构思情节。编剧是电影、电视剧拍摄的前提，也是三维动画制作的纲要，三维动画设计师犹如电影、电视剧的编剧，需要构造一个感人的故事情节。其次，模型的创建犹如影片拍摄场地的演员与道具，是动画制作的物质基础；模型建立后，还要给模型赋予适当的材质，就像要给演员穿上适当的服装还要化妆一样；为了烘托气氛，还必须进行灯光的设置，恰如其分的灯光能更好地感染观众；动画设置用来设定相关物体的运动，指定摄像机的运动轨迹，也包括摄像机镜头的切换。最后是渲染合成输出阶段，包括先制作一段段的动画后，再利用一些剪辑软件把这些动画片段"串"起来，还要根据剧情需要进行剪辑、衔接与不同场景过渡处理等工作。

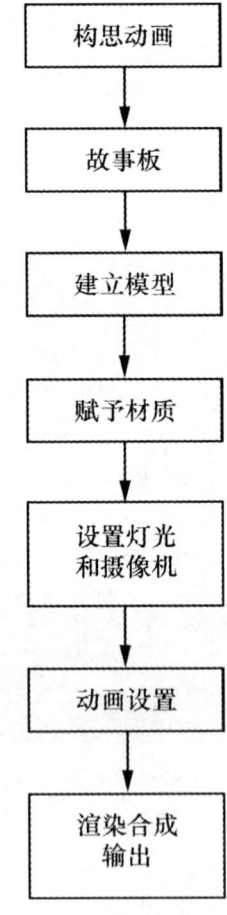

图 1-25　三维动画制作流程的七个阶段

思考与练习

1. 简述电脑三维动画的发展历程。
2. 3ds Max 与其他三维软件相比,有什么特点?
3. 国内三维动画运用的方向有哪些?
4. 简述三维动画的制作过程。

第二章 3ds Max 基础操作

>>>> **本章重点**

了解 3ds Max 视图操作

熟练掌握 3ds Max 主要工具的运用

>>>> **学习目的**

通过了解3ds Max的视图操作和主要工具的运用,初步掌握3ds Max的基础操作,为以后进一步学习三维动画奠定基础。

第一节 视图操作

一、3ds Max 工作界面

3ds Max工作界面主要由下面9个部分组成,它们分别是:标题栏、菜单栏、工具栏、动力学工具栏、视图工作区、命令面板、状态栏、动画控制区和视图控制区,如图2-1所示。

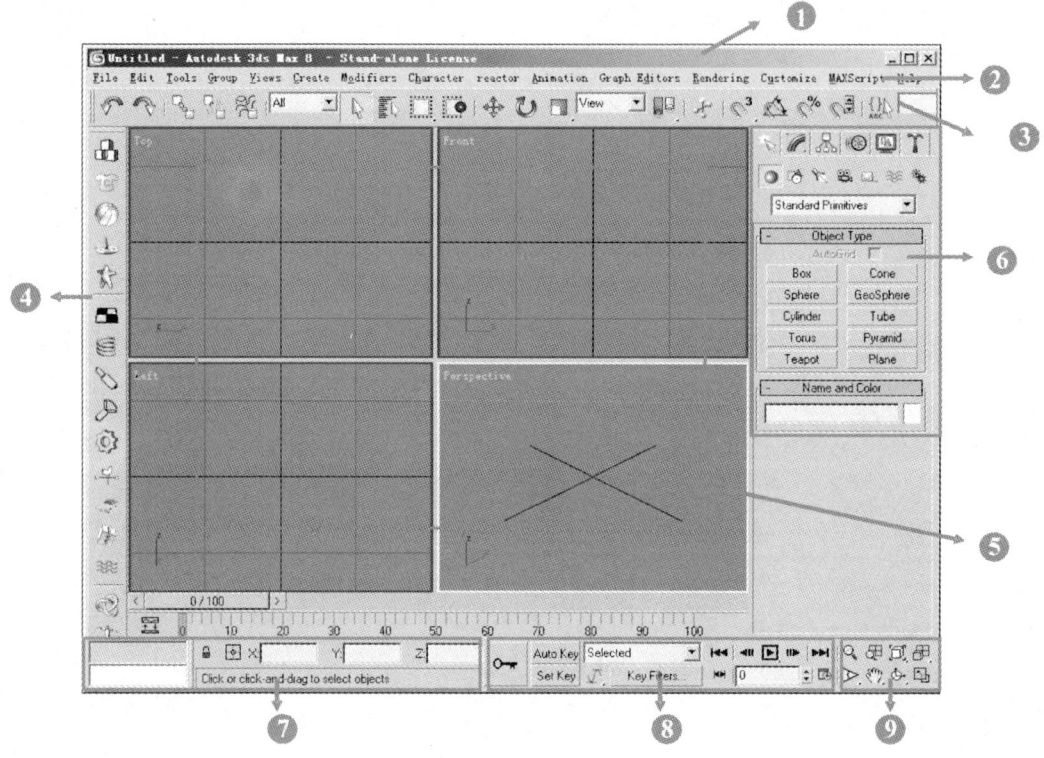

图2-1　3ds Max工作界面

❶ 标题栏:显示用户所使用的版本信息和当前场景名称。

❷ 菜单栏:Max操作命令以菜单的形式划分归类。

❸ 工具栏:Max常用的主要工具。

❹ 动力学工具栏:Max7.0后新增加的工具栏,主要用来完成动力学动画。

❺ 视图工作区:用户完成三维设计的主要操作界面。

❻ 命令面板:集中Max创建、修改等主要命令。

❼ 状态栏:显示当前鼠标的x、y、z轴的位置和一些命令的使用帮助信息。

❽ 动画控制区：控制动画的记录方式和动画的播放。
❾ 视图控制区：控制视图工作区中物体显示的大小、观察角度等信息。

二、三维物体的显示方式

当我们使用命令面板的创建三维物体命令，在视图工作区创建三维物体时，会发现物体在视图上有两种不同的显示方式，通常在前视图、顶视图、左视图上显示为线框模式，而在透视图显示为实体模式，如图2-2所示。

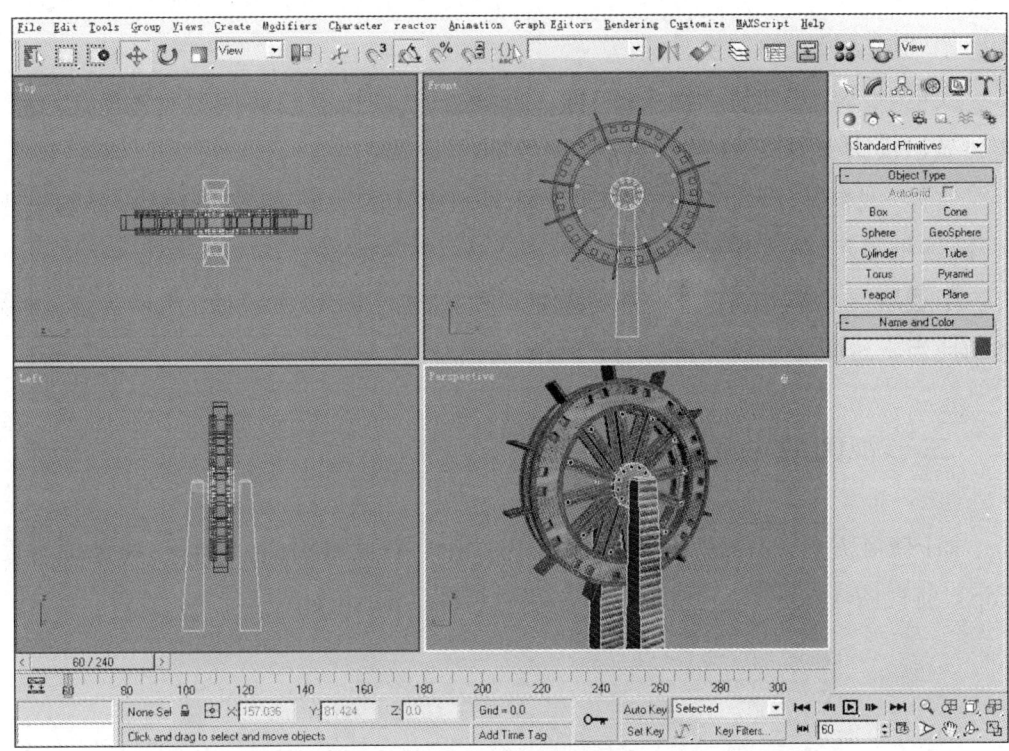

图2-2　三维显示方式

Max中常用的物体显示模式有四种，分别是线框、实体、实体+线框、半透明。

线框显示模式：速度较快，查看物体比较准确。

实体显示模式：相对线框模式耗费系统资源更多，如果场景较大的话，刷新速度较慢，优点是在透视图中观察三维物体更加真实，立体感强。

实体+线框模式：能兼顾线框和实体的优点，能既真实又准确地显示物体，相应刷新速度较慢。

半透明显示模式：能够在实体的基础上，半透明地显示物体，看到物体的内部。

实体+线框、半透明显示如图2-3所示。

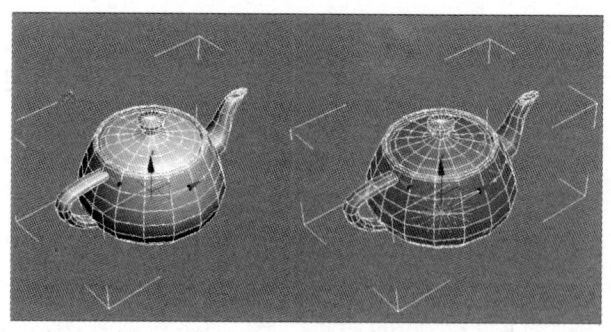

图2-3 实体+线框和半透明显示

不同显示模式的切换方法：

线框显示与实体显示切换：F3键。线框模式视图按下F3切换为实体模式，相反实体显示模式视图按下F3键，也能切换到线框模式。

实体+线框显示模式：在视图为实体显示模式的情况下，按下F4键，能够实现实体+线框显示，再次按下F4键取消。

半透明显示模式：在物体为实体显示模式的情况下，按键盘的Alt+X键，将物体切换为半透明显示模式，再次按下Alt+X键取消。

三、视图的布局与设置

如图2-4所示，Max默认的视图工作区由四个视图构成，它们分别是顶视图（top）、前视图（front）、左视图（left）和透视图（perspective）。

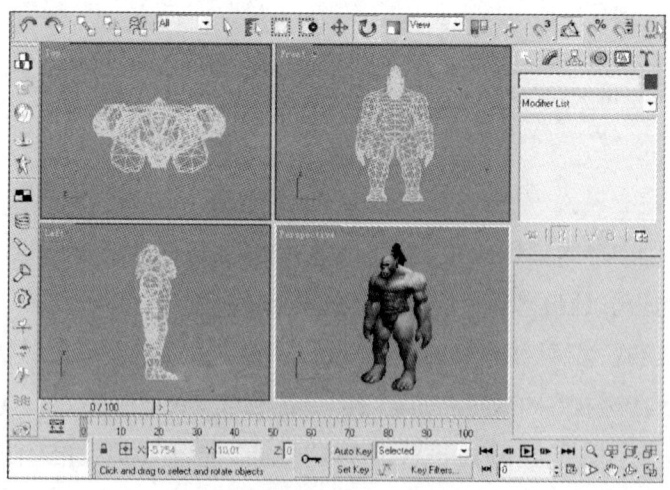

图2-4 视图工作区

顶视图、前视图、左视图都是正投影视图，它们没有近大远小的变化，透视图是我们观察物体体积大小的重要窗口，它具有近大远小的透视关系，符合视觉感觉。

更改视图的显示位置可以通过快捷键来进行,视图的快捷键是视图英文名称的第一个字母,顶视图是T,前视图F,左视图是L,透视图是P。在建模的过程中,有可能在不注意的情况下将视图错误地改变,我们可以通过视图相应的快捷键将它调整回来。

视图窗口的显示方式可以根据模型的形状需要进行不同的位置结构划分,如图2-5所示。

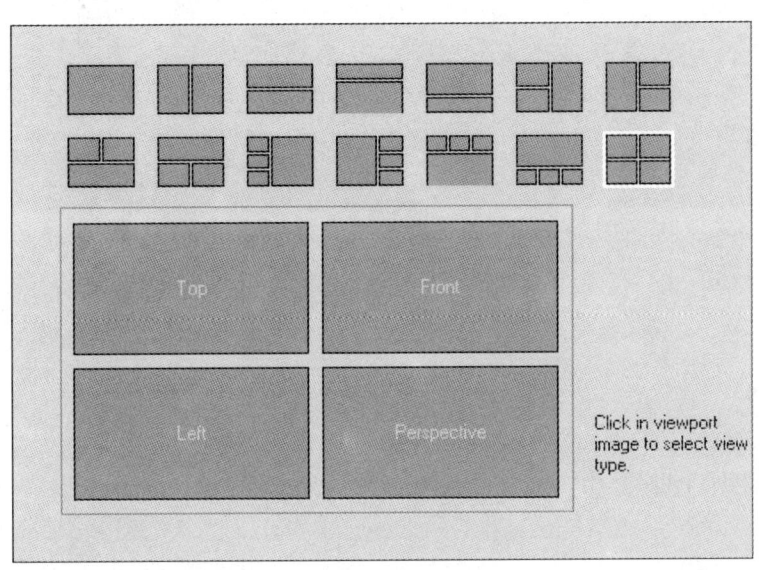

图2-5　视图的结构划分

视图窗口设置的改变方法:在任何一个视图英文名称的文字上单击右键,在弹出的菜单中选择configure,然后选择layout布局面板,选择你需要的视图布局模式就可以了,如图2-6和2-7所示。

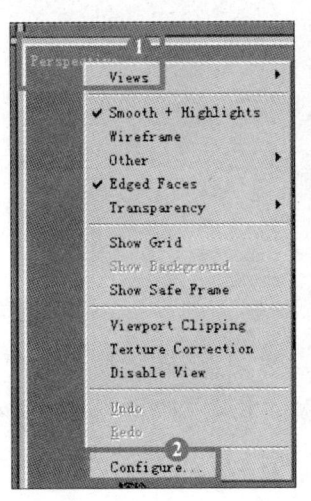 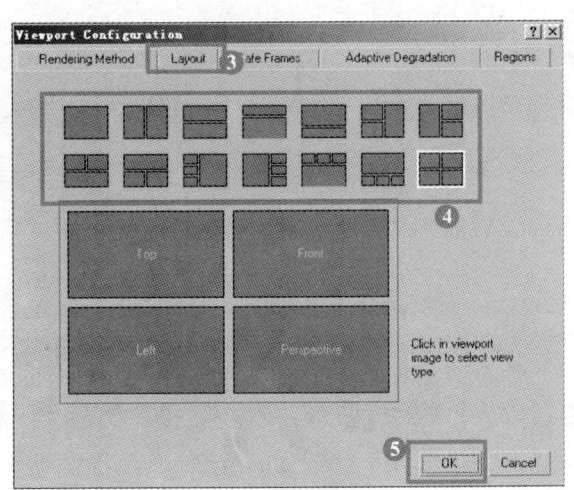

图2-6　改变视图窗口

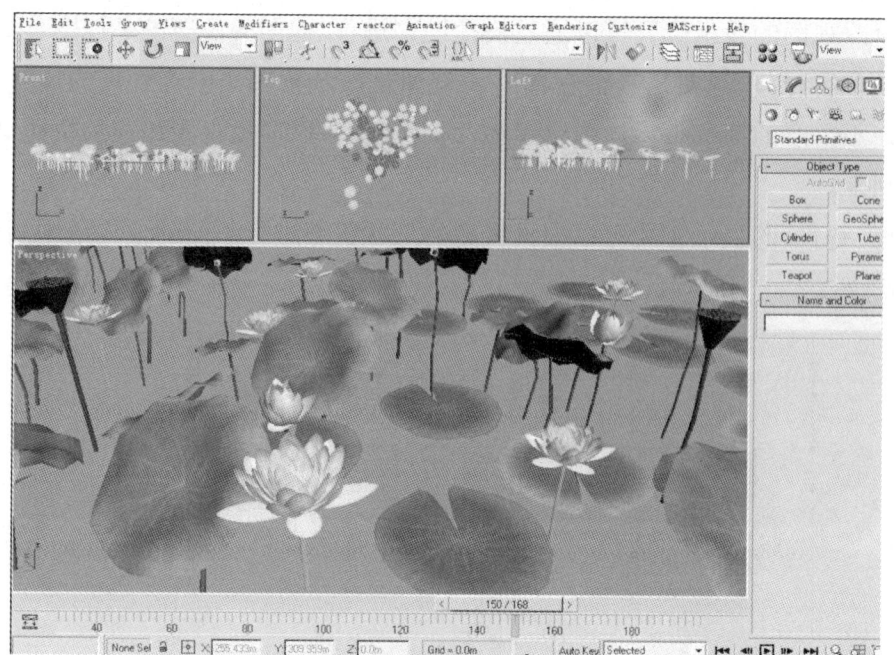

图2-7 视图布局设置

四、视图背景

Max默认的视图背景上是辅助线框,它是用来辅助我们建模用的,有时如果感觉辅助线框妨碍我们观察三维形体,可以将辅助线框隐藏。隐藏辅助线框快捷键是G键。如图2-8所示。

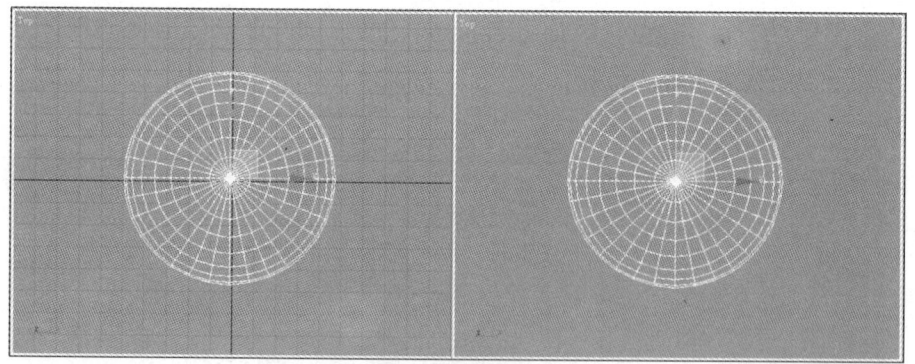

图2-8 图背景转换

视图背景除了可以隐藏线框,还可以调入背景参考图,这样能使我们更快、更准确地完成三维模型。调入背景参考图的方法是:激活某一视图(如前视图),按下视图窗口背景调入快捷键Alt+B键,弹出视图背景面板,在文件选项中选择需要载入的背景图片文件,点击确定完成。如图2-9和2-10所示。

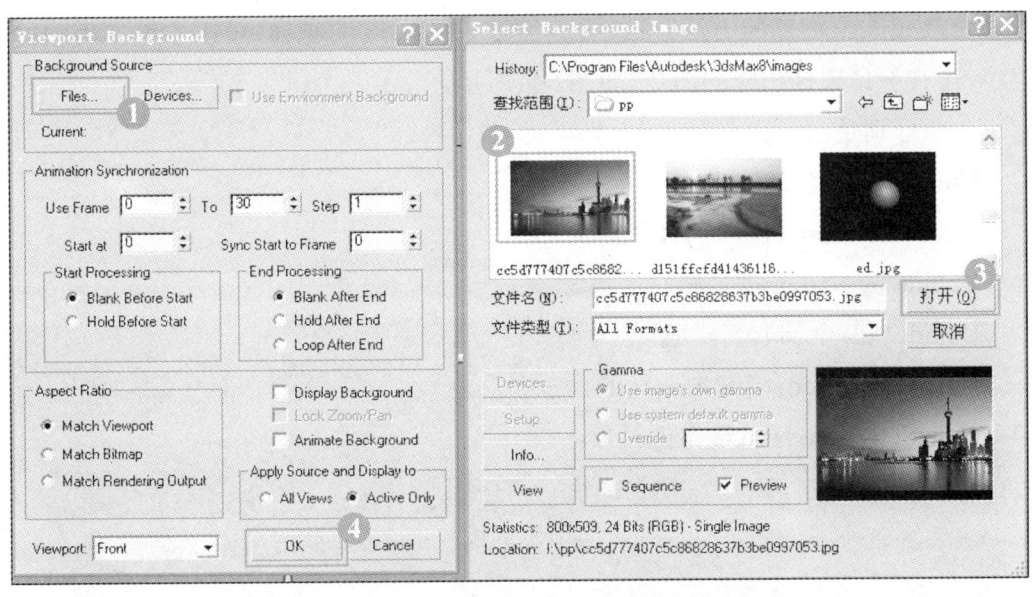

图2-9　调入背景参考图的步骤

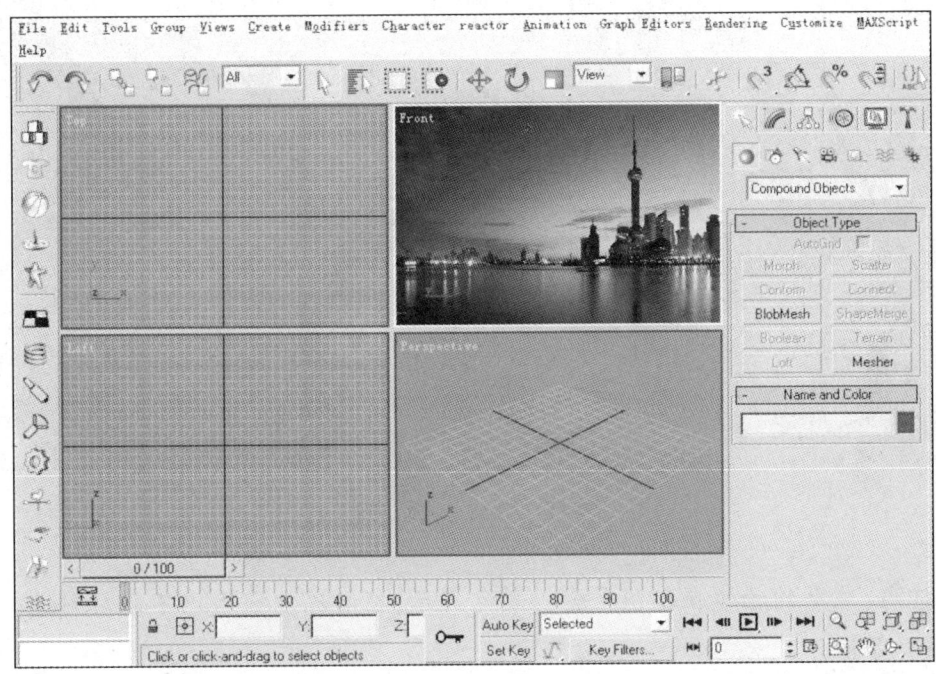

图2-10　完成背景参考图的调入

五、物体的隐藏与冻结

在建模的过程中,场景中的物体数量会越来越多,视图的刷新速度越来越慢,为了更快更好地完成场景模型,我们会对已经建造完成的物体用到隐藏或冻结命令。

隐藏或冻结物体的方法是：选择需要隐藏或冻结的物体，单击右键出现快捷菜单，在右上角选择相应的命令。如图2-11所示。

命令分别是：

Unfreeze all：全部解冻

Freeze Selection：冻结选择的对象

Unhide by Name：按名称取消隐藏

Unhide All：全部取消隐藏

Hide Unselected：隐藏未选定的

Hide Selection：隐藏选定的对象

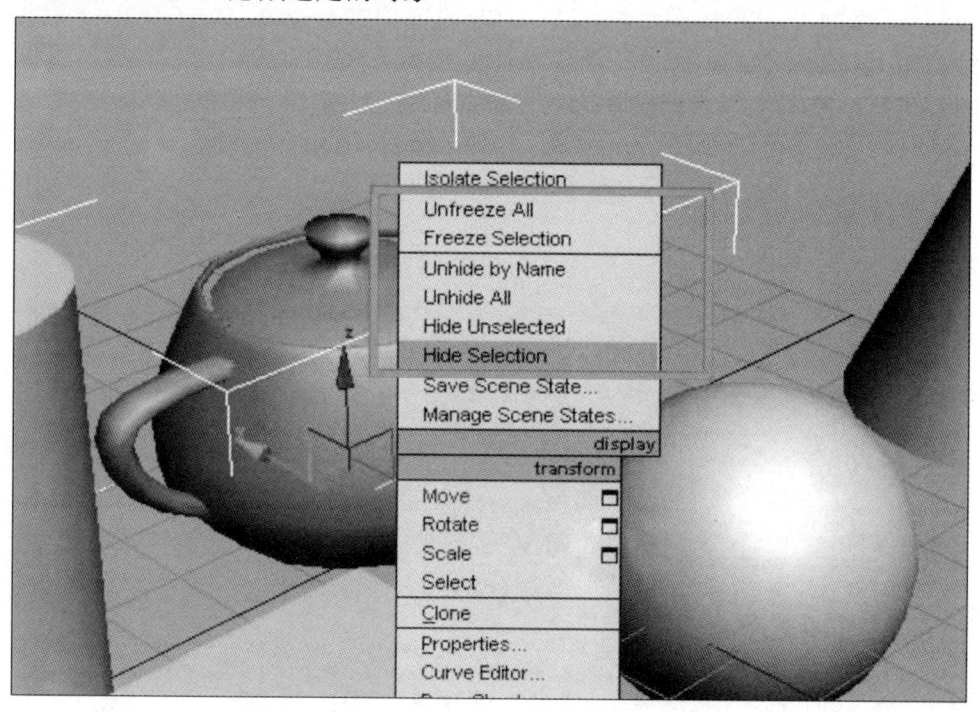

图2-11　隐藏与冻结菜单

注意：冻结的物体在视图上会以灰色显示，在解冻以前我们不能对它进行移动、旋转等操作。

第二节　工具栏主要工具介绍

Max工具栏有Max常用的主要工具，如图2-12所示，在屏幕分辨率为1280×1024的情况下，能够全部显示出来，如果低于该分辨率，只能显示工具栏的一部分，我们可以通过将鼠标放置在工具栏的边缘空白处点击平移。

图2-12　Max工具栏

一、撤消与重做工具

能够撤消与重做刚刚执行的命令，如物体位置移动、旋转、参数改变等等，默认情况下撤消与重做的次数各为20次。撤消的快捷键是Ctrl+Z，重做的快捷键是Ctrl+Y。

二、链接工具

链接工具，能够将一个物体链接到另一个物体上，链接完成后被链接的物体是子物体，链接到的物体是父物体。子物体进行移动旋转缩放变换操作的时候，不会影响到父物体，父物体移动旋转缩放的时候，会影响到它的子物体。这就是物体间的父子关系。

如果想A物体链接到B物体上，具体操作方法是：选择A物体，选择链接工具，从A物体上按住鼠标左键并移动到B物体上，释放鼠标左键，B物体闪烁一次，链接完成。A物体是B物体的子物体，B物体变换的时候，A物体会跟随B物体变换。

解除链接命令，它是针对子物体的修改工具。选择子物体，单击解除链接工具，子物体的属性自动去除。

三、选择与变换工具

选择与变换工具是Max中使用最多的工具，我们对物体进行修改时都必须先选择物体，它们分别是：选择过滤器、选择工具、按名称选择工具、选择框的形状、交叉与窗口、移动、旋转与缩放。如图2-13。

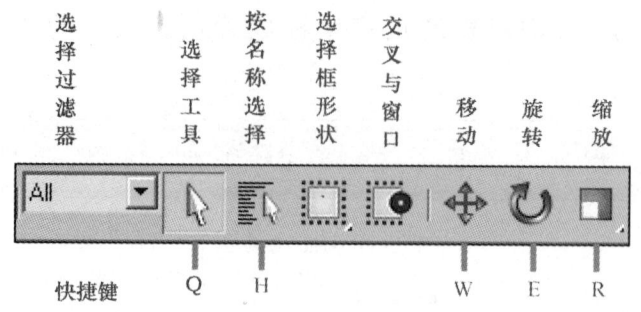

图2-13 选择与变换工具栏

选择过滤器：是一个帮助你在复杂的场景中，过滤掉你不想选择的物体，准确选择你需要控制的物体的工具。如图2-14所示。

All代表能够选择所有物体，Geometry代表只能选择三维形体，Shapes只能选择二维形体，Lights只能选择灯光，Helpers只能选择帮助物体，Warps只能选择空间扭曲物体。

注意：选择过滤器在后期对调节灯光和摄像机是非常有用的。

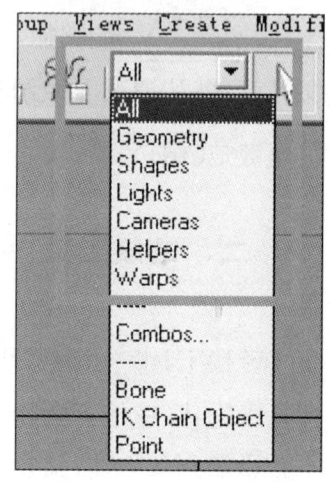

图2-14 选择过滤器

选择工具：快捷键是Q，只能对物体进行选择，被选中的物体的线框色将显示为白色。

按名称选择工具：快捷键是H，能够准确地按名称选择对象。

选择框的形状：选择框的形状除了有方型，还有其他几种，如图2-15所示，方便大家选择物体。

交叉和窗口模式：是两种选择模式。是交叉模式，只要画出的选择线碰到了物体的边界线框就能够被选择；是窗口模式，选择线框必须全部包括物体才能够被选择。

如图2-16所示，如果是交叉模式，三个物体都会被选择，但如果是窗口模式，只有圆形的球体能够被选择。

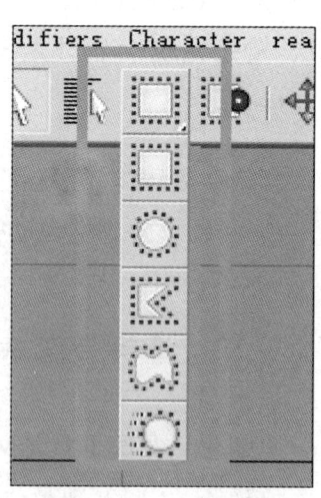

图2-15 选择框菜单

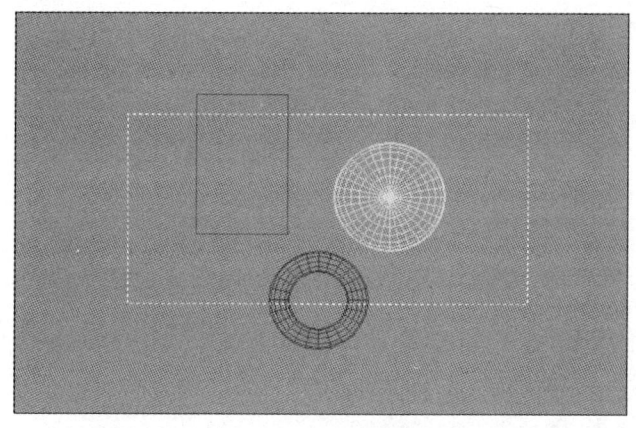

图2-16 选择模式

移动旋转缩放工具：它们都有选择的功能，可以称之为选择并移动、选择并旋转、选择并缩放。它们能对物体进行移动、旋转、缩放变换操作。

四、角度捕捉工具

在使用旋转变换工具旋转物体的时候，旋转的角度是不太准确的，通常由小数点后两位构成；角度捕捉工具能使旋转物体到规定的角度上，默认情况下是5度，鼠标左键单击角度捕捉工具，再旋转物体，旋转的角度将会以5度为单位变化。右键单击角度捕捉工具，能够对捕捉的角度进行设置，如图2-17所示。角度捕捉工具的快捷键是A键。

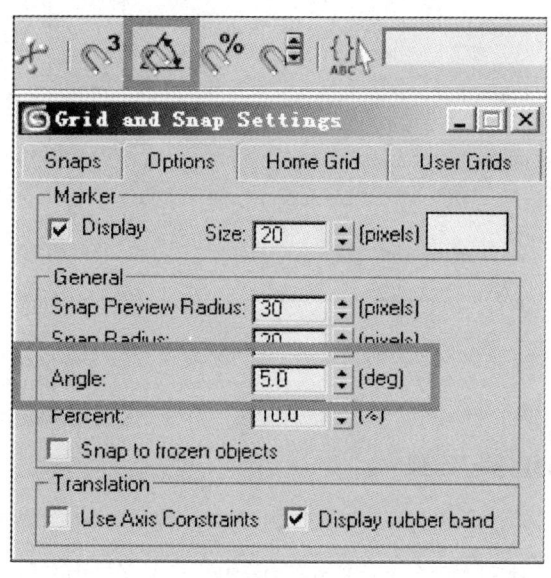

图2-17 角度捕捉工具

五、镜像与对齐工具

镜像复制工具：选择你要镜像的物体，单击镜像工具，出现镜像复制面板，如图2-18所示，选择正确的轴向选择复制。

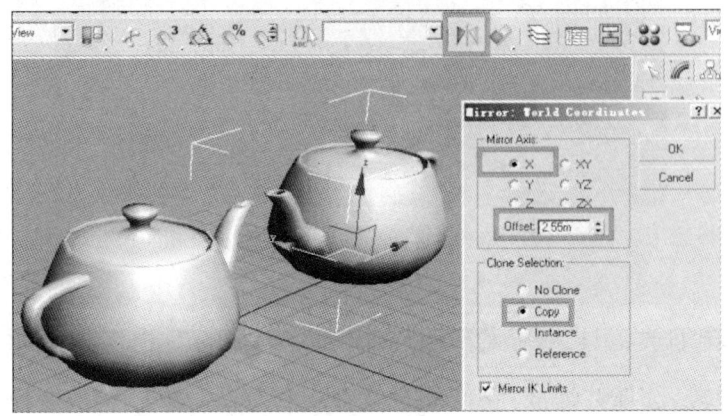

图2-18 镜像复制

对齐工具：如果两个物体要进行对齐，可以使用对齐工具。使用方法如下，选择A物体单击对齐工具，再单击B物体，弹出对齐面板，如图2-19所示，调整正确的轴向和对齐的位置。

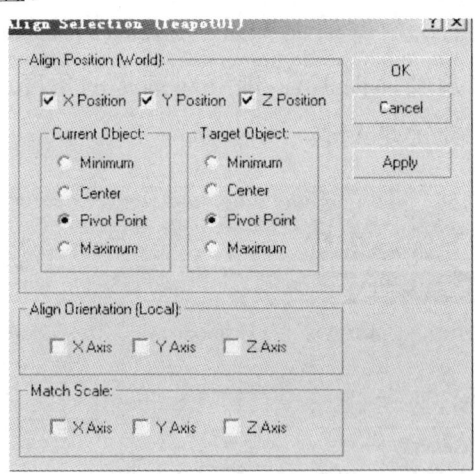

图2-19 对齐工具菜单

六、材质与渲染工具

材质工具：快捷键M，能够为三维模型指定对应的材质贴图。

渲染工具：在材质、灯光都设计完成后，通过渲染引擎，渲染场景。

七、视图控制工具

视图控制工具在Max界面的右下角，如图2-20所示。主要用它来进行视图平移、缩放、旋转观察物体等辅助工作，其中有些常用的命令可以通过快捷键来完成，如：缩放单视口大小可以通过滚动鼠标中键完成，视图平移可以通过按下鼠标中键移动鼠标完成，视图旋转工具可以通过Alt+按下鼠标中键移动完成，视图窗口最大化显示可以通过Alt+W完成。

注意：熟练掌握视图控制工具，辅助不同的视角观察物体，对掌握三维动画技术很有用。

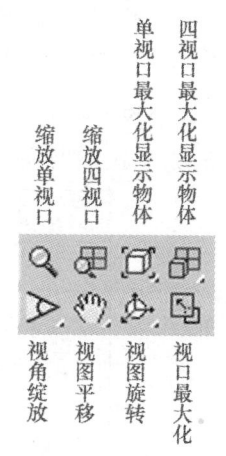

图2-20 视图控制工具栏

第三节 菜单栏常用命令介绍

在菜单栏的File文件菜单中有一些常用命令，我们下面对它进行一些简单介绍。如图2-21所示。

File/New文件新建：新建一个场景，可以将现有场景的动画或层级关系去除；一般用于将现有场景的全部动画删除。

File/Reset文件复位：彻底新建一个场景，不保留前一场景的任何信息；通常用来开始一个新文件。

File/Open文件打开：打开一个保存的Max文件。

Flie/Open Recent：打开最近访问过的Max文件。

Flie/Save保存：将场景保存为Max文件。

Flie/Save As 另存为：将场景另存为Max文件。

Flie/Merge合并：为现有Max场景合并一个以前完成的模型。例如：为现有的室内模型场景合并一个以前完成的沙发模型。

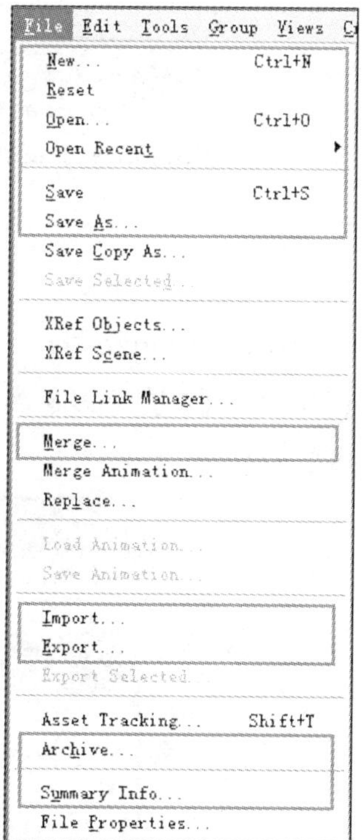

图2-21

File/Import导入：导入其他格式的三维文件。

Flie/Export导出：将Max中完成的文件导成其他三维格式。

Flie/Archive打包：将模型与材质贴图打包；便于在其他电脑上打开，防止贴图丢失。

Flie/Symmary Info场景摘要信息：统计场景中的所有物体信息。如：物体个数、网格数、灯光数量等等。

在View视图菜单中有一个命令：Show Transform Gizmo，显示变换坐标系。通常情况下我们要保持勾选，如果不勾选，物体上将没有变换坐标。如图2-22所示。

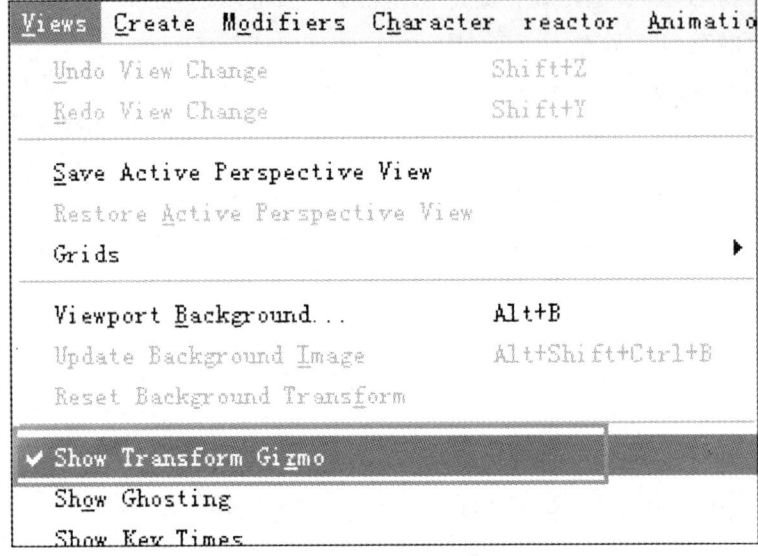

图2-22

在Customize用户自定义菜单中有一项Load Custom UI Scheme加载用户自定义界面方案命令，它能够将Max整体界面恢复成初始界面或个性界面。如图2-23所示。

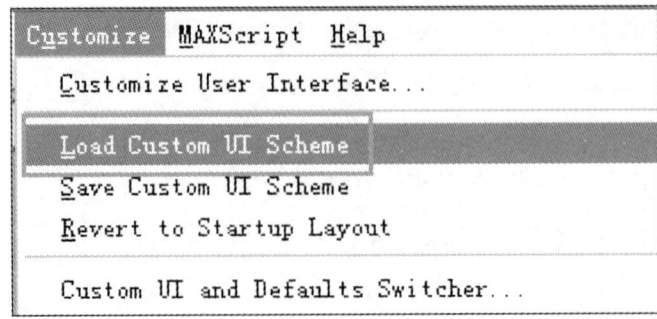

图2-23

例如：初学者由于不注意操作等原因将Max界面排列搞乱或某个工具栏丢失，可以使用加载用户自定义界面方案命令对Max的界面进行恢复。如图2-24所示。

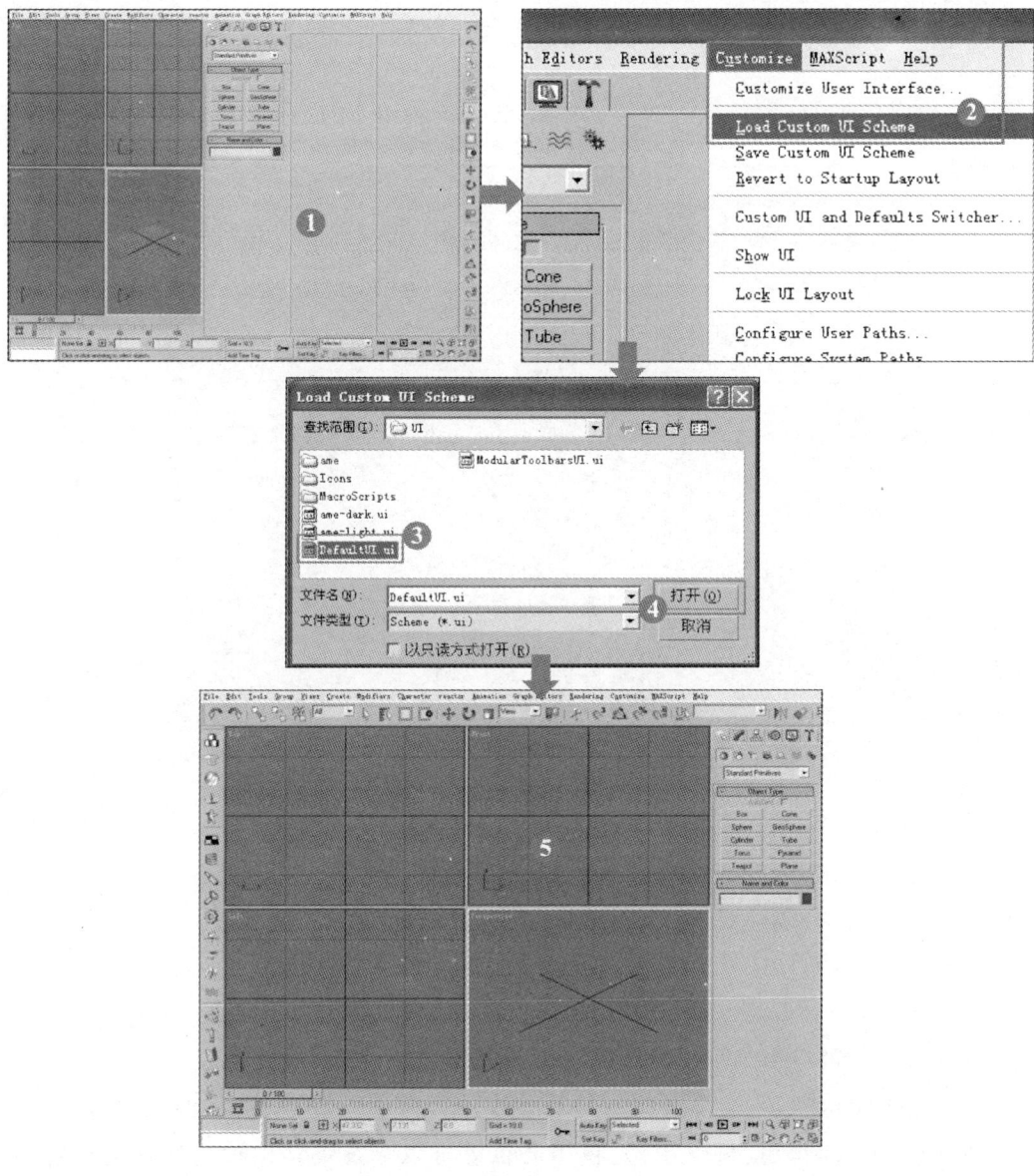

图2-24

我们还可以使用这个命令将Max界面更改为黑色，满足用户个性化的需求。如图2-25所示。

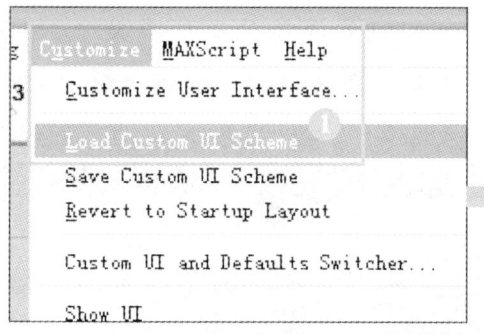 

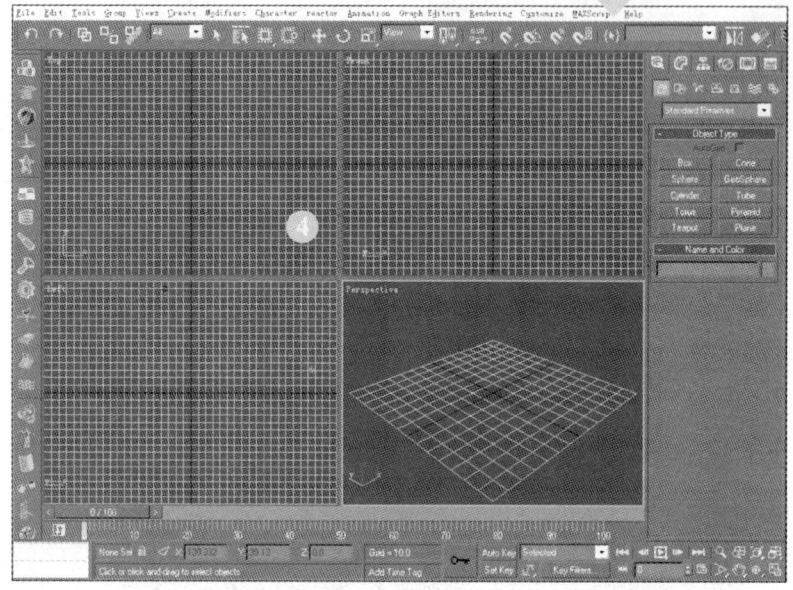

图2-25

思考与练习

1. 简述3ds Max界面的组成部分及其主要功能。

2. 在3ds Max中,三维几何物体的显示方法有哪些？各有什么特点？

3. 透视图、顶视图、前视图、左视图的位置可以更改吗？它们的切换快捷键是什么？

4. 简述镜像与对齐工具的使用流程。

5. 如何将一个混乱Max界面布局进行恢复。

第三章 3ds Max 建模方法

>>>> **本章重点**

了解 3ds Max 建模方法分类
掌握不同建模方法的主要特征
熟练运用基本几何体建模完成简单模型

>>>> **学习目的**

模型是三维世界的基础,是三维世界的主人;理解并运用3ds Max的建模方法和思路是熟练运用三维软件必不可少的条件。本章讲述了Max建模的思路与主要方法,根据不同的建模方法,选择容易理解和掌握的实例,要求大家能够熟练掌握,举一反三,将这些建模方法和思路灵活运用到更多的模型创建中去。

第一节　建模思路分析

建模是三维动画制作流程中一切场景和动画的基础。就像各种三维游戏的制作，如果没有模型，就像拍电影没有演员和道具一样。所以，建模在整个三维动画制作中具有非常重要的作用。3ds Max具有强大的建模功能，而且具有多种建模工具与方法，不同的建模方法适用于不同的模型结构特点、不同的贴图类型和动画要求，所以，在开始建模之前，首先要对最终的模型效果进行分析与研究，给出一个清晰的建模思路，以便后期的动画或场景能够顺利地进行，避免返工。

建模总体思路为：首先分析物体的结构和动势，然后选择恰当的建模方法，最后确定各部分网格的拓扑结构。

确定建模思路的原则：

1. 简单化原则

这是一种从整体到局部的建模思路。是将一个复杂的物体想象为最简单的几何物体，然后逐渐对细节进行深入的雕刻。类似于雕塑的塑造过程，先打大形，再逐步细化。

2. 分解结构原则

这是一种从局部到整体的建模思路。是将一个复杂的物体按照其结构特点分解成几个不同的部分，分别采用最有效的建模方法，然后把它们拼合起来，再进行整体细化。类似于积木的堆积过程。

3. 最少面原则

无论是复杂的还是简单的模型，都要尽量使用最少的面来表现最好的效果。一方面可以避免占用大量的计算机资源，降低渲染速度；另一方面也可以降低后期贴图与动画的复杂度。但一定要根据不同的结构、材质和动画需求，确定不同的面数，既不能多也不能少。

第二节　3ds Max 建模方法综述

三维软件建模的主体思路可以划分为细分建模和堆砌建模两大类。

细分建模也就是编辑多边形建模或编辑网格，建模流程为：用基本几何体先完成物体的大形,然后通过编辑多边形或编辑网格工具对模型细节进行细分,这种建模方式和素描的绘制或雕塑的建造过程非常类似,一般我们使用细分建模完成三维人物、卡通角色或者是曲面物体的主体。在本章中,我们将使用细分建模完成赛车的车身部分,如图3-1所示,因为它是一个曲面整体,无法用堆砌方法来完成。相对堆积建模方法来说,细分建模在建模工具的技术、曲面模型的理解方面,都对使用者提出了更高的要求。

图3-1　赛车模型细分

堆砌建模通常用来建造非曲面物体,如:建筑模型、机械或机器零件、机器人等,它的建模流程是:将复杂的物体进行拆分,拆分为一些基础的零部件,再用基础的成型命令将这些小零件制作出来,最后将它们堆砌在一起。它要求设计者对模型的大小比例关系、空间位置有很好的把握。如图3-1所示,赛车的车轮等零部件部分都是通过堆砌建模完成的。

细分建模的主要工具包括:编辑网格、编辑多边形、对称、网格平滑等。

堆砌建模的主要工具包括:挤出、车削、倒角、FFD变形工具等。

第三节　建模方式分类

3ds Max是目前包含建模方式最多的大型软件,如Polygon、NURBS、Patch、SurfaceTools,还有作为插件的变形球(MetaReyes)、笔刷工具(Paint Modifier)等等建模方式。总的来说,使用好一两个就可以胜任常规的建模了。SurfaceTools作为3ds Max最具特色的建模工具曾经风行一时,后来由于多边形(Polygon)

建模对于入门者来说容易上手，才逐渐失宠。但是对于造型能力较强的专业建模师而言，它仍然具有迷人的魅力。

3ds Max的建模方法主要有Polygon多边形建模、NURBS非均匀有理B样条曲线建模两大类。通常建立一个模型可以分别通过几种方法完成，但有优劣、繁简之分。

1. Polygon 多边形建模

Polygon多边形建模适于创建形状规则、无曲面的对象。使用多边形建模，可先创建基本的几何体，再根据要求使用编辑修改器调整物体形状，或通过布尔运算、放样、曲面片造型组合物体来构建对象。多边形建模的主要优点是简单、方便快捷，但难以生成光滑的曲面。对于用Polygon创建好的模型，还可通过调整建模参数以获得不同分辨率的模型，以适应虚拟场景实时显示的需要，如图3-2所示。

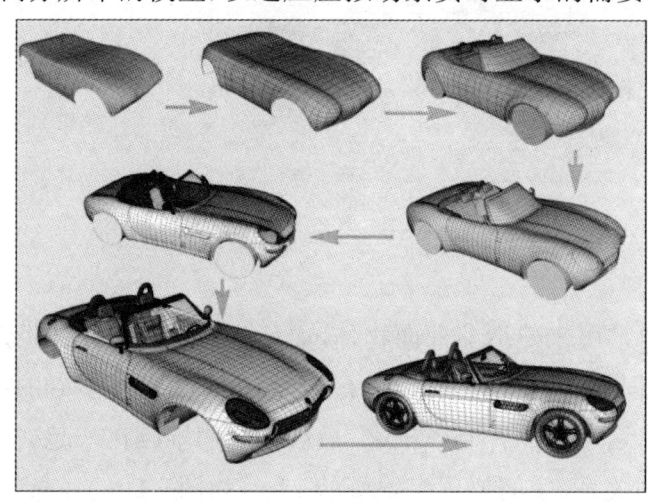

图3-2　3ds Max 多边形建模

2. NURBS 建模

NURBS是Non-Uniform Rational B-Splines（非均匀有理B样条曲线）的缩写，它纯粹是计算机图形学的一个数学概念。NURBS建模技术是最近几年来三维动画最主要的建模方法之一，特别适合于创建光滑的、复杂的模型，而且在应用的广泛性和模型的细节逼真性方面具有其他技术无可比拟的优势。但由于NURBS建模必须使用曲面片作为其基本的建模单元，所以它也有以下局限性：NURBS曲面只有有限的几种拓扑结构，导致它很难制作拓扑结构很复杂的物体，例如带空洞的物体。NURBS曲面片的基本结构是网格状的，若模型比较复杂，会导致控制点急剧增加而难于控制，NURBS技术很难构造"带有分支的"物体，如图3-3所示。

图3-3　3ds Max NURBS建模

有了以上对3ds Max几种建模方法的认识,就可以在为虚拟现实系统制作相应模型前,根据虚拟现实系统的要求选取合适的建模途径,"多快好省"地完成虚拟现实作品的制作。

第四节　3ds Max 基础建模

一、基本几何体建模

在命令面板上,创建三维形体的第一项就是标准基本体,标准基本体由以下10个物体组成,如图3-4所示。

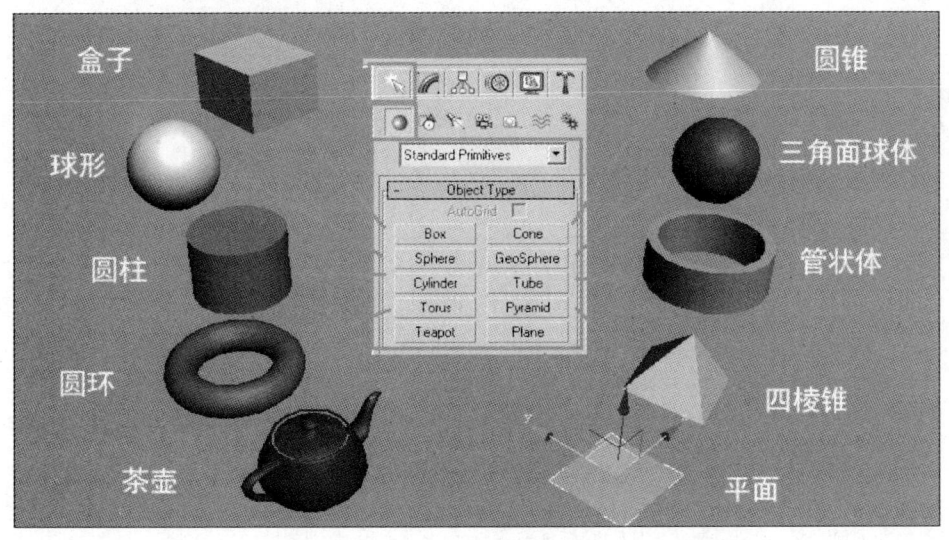

图3-4　标准基本体

三维形体创建完成后,可以通过命令面板的修改栏目对其大小、分段数等参数进行修改,如图3-5所示。

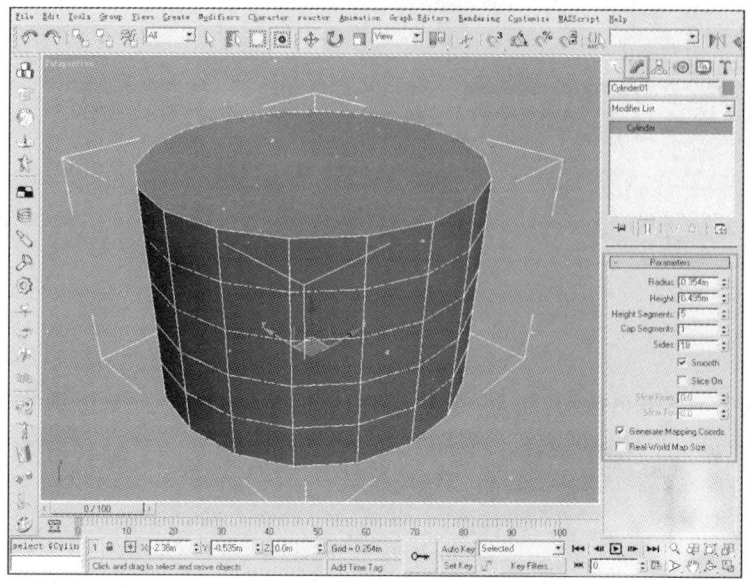

图3-5　三维形体修改参数

二、扩展几何体建模

在创建三维形体命令面板上,单击标准基本体栏目名称,可以出现下拉菜单,选择Extended Primitives扩展几何体,如图3-6所示。

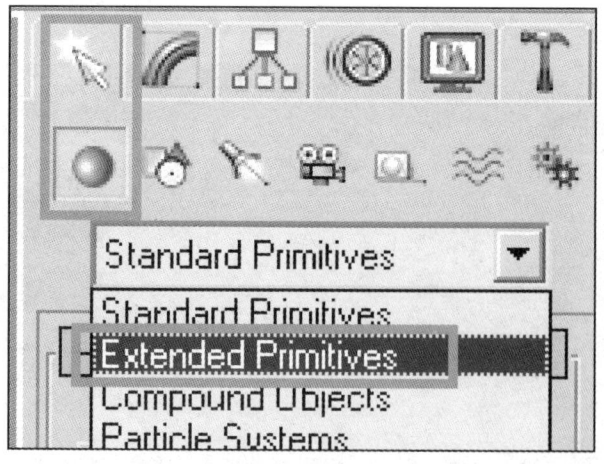

图3-6　Extended Primitives扩展几何体

扩展几何体一共有13种,如图3-7所示,它们形状比较奇怪,其中,我们常用的有:Hedra异面体、ChamferBox倒角盒子、ChamferCyl倒角圆柱体。

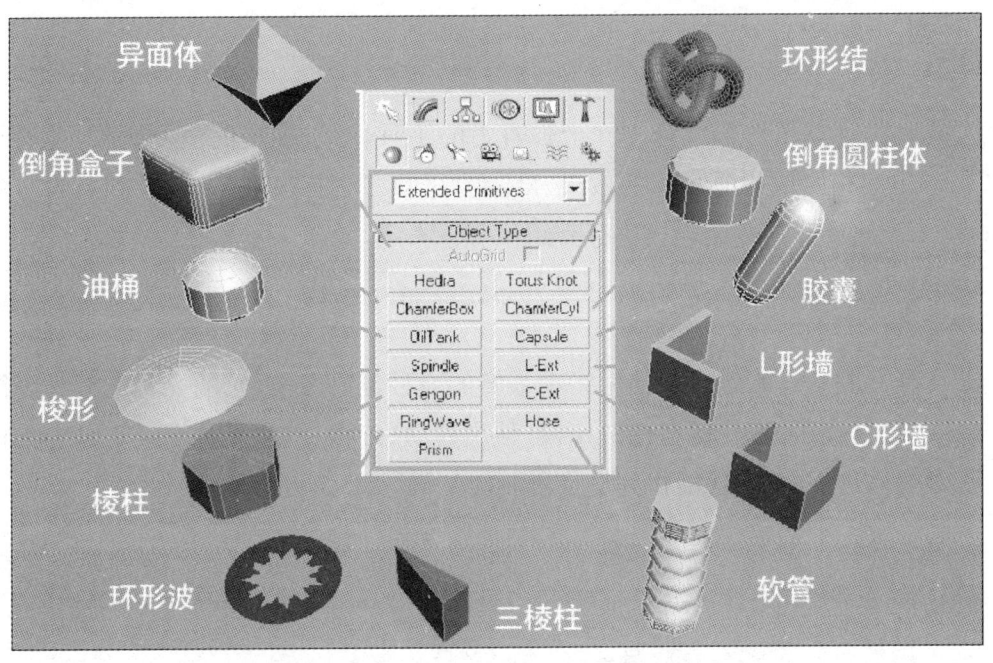

图3-7 扩展几何体

三、二维建模

在命令面板创建栏目下，选择二维形体，可以创建出线、圆形等11种二维图形，如图3-8所示。其中，Section截面是指到三维物体上截取二维图形。

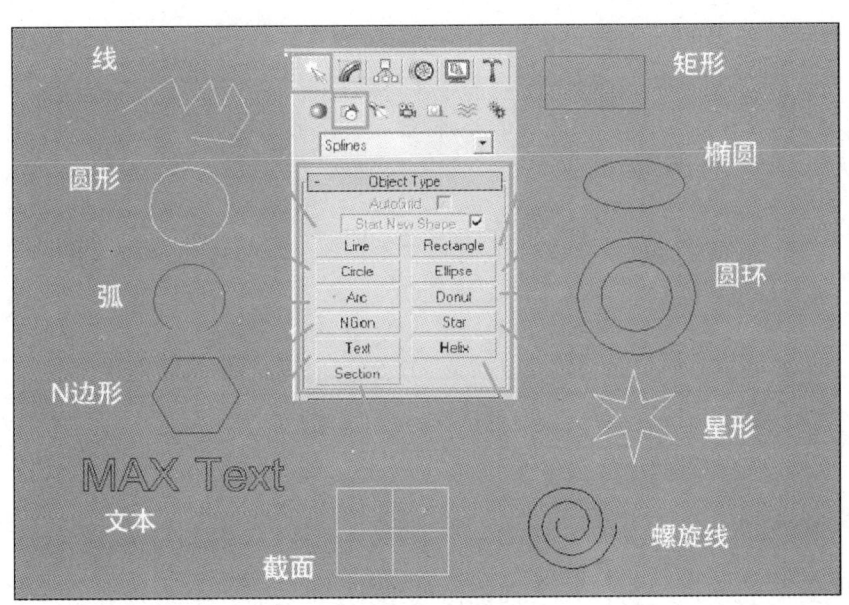

图3-8 二维形体

四、复制建模

复制是计算机图形设计中一个强有力的工具,通过简单的复制操作,能够达到快速建立相同或相似物体的效果。Max的复制方法有很多,它们分别有自身的特点,下面对不同的复制建模进行介绍。

1. 变换复制

变换复制是三维建模中使用频率最多的一种复制方法,它的操作流程十分简单,在选择物体后,按住键盘的Shift键,使用移动、旋转、缩放三种变换工具中任何一种对物体进行变换,就能得到变换复制的结果。如图3-9所示。

图3-9　变换复制

变换复制弹出的选项框,如图3-10所示。

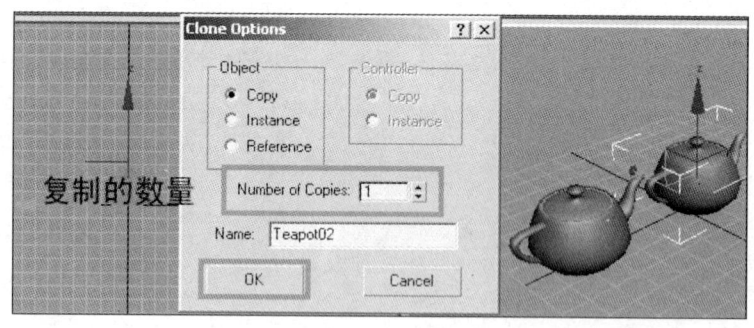

图3-10　变换复制选项框

2. 镜像复制

镜像复制能够得到物体某个轴镜像的结果,如果需要两个茶壶的壶嘴对着壶嘴,就可以使用镜像复制。

镜像复制的使用方法是：选择需要复制的物体，使用主工具栏的镜像复制命令（如图3-11所示），在弹出的镜像复制选项框（如图3-12所示），设置镜像的轴和偏移数值，镜像复制完成。

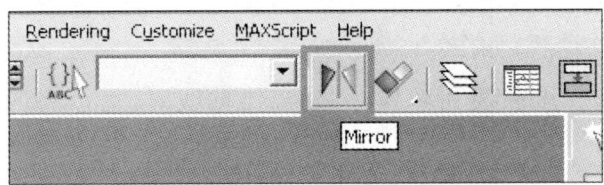

图3-11　镜像复制

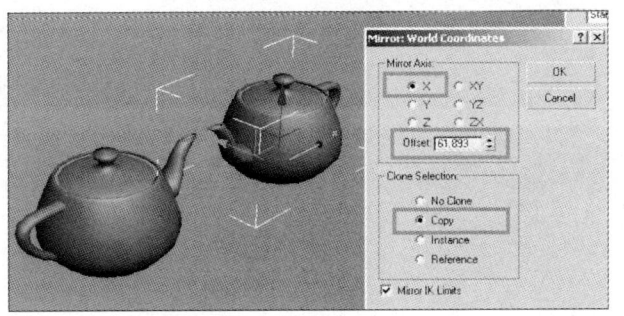

图3-12　镜像复制选项框

3. 快照复制

快照复制主要是针对运动物体进行的，它能够将物体的运动过程用快照的方法记录下来，如图3-13所示。

快照复制的工作流程，如图3-14所示。

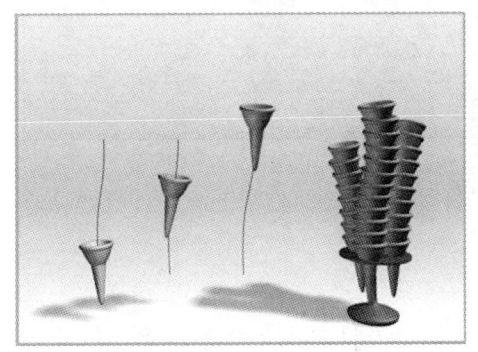

图3-13　快照复制

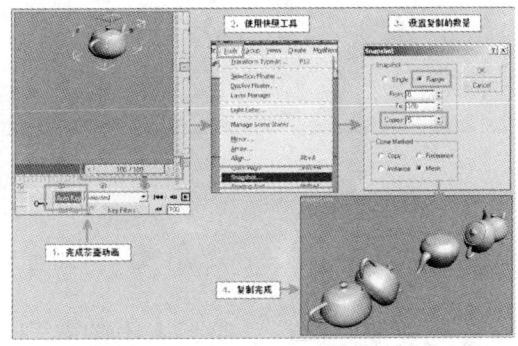

图3-14　快照复制的工作流程

第一步：打开自动关键帧动画开关，移动时间滑块到100帧，改变物体的位置，使物体从0到100帧产生动画。

第二步：选择茶壶，使用快照工具。

第三步：设置快照的范围和数量，选择确定，快照复制完成。

4. 间隔复制

间隔复制工具能让物体自动保持一定的距离（间隔）进行复制，常用于表现等距离排列放置的物体。如珍珠项链、路灯等。

间隔复制工作流程，如图3-15所示。

第一步：创建二维曲线和球体，创建二维曲线时，可以将曲线的类型设置为smooth平滑。

第二步：选择球体，使用间隔复制工具，拾取二维路径，设置复制的数量。

第三步：复制完成。

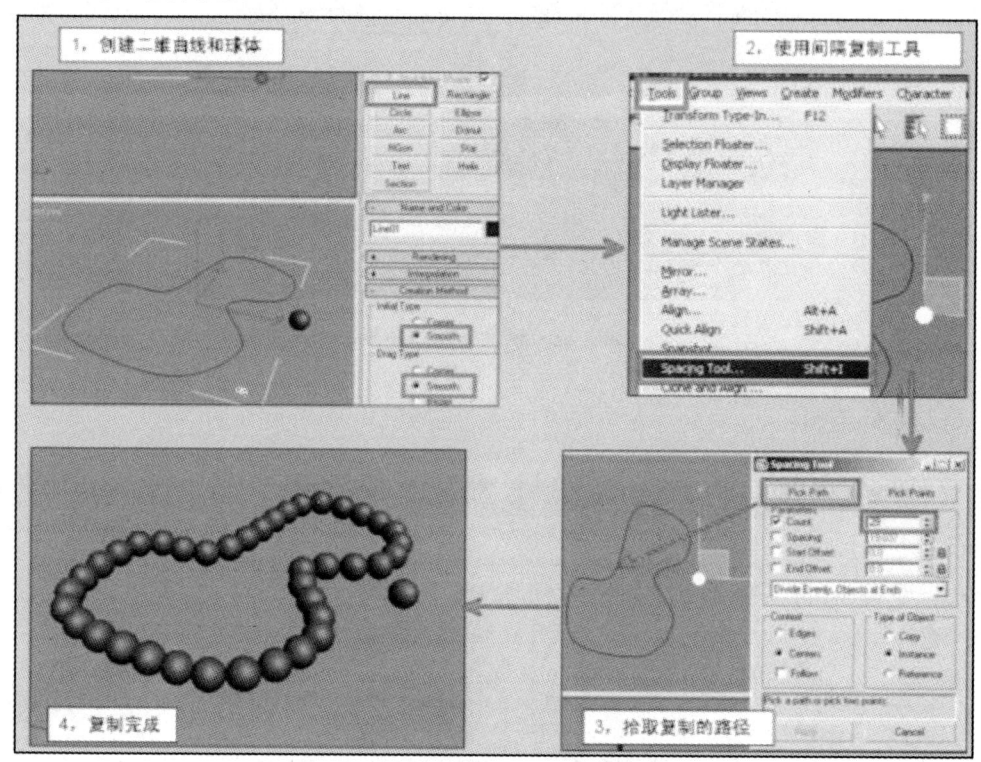

图3-15　间隔复制的工作流程

5. 阵列复制

阵列复制是Max早期版本中的复制工具，复制控制的参数较多。下面通过DNA的分子链来了解阵列复制的使用方法。

DNA阵列的制作流程，如图3-16所示。

第一步：创建一个盒子和一个球体，复制完成单个分子链。

第二步：将单个分子链全部选择，并进行群组。

第三步：使用阵列工具，调节参数，阵列复制完成。

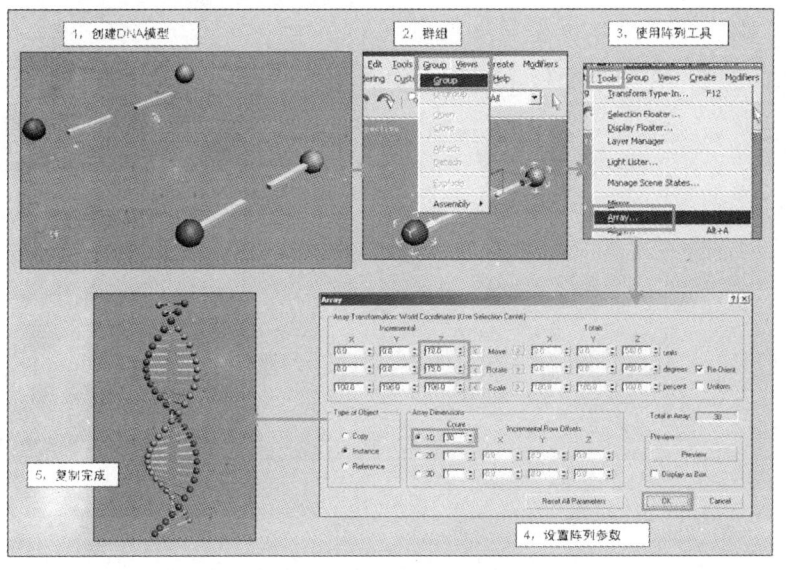

图3-16 DNA阵列的制作流程

第五节 3ds Max 基础建模实例

Max的基础建模方法也能完成日常生活中很多的物体制作,下面通过两个基础建模实例,进一步加强对Max建模方法和复制建模的理解。

一、手推车

手推车模型的最终完成效果如图3-17所示。

图3-17 手推车模型

下面开始介绍手推车模型是如何创建的:

进入Max软件,在命令面板上将线框色改为黄色,将Assign Random Colors勾选去掉,如图3-18所示,这样Max就不会每建立一个物体就随机给它分配一种线框色了。

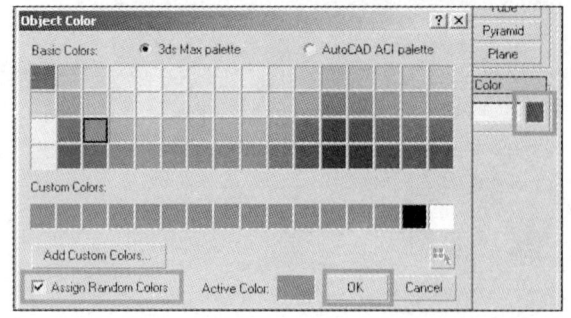

图3-18

在前视图上创建管状体,激活透视图,按下键盘F4键(线框加实体显示)将它的高度分段数由5改为1,这样模型的面数更少,得到了优化。如图3-19所示。

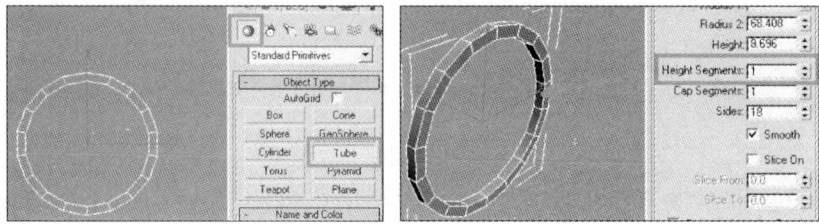

图3-19

在管状体的中间创建圆柱体,同样将它的高度段数改为1,并使用对齐工具将它和管状体进行中心对齐。如图3-20所示。

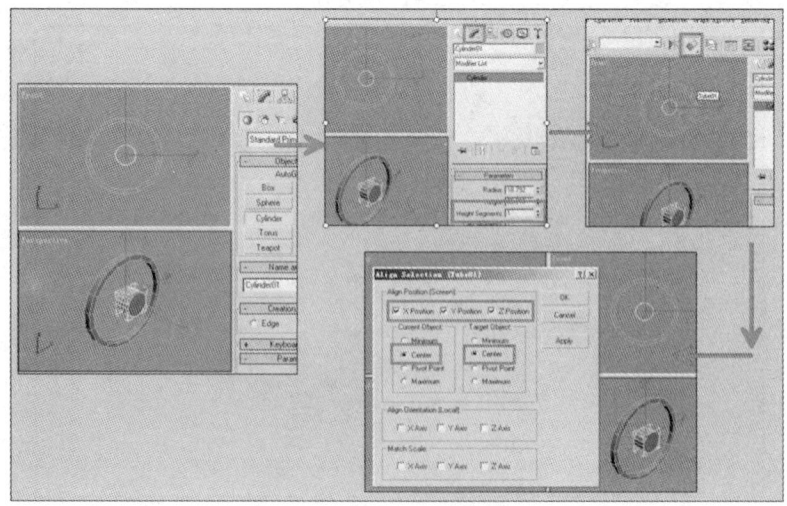

图3-20

在前视图上创建长方体,用长方体来模拟手推车的辐条,使用对齐工具将长方体与管状体中心对齐,再打开角度捕捉工具,旋转复制长方体,每隔15度复制一个,共复制11个。复制完成后,手推车的木车轮完成。如图3-21所示。

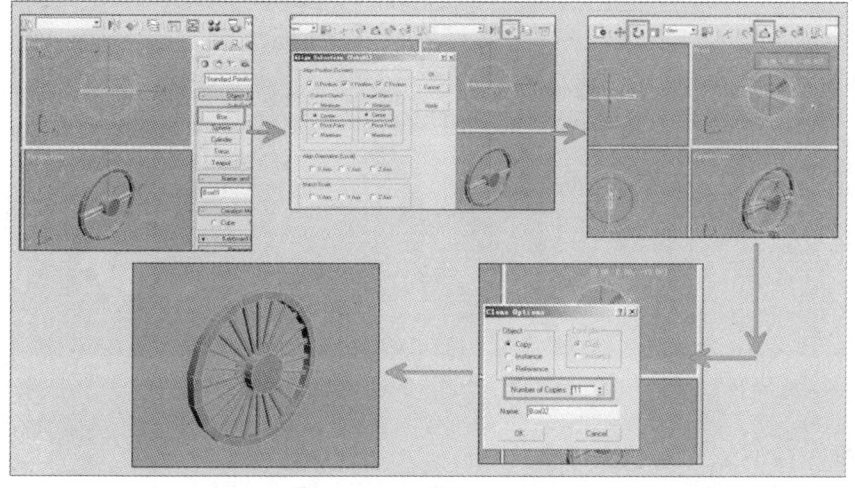

图3-21

下面我们来完成车轮轴。创建圆柱体,对齐管状体中心,调整圆柱的半径和长度,将车轮一侧复制到另一侧,手推车车轮完成。如图3-22所示。

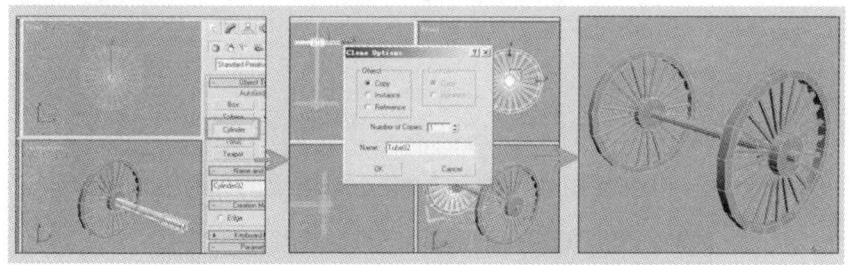

图3-22

使用Box长方体创建工具完成车身模型,装配到车轮上,如图3-23所示。

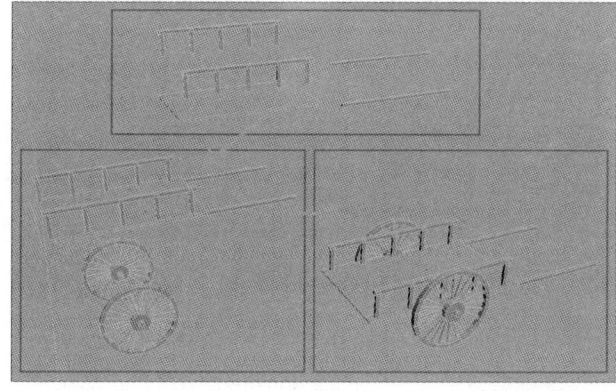

图3-23

对场景进行渲染,手推车模型创建完成。如图3-24所示。

图3-24

手推车模型练习知识点：
（1）改变物体的线框色。
（2）创建模型时,合理控制物体的面数,优化模型。
（3）对齐工具和角度捕捉工具的使用。

二、钟表

本节我们通过基本几何体建模完成钟表模型的制作,如图3-25所示,重点要求大家理解对齐工具和改变物体轴心后旋转复制建模的整体思路与方法。

图3-25　钟表模型

在前视图上创建Cylinder圆柱体,用它来代表表盘的盘面。如图3-26所示。

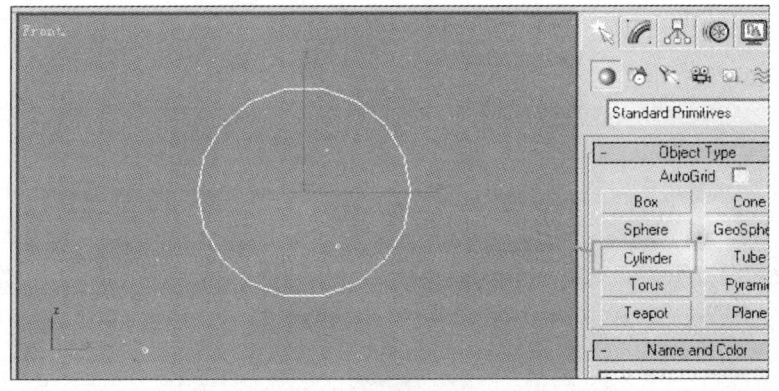

图3-26

激活透视图,按下键盘的F4键,将圆柱体显示为实体加线框模式,进入修改面板,将圆柱体的高度分段数改成1段,如图3-27所示。

注意:将多余的分段数减少有利于优化模型。

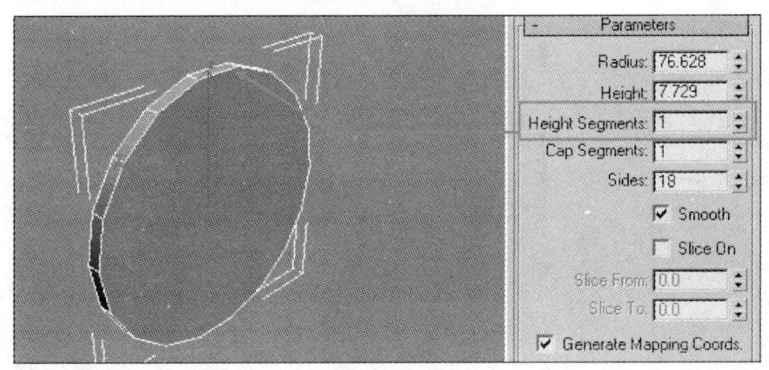

图3-27

适当增加圆柱体Sides边数上的分段,圆柱体模型的边就更加圆润了,如图3-28所示。

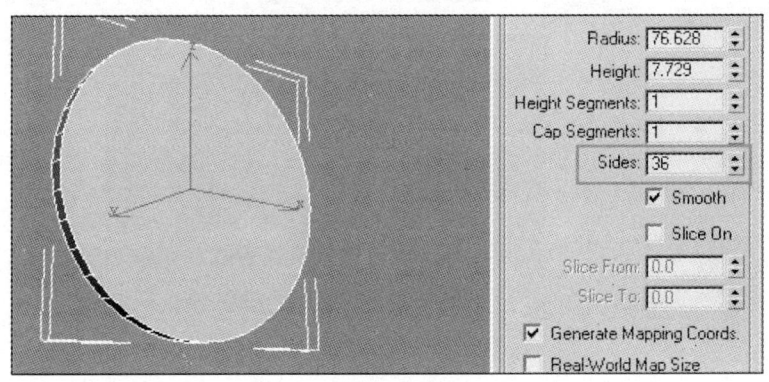

图3-28

下面,我们先来完成12点、3点、6点、9点的刻度。在前视图3点的位置上创建一个box,如图3-29所示。

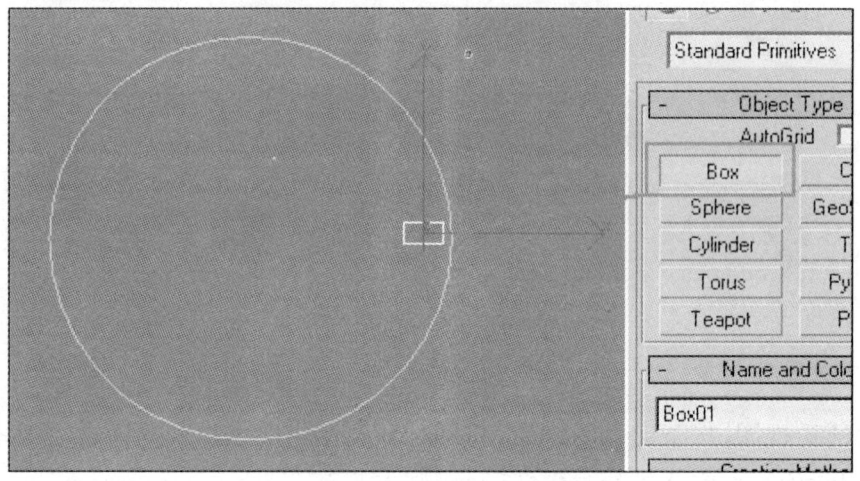

图3-29

选择Box物体,单击对齐工具后再单击表盘圆柱体,在弹出的对齐菜单中选择X、Y、Z三个轴向,Center中心到Center中心对齐,这样Box刻度就和表盘完全对齐了,如图3-30所示。

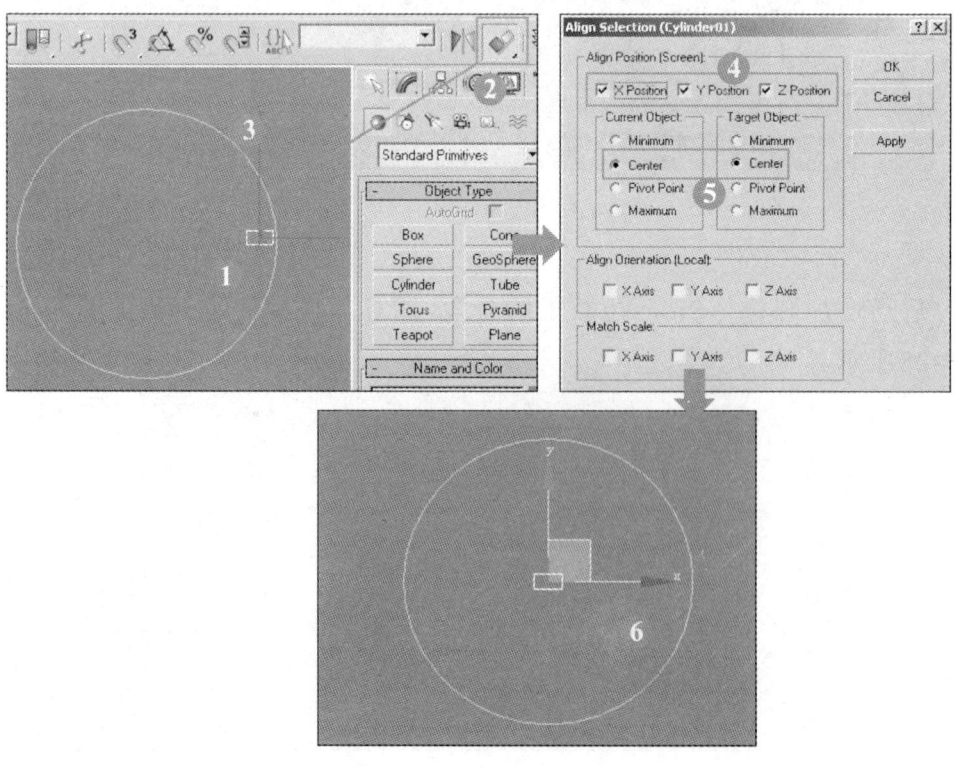

图3-30

进入层次面板，单击Affect Object Only仅影响物体按钮，将物体沿X轴水平移动到3点刻度应有的位置，如图3-31所示。

注意：这一步骤是改变物体和它轴心的位置关系，为后面围绕中心旋转做准备。

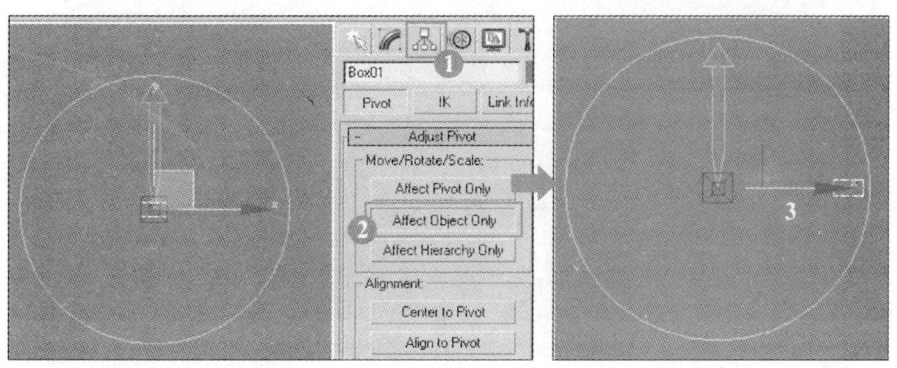

图3-31

关闭仅影响轴，打开角度捕捉，使用旋转工具按住Shift键沿Z轴将刻度旋转90度，在弹出的复制菜单中更改复制个数为3个，6点、9点、12点的刻度完成，如图3-32所示。

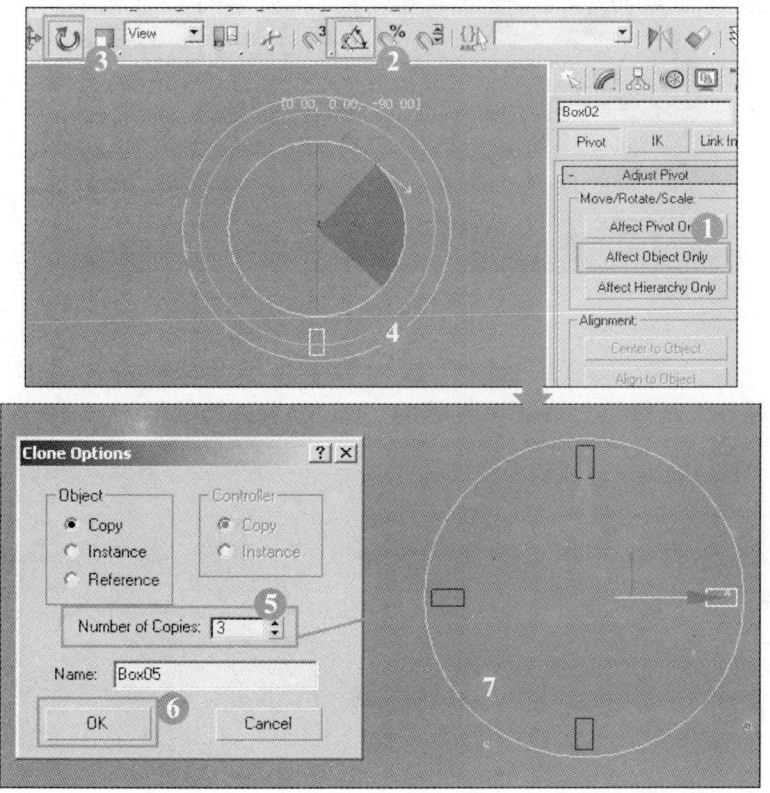

图3-32

复制完成后,在透视图没有看见任何刻度,这是由于刻度被埋在了表盘的里面,在顶视图框选四个刻度物体,将其向下移出,如图3-33所示。

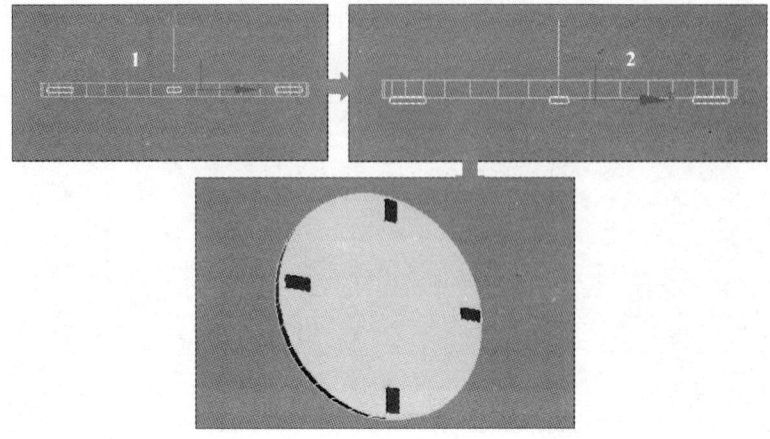

图3-33

下面我们来完成其他时钟刻度。在3点的位置创建一个较小的Box物体,如图3-34所示。

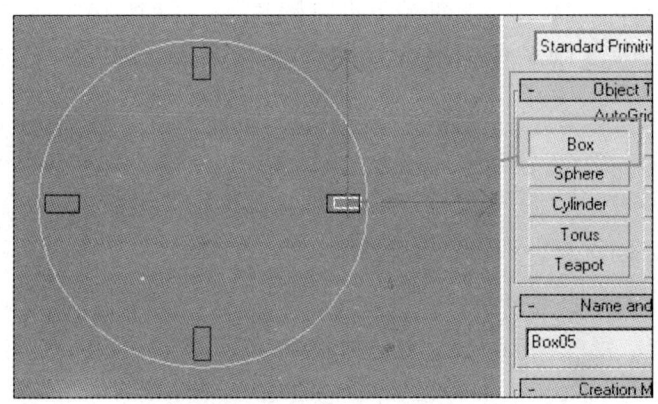

图3-34

使用对齐工具将它对齐到圆柱体的中心,如图3-35所示。

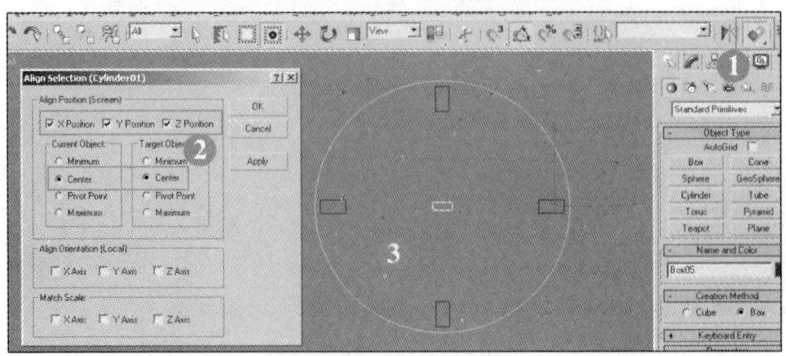

图3-35

进入层级面板,选择仅影响物体,将物体沿X轴水平移出,如图3-36所示。

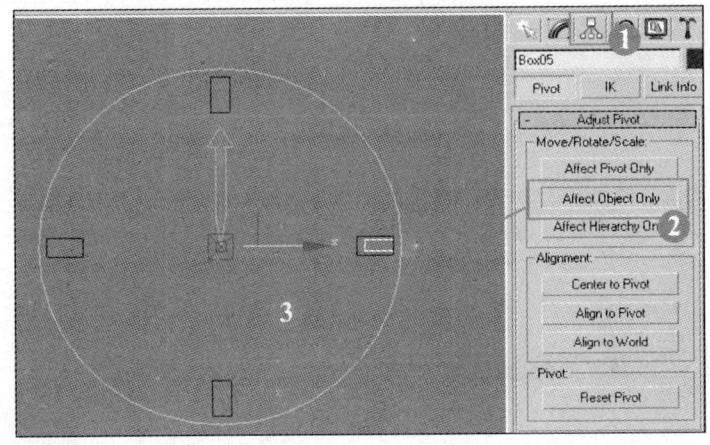

图3-36

按住Shift键沿Z轴旋转30度,在弹出的复制面板上将复制个数调整为11个,完成时钟刻度的制作,如图3-37所示。

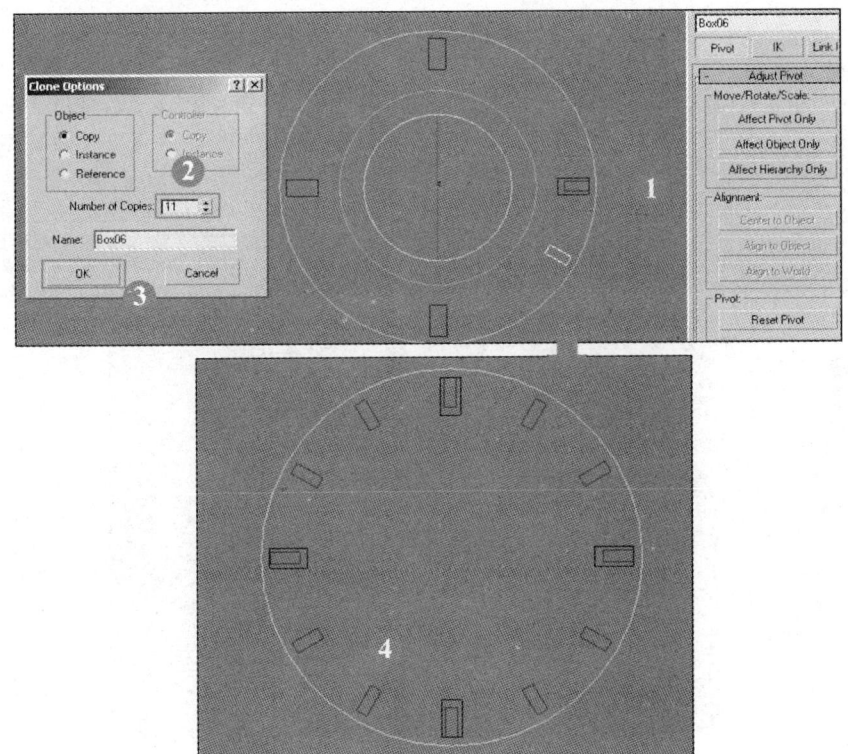

图3-37

这时在透视图上看不到完成的时钟刻度,我们需要将其选择并移出,在编辑菜单选择Select By Color,按颜色选择物体命令,单击暗红色的任意一个刻度物体,就可以将其他暗红色线框的刻度物体全部选择,如图3-38所示。

注意：按线框颜色选择物体是快速选择同色物体的好方法。

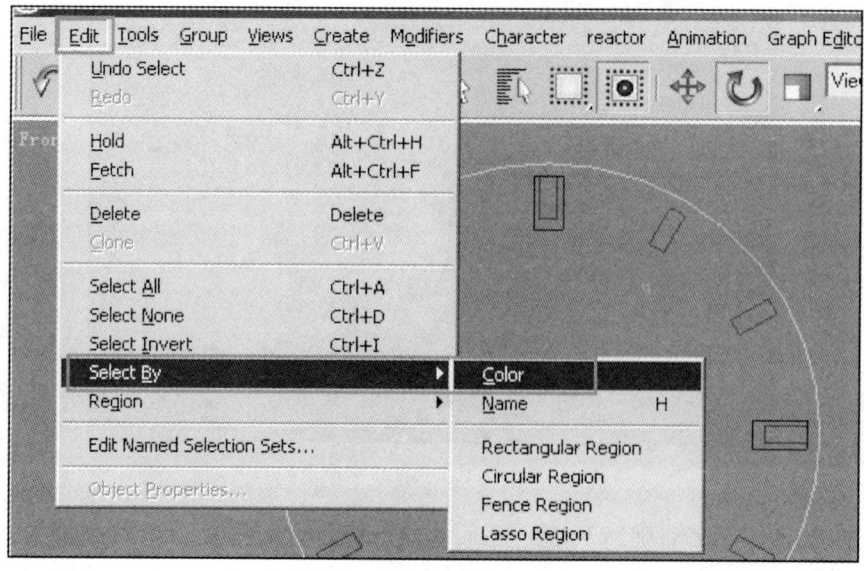

图3-38

在顶视图上将选择的物体移出，在透视图上观察，时钟刻度完成，如图3-39所示。

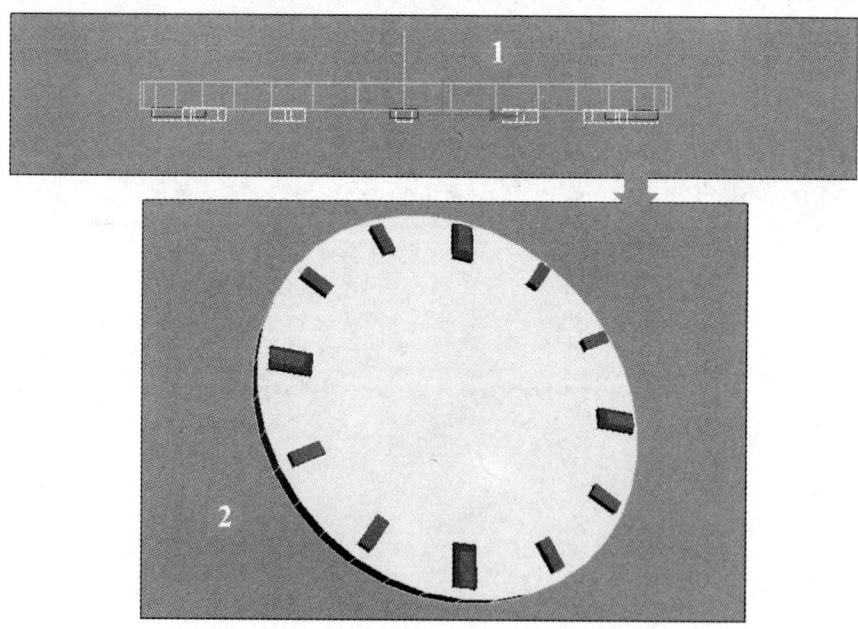

图3-39

下面我们来完成秒钟刻度。

创建秒钟刻度的Box物体，使用对齐工具对齐到表盘圆柱体中心，同样使用层级面板的仅影响物体将它水平移出，如图3-40所示。

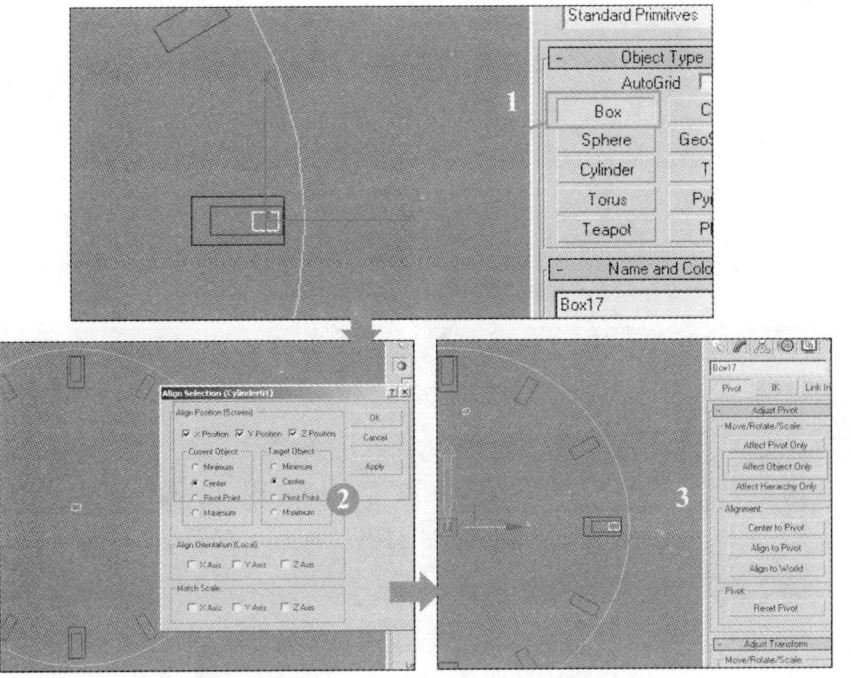

图3-40

右键单击角度捕捉工具,将角度捕捉的度数设置为6度,如图3-41所示。

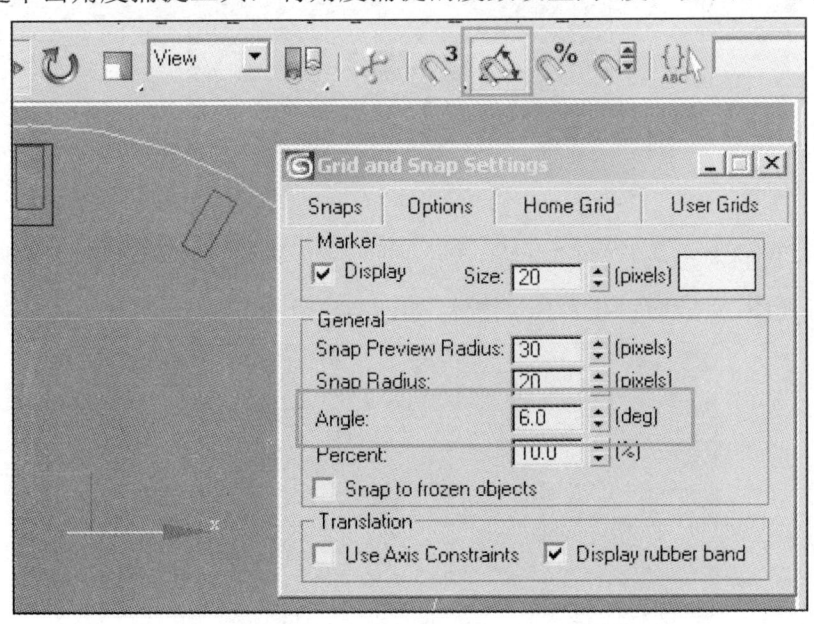

图3-41

按住键盘的Shift键,旋转复制59个。在顶视图,使用按颜色选择物体后移出,表盘刻度全部完成,如图3-42所示。

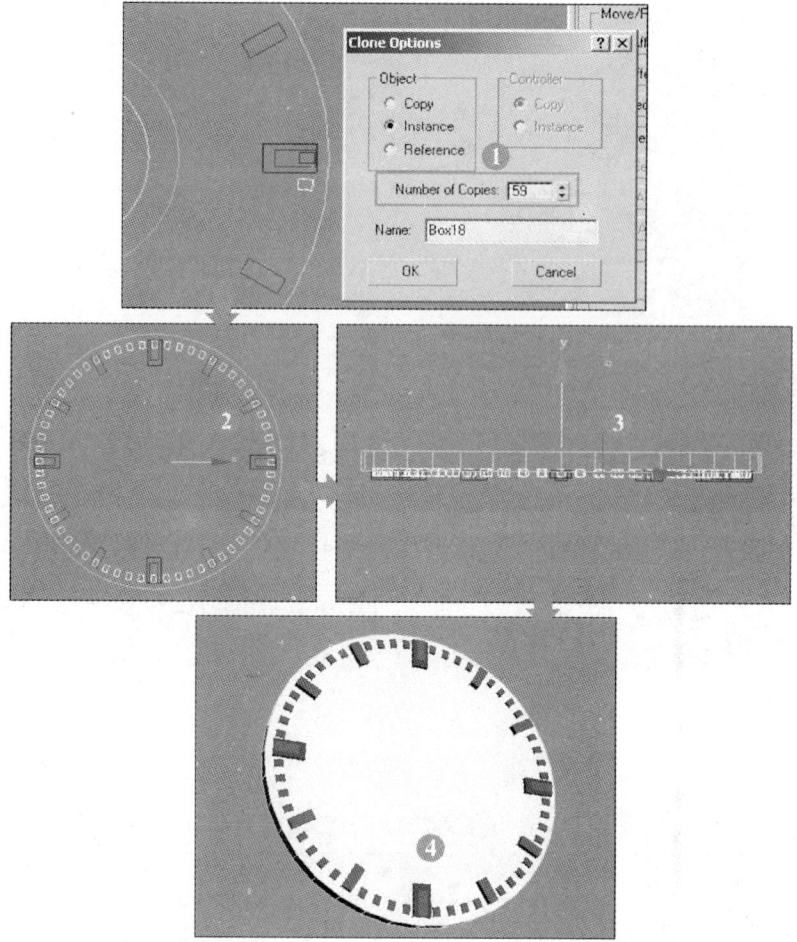

图3-42

下面,我们来完成时钟的指针。

在前视图,完成时钟指针Box物体,如图3-43所示。

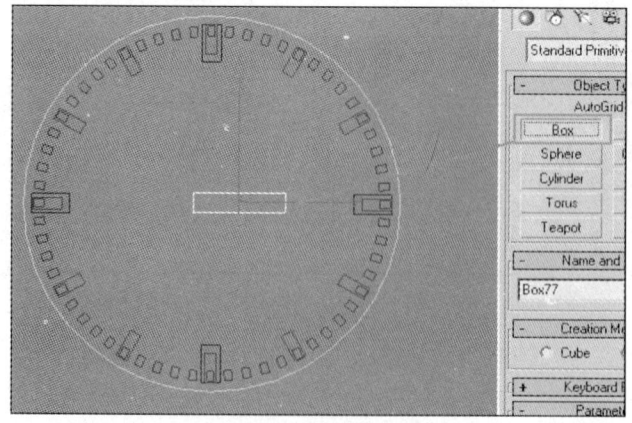

图3-43

使用对齐命令对齐到表盘的中心,如图3-44所示。

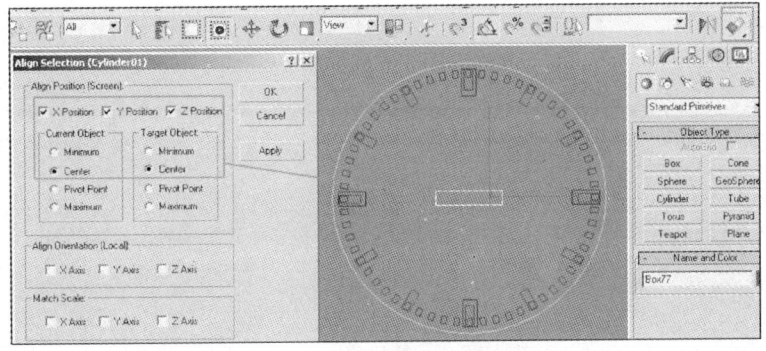

图3-44

进入层级面板,使用同样的方法将Box向X方向移动(注意不要完全脱离旋转轴),在顶视图将时针向下移出,如图3-45所示。

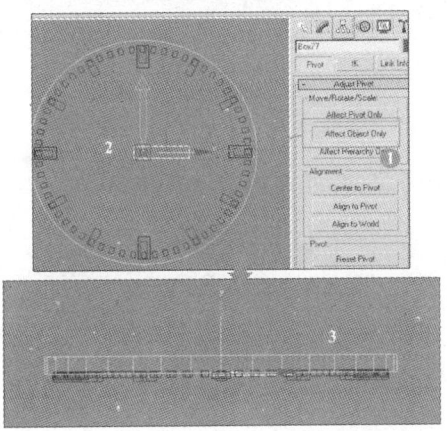

图3-45

同样的方法完成分钟和秒钟,旋转摆放好它们的位置,如图3-46所示。

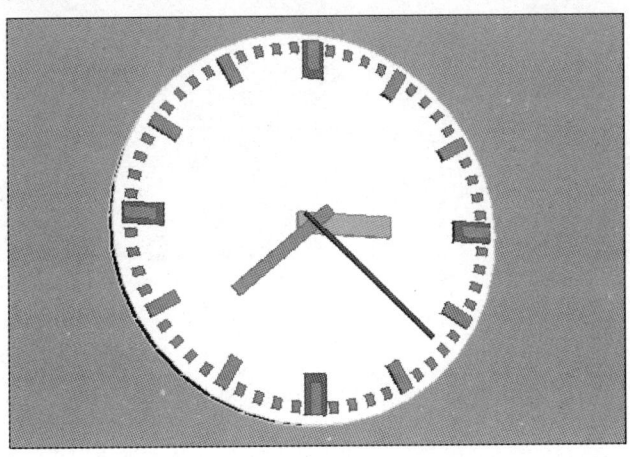

图3-46

最后为钟表添加时钟文字。

进入创建二维形体面板，单击Text文本命令，在前视图创建二维文本，如图3-47所示。

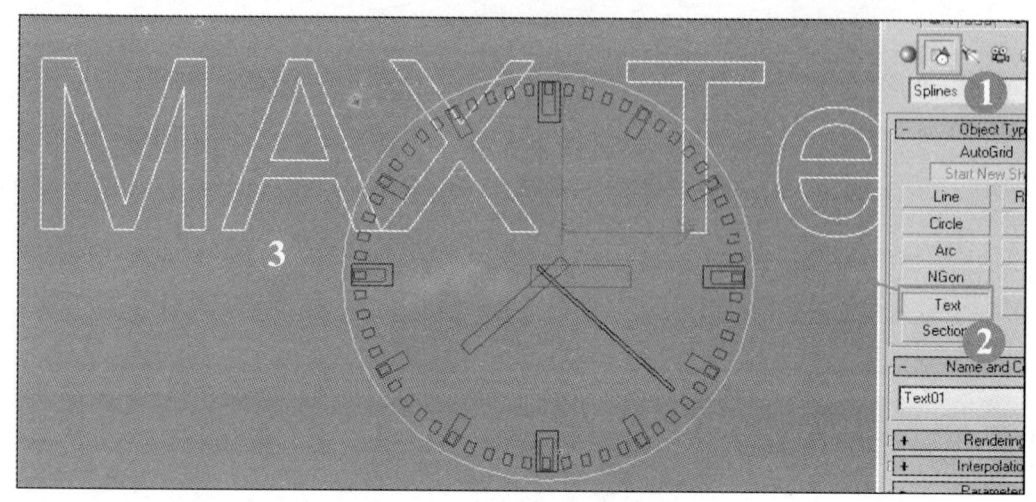

图3-47

进入修改命令面板，将文本的颜色改为黑色，对文本的字体、大小、文本内容进行修改，如图3-48所示。

进入Rendering展卷栏，勾选Enable In Renders对渲染有效和Enable In Viewport对视图窗口有效，将线段的Thickness粗细改为0.3，如图3-49所示。

注意：Max默认情况下二维物体是不能够渲染的，将Rendering展卷栏中可渲染参数打开是我们渲染二维曲线的常用方法。

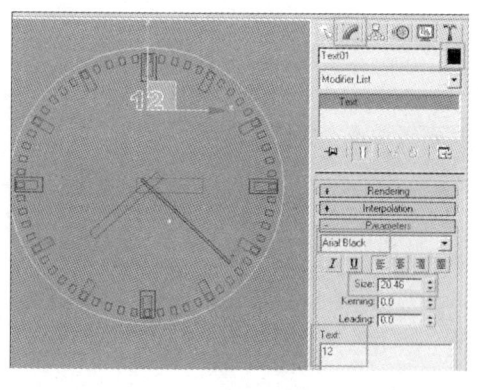

图3-48

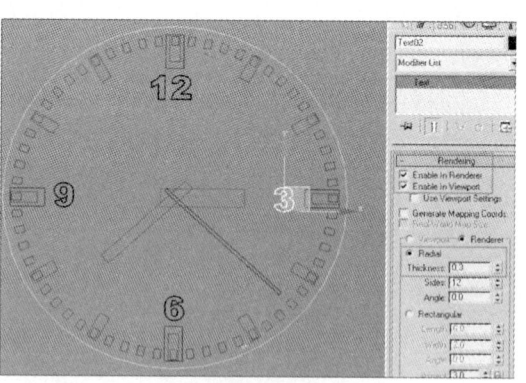

图3-49

将钟表文字放好后，钟表模型完成，渲染如图3-50所示。

图3-50

钟表模型练习知识点：

（1）对齐工具的使用方法。

（2）使用层级面板改变物体与轴心的位置关系。

（3）角度捕捉设置方法。

（4）二维曲线可渲染的操作方法。

思考与练习

1. Max建模方法有哪些？有什么特点？
2. 如何设置角度捕捉？
3. 如何改变物体轴心点的位置？
4. 按线框颜色选择物体的操作流程是什么？
5. 如何让二维曲线能够被渲染？

第四章 3ds Max 初级建模——修改建模

>>>> **本章重点**

理解修改二维几何体和修改三维几何体工具

运用修改建模方法完成简单模型的制作

>>>> **学习目的**

通过了解常用的修改建模工具,包括二维几何体和三维几何体,能够灵活运用它们完成一些简单模型的制作,并掌握修改建模的整体思路。

第一节 修改建模综述

三维软件在程序的设计过程中，一般都会提供一些基础模型物体，包括二维或三维基本几何形体，但是这些基本物体无法满足模型世界千变万化的要求，所以修改建模孕育而生，它是在基本几何形体的基础上进行修改，让它产生更多的不规则形体。本章通过了解常用的修改建模工具，包括二维几何体和三维几何体，能够灵活运用它们完成一些简单模型的制作，并掌握修改建模的整体思路。

第二节 修改二维几何体

一、Edit Spline编辑样条线修改器

3ds Max默认样条线的种类很少，编辑样条线修改器可以在原有样条线的基础上，通过修改得到任何形状的二维曲线，为创建三维模型打好基础。

Edit Spline编辑样条线修改器的进入方式有两种：第一种可以在选择二维曲线物体的情况下，进入修改命令列表，找到Edit Spline命令；第二种是在选择二维曲线物体的情况下，直接在物体上单击右键，在弹出的快捷菜单中选择Convert to Editable Spline命令，如图4-1所示。

注意：两种进入方式只有第一种可以保留原始物体的创建参数信息。

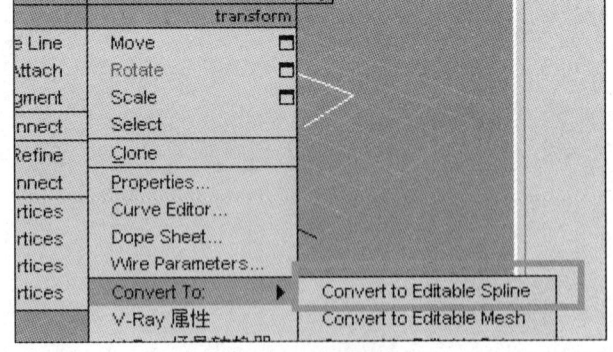

图4-1 第二种进入方式

Edit Spline有三个子物体级别，分别是顶点、边、样条线。修改二维物体的时候可以进入子物体级别进行细微修改。

下面通过一个实例来学习Edit Spline的使用方法。

实例：完成凤凰航空标志

（1）激活前视图，按下Alt+B键加载背景参考图，在弹出的面板上单击Files文件命令，找到凤凰航空标志图片并打开，注意勾选Match Bitmap匹配位图和 Lock Zoom/Pan锁定缩放和平移，点击OK确定，凤凰航空的标志就放置在前视图的背景上了，如图4-2所示。

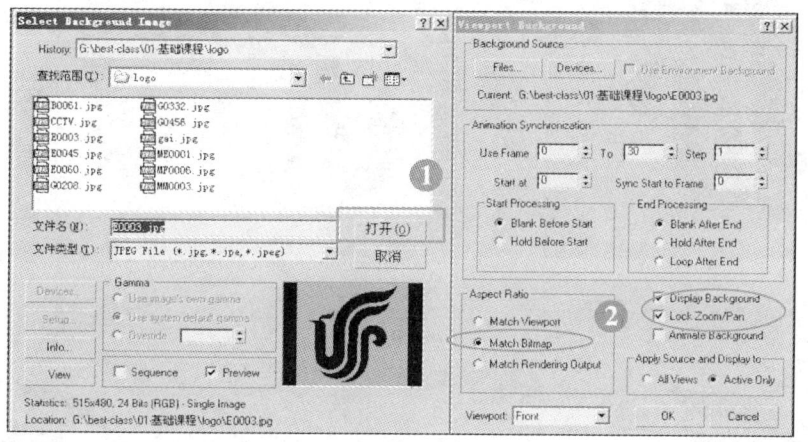

图4-2　操作步骤一

（2）使用Line创建二维直线工具画出标志关键点，画第二段曲线的时候注意要将Start New Shape开始新图形勾选去除，进入修改面板，进入顶点级别，选择所有的顶点后单击右键，在弹出的菜单中选择贝兹角点，如图4-3所示。

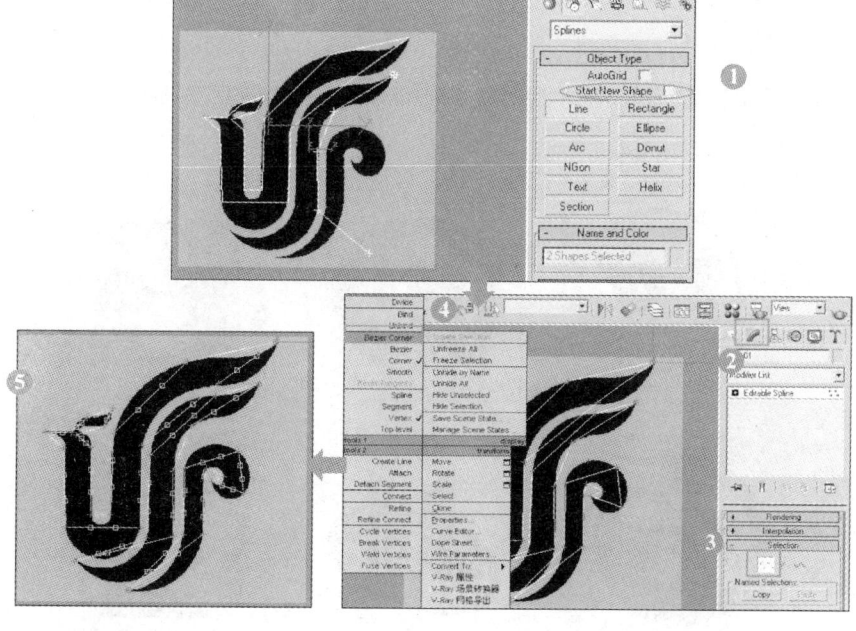

图4-3　操作步骤二

（3）调整贝兹角点的手柄，使曲率与标志形体相同，完成后在修改器列表中选择挤出命令Extrude对二维图形挤出，给一定的挤出数值（控制标志挤出的厚度），凤凰标志就完成了，如图4-4所示。

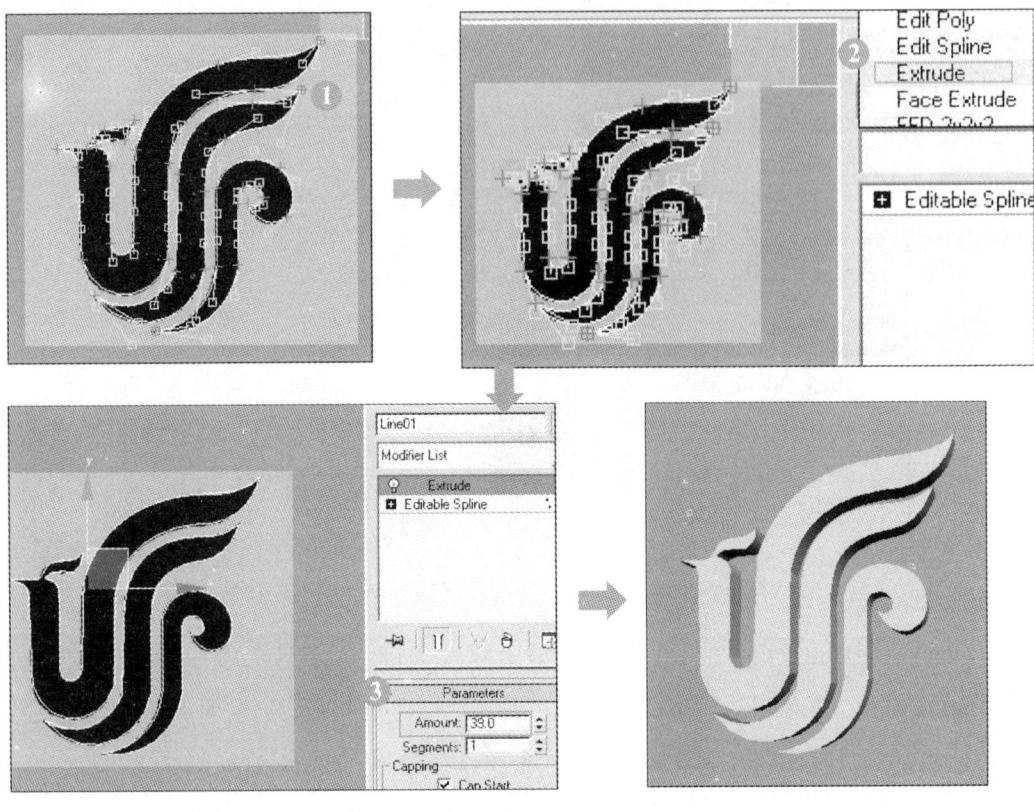

图4-4 操作步骤三

通过前面标志实例的学习，就能使用编辑样条线修改器画出工作中需要的任何形状的二维图形，如图4-5所示。

图4-5 其他标志

二、Extrude 挤出成型

所有二维物体在造型制作完成后,它还没有成为真正的三维物体,在默认的情况下,是不能被渲染的,所以就要求将二维图形先转化为三维物体,二维图形向三维物体转化的工具有Extrude挤出、Lather车削、Bevel倒角等等,其中最重要就是Extrude挤出成型。

挤出成型的操作方法比较简单,其操作流程是:首先创建好需要挤出的二维图形,然后选择二维图形,进入修改面板的修改器列表,选择挤出命令,调整挤出的数值,挤出操作完成。

三、Lather 车削成型

车削也是一种将二维图形转变为三维物体的重要工具,它主要针对有固定旋转轴的三维物体,如酒杯、酒瓶、碗、花瓶等。

车削的操作流程是:首先使用二维曲线工具完成物体的旋转横截面,然后使用修改面板的修改器列表的车削修改工具,调整正确的旋转轴,车削成型完成。

下面以酒杯车削为实例,如图4-6所示。

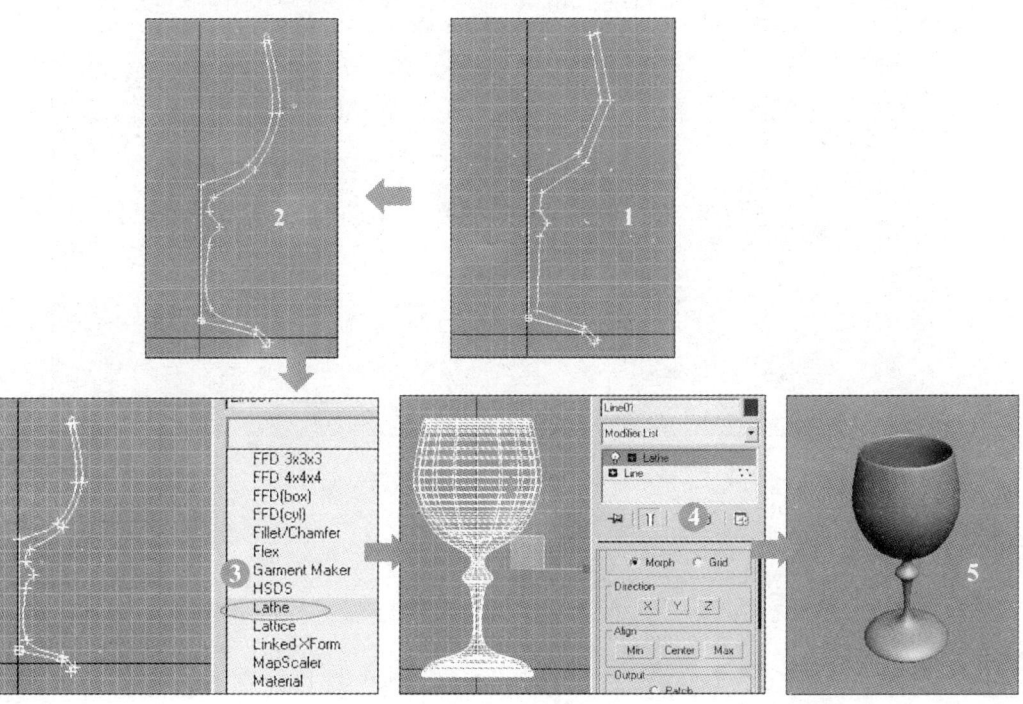

图4-6 酒杯的制作步骤

注意：在车削成型的过程中，车削轴所在的位置对车削的结果是至关重要的，图4-7是酒杯横截面图形车削轴在不同位置得到的不同车削结果。

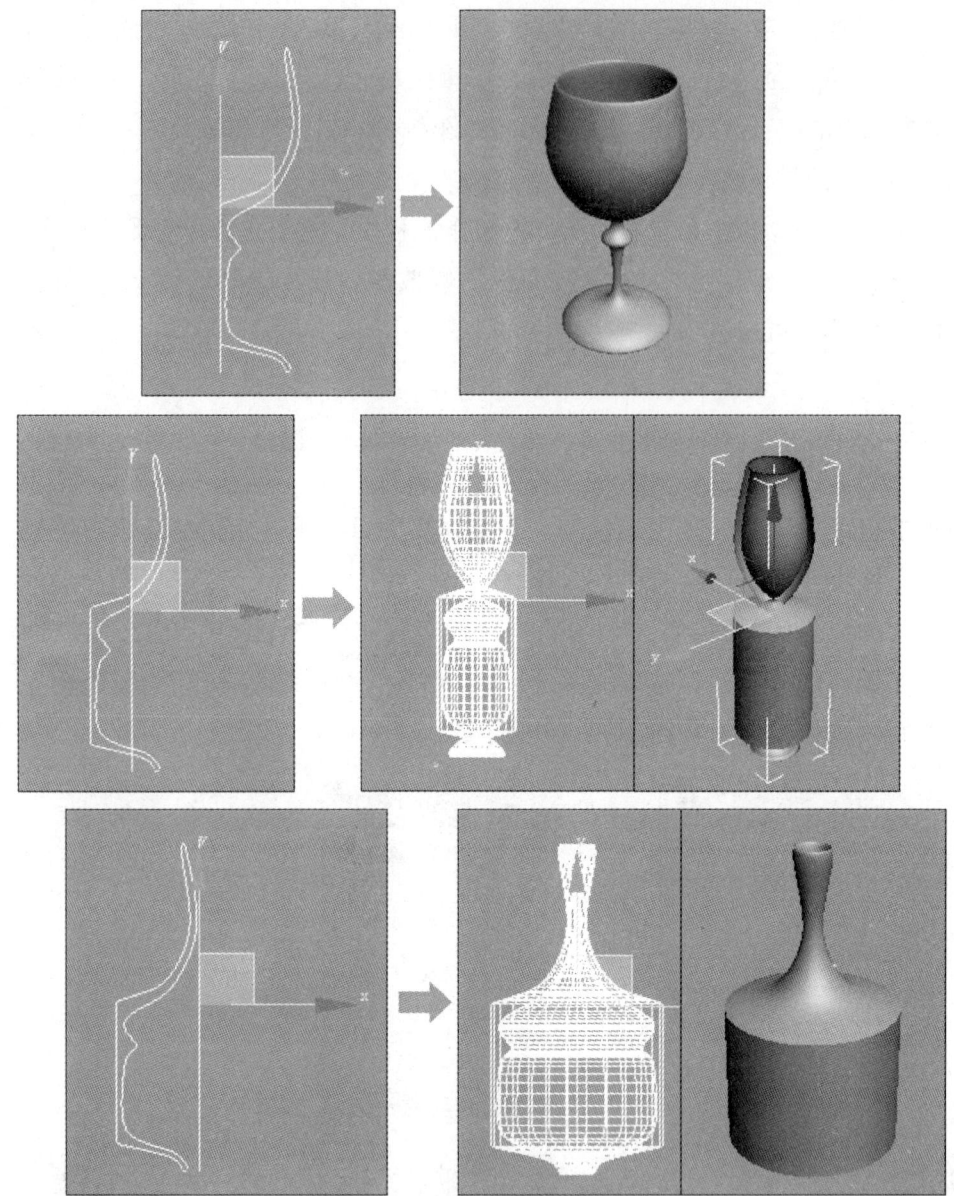

图4-7　车削轴在不同位置产生的不同车削结果

四、Bevel 文字与标志的倒角

在制作三维立体文字或标志时，使用挤出成型工具只能得到垂直的边角，而实际工作中有时需要带有倒角的三维形体，这样模型表现才更具有细节。倒角和轮廓倒角修改工具就是用来完成控制倒角形态的，如图4-8、4-9所示。

图4-8 不带倒角的CCTV标志

图4-9 带倒角的CCTV标志

五、Bevel Profile 轮廓倒角

Bevel倒角工具的参数比较简单,只能形成单面倒角或双面倒角,而且倒角的面都是直的,不能得到曲面的倒角形态。

Bevel Profile轮廓倒角能够弥补倒角工具的不足,它能够得到任何形态的倒角剖面。其操作流程是:首先创建需要倒角的标志或文字图形,然后创建倒角剖面二维图形,选择文字或标志图形,在修改器列表中选择倒角剖面修改工具,使用挑选剖面工具将绘制的二维剖面图形挑选,轮廓倒角成型就完成了,如图4-10、4-11所示。

图4-10 绘制标志图形和倒角剖面图形

图4-11　选择不同的倒角剖面图形可以得到不同的倒角形态

第三节　修改三维几何体

一、Bend 弯曲

Bend弯曲是常用的三维物体修改工具,它能够将三维物体沿不同的轴弯曲,关键是被弯曲的物体要有相应的段数。

如图4-12所示,当物体在默认情况下段数为1,选择Bend弯曲修改器,设置Angle弯曲角度为60.5度,结果如图4-12,我们发现物体没有发生弯曲。

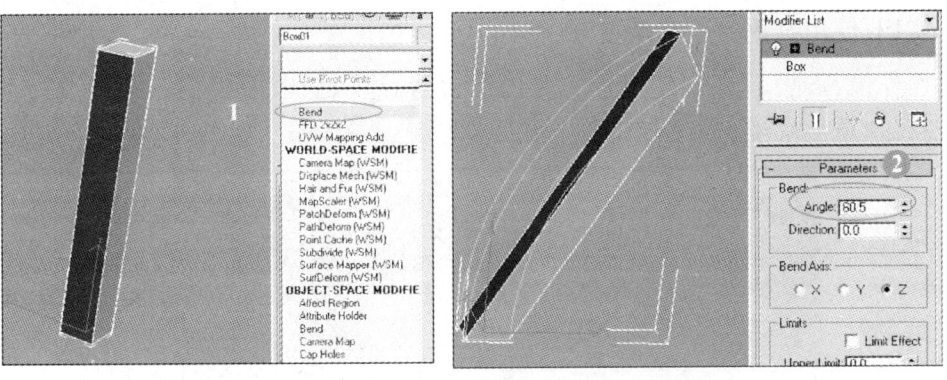

图4-12 段数为1的物体弯曲结果

如图4-13所示,当物体在高度方向的段数改为11时,选择弯曲(Bend)修改器,设置Angle弯曲角度为82度,结果如图4-13,我们发现物体发生了弯曲。

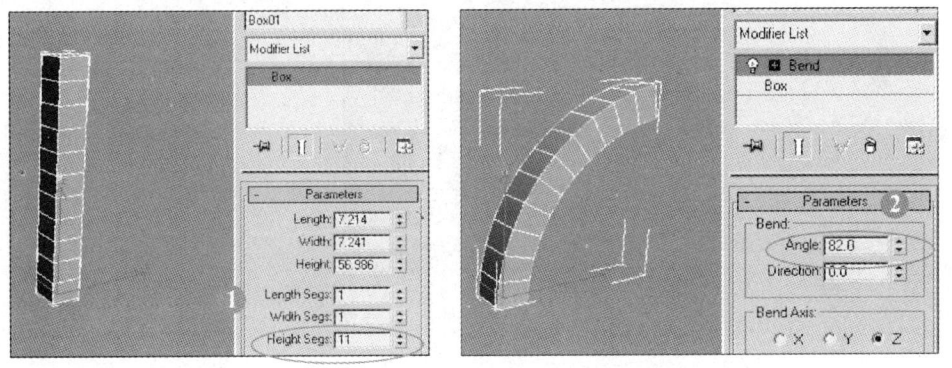

图4-13 段数为11的物体弯曲结果

二、Taper 锥化

Taper锥化是将三维物体向锥形转化的工具,如图4-14所示。

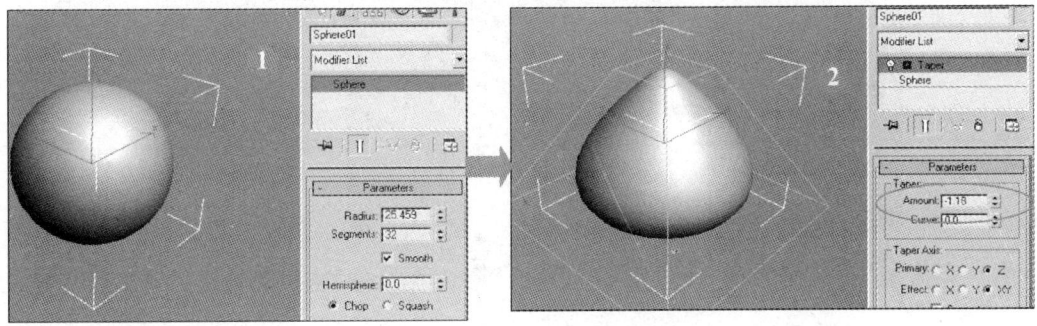

图4-14 球体锥化过程

实例：使用锥化完成五角星

操作流程是：首先创建星形二维图形，然后进入修改面板将六角星改为五角星，最后将星形挤出并锥化完成，如图4-15所示。

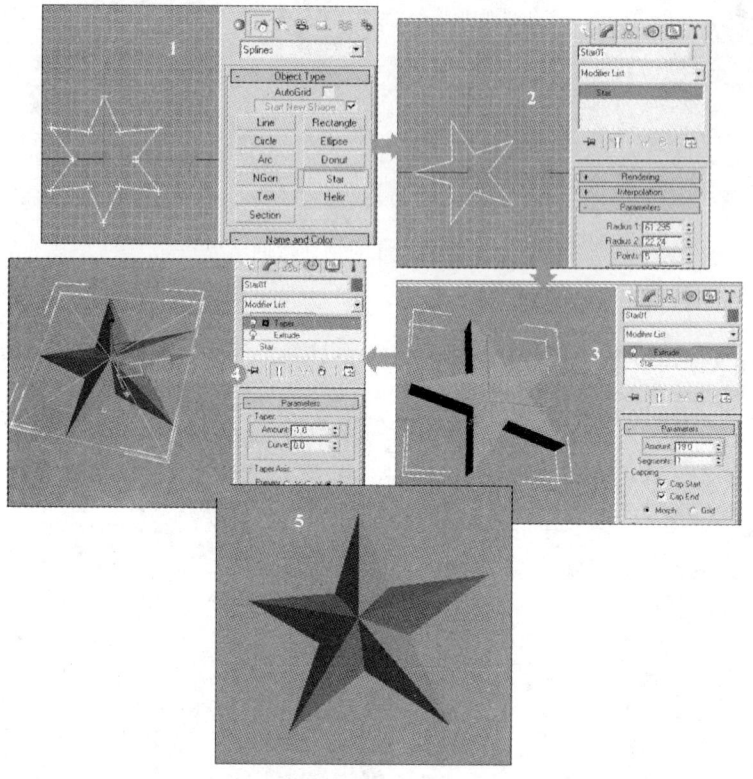

图4-15　五角星的锥化过程

三、Twist 扭曲

扭曲能够像拧毛巾一样扭曲物体，前提是物体也必须有相应的段数，如图4-16所示。

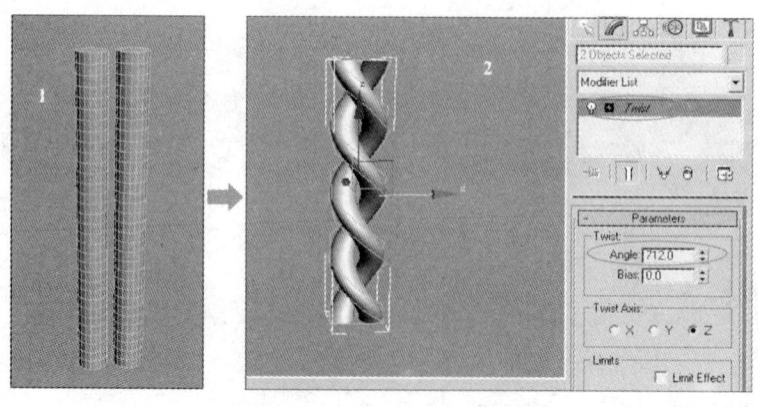

图4-16　圆柱体扭曲过程

四、Spherify 球形化

Spherify球形化是将有段数的物体转变为球形的工具,并可以按照参数百分比从0~100来确定球形化的程度,如图4-17所示。

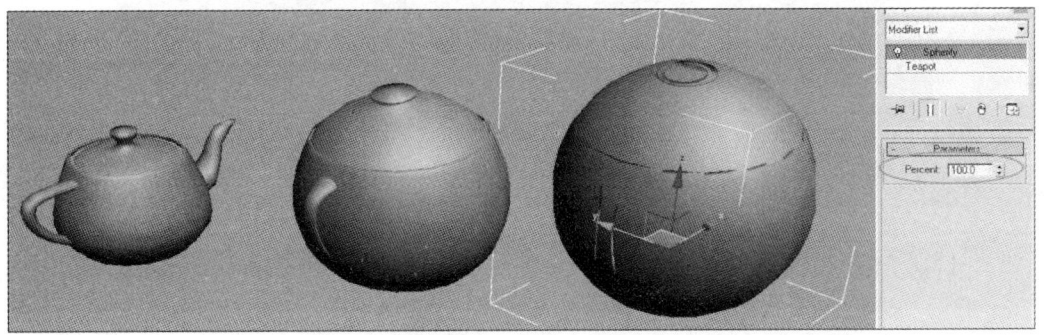

图4-17 茶壶球形化过程

五、Lattice 结构线框

将物体的段数转化为实体模式,常用来完成金属框架,如图4-18所示。

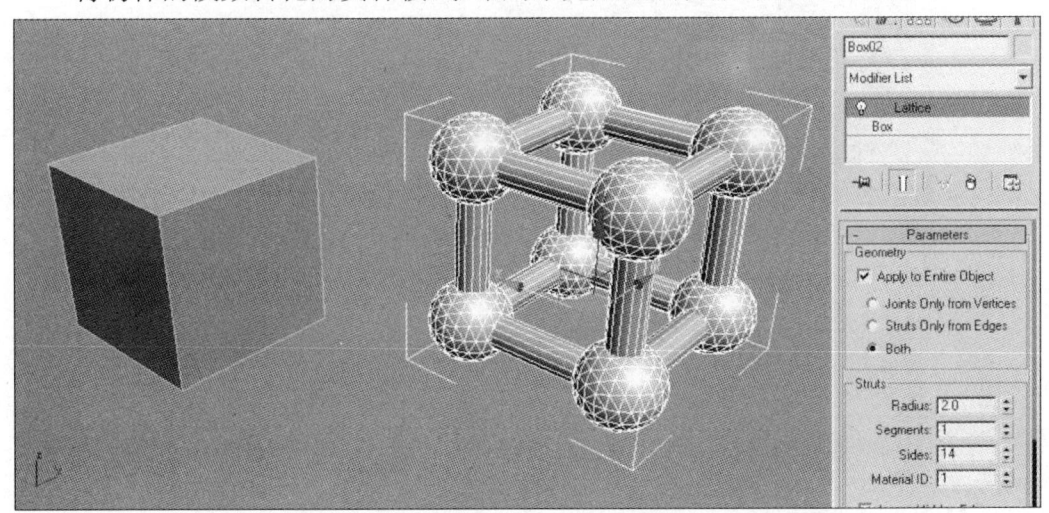

图4-18 金属框架

六、Slice 切片

将三维物体的某些部位切除,如图4-19所示,常用来完成建筑生长动画。

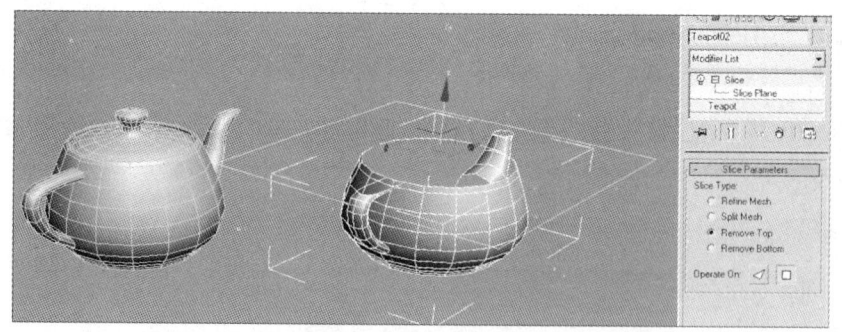

图4-19 Slice切片

七、FFD 变形工具

FFD变形工具能够在三维物体的外侧形成柔性的控制点,如图4-20所示,通过移动这些控制点来改变三维物体的造型。配合锥化命令,可以将一个球体修改成一个苹果的造型,如图4-21所示。

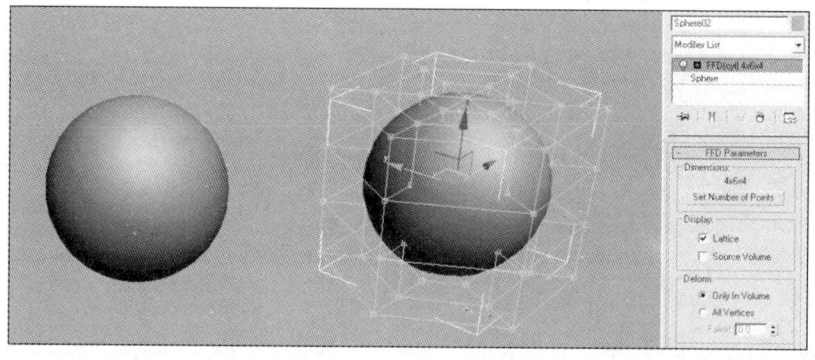

图4-20 FFD变形工具

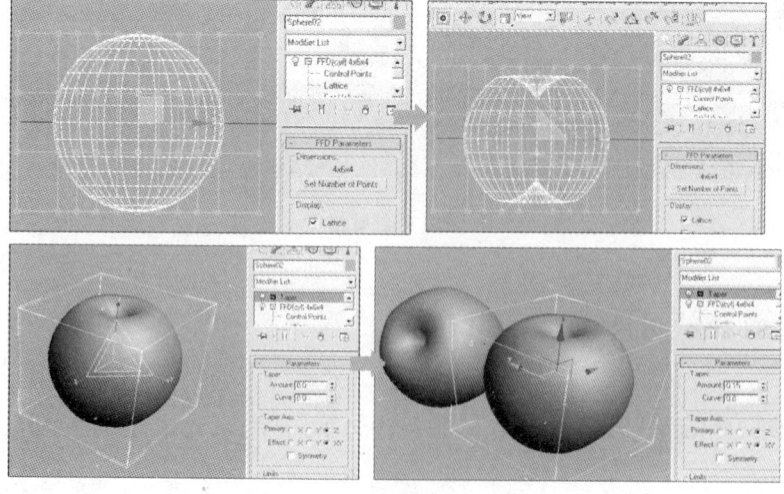

图4-21 将一个球体修改成一个苹果造型的过程

八、Melt 溶化

Melt溶化用来模拟自然界中某种介质的溶化效果，比如塑料、冰等等，如图4-22所示。

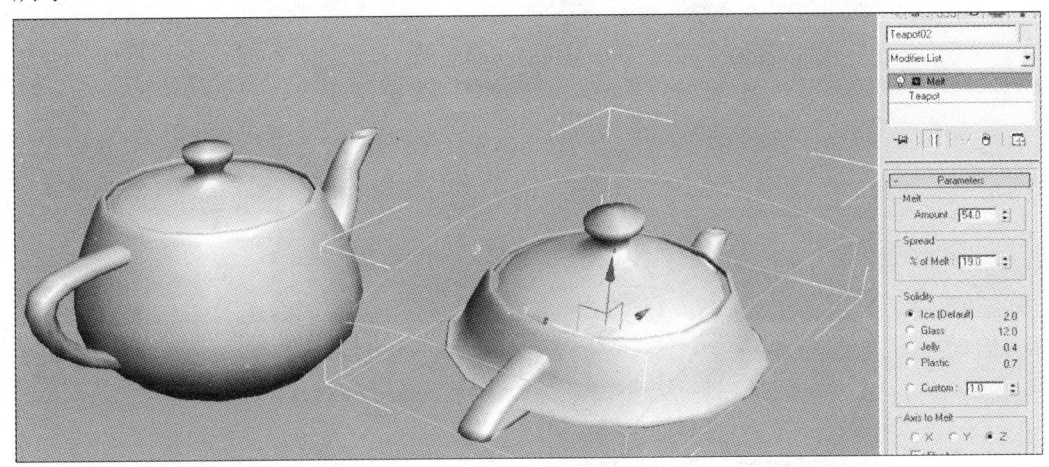

图4-22　茶壶的溶化

九、Noise 噪音

用噪音来影响形体，让它发生很随机的变化，如图4-23所示。

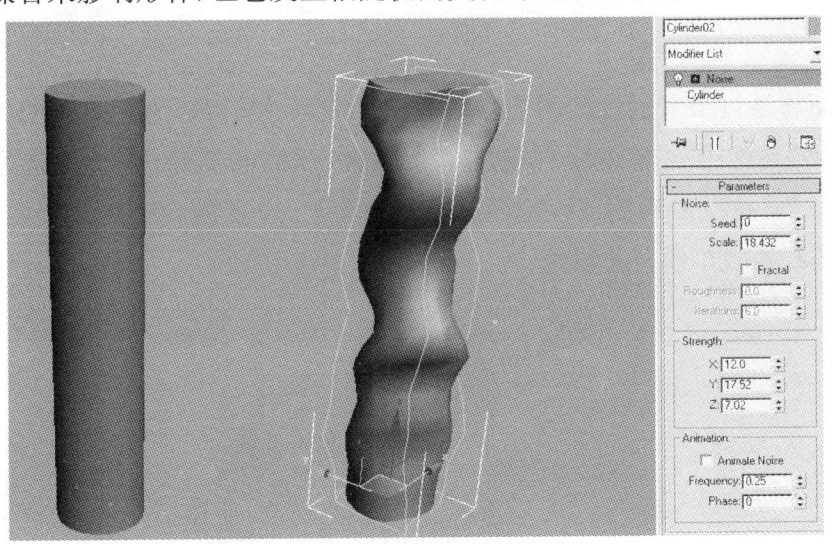

图4-23　噪音影响圆柱体

使用噪音和FFD变形工具可以快速将一个球体修改成一块陨石，如图4-24、图4-25所示。

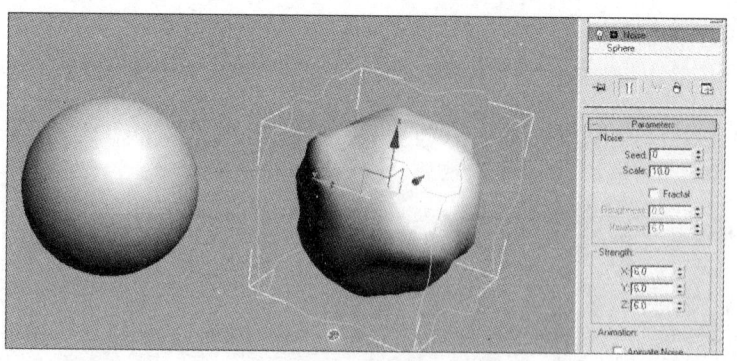

图4-24　陨石造型一

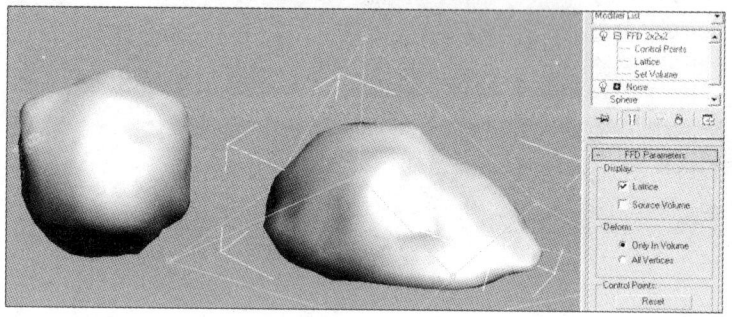

图4-25　陨石造型二

第四节　修改建模完成红警战车模型

下面将通过上节所讲述的把复杂模型分解，分别建模，然后堆砌的方法来演示红警战车模型的建模过程。在创建模型以前，我们需要有一些模型参考图或设定图，通过对这些参考图或设定图的分析，得到一个高效合理的模型创建方案。图4-26是红警战车模型的原画。

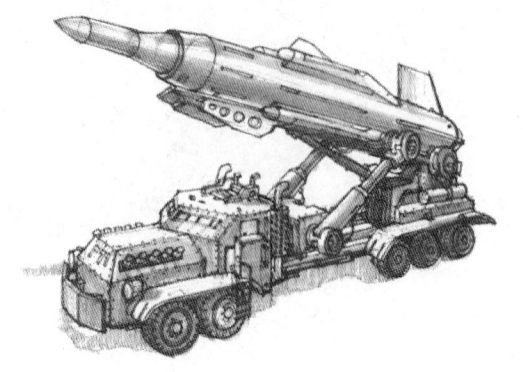

图4-26

图4-27所示是完成后的红警战车模型。

图4-27

这个模型主要由两大部分构成,卡车是主要支撑部分,被支撑物体为炮弹。

我们先从模型的主体支撑物——卡车开始做起。

首先要做的是卡车头,先在顶视图创建基本几何体建模中的Box,然后单击右键将其转换为可编辑的多边形,我们要将它的两个面变成斜面,如图4-28所示。

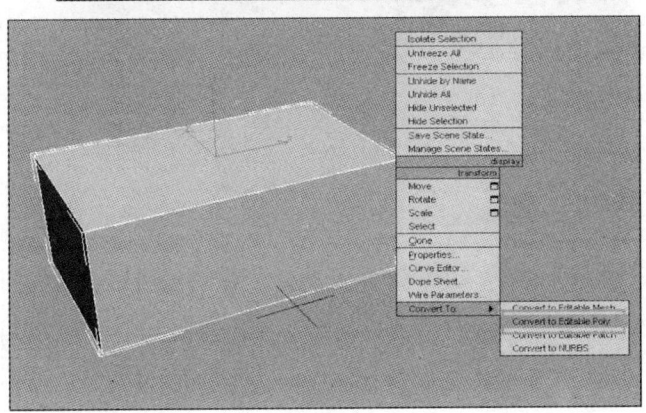

图4-28

在可编辑多边形的边的级别,选择需要挤出的面,使用Bevel进行倒角,使其两侧的面向内倾斜,如图4-29所示。

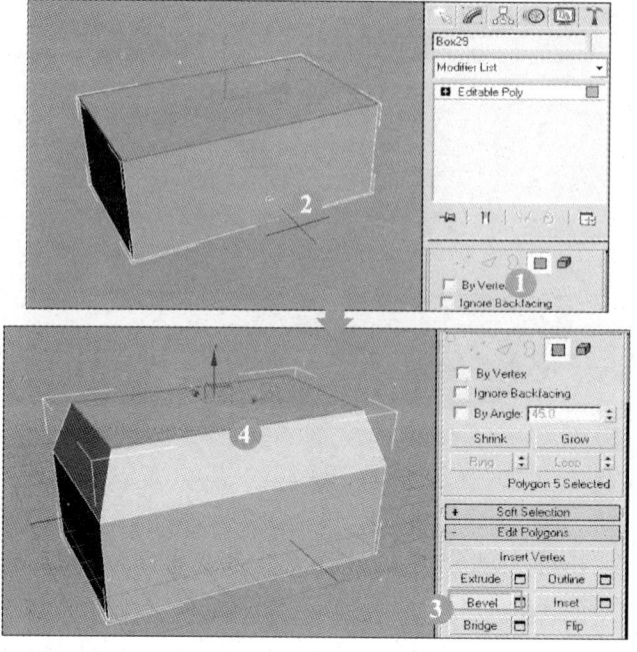

图4-29

然后先分别在Top和Front视图上画出它们的二维轮廓线,调整出正确的形状,使用挤出命令挤出,如图4-30所示。

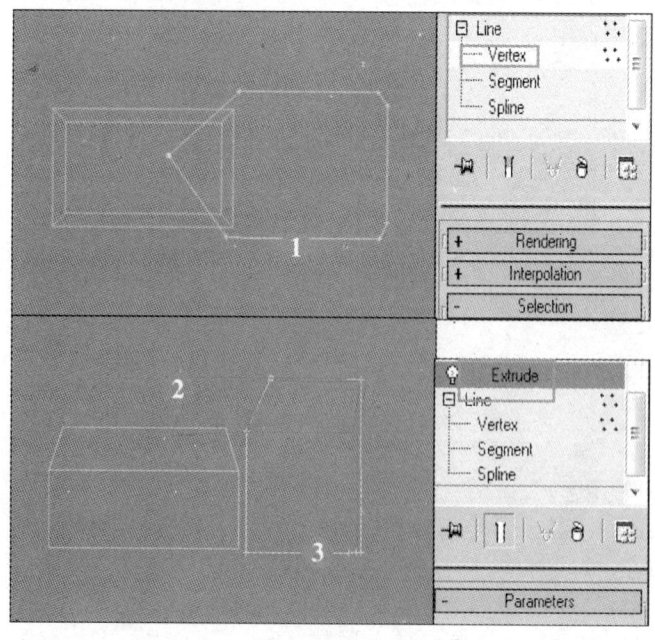

图4-30

同时创建基本几何体建模中Box并将其放到下面合适的位置，如图4-31所示。

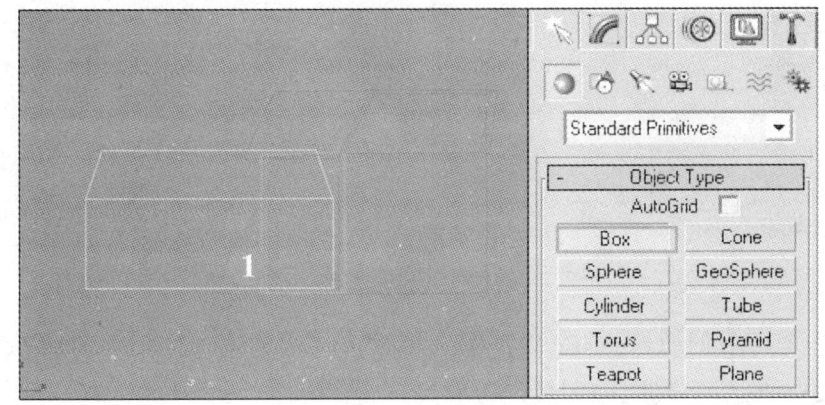

图4-31

这样，卡车头的大致模型就完成了。如图4-32所示。

接下来就是卡车头上附属物的制作，像这类复杂的模型，先从整体着眼，再到局部。这样有利于把握形体的比例，容易抓住物体的特点。那么，我们从前往后一一做起。

先从车头最前边的挡板开始，其做法也是先在Top视图上创建基本几何体建模

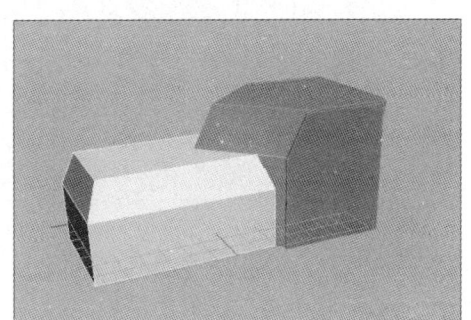

图4-32

中的Box，然后使用旋转工具Rotate，调整其角度。用此方法复制其余两个，如图4-33所示。

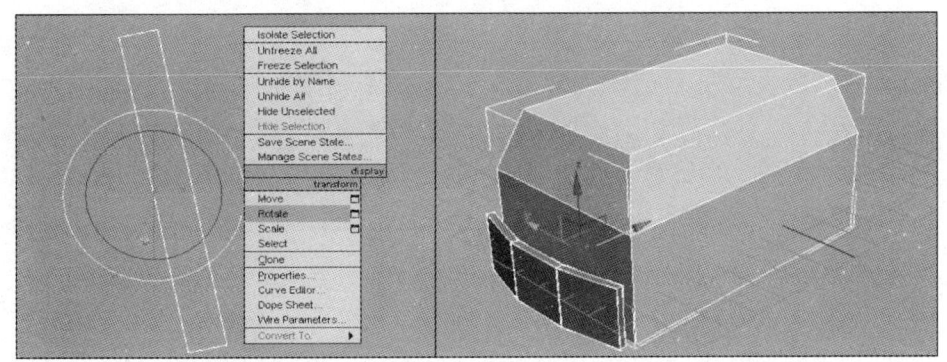

图4-33

在其中一侧倾斜的面上创建Box模型，旋转合适的角度调整位置，如图4-34所示。

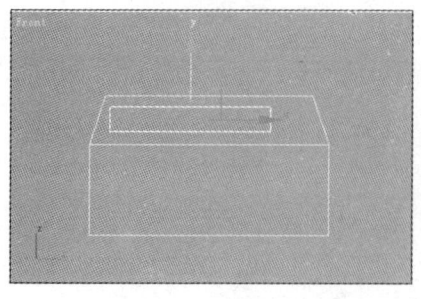
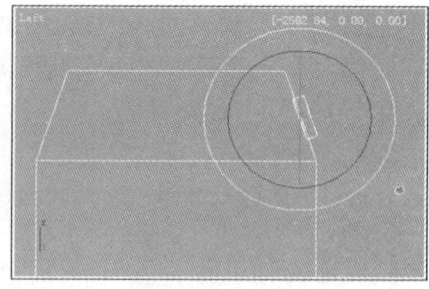

图4-34

接着是其上的通风口,在顶视图上创建基本几何体建模中的Cylinder(圆柱体),调整到合适的位置,如图4-35所示。

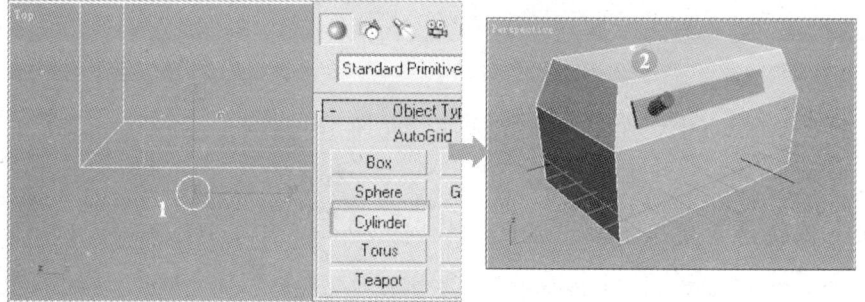

图4-35

接下来是做出管子空心的样子,选择圆柱体,单击右键将其转换为可编辑的多边形;在多边形级别,选择圆柱的表面,使用Insert命令进行插入;再使用Extrude命令向内进行挤出。如图4-36所示。

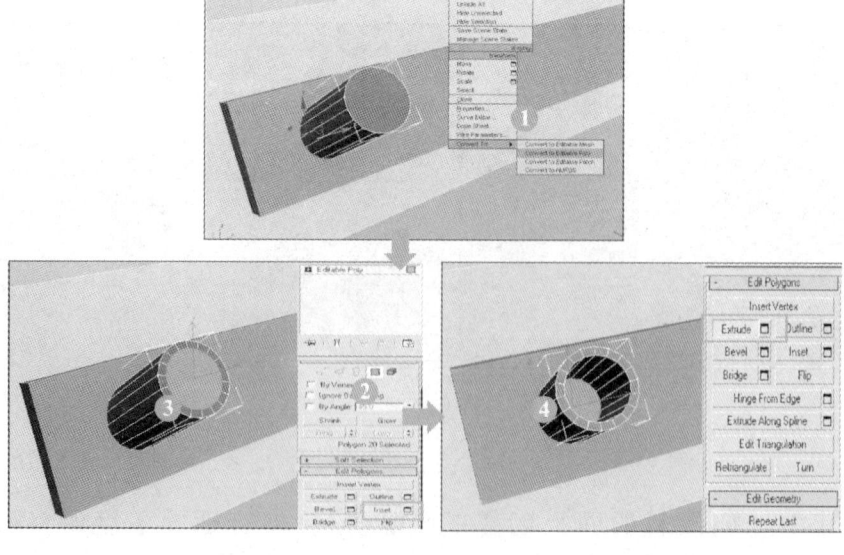

图4-36

选择做好的物体，按住shift键沿坐标轴X轴拖拽，进行复制，同时改动复制的个数，如图4-37所示。

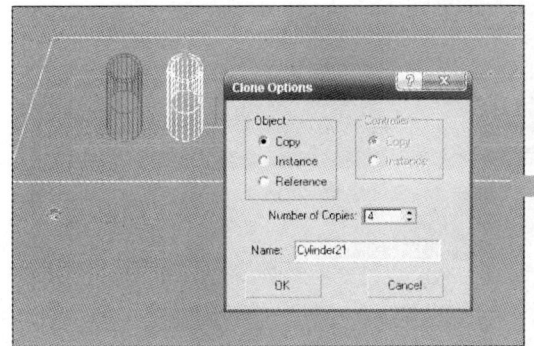

图4-37

选中物体，使用镜像工具向另外一侧复制。镜像工具主要是针对对称物体，使用镜像工具可以准确、快速地得到对称物体的另外一侧，如图4-38所示。

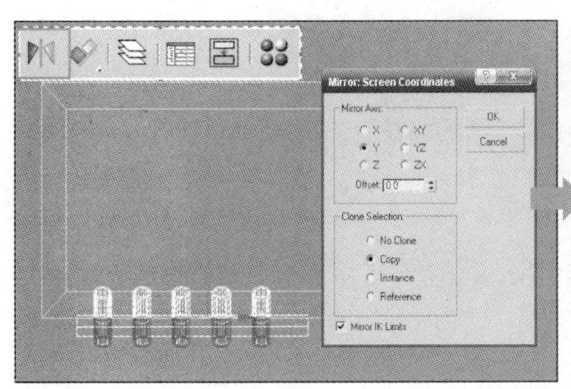
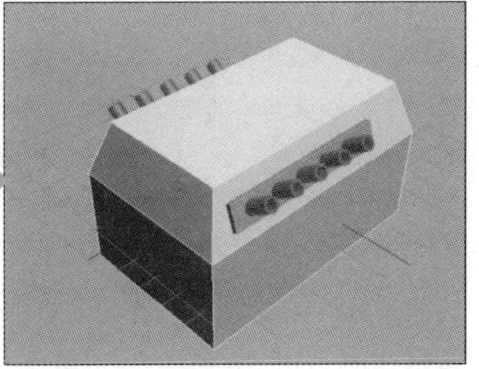

图4-38

还有车窗和车门部分，首先在完成的斜面物体上开始做车窗，先做出基础模型Box；然后使用修改面板里的变形工具，调整它的形状，单击右键将其转换为可编辑的多边形；在多边形级别，选择长立方体的表面，使用Insert命令进行插入，再使用Extrude命令向内挤出，使之附合在物体上；用基础建模中的Box做出中间的分隔棱柱。如图4-39所示。

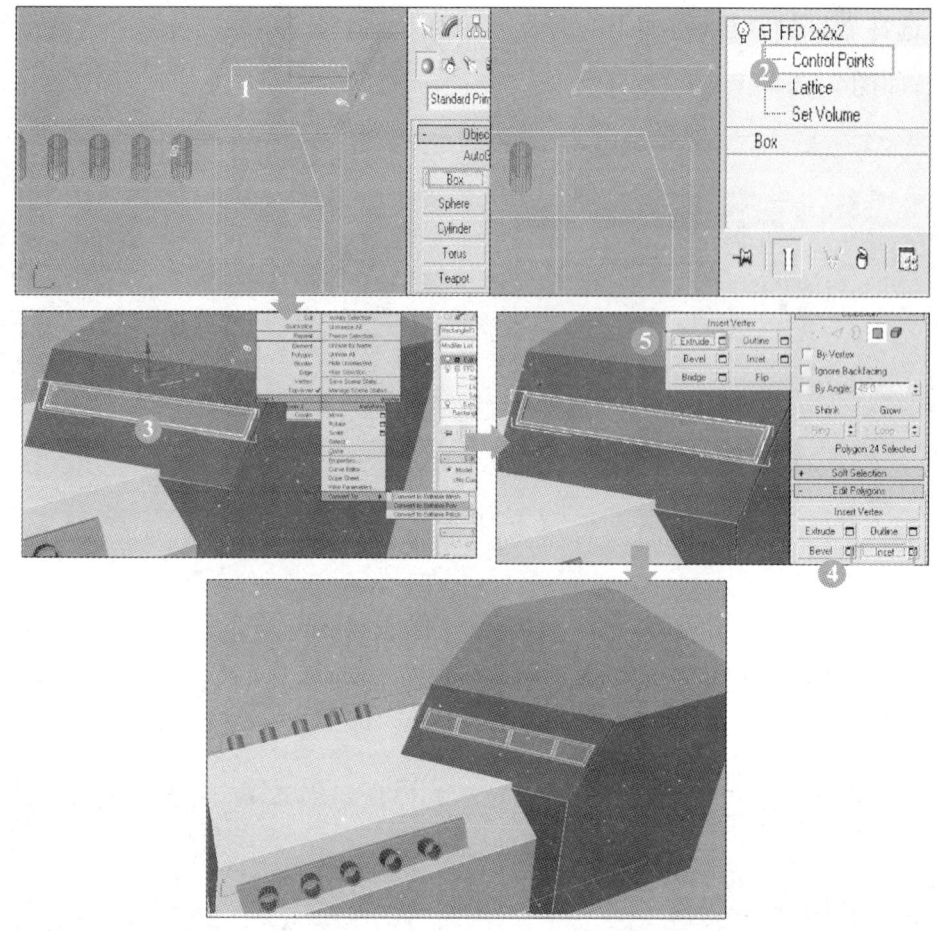

图4-39

其后是车门上的窗户,主要运用Cut命令完成。选择外侧的面,单击右键将其转换为可编辑的多边形,在边的级别,使用Cut命令,切出外框,然后进入多边形的级别,选择向内凹陷的面,向内挤出,如图4-40所示。

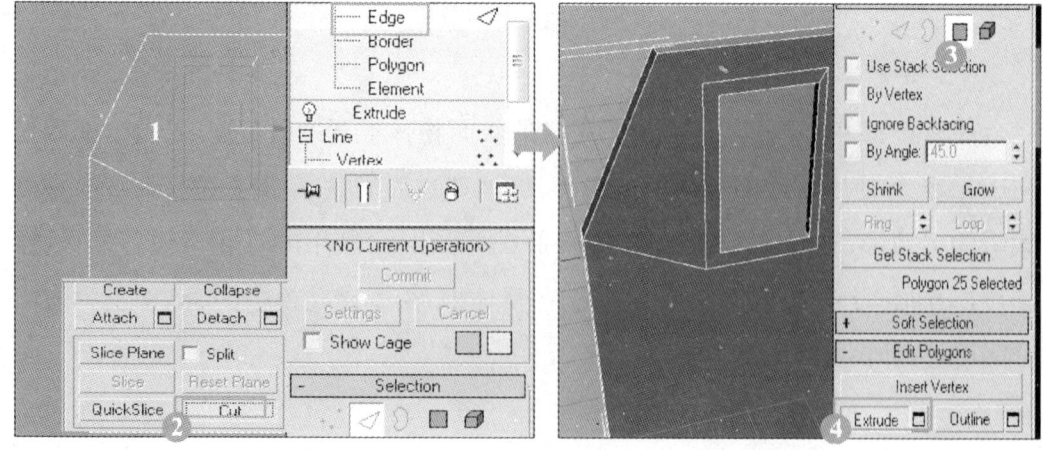

图4-40

也可以用三维物体的布尔运算得到门框。在孤立物体的模式下,做出基础模型Box,再做出第二个Box,与第一个Box相交,得到外框的形状。然后到复合几何体建模中选择Boolean(布尔运算),运算后得到外框。注意:进行三维物体的布尔运算时,先选中留下的物体,然后再对被减掉的物体进行运算。如图4-41所示。

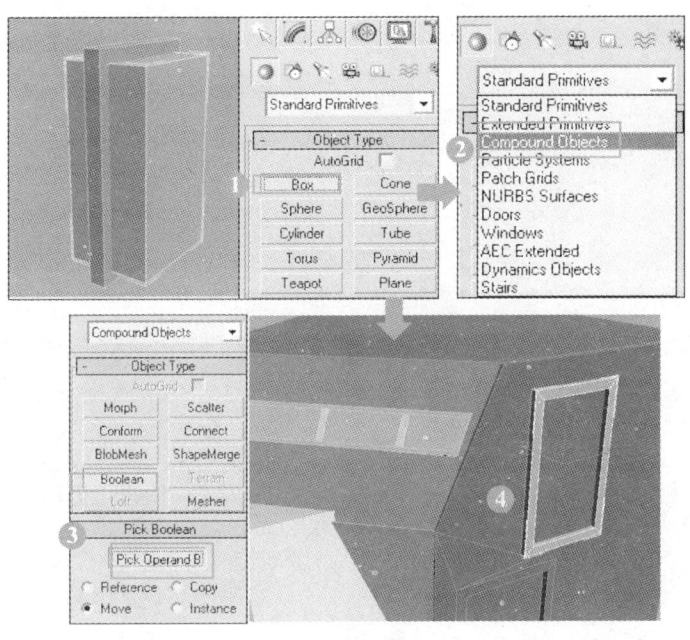

图4-41

卡车头最后要完成的部分是其顶部和两侧的附属物,它的做法和前面所讲到的方法一样,同样用到二维轮廓线和挤出命令,以及Box和Cylinder基础建模命令,还有三维布尔运算,做出镂空的效果,如图4-42所示。此处不再多提。

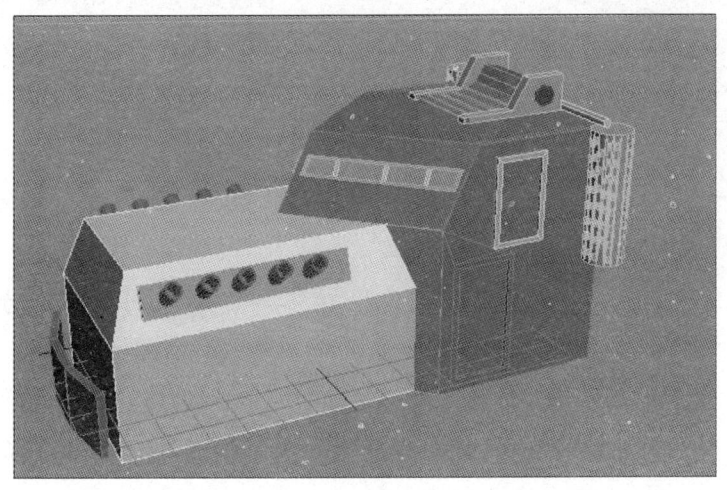

图4-42

在这里主要讲一下让直线可渲染，做管子的方法。

使用二维直线工具在前视图上绘制直线，进入修改面板，在Rendering渲染展卷栏中勾选对视图有效和对渲染有效这一项，刚才所画的线就变成了管子形状，调节Thickness粗细值，控制管子的粗细。如图4-43所示。

注意：画一条直线让它能够渲染是我们用来制作管子、电线的好方法。

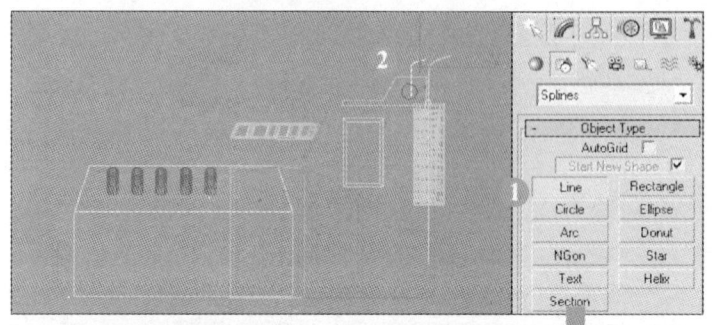
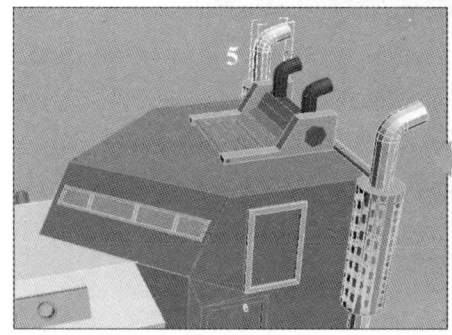
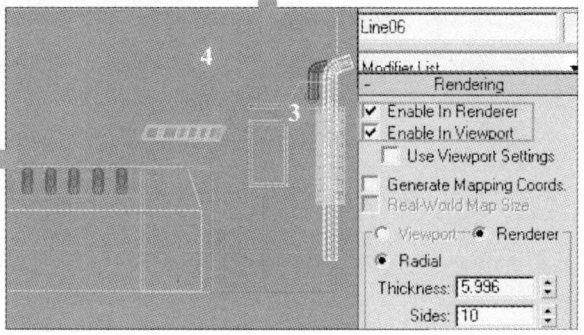

图4-43

图4-44

用此方法可以做出挡板和车头的连接处，如图4-44所示。

这样，车头的部分就可以告一段落了，接下来是车体和其上的附属物。虽然看起来这个模型比较复杂，但是一一分解来做，就会很简单。

车体的主要部分是立方体，在Top视图上创建基本几何体建模中的Box，做出最大面积的部分。然后在其上创建另一个Box，利用复制做出铁板铺满的感觉。最后创建Cylinder作为上面的附属物。如图4-45所示。

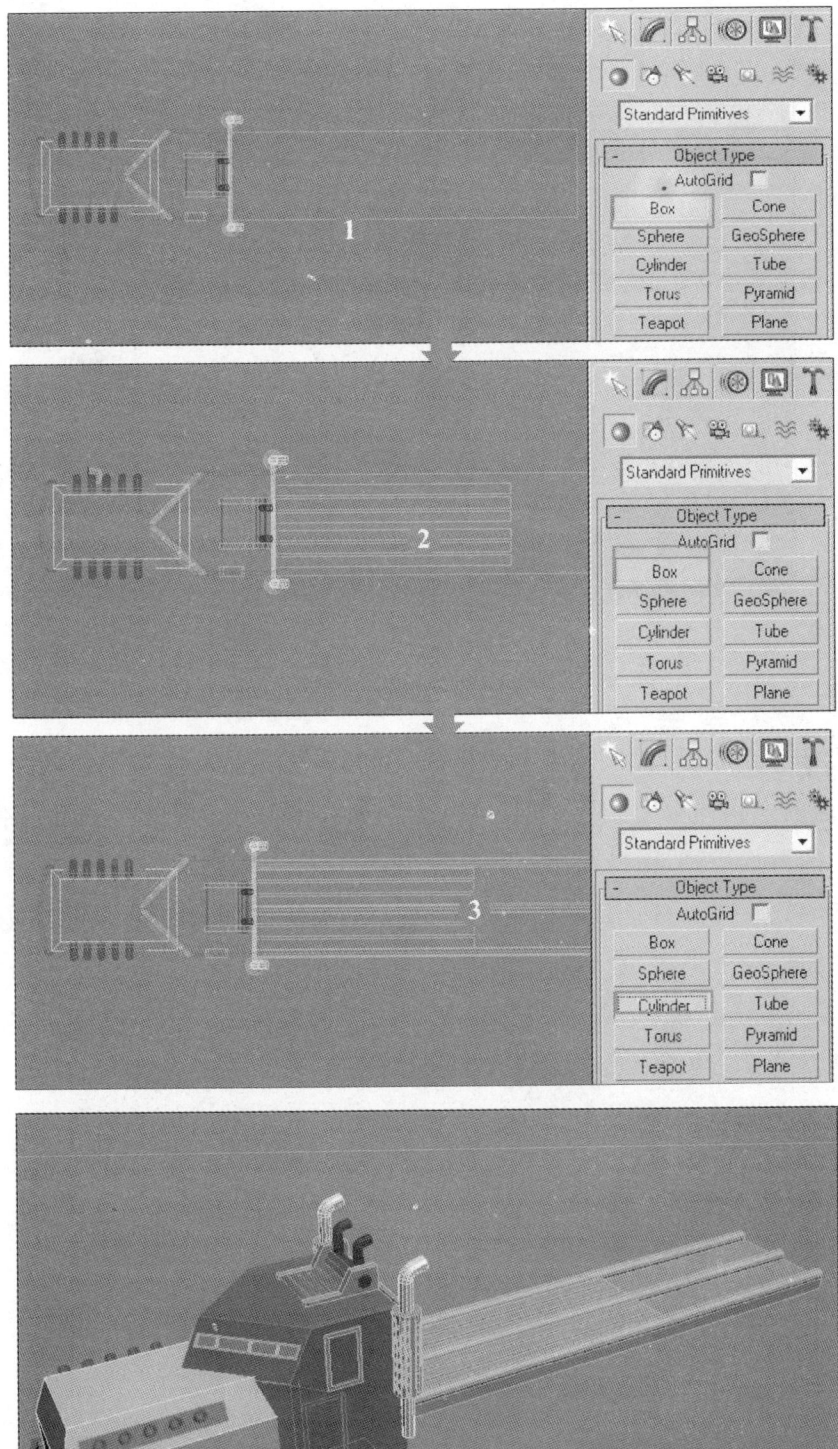

图 4-45

接着，在Front视图上画出二维直线，使用挤出命令挤出，然后用基础建模中的Cylinder和Tube创建两边的附属物。如图4-46所示。

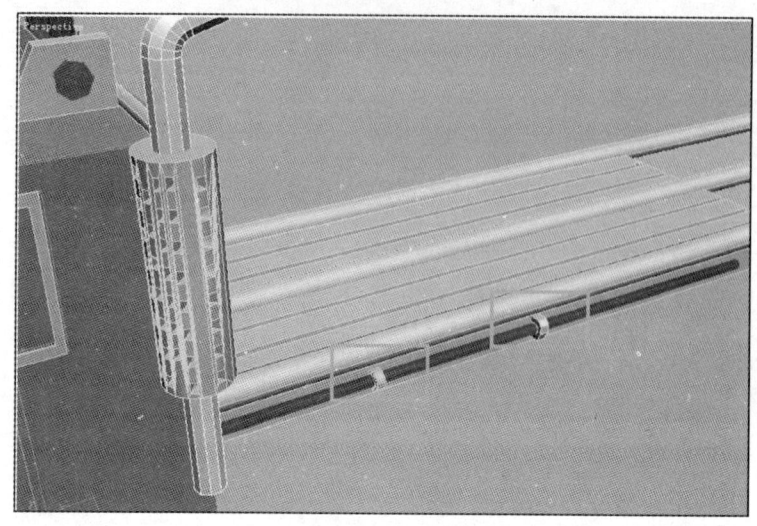

图4-46

主要部分完成后，我们开始其上附属物的创建。先从高度较高的两个物体开始做起，这两个物体都用到了挤出命令。分别在Top和Front视图上画出二维直线，调整它们的形状，然后用挤出命令对其挤出。像这样不规则的物体，我们经常用直线画出它的轮廓，然后挤出，这样能方便快捷地得到三维物体模型。在后面的物件制作中我们也会用到，此处不再详细说明。如图4-47所示。

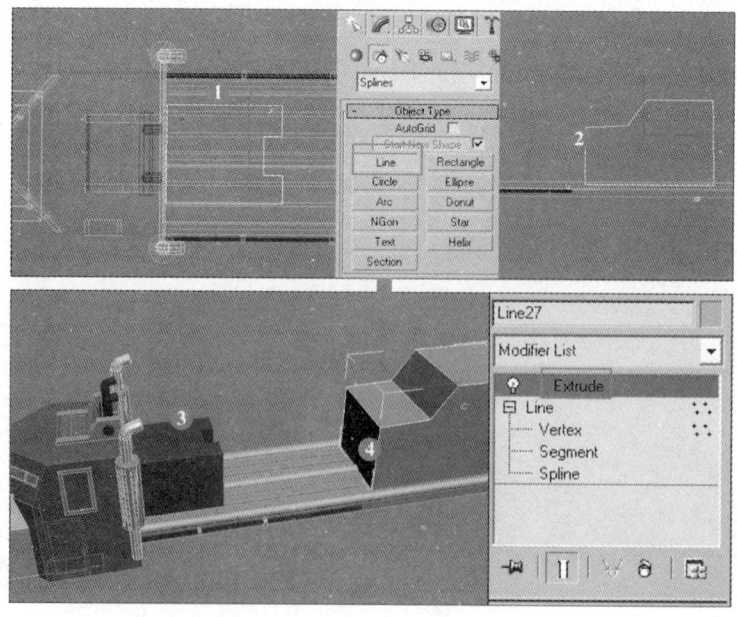

图4-47

接下来我们会用一种新的修改命令Lathe(车削),它主要用于圆形物体的建模。先用直线创建附属物剖面图形,将其车削。车削时注意调整轴的正确位置。使用镜像工具向另一侧复制。如图4-48所示。

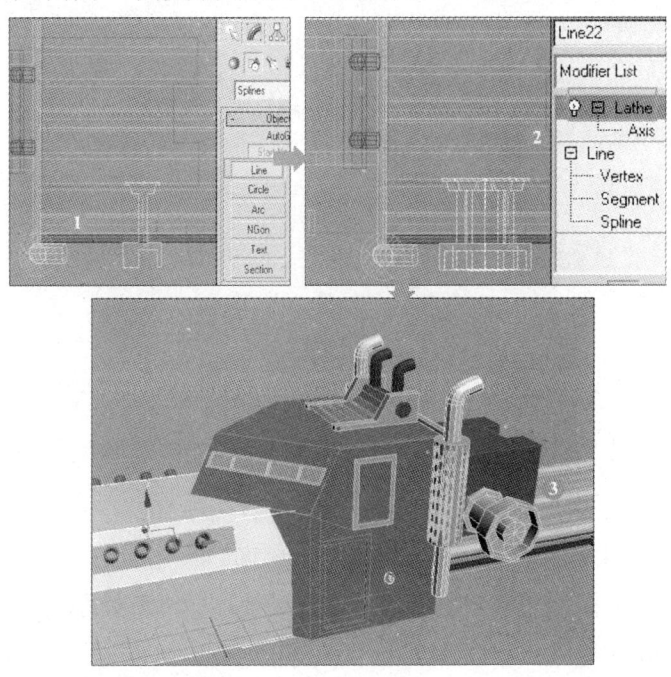

图4-48

其后是后边的附属物,用Box在Top视图上建立基础模型,在修改器里使用FFD命令,使其两侧向下略微倾斜。如图4-49所示。

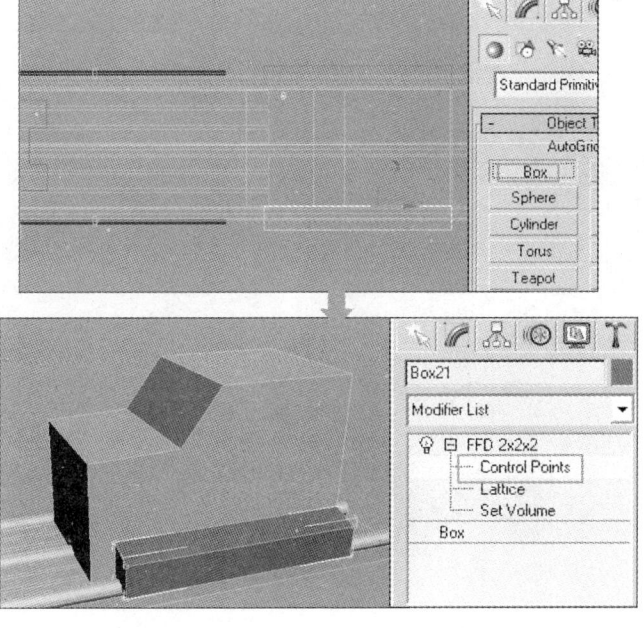

图4-49

上面的一些附属物运用了基础建模里的知识,前面已多次提到,这里不再一一说明。我们看一下整体的效果吧,如图4-50所示。

图4-50

这样,卡车的模型就完成大部分了。下面是车灯和轮胎的做法,做完这些,卡车的模型就完成了,现在开始吧。

先在Front视图上用二维直线画出物体的剖面,调整其位置,然后车削,注意调整轴。而后创建基础模型里的Torus和Sphere,最后进入修改面板,使用半球命令对球体进行切割,得到半球。这样,车灯就做好了,如图4-51所示。

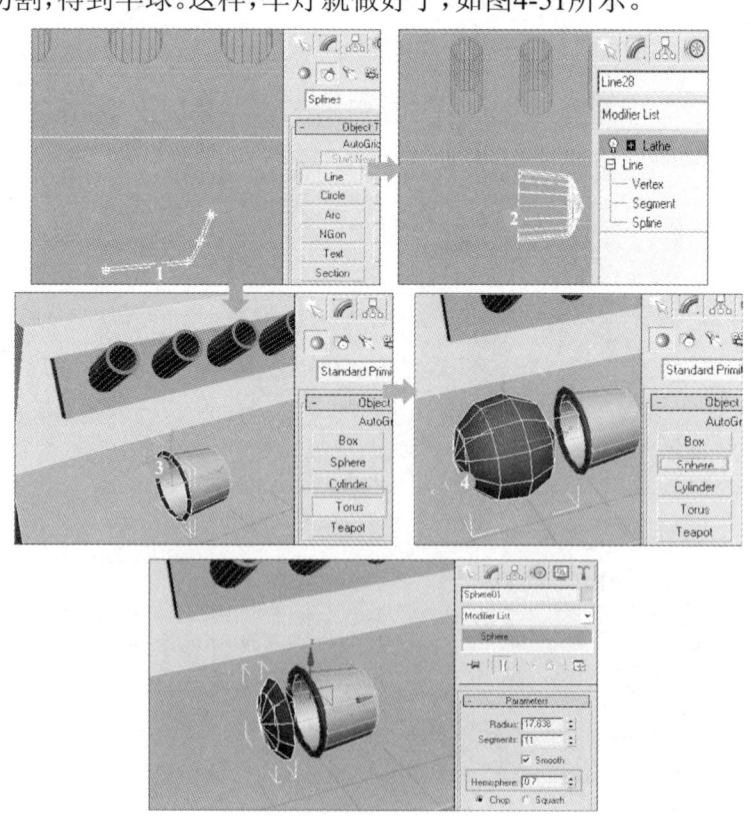

图4-51

接下来，在Front视图上，车灯下合适的位置创建二维直线，使用挤出命令将其挤出，再进行三维物体的布尔运算，得到中间空缺的部分，做出轮胎的挡泥板，这样可以快速地确定轮胎的准确位置。以同样的方法完成后挡泥板的模型。如图4-52所示。

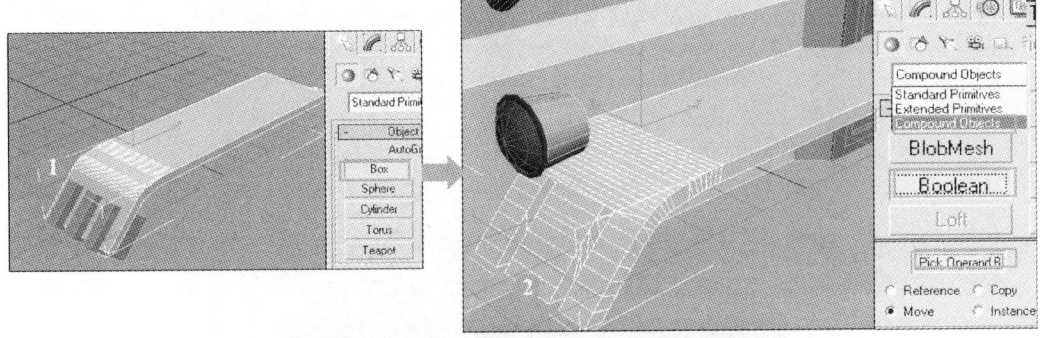

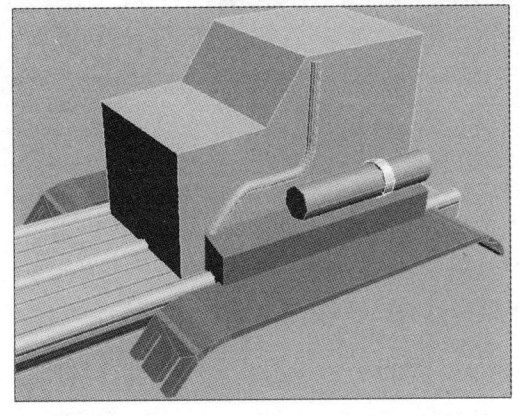

图4-52

用二维直线在Front视图上画出轮胎的剖面，将其车削，做出轮胎外表面，然后调整它与车体的位置，如图4-53所示。

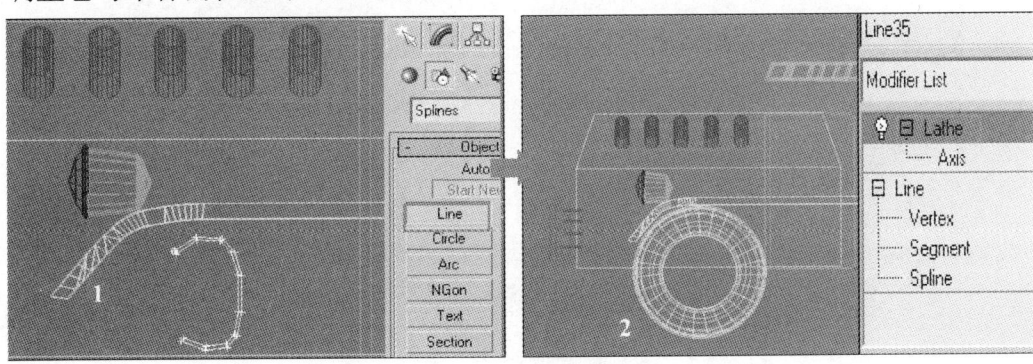

图4-53

而后Alt+Q可以进入单个物体的独立模式，做出轮胎上的花纹。这样不会影响其他做好的物体，也有利于更好地观察物体。

花纹的制作主要是运用了挤出命令，和前面说到的方法一致。Alt+x进入半透明状态，调整凹陷的高度。如图4-54所示。

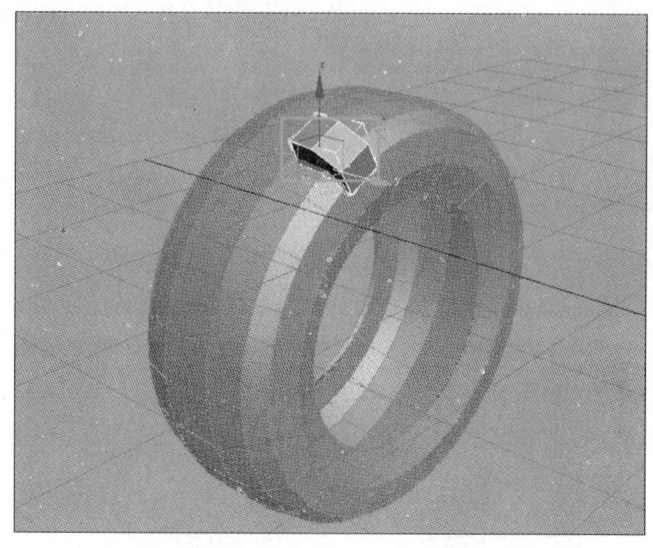

图4-54

选择辅助物，进入层次面板，选择仅影响轴，单击居中到对象，完成对附属物轴心的修改。旋转物体，复制合适的个数。镜像 向另一侧复制。如图4-55所示。

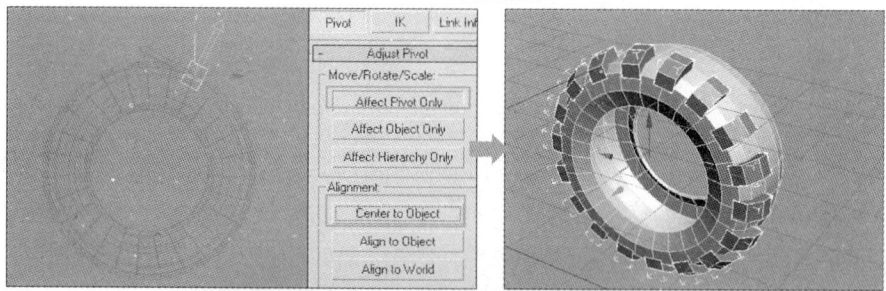

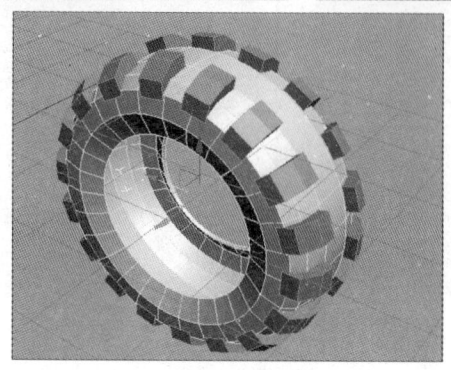

图4-55

运用三维物体的布尔运算，做出凹陷的花纹，如图4-56所示。

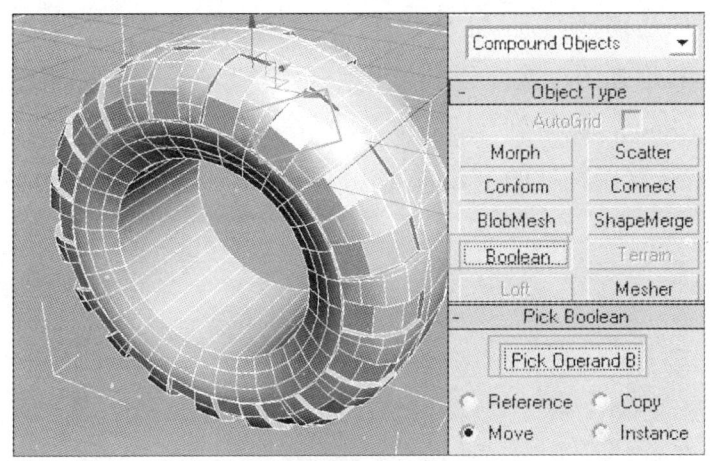

图4-56

画出一条二维直线，对其车削，作为轮胎的轴部分。这样，轮胎就做好了，其他的轮胎就可以复制完成了。如图4-57所示。

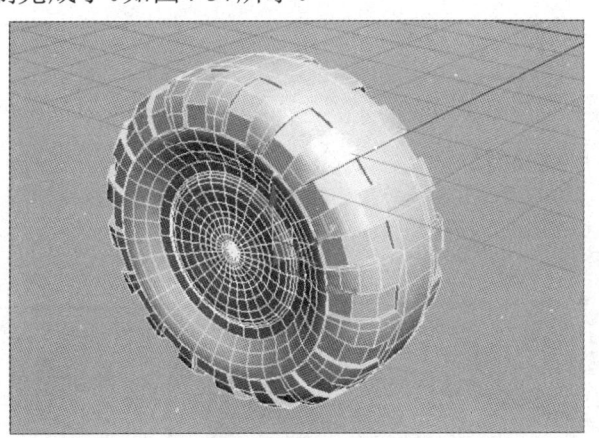

图4-57

我们来看看，卡车的整体效果，如图4-58所示。

图4-58

卡车的主要模型基本完成了，还有一些小的附属物，我们后面会有所交代。接下来将要完成的是模型的另一主要部分——炮弹的制作。

先从卡车和炮弹的连接部分——支架开始做起。在 Top 视图上创建基本几何体建模中的 Cylinder，调整到合适的位置，单击右键将其转换为可编辑的多边形，在多边形的级别，选择圆柱体的上表面，使用 Bevel 命令，做出支架的形状，如图 4-59 所示。

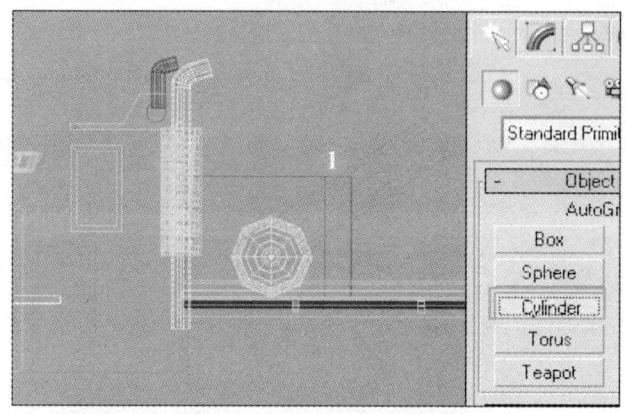

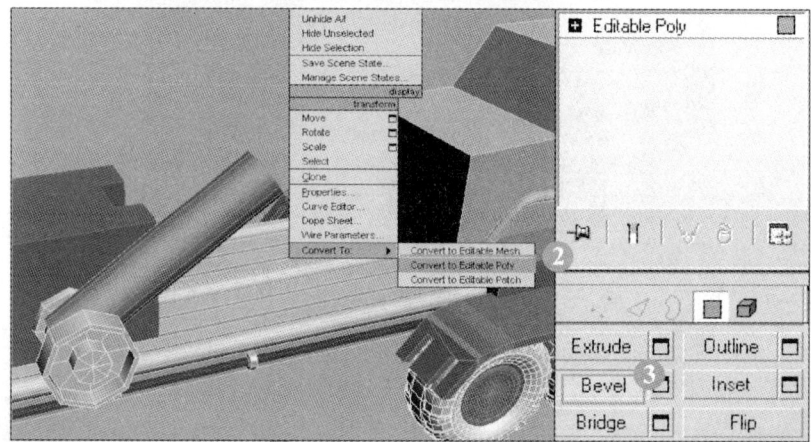

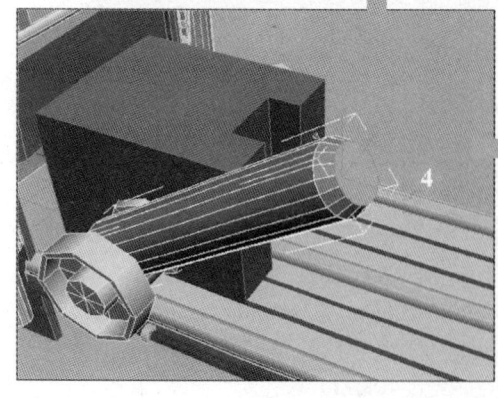 

图 4-59

上面的附属物基本用到基本几何体建模。这里主要说一下新的命令NGon,把边数调整为六边形（可以调整物体的边数），在Top视图上画出二维直线,然后使用基础命令将其挤出,如图4-60所示。

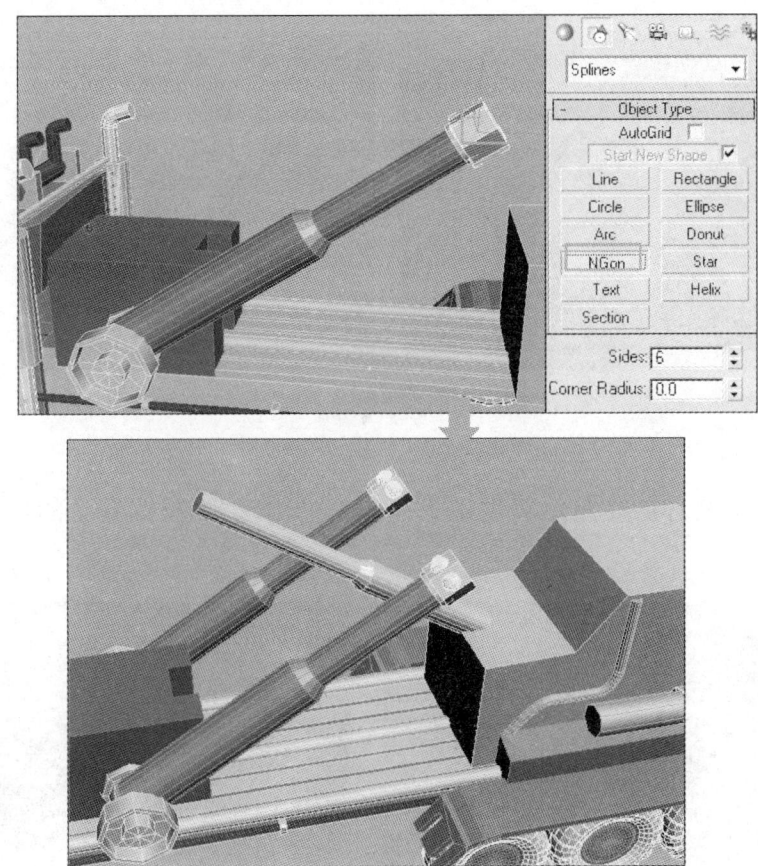

图4-60

炮弹部分看起来复杂,但是也同样运用了我们之前讲到的方法。在Front视图上画出二维直线,调整点的位置,然后对其进行车削。(一般对整体的物体来讲,如果是不规则的,车削的方法是最好的,可以快速准确地得到物体的形状。)如图4-61所示。

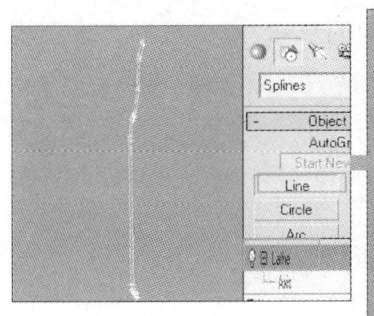 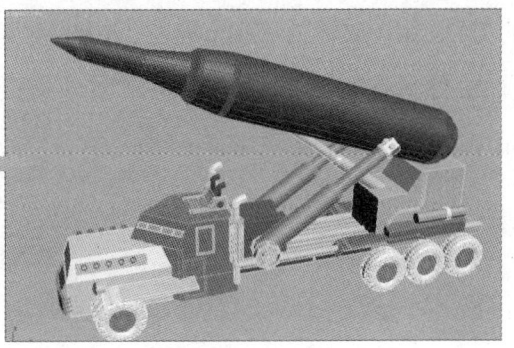

图4-61

接下来就是其上附属物的制作。我们从上部开始，一一做起。在Front视图上画出二维直线，用挤出命令将其挤出（具体步骤参见车头的制作）。如图4-62所示。

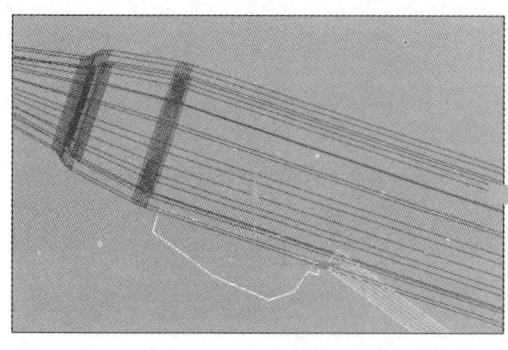 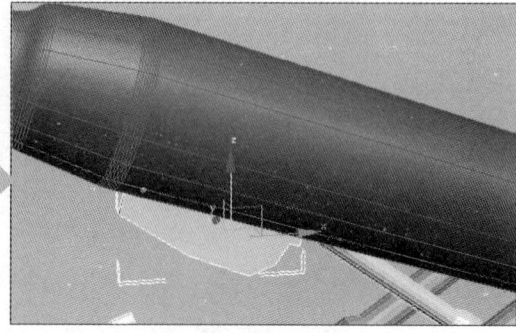

图4-62

利用三维物体的布尔运算做出上面中空的圆形。调整到合适的位置即可。如图4-63所示。

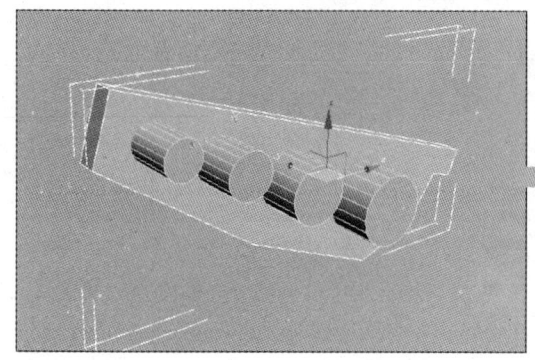 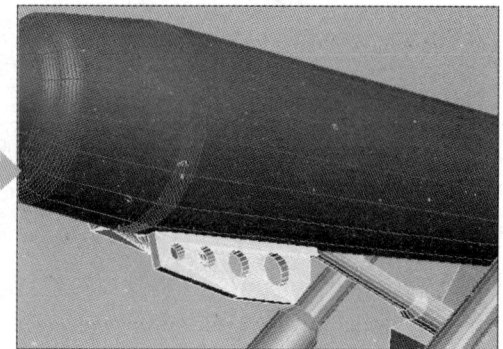

图4-63

在炮体上先用Box做出一个长方体。至于上面的小炮弹的制作，我们要学习一种新的方法Loft(放样)。在Top视图上根据炮弹的形状，画出星形二维直线及圆形二维直线。然后在Front视图上垂直画出一条直线，运用Loft命令将其放样。小炮弹的顶部可以用车削完成。如图4-64所示。

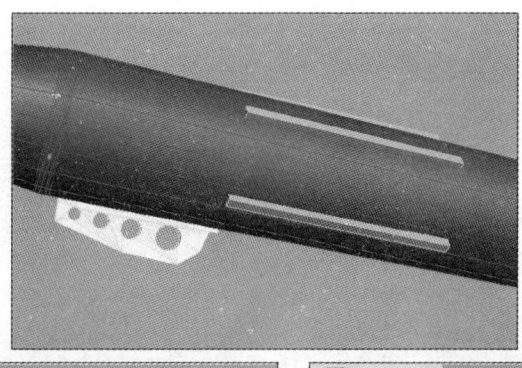
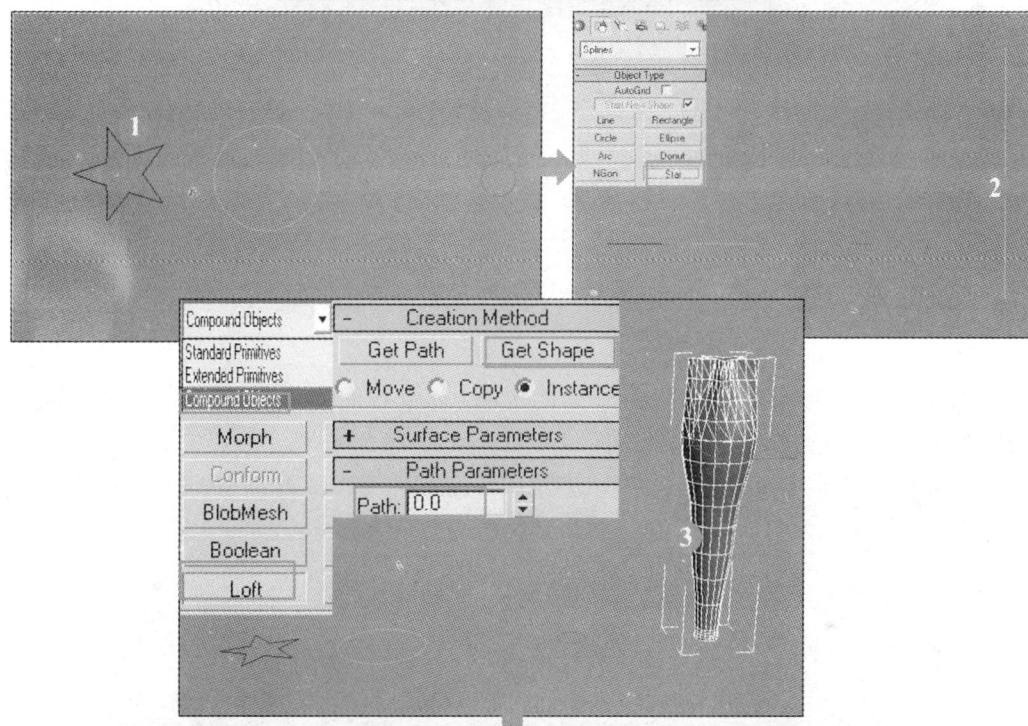
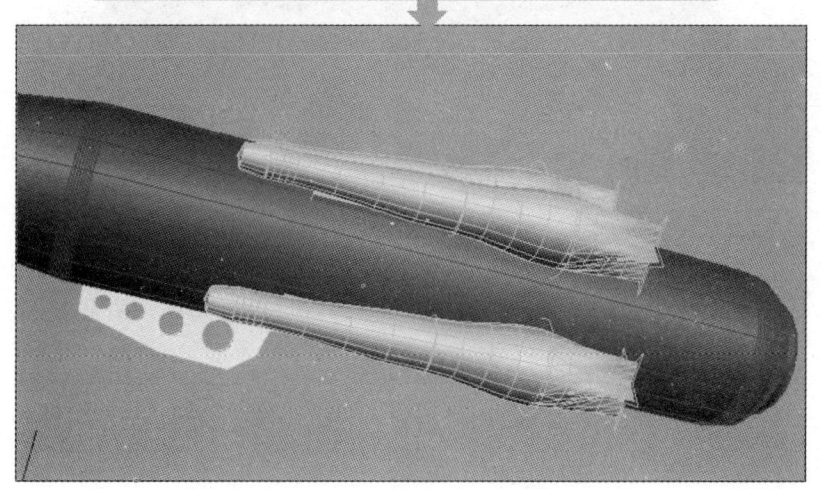

图4-64

在炮弹的尾部画出二维直线后,用挤出命令将其挤出,如图4-65所示。

图4-65

上面一些小的装饰物我们不再具体说明,做法和前面提到的一样。这样,模型的制作就全部完成了。如图4-66所示。

图4-66

下面我们对模型赋予材质和进行渲染。

首先,创建一个较大的长方体物体,把它作为整个环境的地面。如图4-67所示。

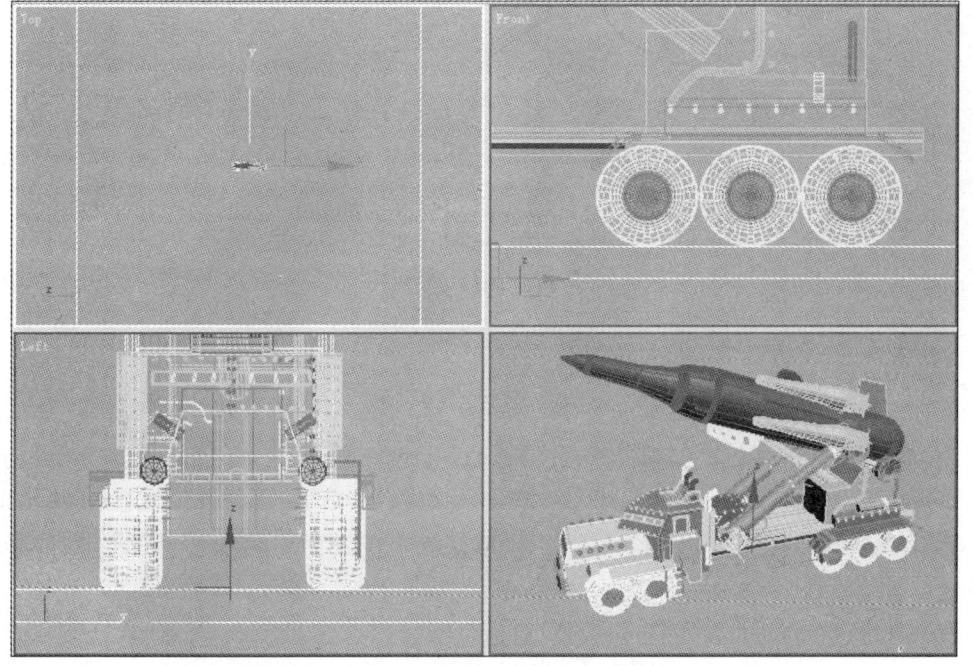

图4-67

按下M键打开材质编辑器,选择任意一个材质球,将其赋予地面物体,将地面材质漫反射颜色调整为浅灰色。如图4-68所示。

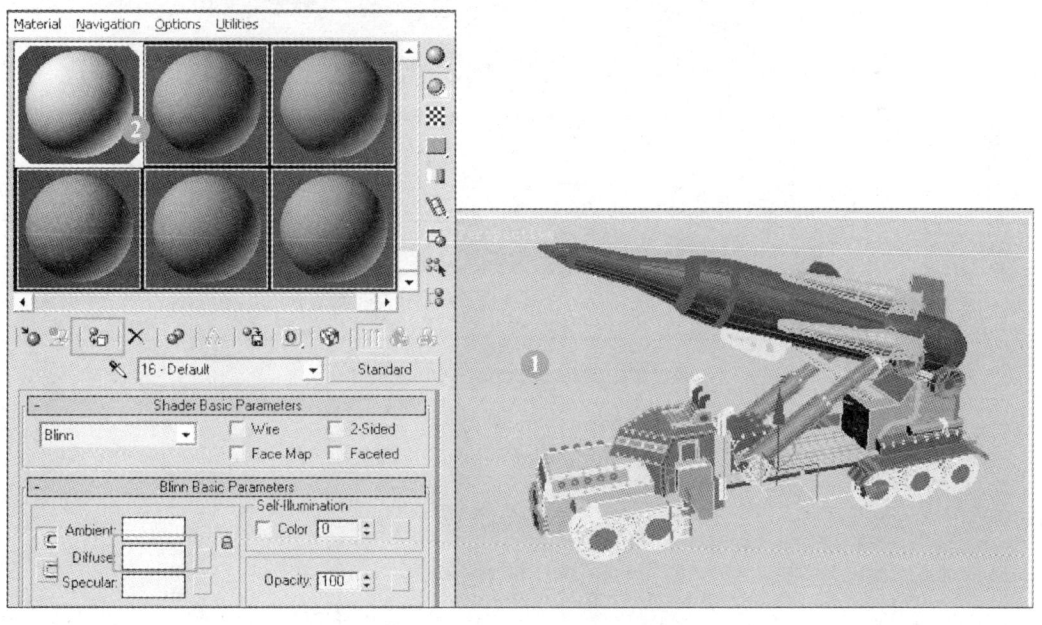

图4-68

选择另一个材质球,将漫反射颜色调整为灰色,赋予地面上所有物体。如图4-69所示。

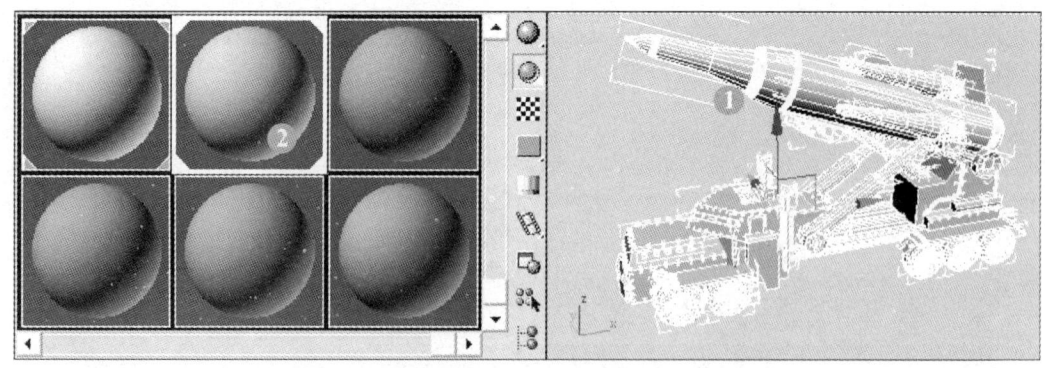

图4-69

在场景的任何位置创建灯光中的Skylight天光,天光是没有位置角度要求的。使用渲染菜单的光线追踪命令,在弹出的菜单中选择Render渲染命令,进行渲染。如图4-70所示。

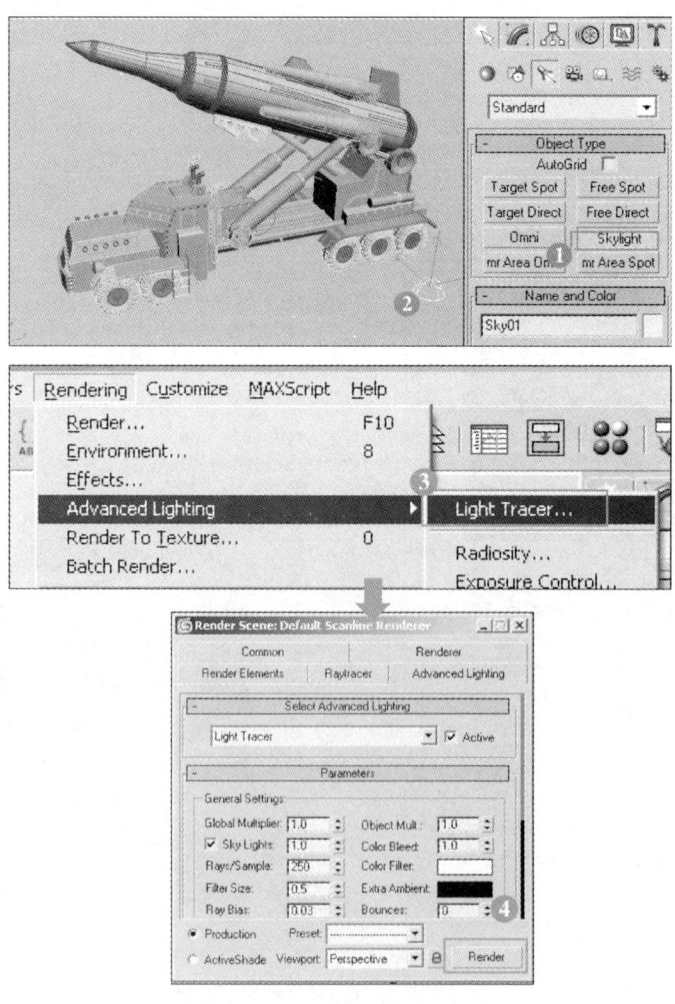

图4-70

等几分钟后,模型就渲染好了。如图4-71所示。

图4-71

其实,无论多么复杂的模型,只要你耐心分析模型结构与组成,采用正确的方法,就能够快速轻松地将它做出来。所以,做模型之前一定要多看、多想,把模型的大体结构都分开来,做到心中有数,这样,制作模型就变得很容易了。如图4-72所示。

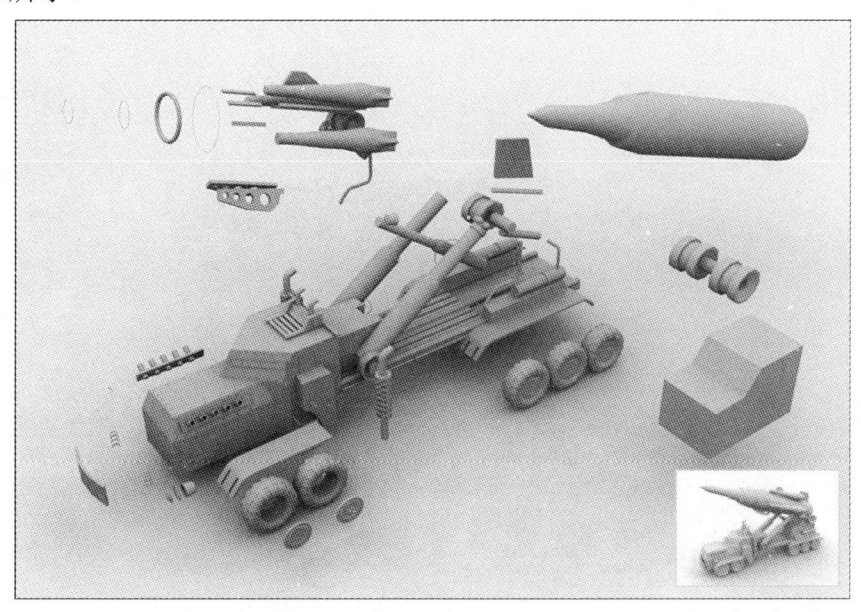

图4-72

可以换一下材质颜色进行渲染。如图4-73所示。

图4-73

下面提供了《红色警戒》游戏的原画，可以作为参考图进行场景模型练习。

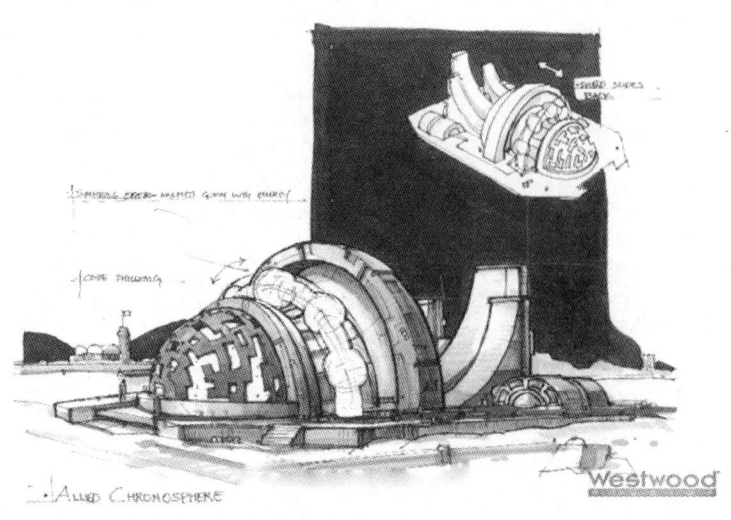

图4-74　引自《红色警戒》游戏

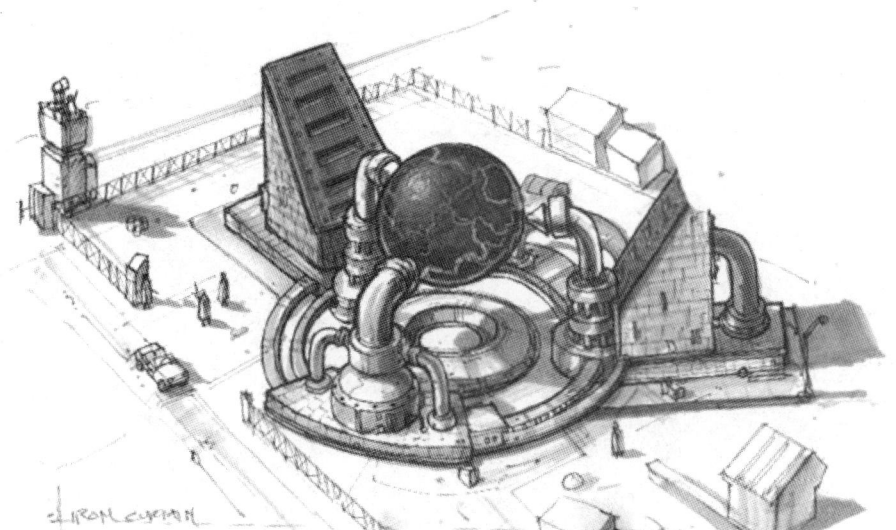

图4-75 引自《红色警戒》游戏

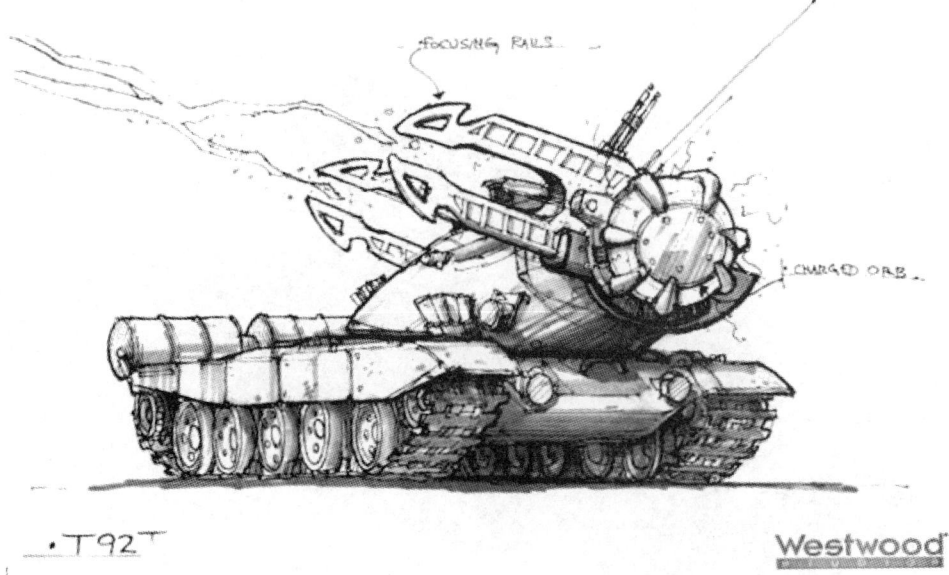

图4-76 引自《红色警戒》游戏

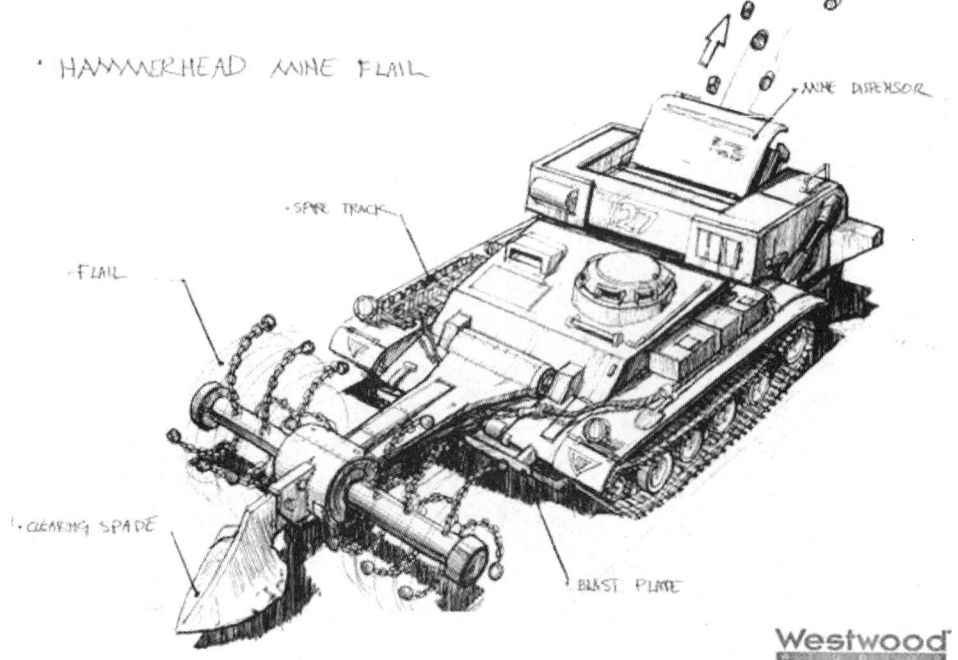

图4-77　引自《红色警戒》游戏

图4-78　引自《红色警戒》游戏

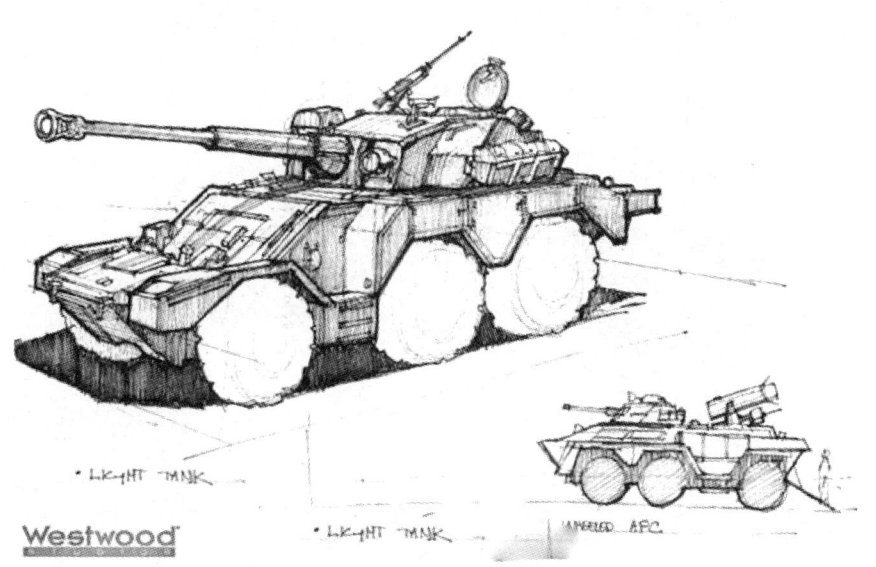

图4-79 引自《红色警戒》游戏

第五节 修改建模总结

　　三维软件中默认的几何形体并不多,而我们现实生活中的物体形态却千变万化,只有很好地掌握修改建模的思路、方法,我们才可能快速、准确地完成形态各异的动画模型。

下面提供一些使用修改建模完成物体的参考图，大家可以使用前面讲到的方法进行练习。如图4-80所示。

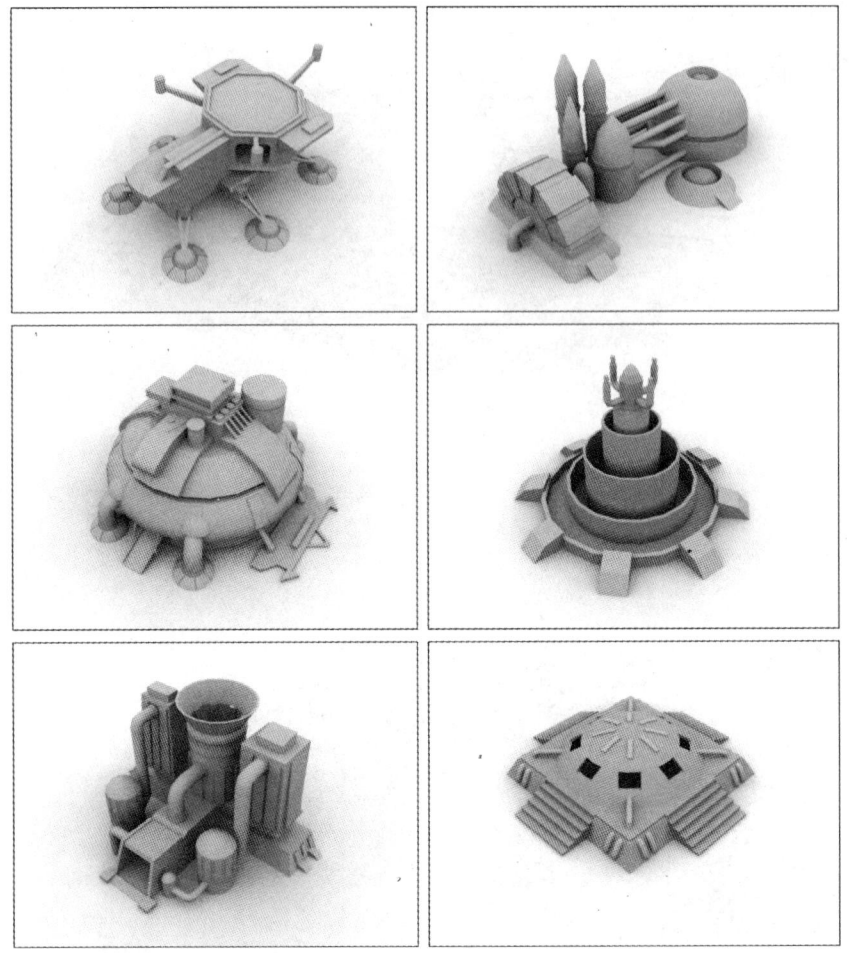

图4-80

思考与练习

1. 简述3ds Max修改建模的整体思路。
2. 编辑样条线中，顶点有哪四种属性？它们各自有什么特点？
3. 简述双面倒角的操作流程。
4. 常用的三维修改工具有哪些？举例说明它们的使用方法。
5. 分析《星际争霸》参考图，对模型进行拆分，完成《星际争霸》的场景模型。
6. 以《红色警戒》游戏原画为参考图，完成三个游戏场景模型。

第五章 3ds Max 中级建模——复合几何体建模

>>>> **本章重点**

理解复合几何体建模思路

运用放样建模方法完成常见模型的制作

布尔运算的使用方法

>>>> **学习目的**

复合几何体建模是对Max基本几何体建模、扩展几何体建模、二维建模的扩展和补充,通过对复合几何体建模知识的学习,了解并掌握复合几何体建模的方法,能够拓宽在实际工作中的建模思路。

第一节　复合几何体建模综述

复合几何体建模在命令面板创建三维物体展卷栏内,创建三维物体展卷栏从上到下依次是基本几何体建模、扩展几何体建模、复合几何体建模。如图5-1所示。

复合几何体建模的含义是:两个或两个以上几何形体复合在一起,形成新的模型。

复合几何体建模主要有下列主要命令,如图5-2所示,其中最常用的是放样建模和布尔运算。

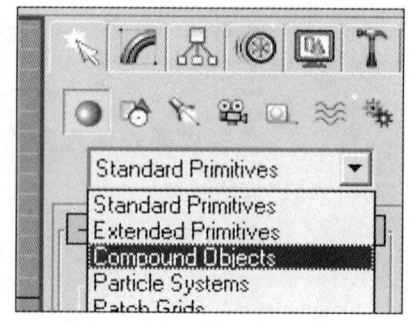

图5-1　创建三维物体展卷栏

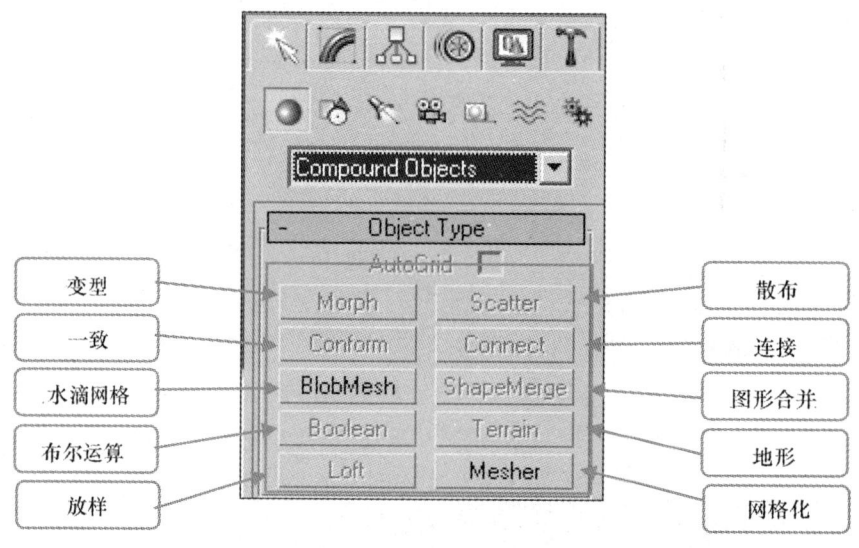

图5-2　复合几何体建模命令

第二节　Loft放样建模

一、放样建模要素分析

放样建模起源于古代的造船技术,以龙骨为路径,在不同的截面处放入木板,从而产生船体模型。

这种技术被应用于三维建模领域,就是放样建模。如图5-3所示。

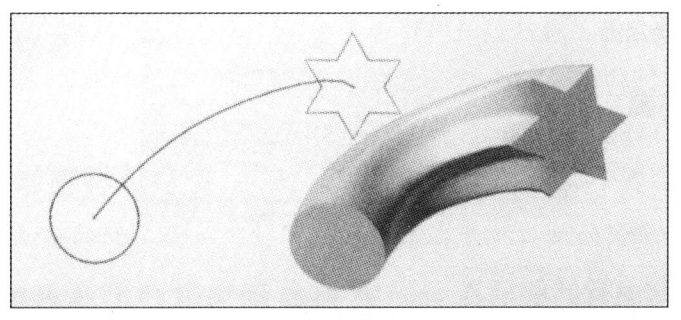

图5-3 放样建模原理示意图

放样建模由两个部分构成：路径和截面图形。如图5-4所示。

路径：放样中的路径是唯一的，一个放样对象只能有一条路径。

截面图形：放样中的截面图形是没有限制的，一个放样对象可以有很多不同形状的截面图形。

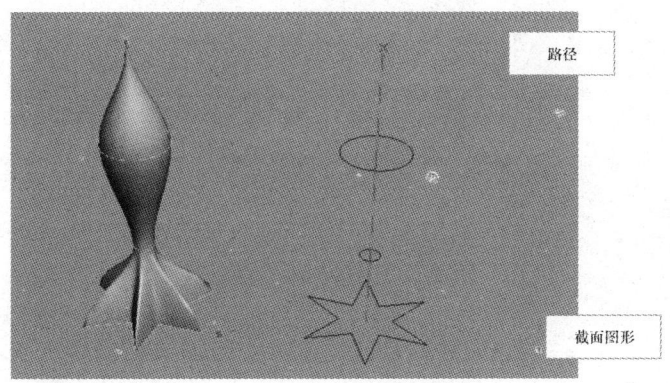

图5-4 放样路径和截面图形

下面我们通过炮弹实例来学习放样的工作流程。

首先，我们在前视图创建一条直线，作为我们放样的路径，在透视图创建一个星形和大中小三个圆，作为放样的截面图形，分别代表炮弹从底部到顶部的不同横截面。如图5-5所示。

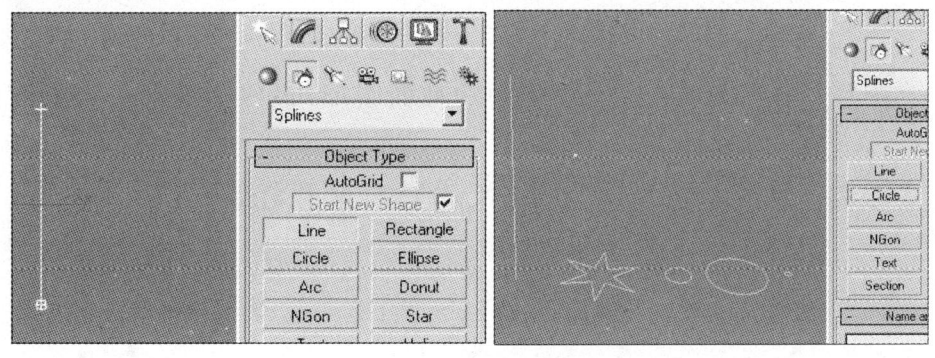

图5-5

选择放样的路径，激活Loft放样命令，在弹出的面板上选择Get Shape获取图形命令，先点取创建好的星形截面图形。星形截面图形放置到路径的开始位置，调整路径Path的百分比到20，再次点取Get Shape获取图形命令，点击中等大小的圆形。如图5-6所示。

注意：放样建模的核心就是在路径的不同位置放置不同的截面图形。

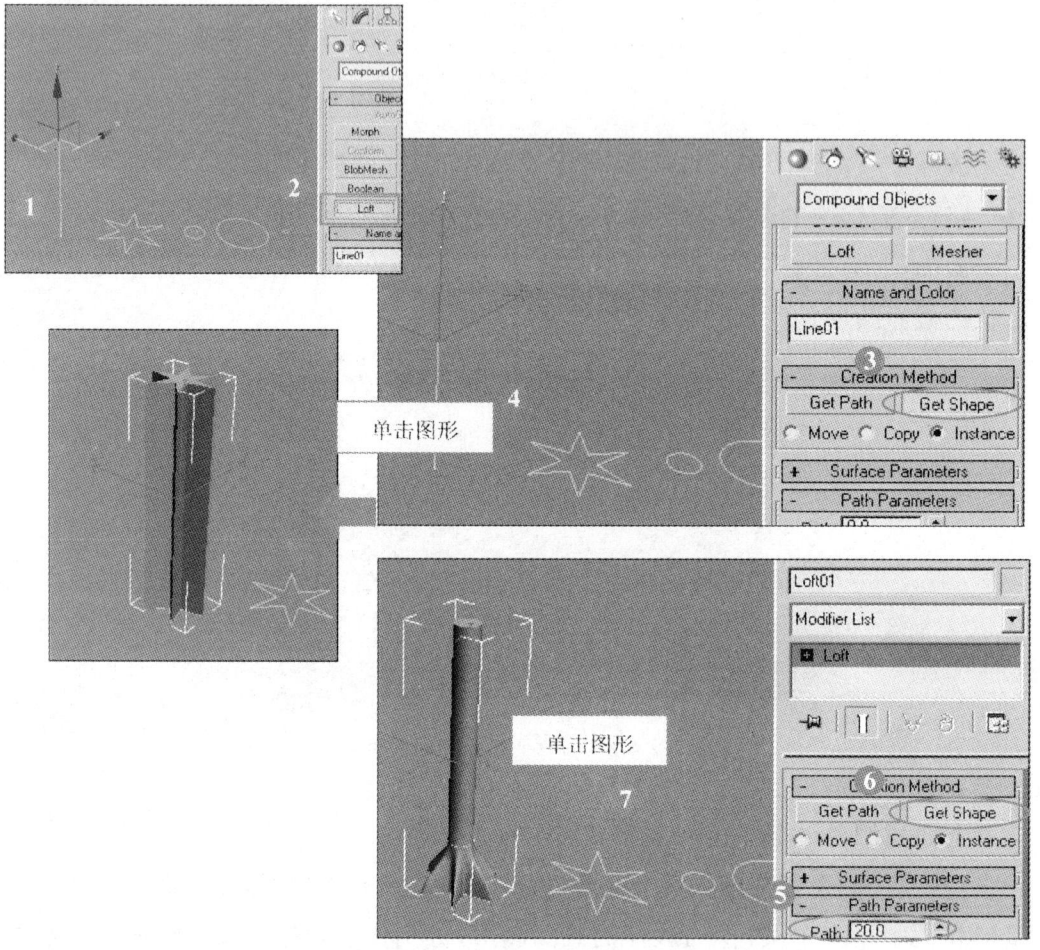

图5-6

改变路径百分比，依次点选炮弹的截面图形，最终完成的结果如图5-7所示。

注意：这个模型是我们用以前的修改建模不太容易完成的。

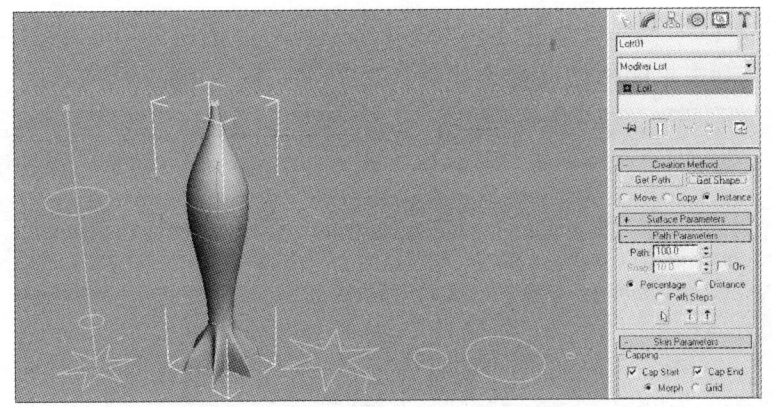

图5-7

二、放样制作罗马柱与电钻钻头

下面,我们来完成罗马柱制作实例。制作思路如图5-8所示。

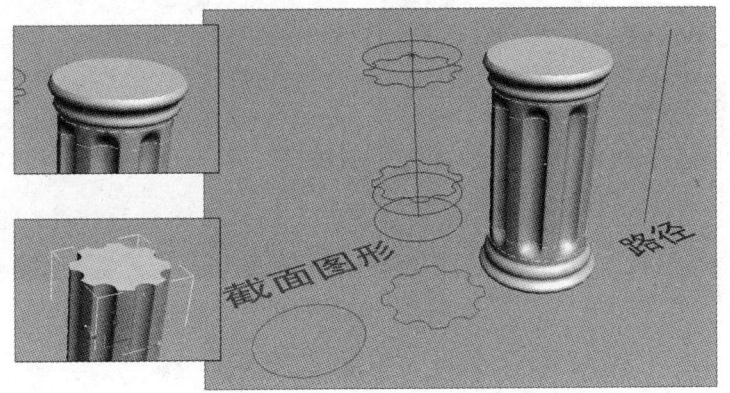

图5-8

在前视图上,由下而上,使用Line二维直线工具完成罗马柱的路径,在透视图中,画出罗马柱的一个圆形横截面。如图5-9所示。

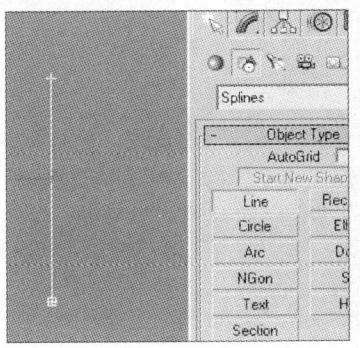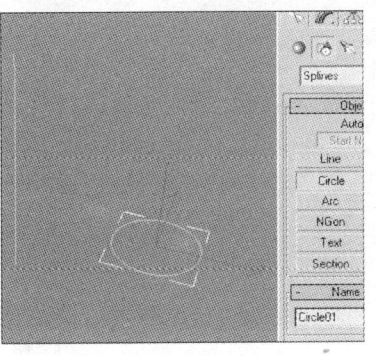

图5-9

将圆形横截面复制一个出来,我们对复制出来的横截面进行修改得到齿轮状横截面。在复制出来的横截面旁边创建一个二维圆形。如图5-10所示。

图5-10

在顶视图上使用对齐工具将小圆与大圆中心对齐。如图5-11所示。

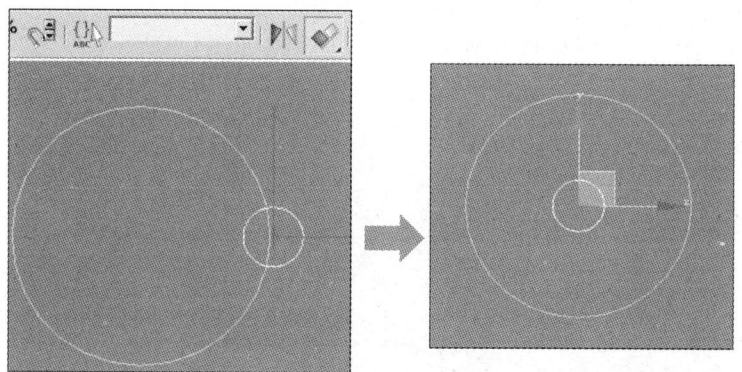

图5-11

选择小圆形,进入层级面板,选择Affect Object Only仅影响物体命令,在视图上将小圆水平移动到相应位置上,完成后退出层级面板。如图5-12所示。

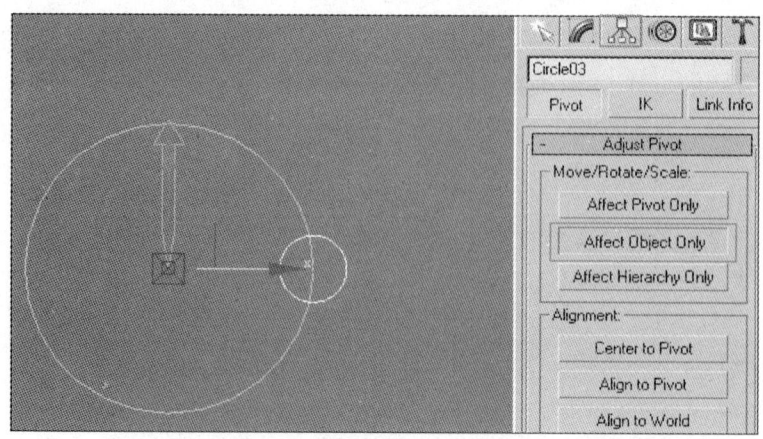

图5-12

按下快捷键A打开角度捕捉命令，旋转小圆45度，复制7个，这样小圆就平均分布在大圆的边缘处了。如图5-13所示。

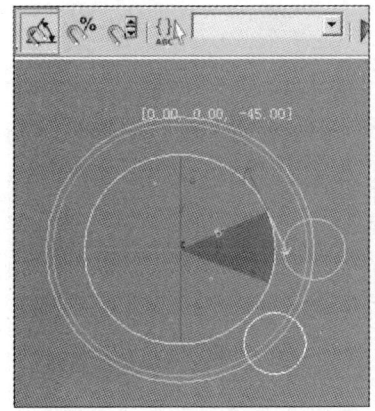
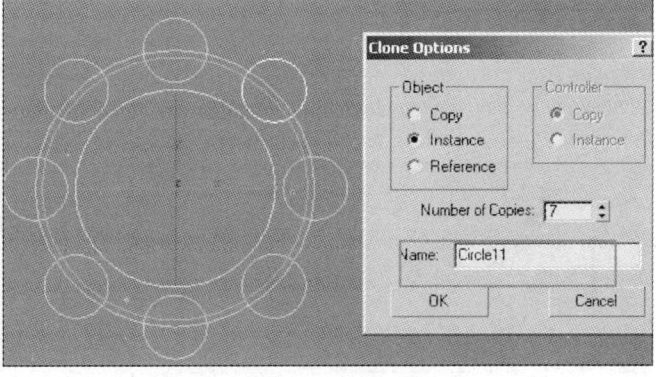

图5-13

选择大圆，单击右键将其转换为可编辑的样条线。如图5-14所示。

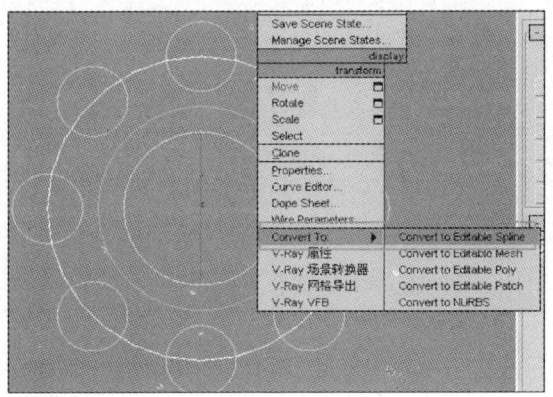

图5-14

使用Editable Spline可编辑样条线修改器面板中的Attach附加命令，依次点击小圆，将小圆附加。如图5-15所示。

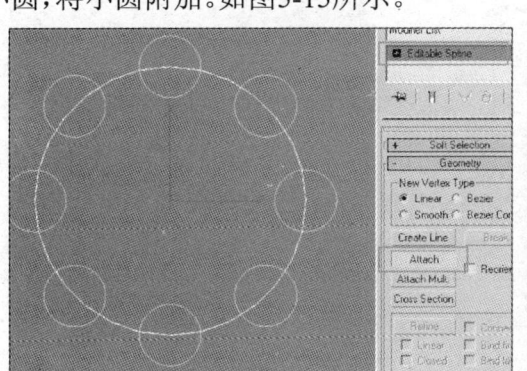
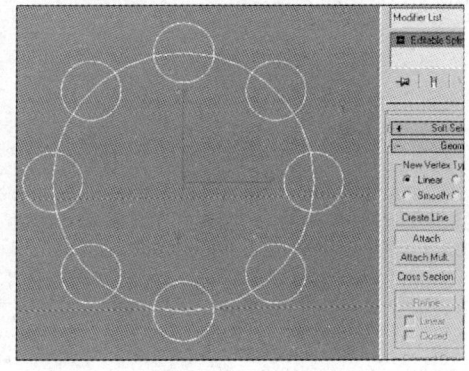

图5-15

进入可编辑样条线修改器面板中的Spline样条线级别,选择大圆,使用布尔运算的相减功能,将小圆依次布尔运算去除。如图5-16所示。

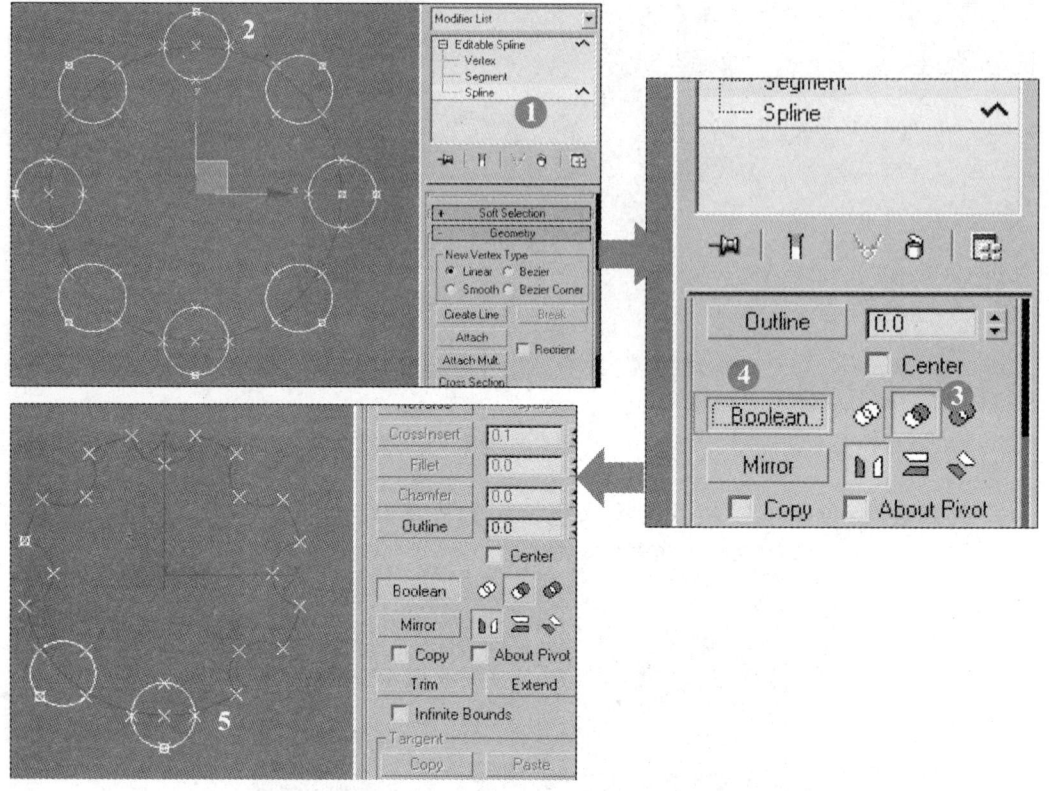

图5-16

进入顶点级别,选择齿轮边缘的顶点,使用Fillet倒圆角命令进行倒角。如图5-17所示。

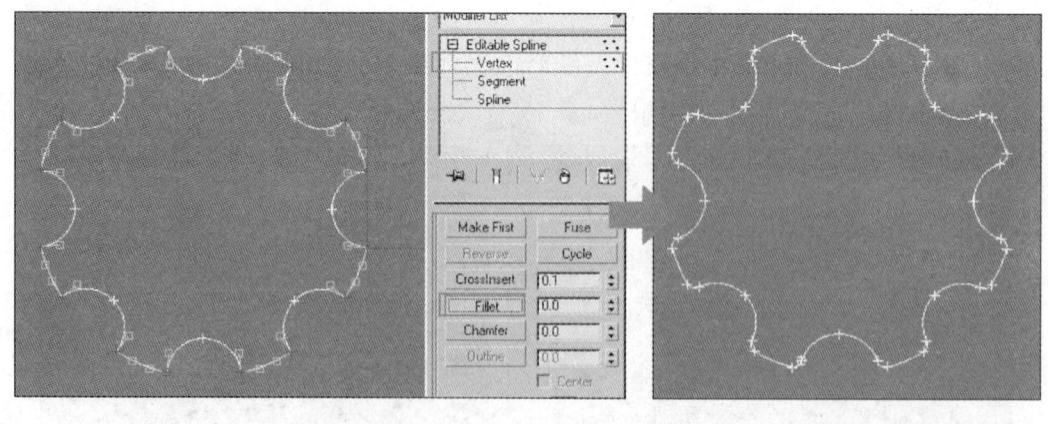

图5-17

选择齿轮右侧单个顶点,使用Make First工具将其设为首顶点。如图5-18所示。

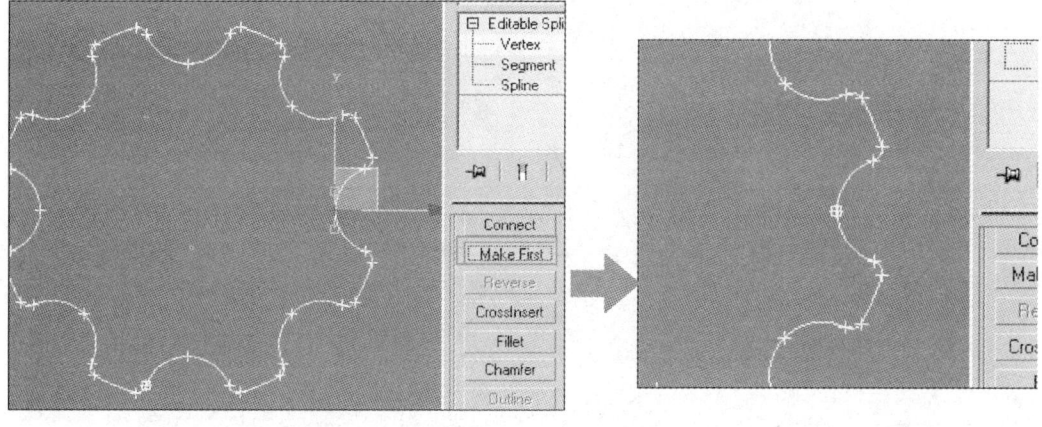

图5-18

现在,放样的路径和截面图形就制作完成了,如图5-19所示。下面我们来完成罗马柱的放样操作。

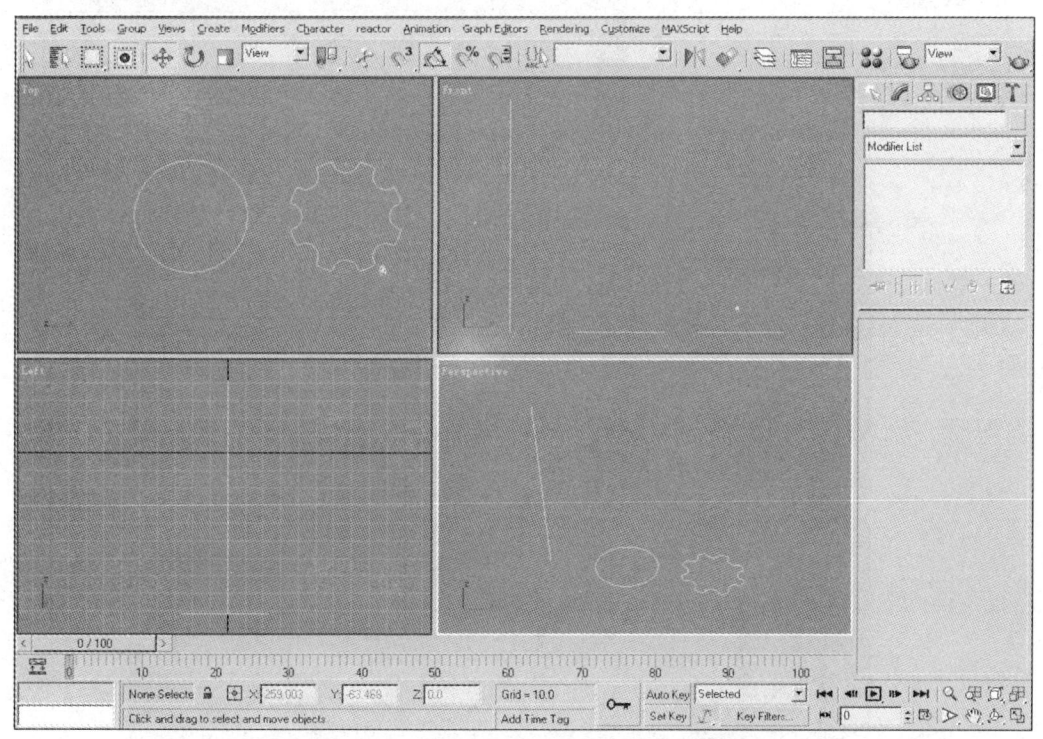

图5-19

选择路径直线,进入复合几何体命令面板,选择放样命令,单击获取图形,在截面图形中选择圆形,调整Path值为10;再次获取图形圆形,调整Path值为15,使用Get Shape获取齿轮,罗马柱底部基本造型就完成了。如图5-20所示。

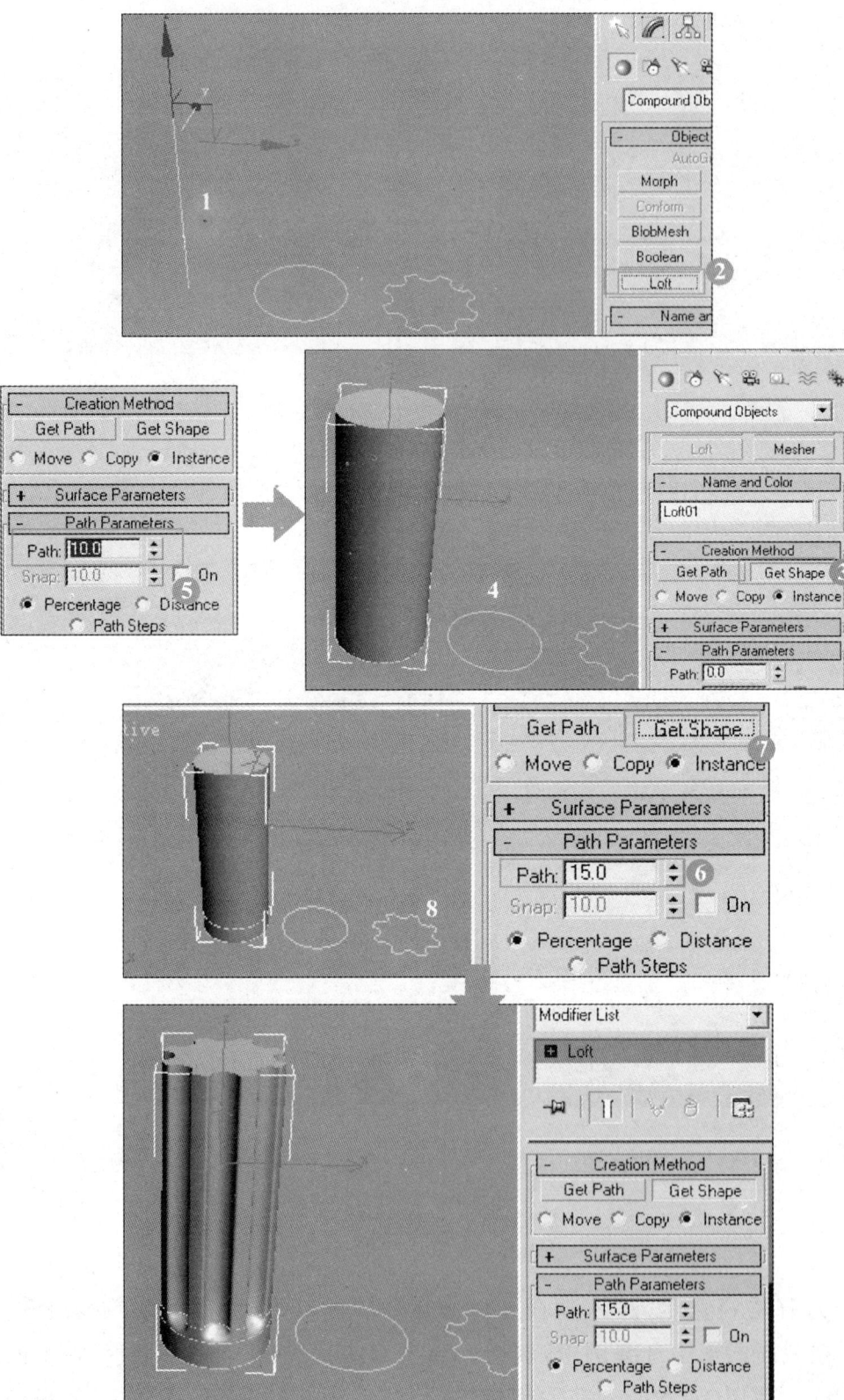

图5-20

使用同样的方法，继续移动路径百分比和获取图形，就能完成罗马柱上部的主要造型，如图5-21所示。柱身部分完成后，我们可以使用前面学过的车削方法来完成柱头和柱脚造型。

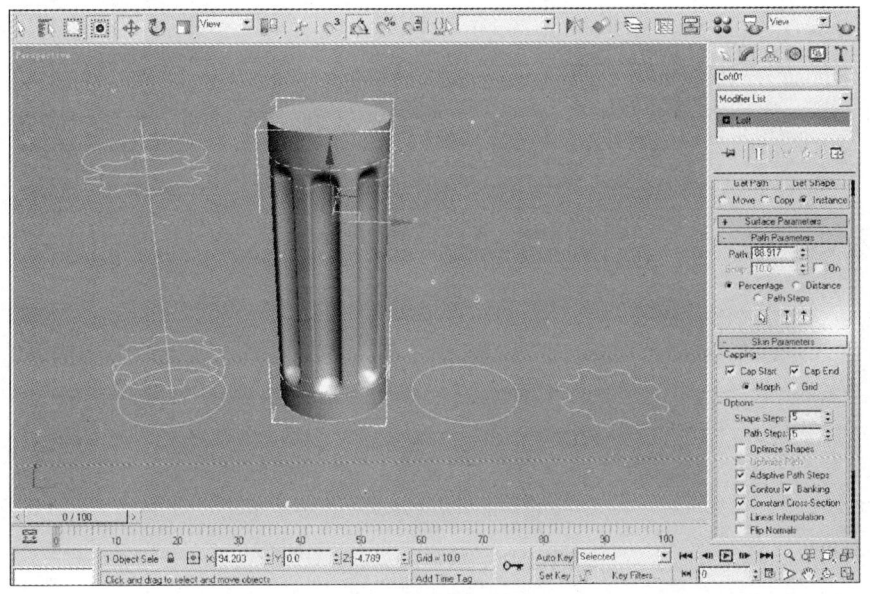

图5-21

车削完成柱头和柱脚造型，整个柱子模型就做好了。如图5-22所示。

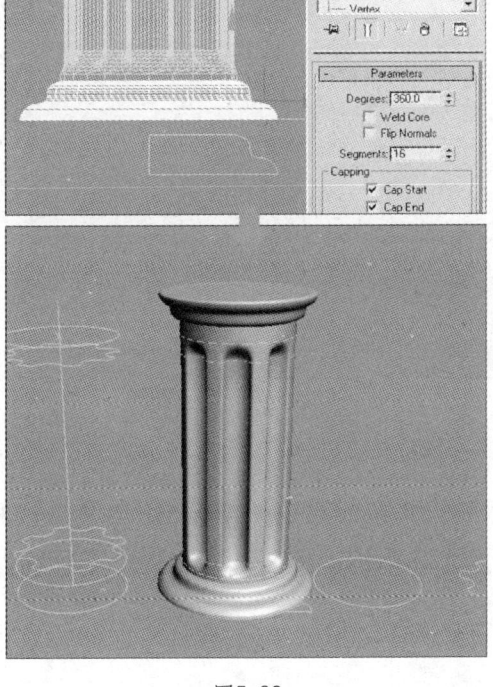

图5-22

三、放样公路模型

下面我们来使用放样完成一条公路模型。

在前视图上创建公路截面造型的一半,将开始新图形命令勾选去除,在人行道的上方加上一个圆形柱子截面造型。如图5-23所示。

注意:在建造对称模型时,通常我们都是完成模型的一半,然后镜像复制出另一半。

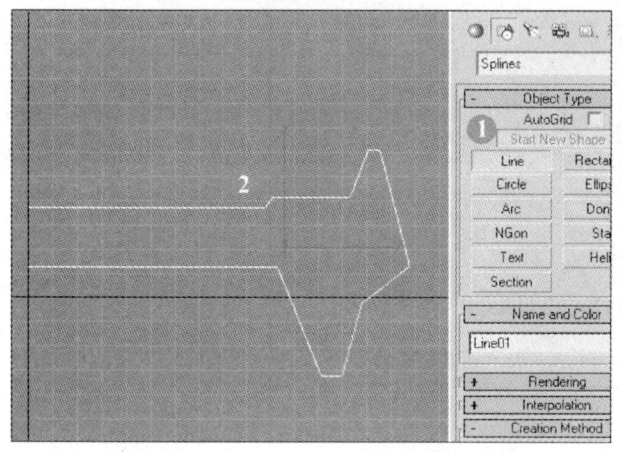
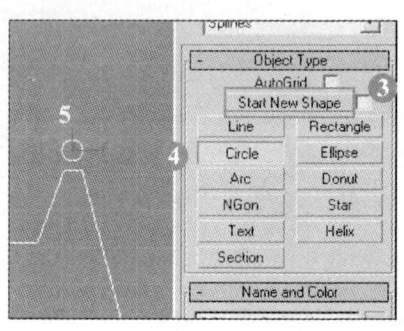

图5-23

使用Mirror镜像复制命令对完成的一半进行复制。如图5-24所示。

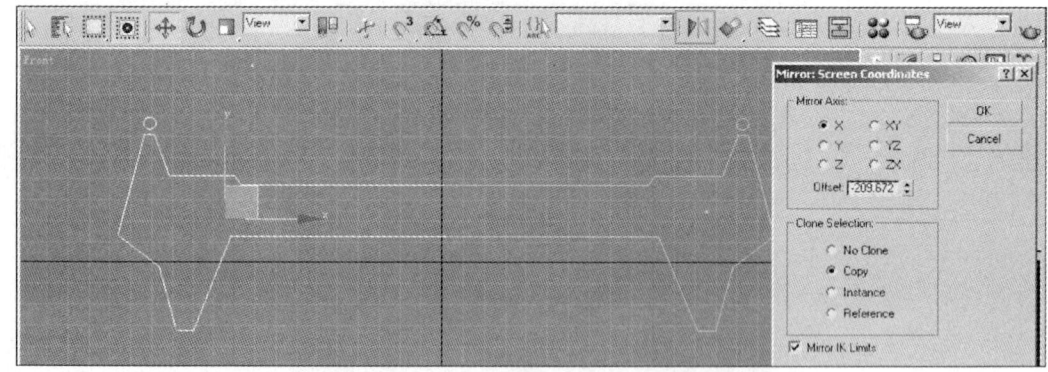

图5-24

镜像完成后,使用编辑样条线命令的Attach附加命令将两半附加成一个物体,分别选择中间接缝处的顶点,使用Weld焊接工具对齐进行焊接,完成后将中间的两个顶点删除。如图5-25所示。

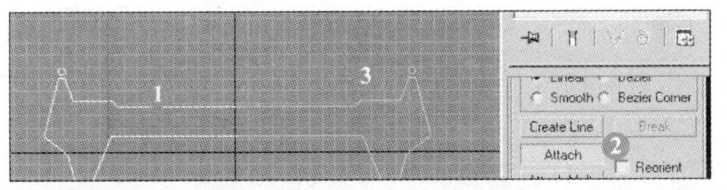
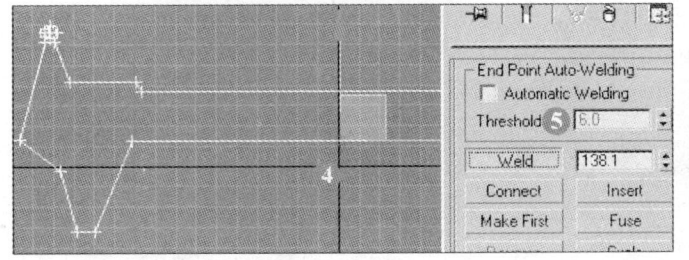
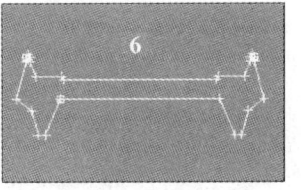

图5-25

去除开始新图形勾选,在横截面的中间画出矩形,作为路面部分的横截面,如图5-26所示。

注意:这里另外画出路面部分是为了以后方便赋予材质。

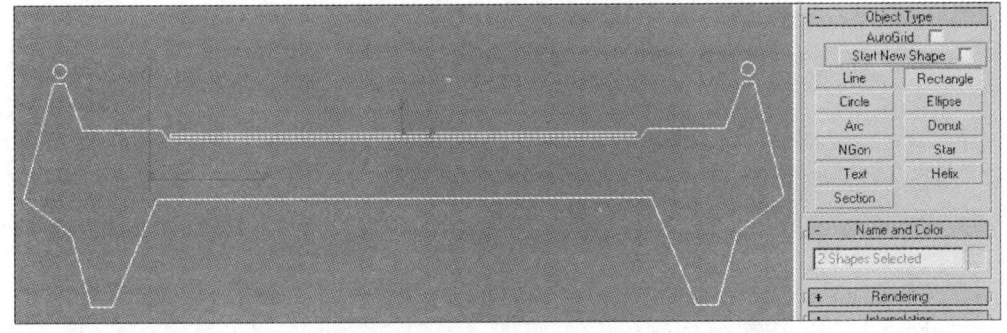

图5-26

选择截面物体使用层级面板的Affect Pivot Only仅影响轴,选择居中到对象命令,将物体的坐标轴放置到自身中心,公路的放样横截面完成。如图5-27所示。

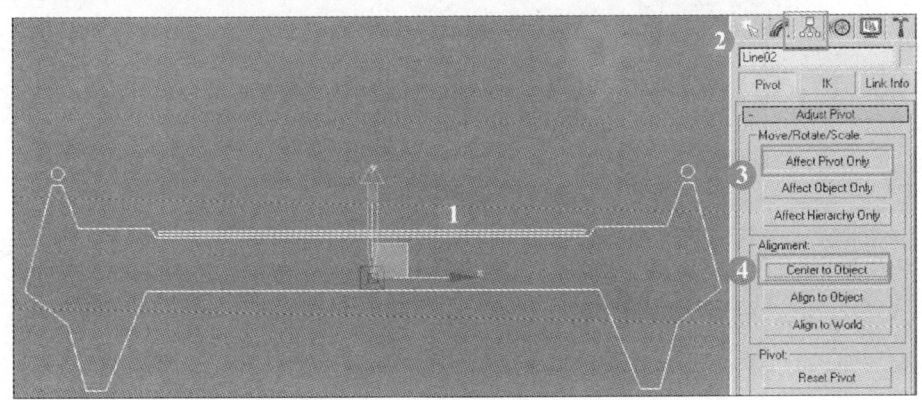

图5-27

在顶视图上创建公路的放样路径，它由S形的直线组成，进入修改面板，选择所有的顶点，单击右键将顶点的属性改成Smooth平滑模式，路径建造完成。如图5-28所示。

注意：路径建造时要注意和横截面的大小比例关系。

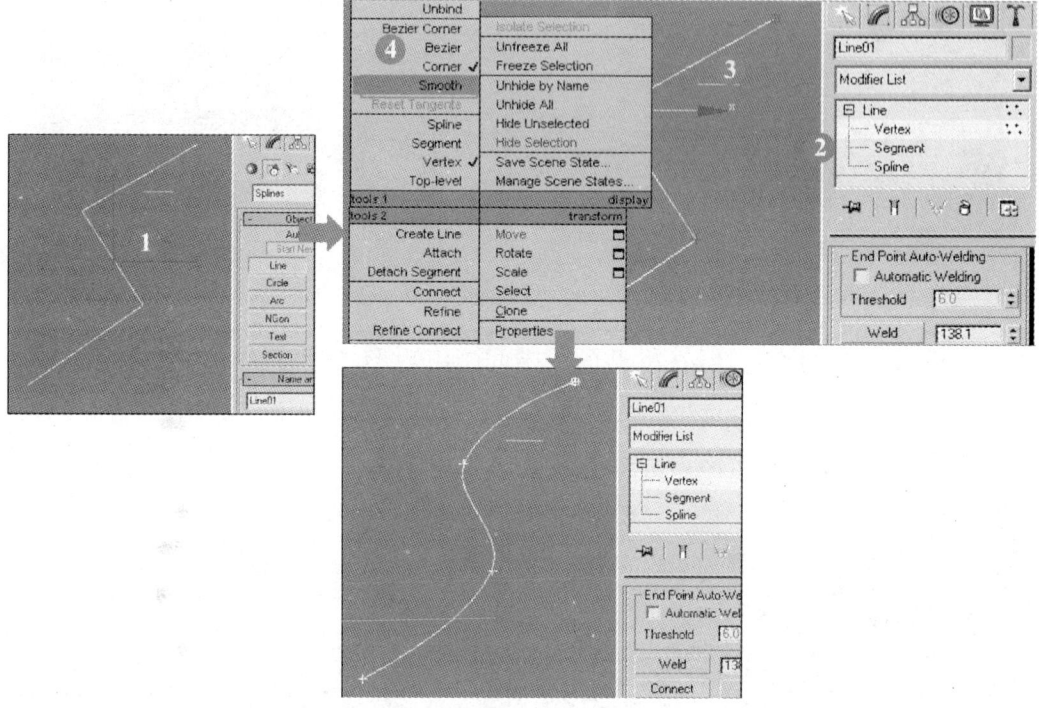

图5-28

选择路径，进入复合几何体命令面板，使用Loft放样命令，单击Get Shape命令，选择公路截面图形，公路造型基本完成。如图5-29所示。

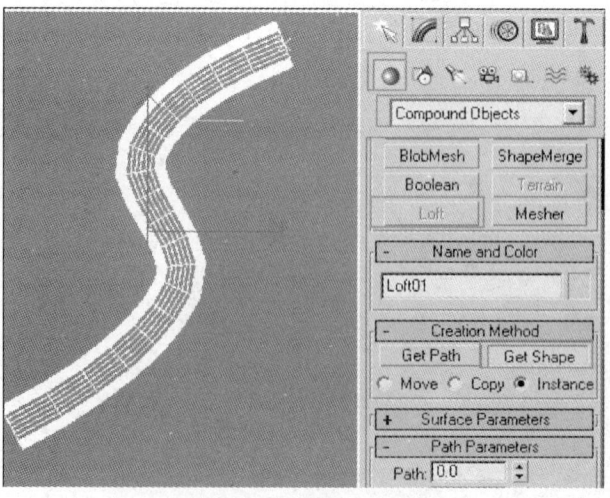

图5-29

在透视图中，我们能够发现公路模型有远近不够光滑和水平面数分配过多两个问题，如图5-30所示。下面我们进入修改面板对放样完成的物体进行修改。

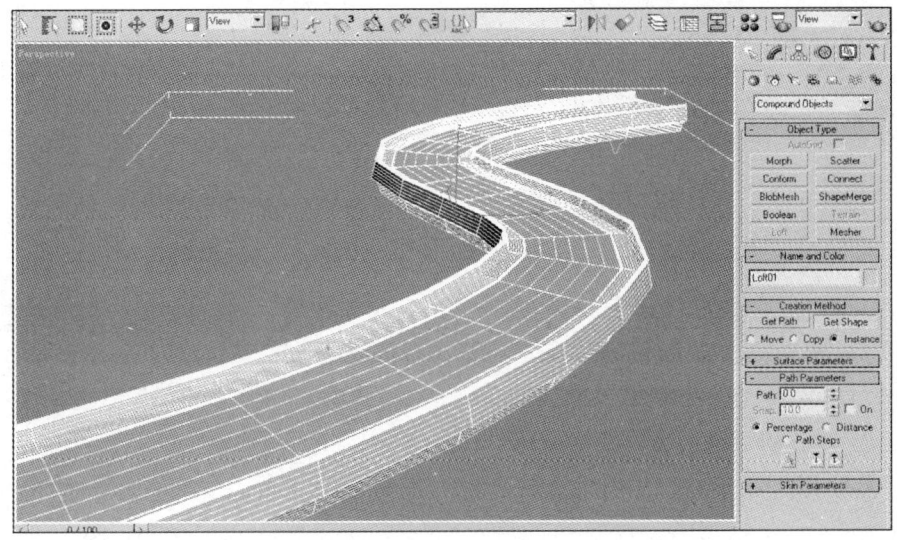

图5-30

进入修改面板将Shape steps图形步幅数和路径步幅数调整为1和21，模型的光滑程度得到了改善。如图5-31所示。

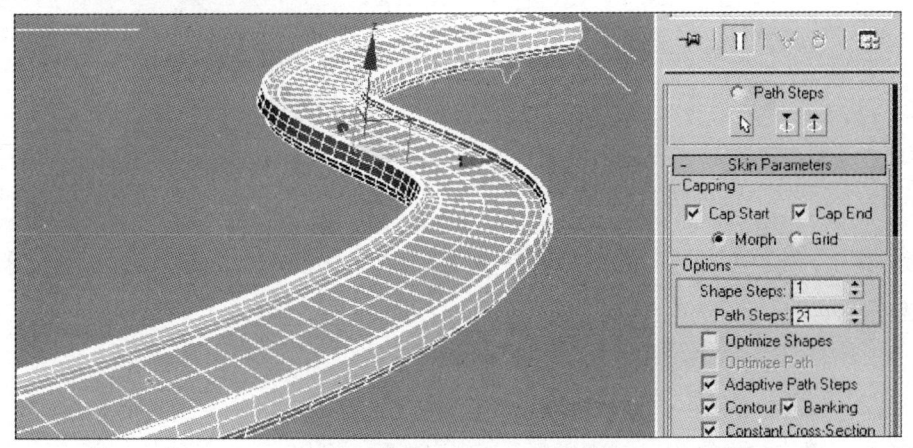

图5-31

下面我们为马路来赋予材质。进入材质编辑器，选择任意一个材质球，将材质类型由默认的Standard标准改成Multi/Sub-Object多维子对象材质类型，将子对象的颜色调整为3个，分别改为红色、白色和蓝灰色。如图5-32所示。

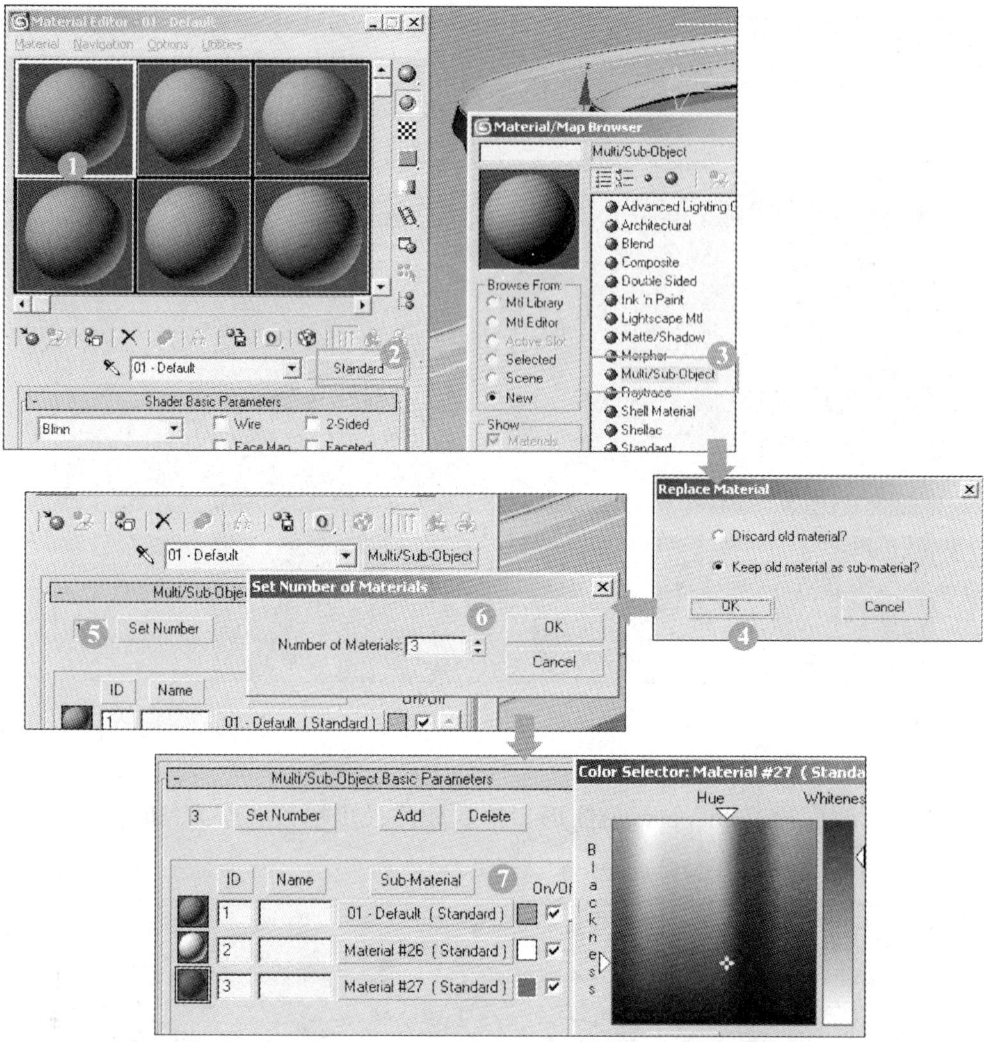

图5-32

选择公路模型,在修改器列表中为其加入Edit Poly编辑多边形修改器。如图5-33所示。

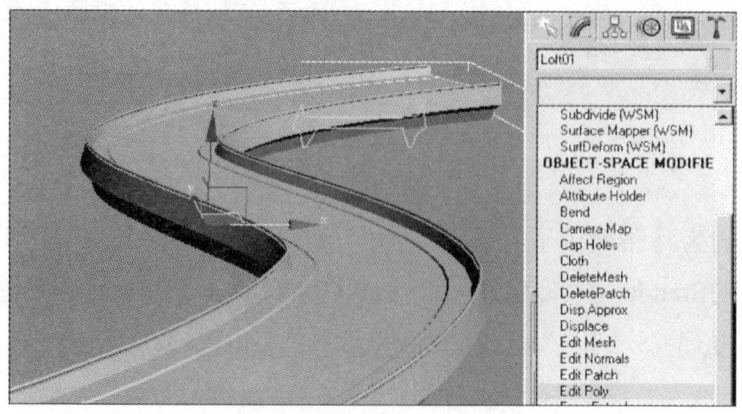

图5-33

选择编辑多边形的元素级别,选择两个栏杆物体,在编辑多边形Material卷展栏中将Set ID设置材质ID改为1号。同样方法分别将路基改成2号,路面改成3号。如图5-34所示。

注意: 这里3个ID号和我们前面修改的多维子对象中的3个子材质是相对应的。

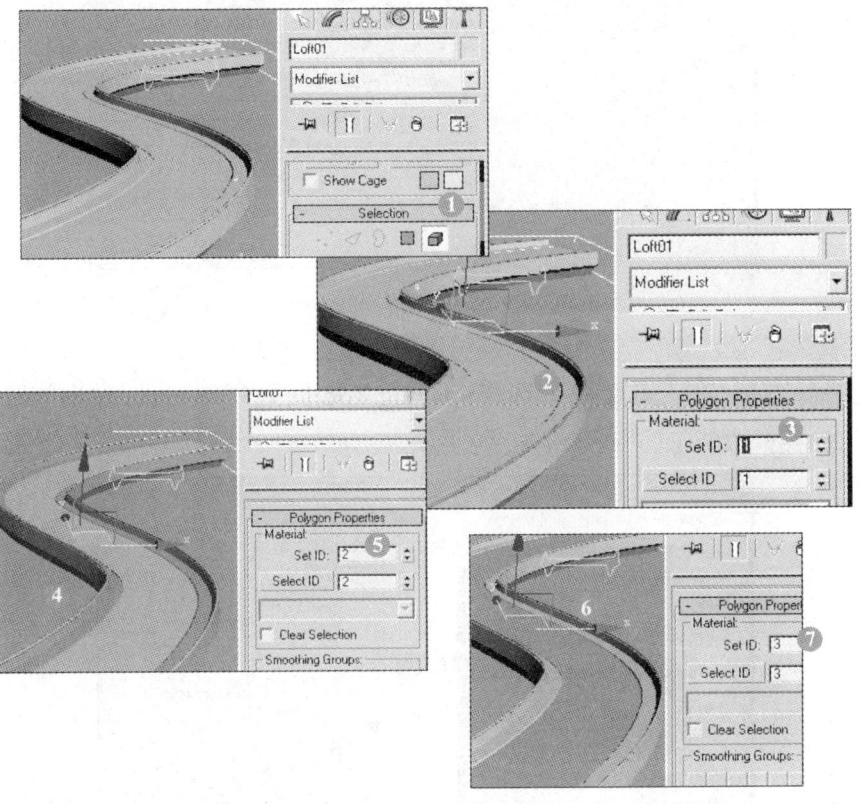

图5-34

退出编辑多边形的子物体级别,选择材质球,将材质赋予物体,公路就以设计好的颜色出现在我们面前了。如图5-35所示。

图5-35

下面我们通过以前学过的间隔复制命令来完成马路中间的斑马线。

在顶视图上创建一个白色的长方体,如图5-36所示。我们用它来复制完成斑马线。

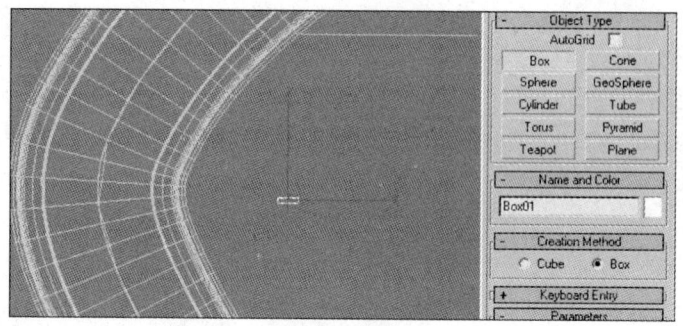

图5-36

选择长方体,在工具菜单中选择Spacing Tool间隔复制工具,弹出间隔复制命令面板。如图5-37所示。

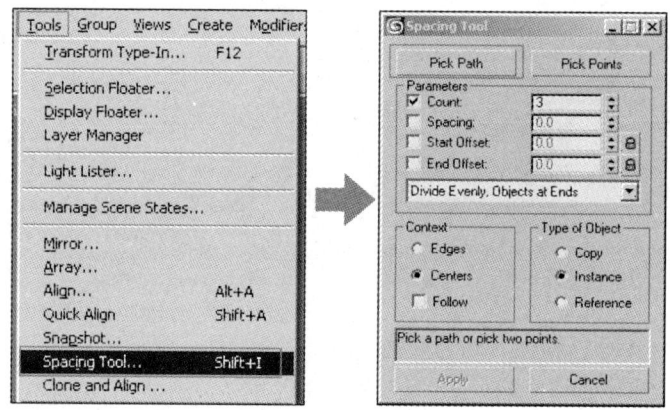

图5-37

点击间隔复制中的Pick Path拾取路径命令,选择公路放样的路径,设置复制的数量并勾选Follow跟随命令,单击确定,复制完成。如图5-38所示。

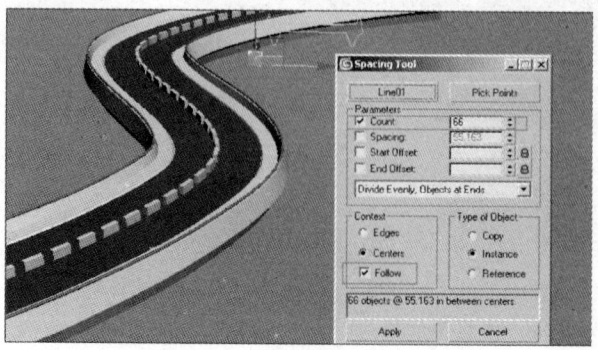

图5-38

斑马线有些过高，我们可以通过改变最初创建的长方体来改变高低。调整后，公路模型放样建模就完成了。如图5-39所示。

图5-39

第三节　Boolean 布尔运算

布尔运算是一种数学算法，它是针对两个相交的三维几何体而设置的运算，能够得到两个三维几何体的相加、相减、相交的结果。

比如一个立方体和一个球体相交，通过布尔运算能得到三种不同结果。如图5-40所示。

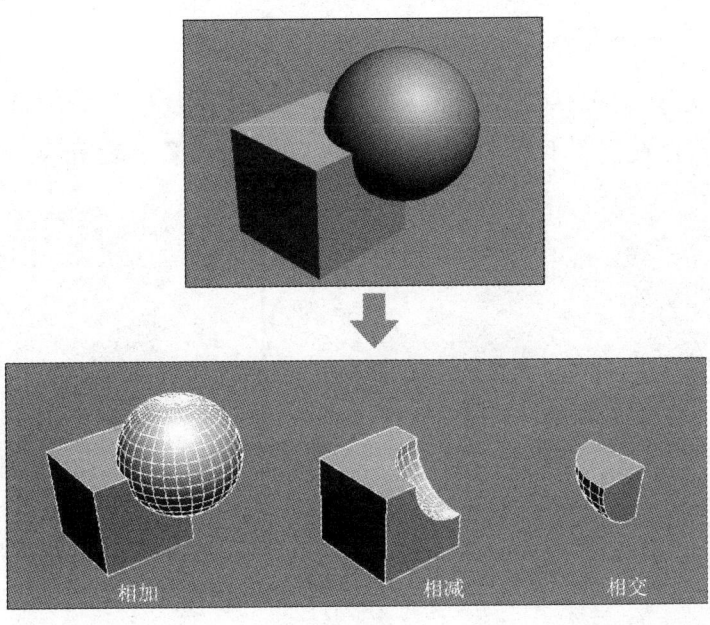

图5-40

布尔运算的工作流程：

创建模型，保证模型有相交的部分。

选择A物体，进入复合几何体命令面板。

选择布尔命令，点击挑选B物体按钮。

选择相加、相减或相交运算模式。

拾取B物体，布尔运算完成。

下面以立方体减去球体为例说明以上流程：

选择立方体并激活Boolean布尔命令。如图5-41所示。

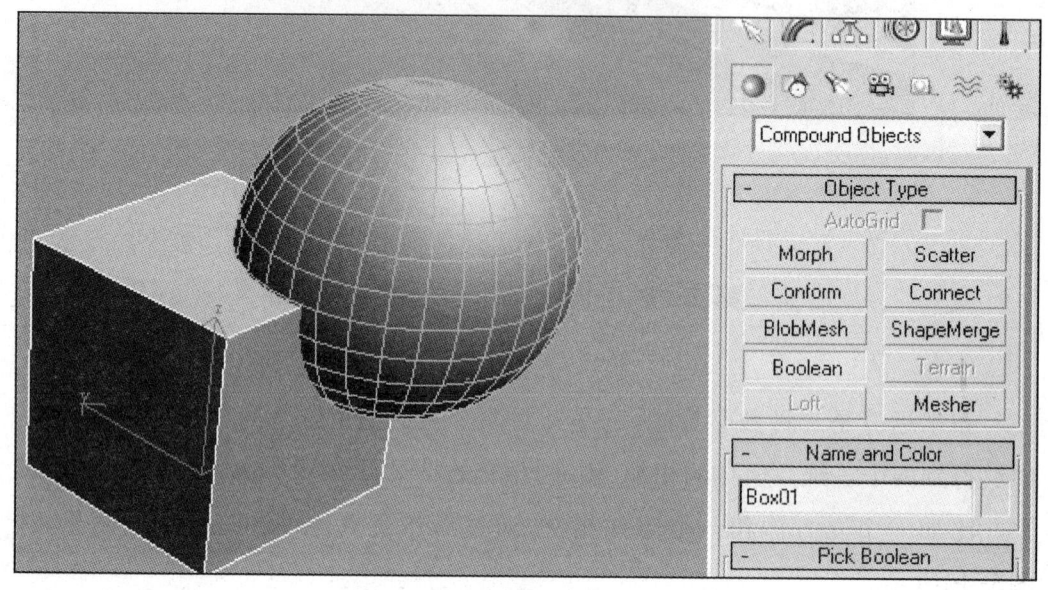

图5-41

选择A-B模式，我们最先选择的立方体是默认的A物体，单击Pick Operand B拾取B物体命令，再在视图上单击球体，布尔运算完成。如图5-42所示。

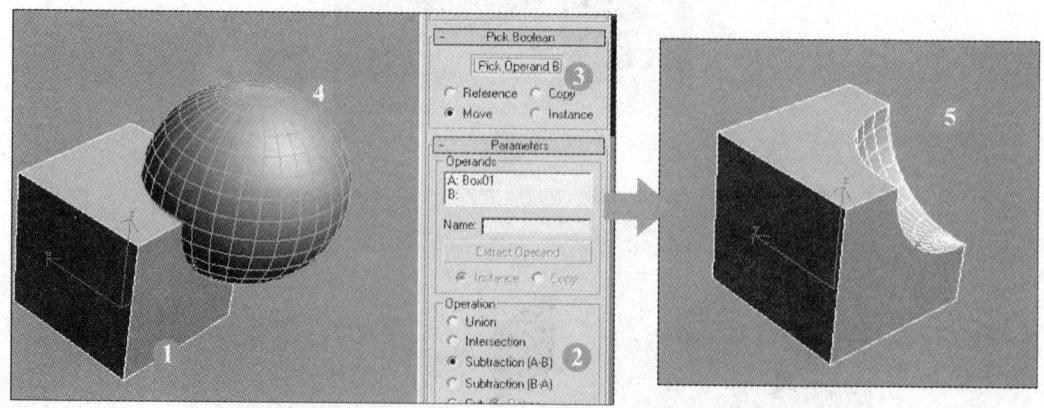

图5-42

第四节　其他复合几何体建模工具

一、Morph变形

变形是针对点、边、面数相同的物体，通常用来制作表情变形动画。它的工作原理是，创建相同点、边、面数的表情变形模型，使用变形工具让其在不同表情之间变化。如图5-43所示。

图5-43

二、Scatter散布

散布是指将物体A按一定要求散布到物体B的表面，通常用来模拟树林、草丛、卡通角色的头发等等。如图5-44所示。

图5-44

三、Conform一致

通过将某个对象的顶点投影至另一个对象的表面而创建，可以用来模拟山坡上蜿蜒的公路。如图5-45所示。

图5-45

四、Connect连接

两个有面开口的三维物体间自动连接，通常用来快速实现模型无缝对接。如图5-46所示。

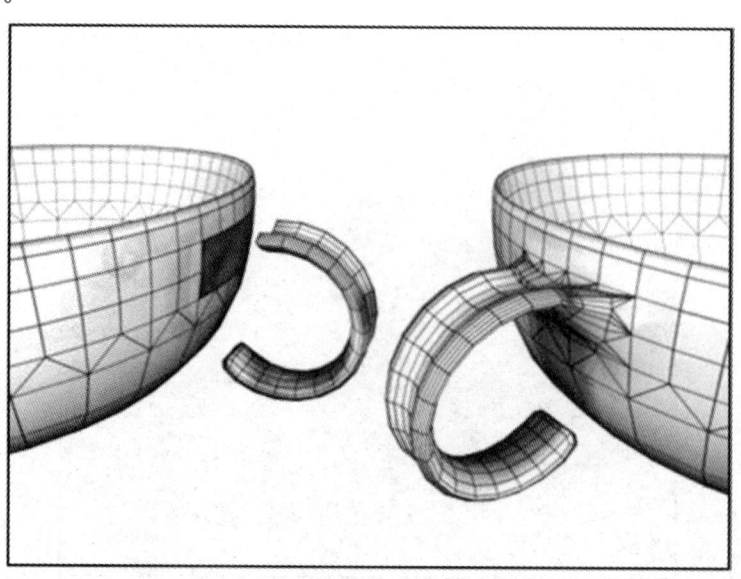

图5-46

五、BlobMesh水滴网格

水滴网格通常可以配合三维模型或粒子使用,能快速实现模型分子之间的融合。如图5-47所示。

图5-47

使用水滴网格能快速创建出一块巧克力饼干模型,具体操作流程如下:

创建一个平面物体,再创建一个水滴网格物体。如图5-48所示。

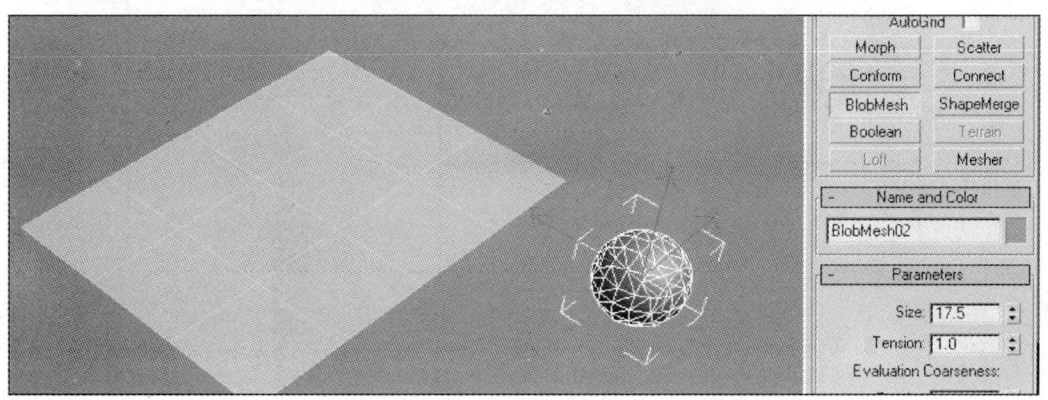

图5-48

选择水滴网格物体,进入修改器面板,使用Pick命令拾取平面物体,适当调整参数,模型完成。如图5-49所示。

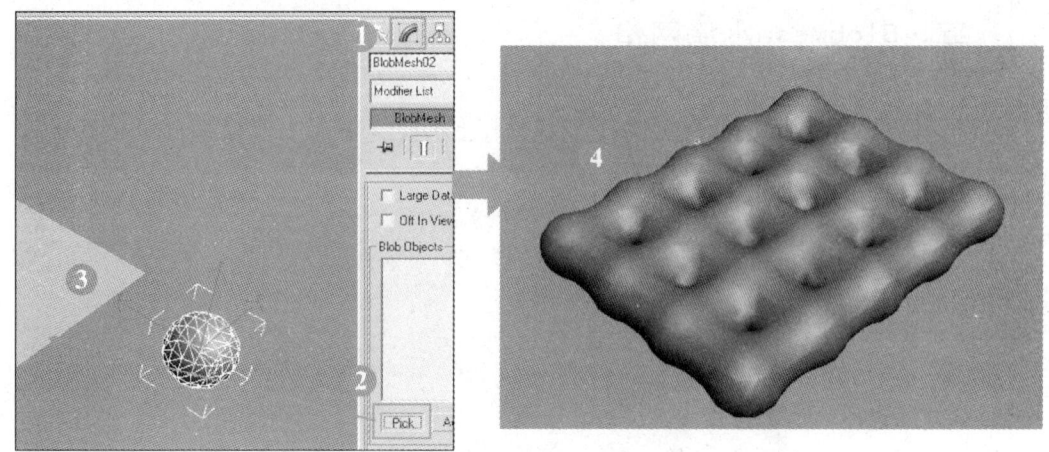

图5-49

六、ShapeMerge图形合并

图形合并命令指的是将一个二维图形合并到一个三维形体上，它能够加快三维模型表面细分的速度。如图5-50所示。

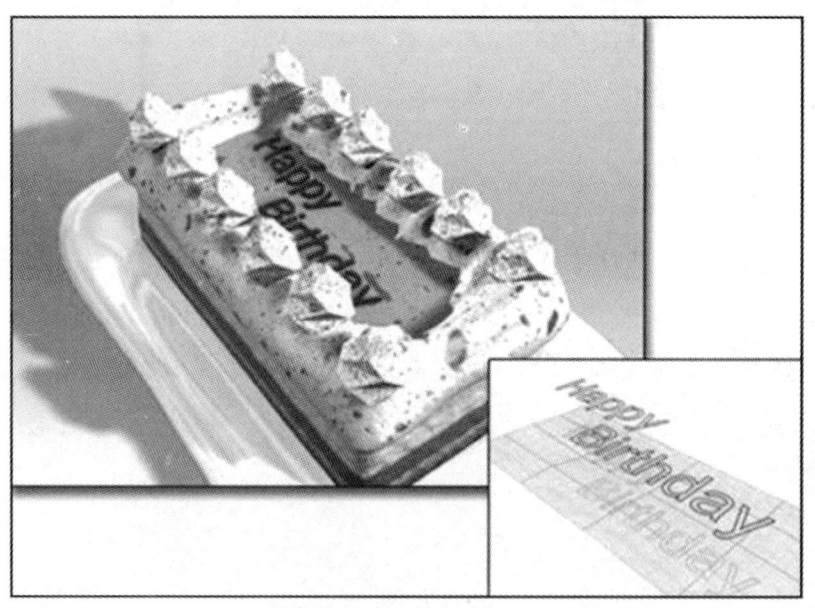

图5-50

七、Terrain地形

画出地形地面的等高线，使用地形工具将这些等高线进行连接，通常用来完成复杂地形表面。如图5-51所示。

图5-51

八、Mesher网格化

配合粒子系统使用,将粒子系统生成的粒子物体转换为网格。

第五节 复合几何体建模制作星河战舰模型

如图5-52为星河战舰模型最终完成的效果。

图5-52 星河战舰模型最终完成效果

一、建模思路分析

当我们碰到一个比较复杂的模型时,不要急于对模型开始制作,而应该先对模型进行观察并对模型的细节进行拆分,寻求正确的建模思路与方法。

星河战舰模型,如图5-52所示,主要由较大的战舰首、战舰身和战舰尾部三个主要部分构成。在建模的过程中,我们应该先从整体到细节,从全局到局部进行制作。这一点和学美术的同学进行素描创作十分相似,先完成大的形态,再深入刻画细节。

本章星河战舰身上的一些细小甲板细节,我们是通过生长插件自动生成的。图5-53所示即为已完成的舰身甲板的效果。

图5-53　星河战舰模型

先观察模型,整个模型由前中后三个大部分组成,而且整个模型左右对称,所以我们做模型只要做好对称的一边就行,如图5-54所示。

图5-54

然后开始在脑子里有个大的模型影像,把握住整体形态,然后从局部入手。

整个制作模型的顺序就是从整体到局部,当我们所看到的图片给我们需要的信息太少的时候,可以从其他相关图片来获取我们所需要的信息,如图5-55所示。整个飞船后面的局部零件,虽然在图5-54中看不见,但我们也要通过参考图将其完成,从而做到动画模型的完整性。

图5-55

二、战舰尾部模型制作

模型创建由大到小,我们从整个模型后面部分的大致形状开始。整个后面部分的底座是一个长方体,因此我们在透视图中直接创建三维形体的长方体。为节省"面"的使用,将所创建长方体的长、宽、高的"段数"都调成1,如图5-56所示。

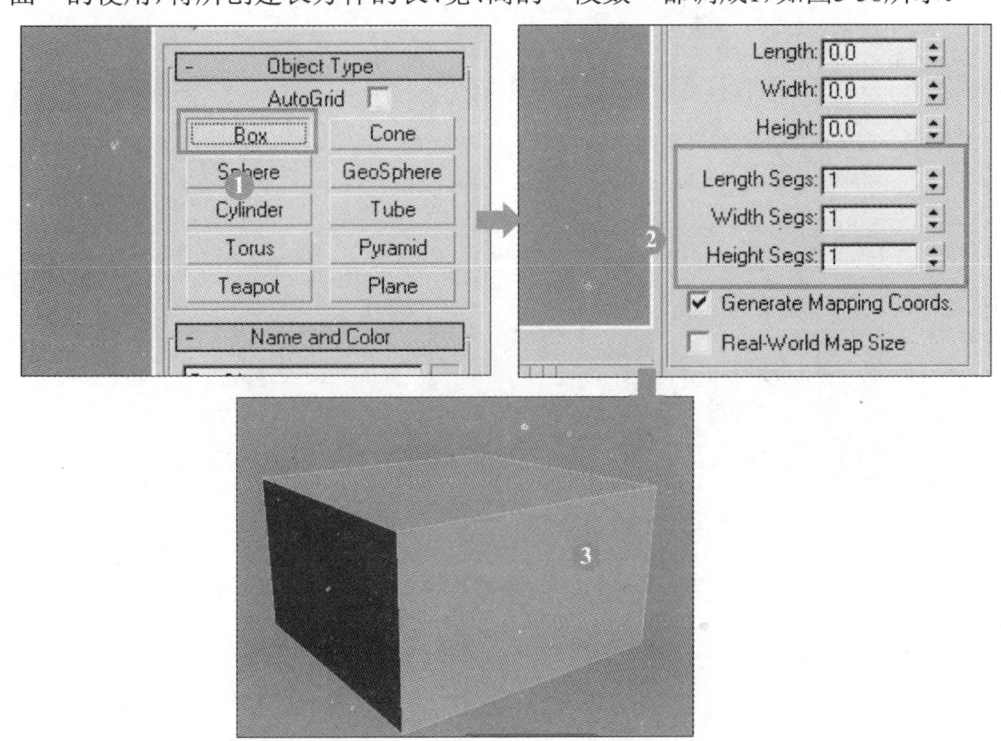

图5-56

在左视图上画出二维曲线并挤出，调整物体间的大小比例关系，放置到透视图的正确位置。如图5-57所示。

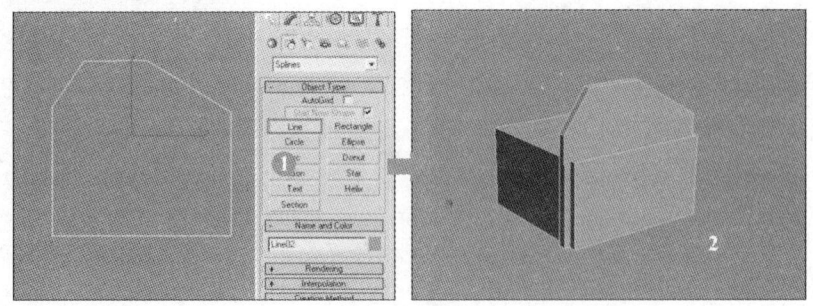

图5-57

单击右键将其转换为"可编辑多边形"。在"可编辑多边形"的"多边形级别"选择要编辑的面，CTRL+左键为添加所选；然后切换透视图，用"插入"按住左键不放，将所选择的要编辑的面缩放到合适的大小，然后放开左键，再使用"挤出"工具，点击左键不放拖动鼠标，将选择的面向里"挤出"，直到达到所需要的效果(所选区域会变成红色)。如图5-58所示。

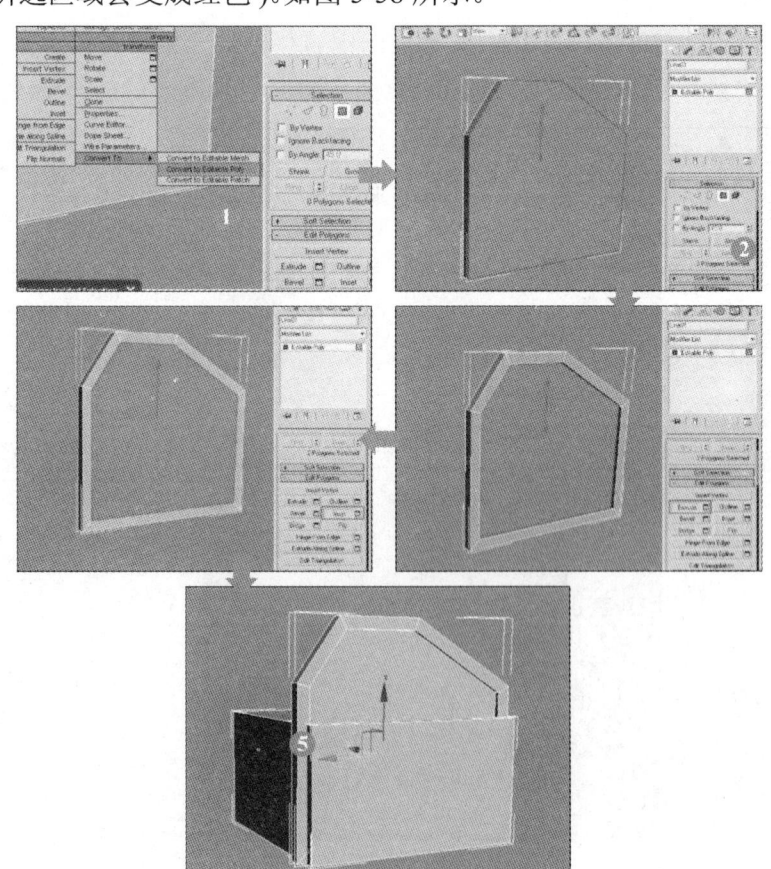

图5-58

为了使其结构更加准确，可以在一些内边上进行"倒角"。如图5-59所示。

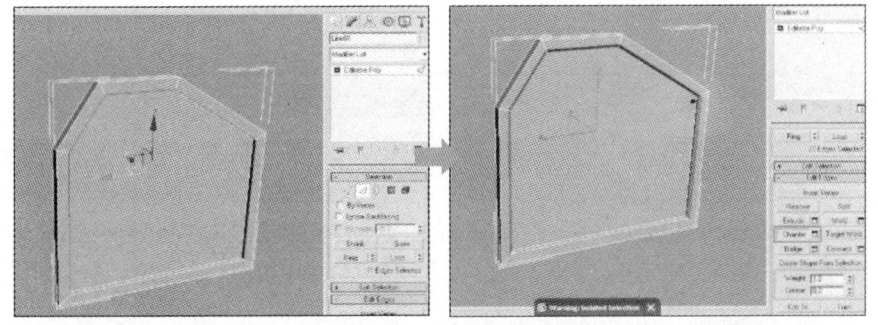

图5-59

在完成这个步骤以后，添加上面的装饰，方法跟图5-60所示的方法一样。先创建一个"圆柱"，单击右键将其转为"可编辑多边形"，然后在"多边形级别"中分别使用"插入"和"挤出"工具以达到所需要的效果，再在上面加个"半圆"。如图5-60所示。

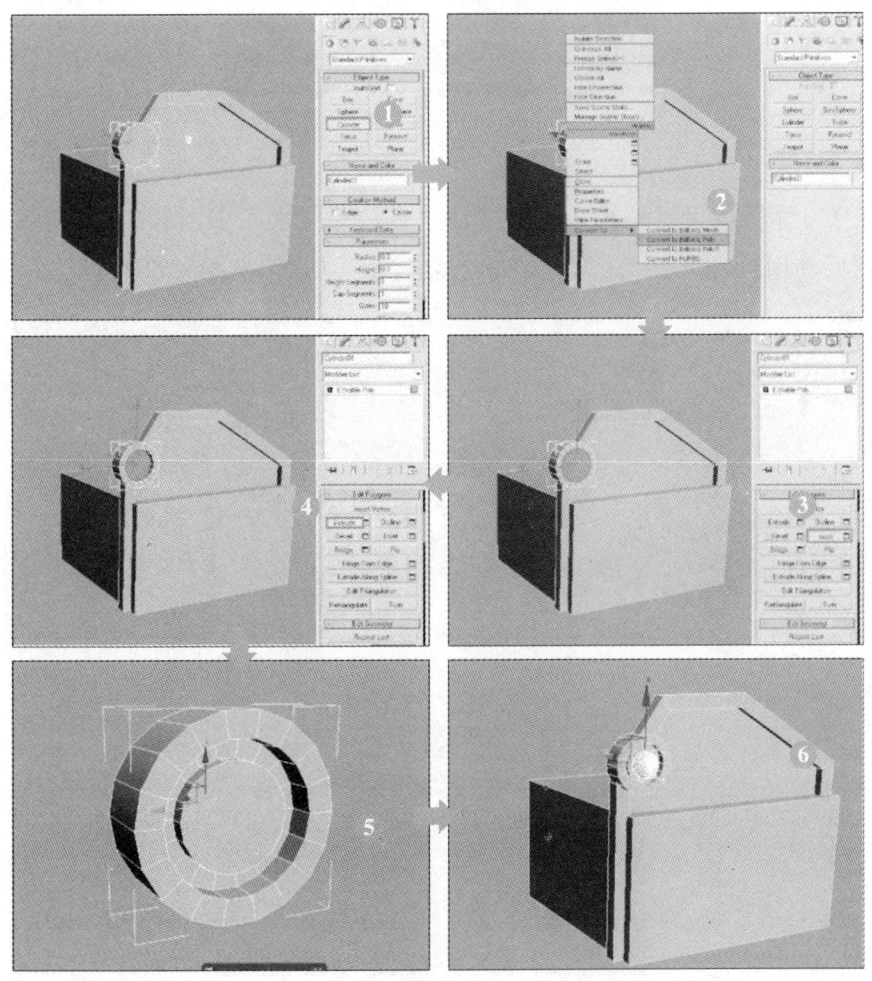

图5-60

做好以后将其群组,复制后用缩放工具缩放,放置到适当位置即可。如图5-61所示。

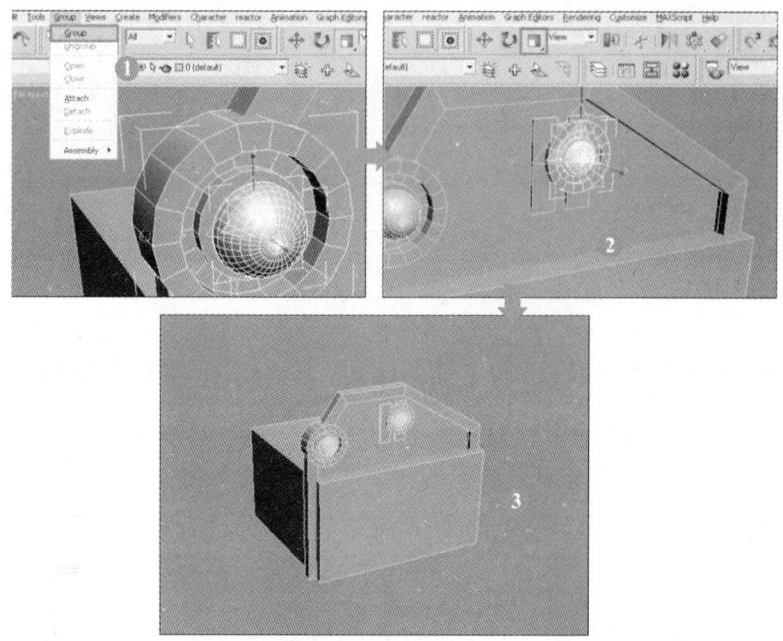

图5-61

将立方体转成"可编辑多边形"。在"多边形级别"中,删除立方体的下面和后面,然后使用Shell"壳"工具调整适当数值使其加厚。如图5-62所示。

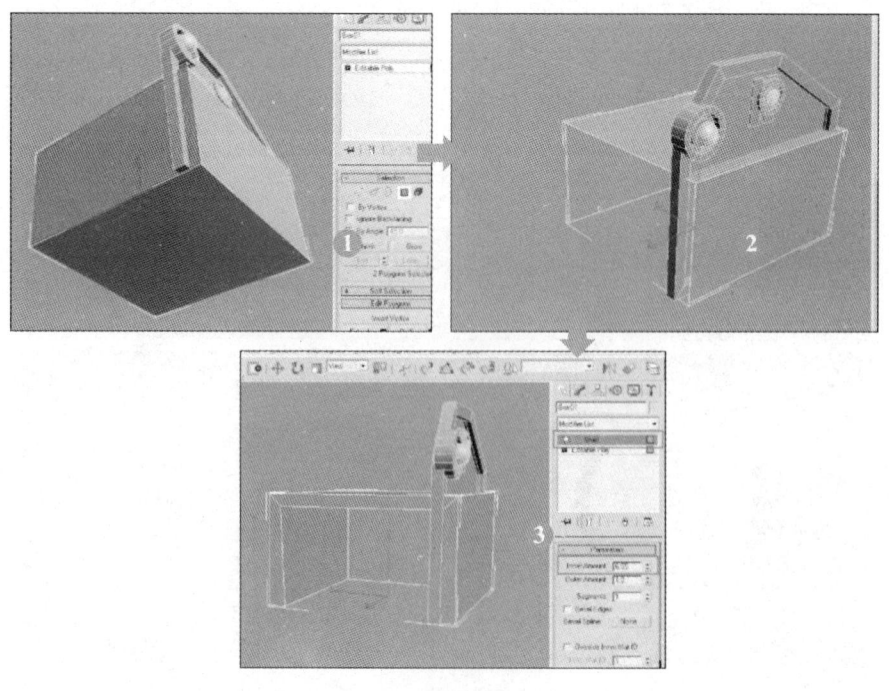

图5-62

我们接着来添加里面的排气筒、挡板和管子。如图5-63所示。

排气筒的制作方法：先在创建"样条线"中创建一个"矩形"，单击右键选择"转换成可编辑样条线"，然后在"顶点级别"中选择四个顶点使用"倒直角"，在"样条线级别"中使用"轮廓"工具，再"挤出"。如图5-64所示。

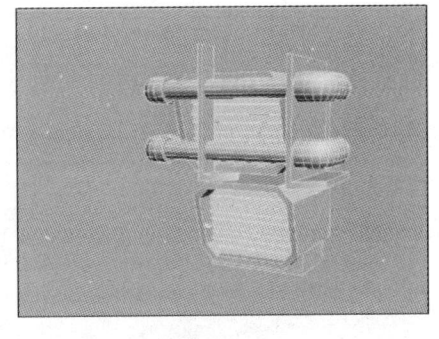

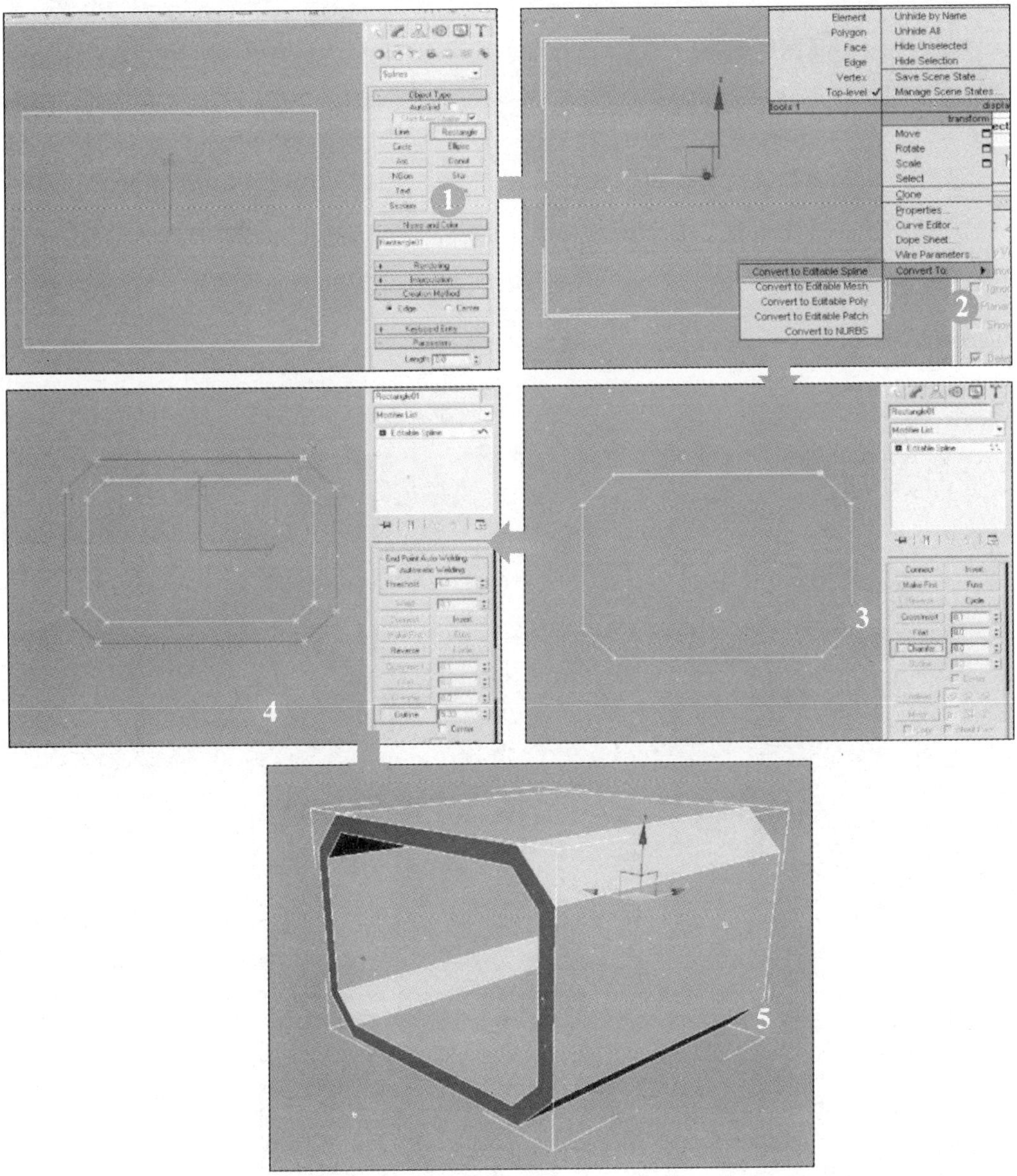

图5-63

图5-64

完成此排气筒基础以后,将其转换成"可编辑多边形",在"顶点级别"中,选择所要移动的"点",然后使用"选择移动"工具向前移动,达到所要效果;添加立方体,即可如图5-65所示。

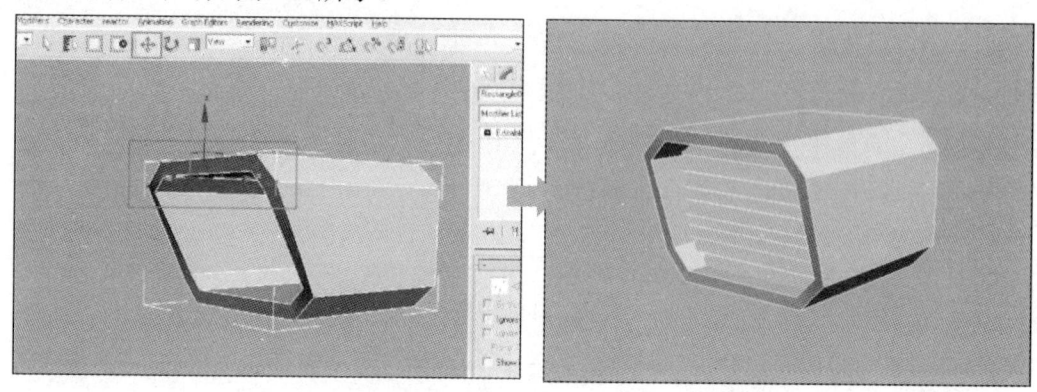

图5-65

导气管的制作方法:在"顶视图"中创建"样条线",使用"线"工具可画出,将直角"倒圆角",将"样条线可渲染"和"对视图有效"勾上,调整粗细和位置。如图5-66所示。

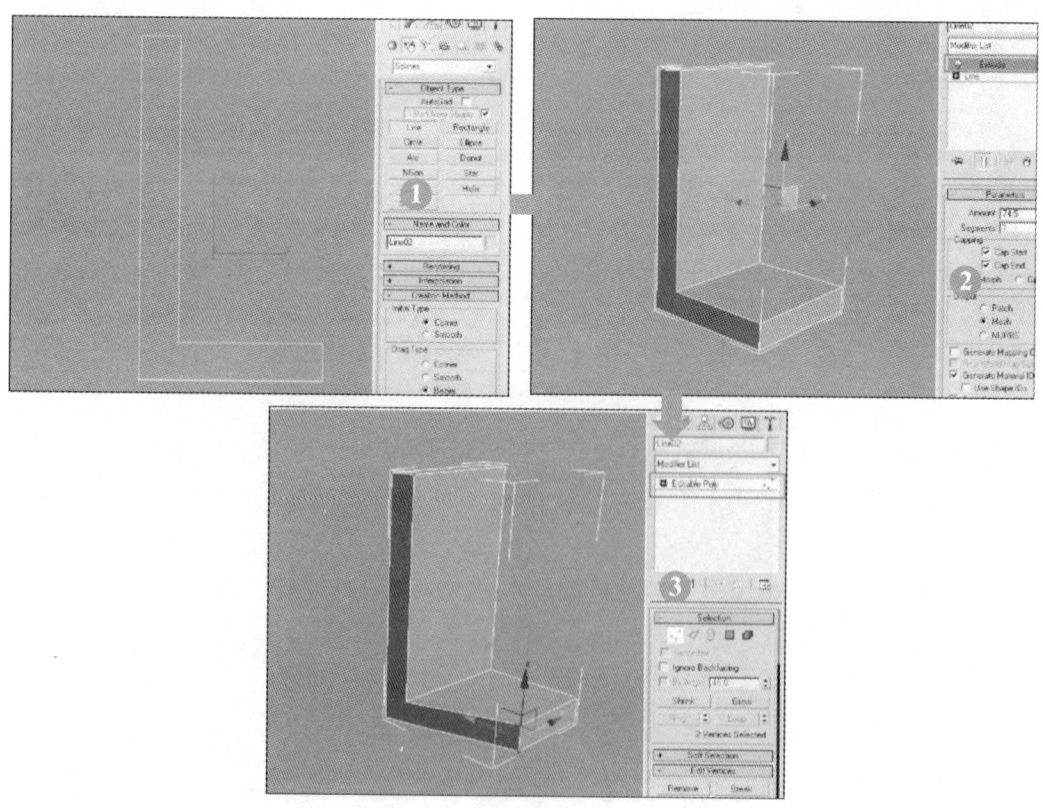

图5-66

挡板的制作方法：直接使用创建"样条线"中的"线"工具画出，然后再挤出，有些形体适当地用"可编辑多边形"即可。如图5-67所示。

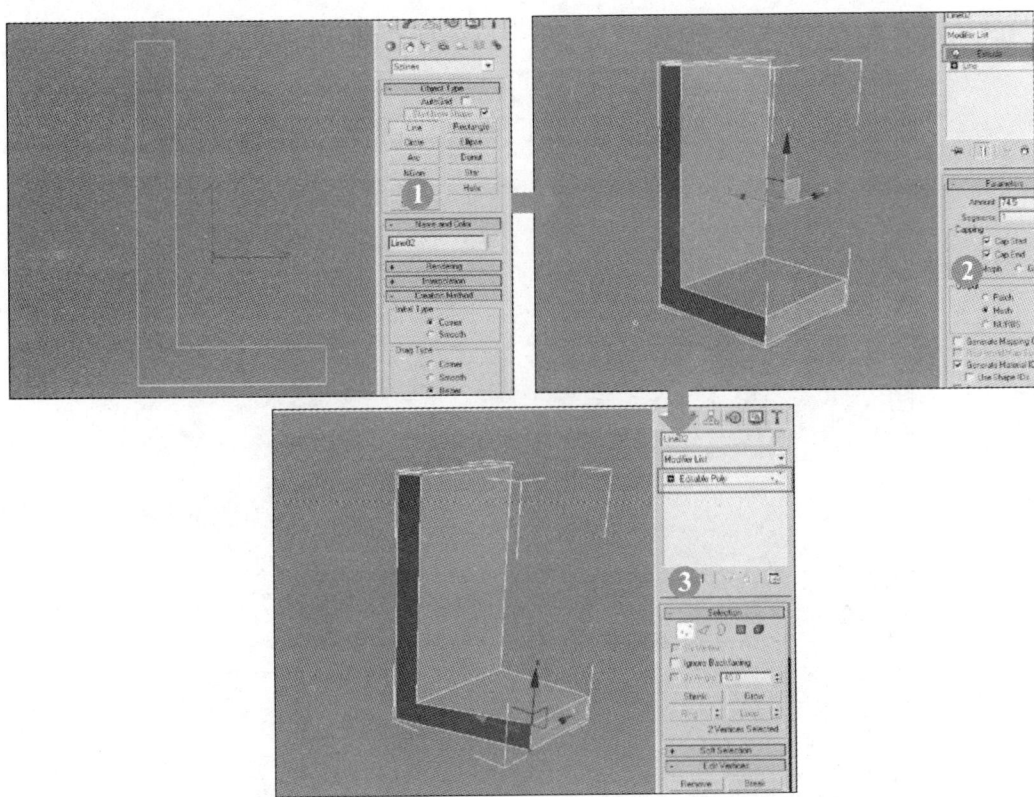

图5-67

把它们组合起来，如图5-68所示。

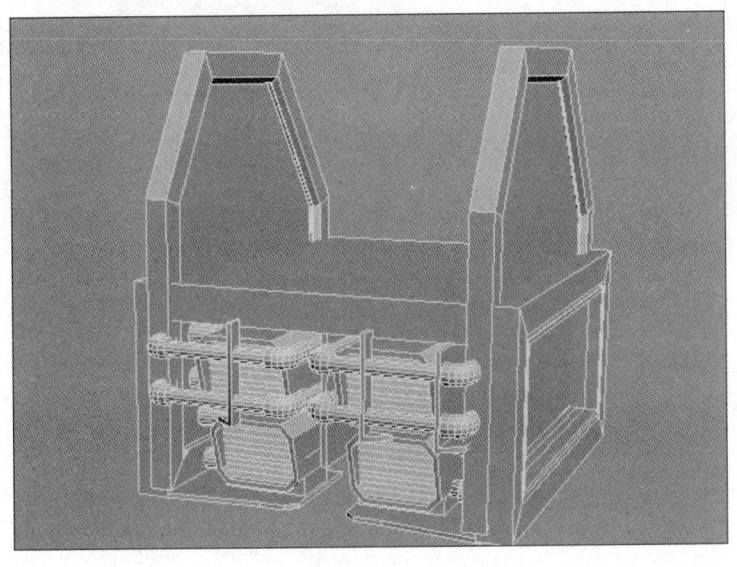

图5-68

做完这个部分，现在来做上面的喷气装置；这个喷气装置基本都是由"立方体"来制作。将各个"立方体"转入"可编辑多边形"，经过"顶点"或"边"的位移来达到所要求的形状，然后在一些转折地方进行"倒角"。如图5-69所示。

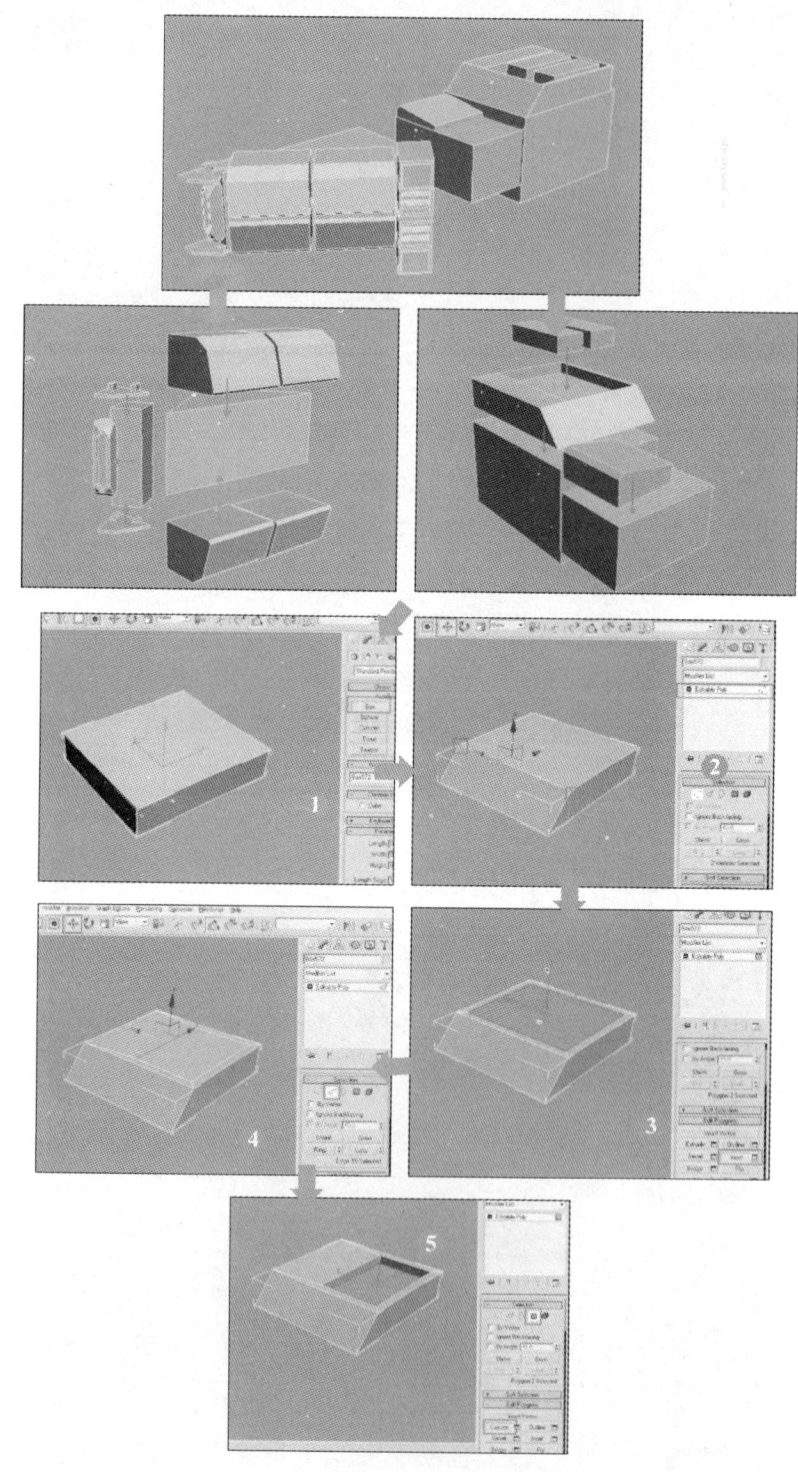

图5-69

做完上面的部分，我们来做机翼的部分。

大部分几何体都是由"长方体"转化成"可编辑多边形"得来，另一部分是用"样条线"画出基本型，然后"挤出"完成。做完机翼部分，再添加部分细节，管子与挡板跟上面介绍的方法一样，就是上下的机翼直接用"镜像复制"即可。如图5-70所示。

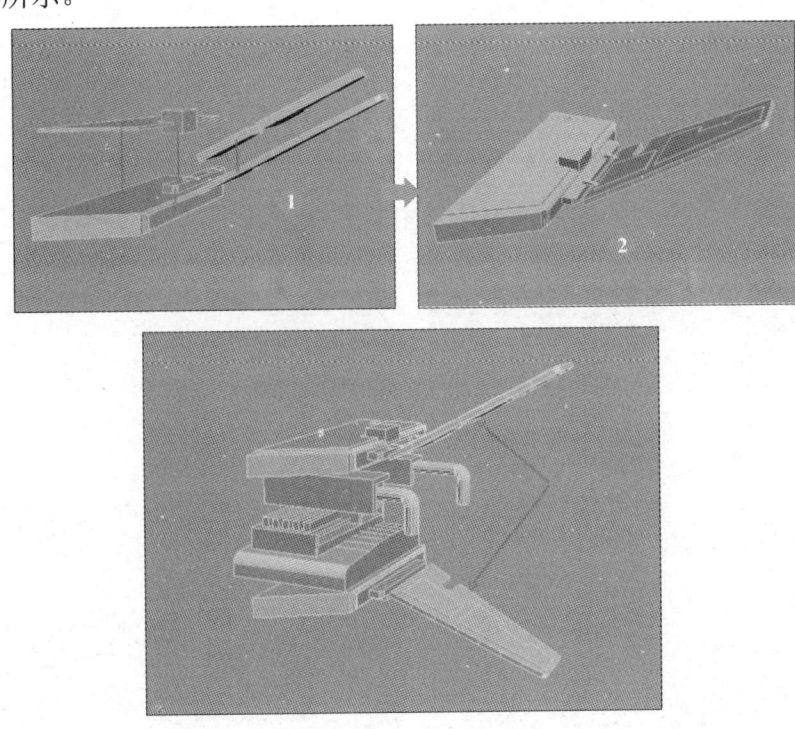

图5-70

所制作的右边机翼与左边机翼是一样的，也直接镜像复制。稍做调整与添加小细节，这后面的整个部分就可基本完成。如图5-71所示。

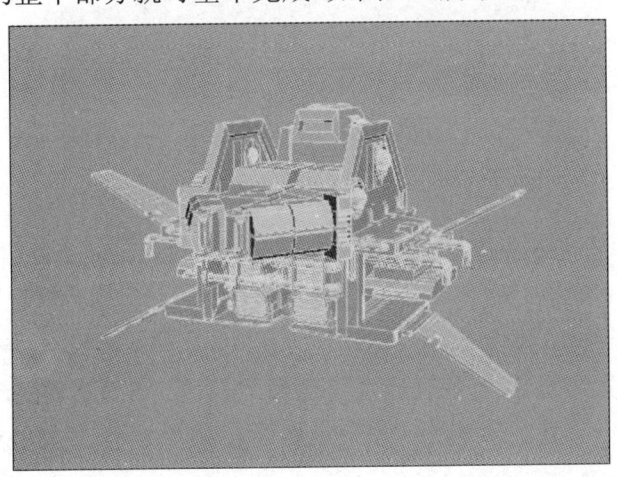

图5-71

整个后面部分就剩下左右两边和下面的排气筒。首先我们来看左右两边的排气筒。可以直接镜像复制,所以我们依然只要做出一边即可;首先制作一个"长方体"将其转换成"可编辑多边形",然后在"样条线级别"中,选择几个长边,使用"倒直角"。再在"多边形级别"中,选择面,使用"倒角"工具,做出排气筒的前端和后端。如图5-72所示。

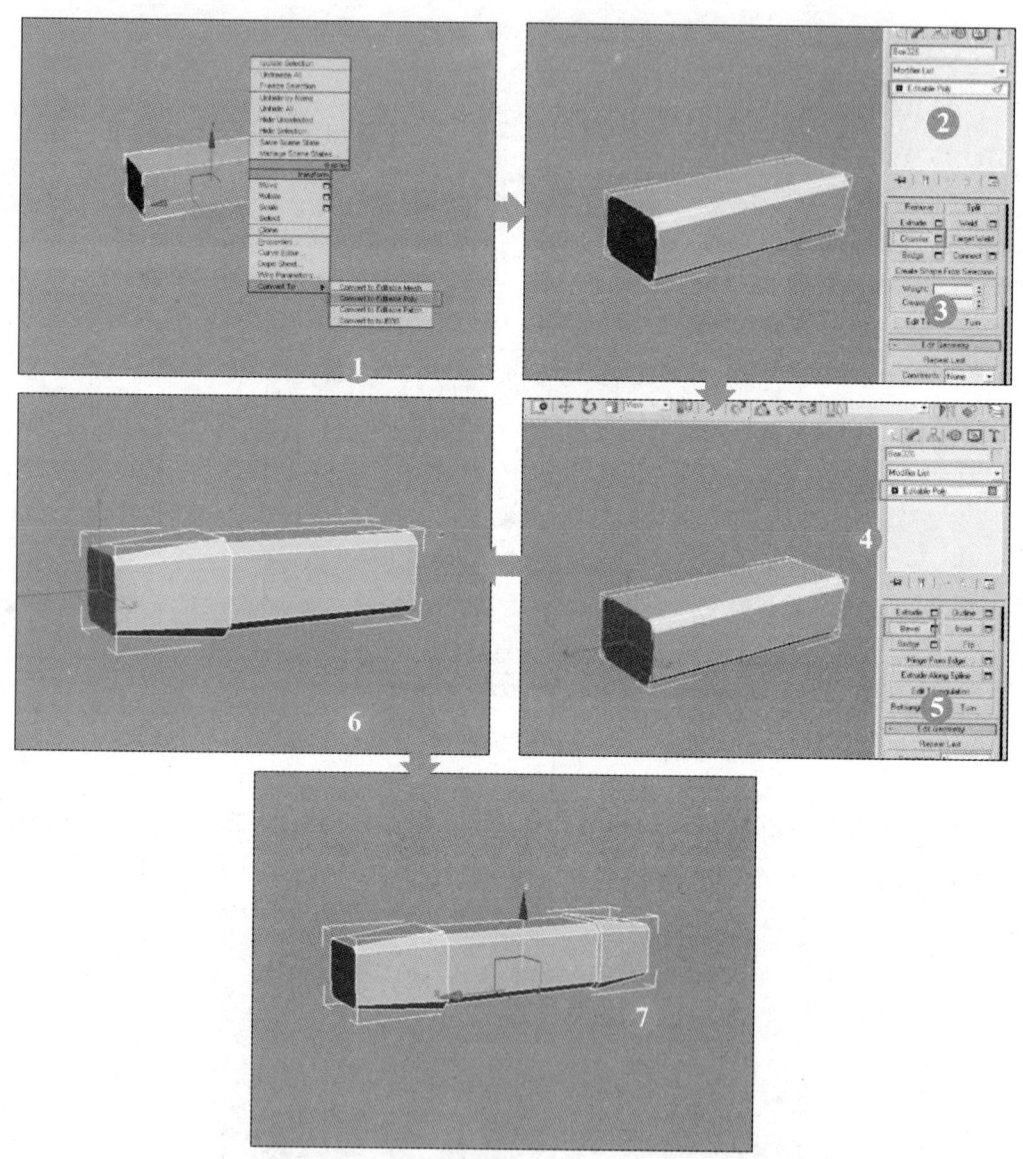

图5-72

在"左视图"中画出"多边形",将边数设置为"8",右键将其转换成"可编辑样条线",然后在"样条线级别"中,使用"轮廓"工具"挤出";调整位置将其放在长方体末端,如图5-73所示。

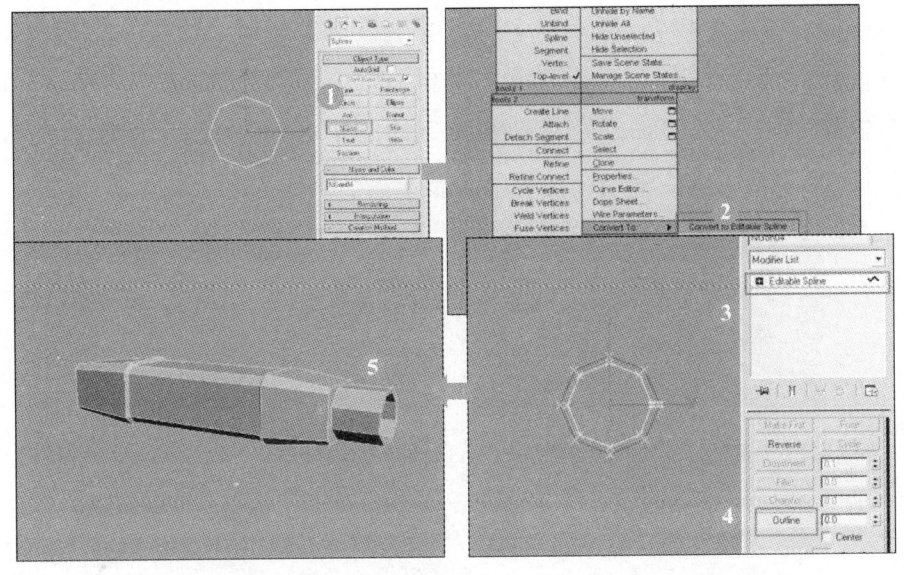

图5-73

在左视图上创建个"圆柱体",将其转换成"可编辑多边形",在"多边形级别"中使用"插入"和"挤出"以达到所需效果,再制作两个"圆环",调整起位置,然后将其组合,"对齐"到刚刚所制作"8边形"的中心,调整位置即可。如图5-74所示。

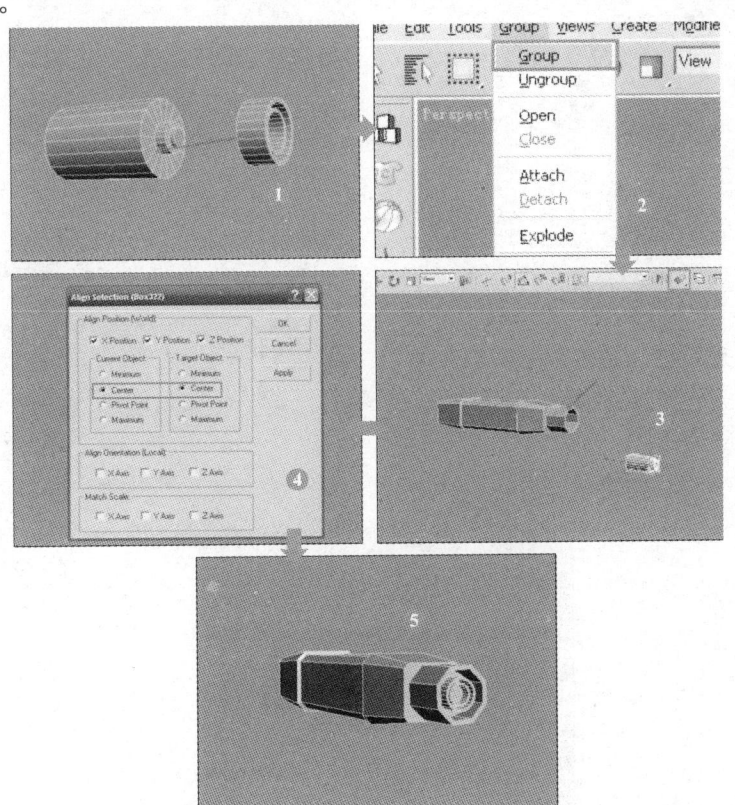

图5-74

制作排气筒上的挡板，用"样条线"画出挡板形状后"挤出"，添加两个"圆柱体"，将它们进行群组，在"左视图"中移动到适当的位置，进入"层次"面板，开启"仅影响轴"，将"轴心"移动到排气筒的中心，再关闭"仅影响轴"，打开"角度捕捉器"，然后按住Shift旋转90°，复制3个。如图5-75所示。

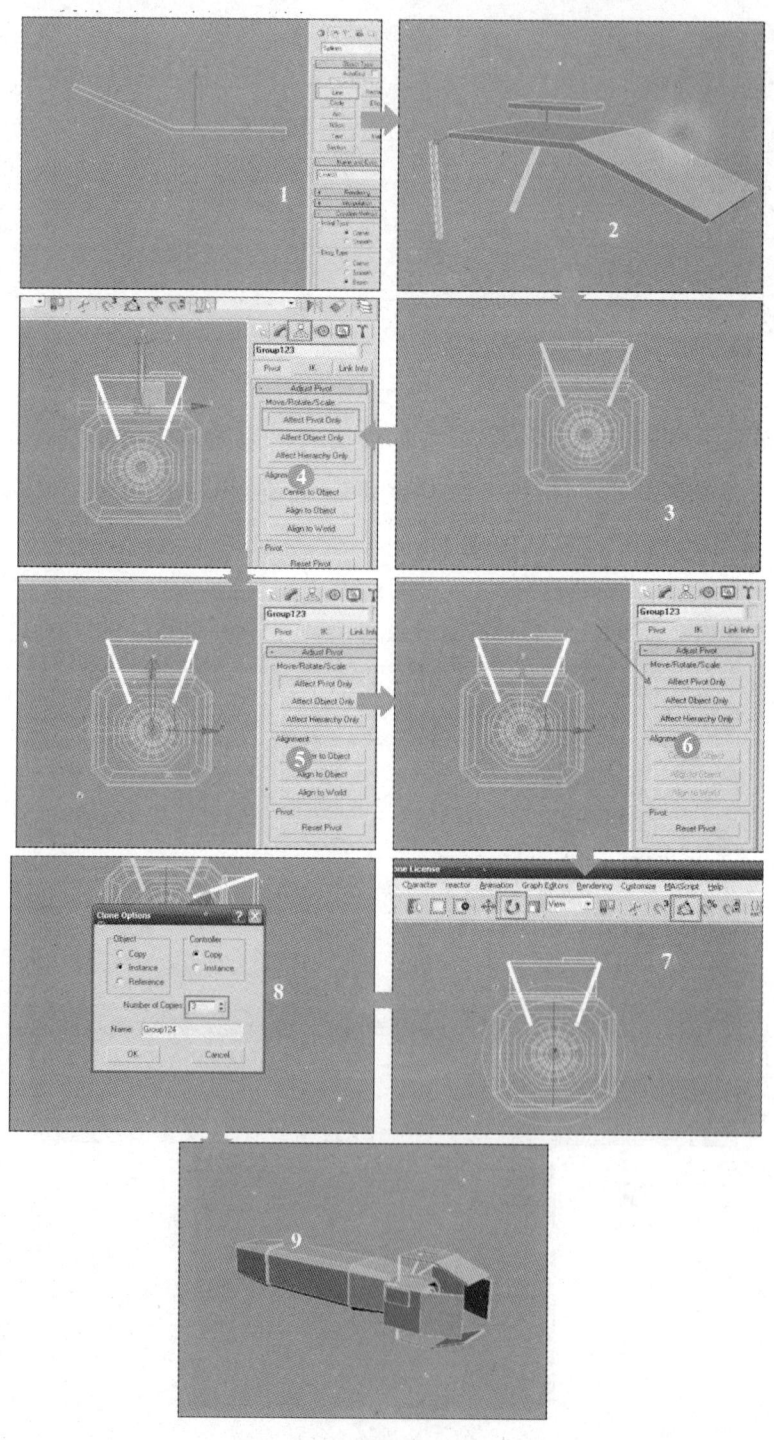

图5-75

下面完成排气筒上的排气窗。选择排气筒身，在"多边形级别"中，选择面"插入"，向里"挤出"，再做一些"长方体"就可以了。如图5-76所示。

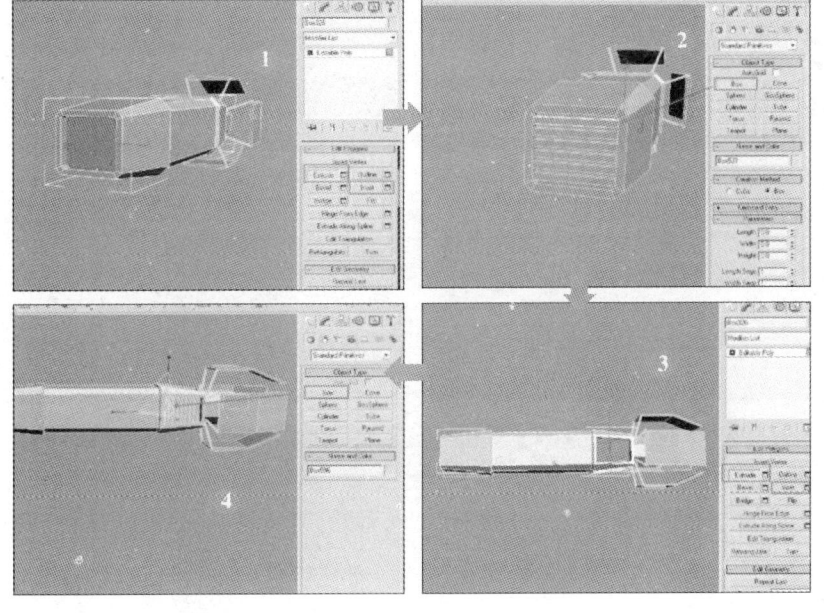

图5-76

接下来，我们来做排气筒上面的装饰部分。先用"样条线"画出大形，"挤出"；再创建个长方体放在合适的位置；在创建三维物体的下拉菜单中选择"复合物体"中的"布尔运算"，点选择"拾取操作物体B"，鼠标左键点选刚刚创建的"长方体"即可。如图5-77所示。

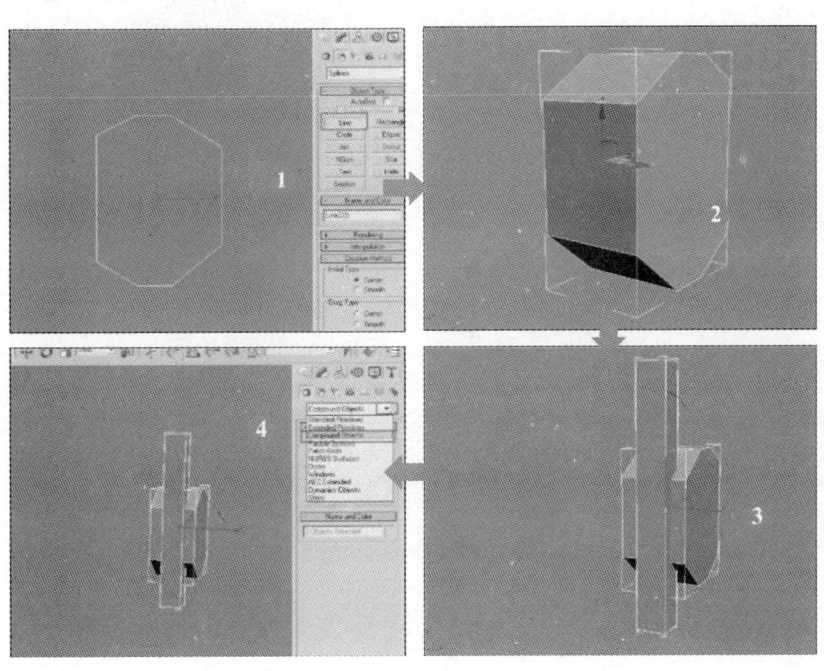

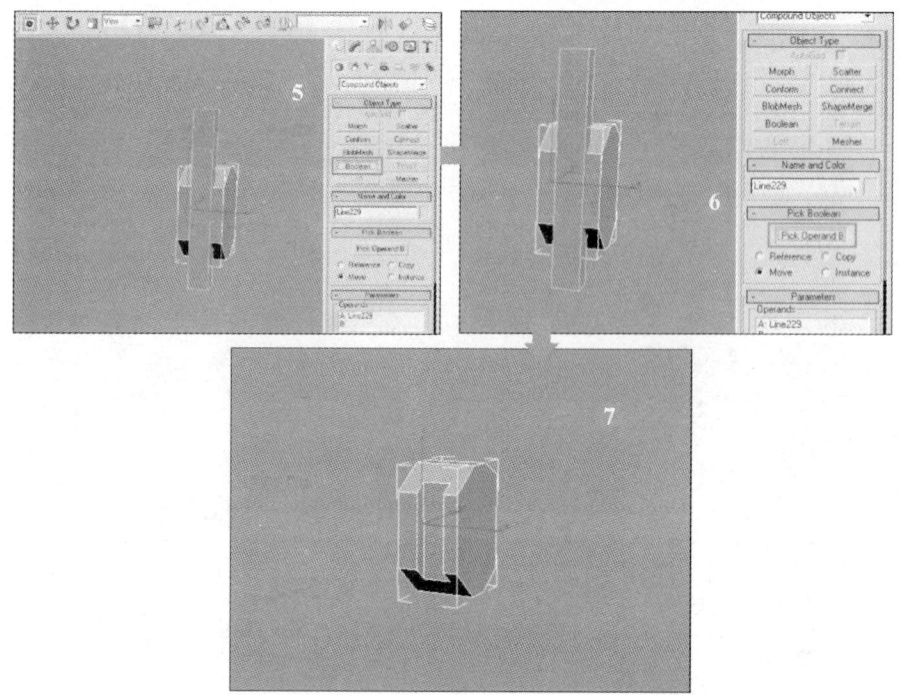

图5-77

为排气筒表面添加小配件。用"样条线"画出后"挤出",添加"圆柱体"和"长方体";再整体添加些小细节,排气筒装置基本就完成了。如图5-78所示。

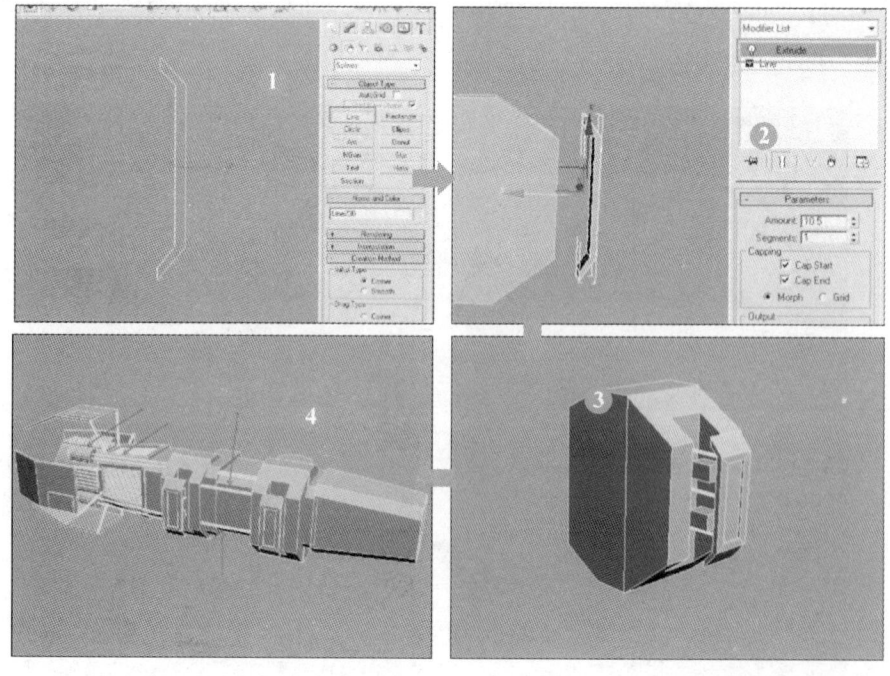

图5-78

战舰制作底部的喷气装置和左右两侧的差不多,可以直接复制左右两侧的喷气装置来做修改,或者按照左右侧的喷气装置来制作,如图5-79所示。

下面来看看中间连接部分的制作方法:首先用"样条线"画出基本形状,然后"挤出"转换成"可编辑多边形",在"样条线级别"中使用"倒直角"工具,在两边添加"圆柱体"调整位置即可,如图5-80所示。

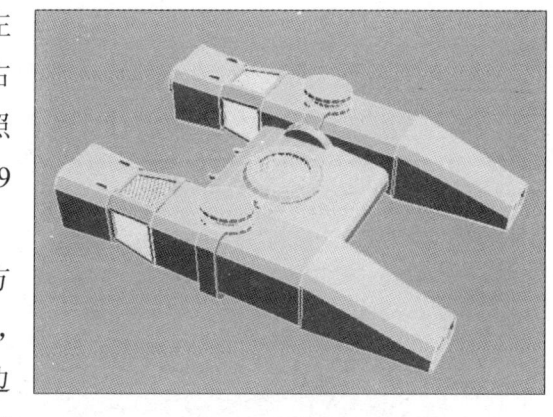

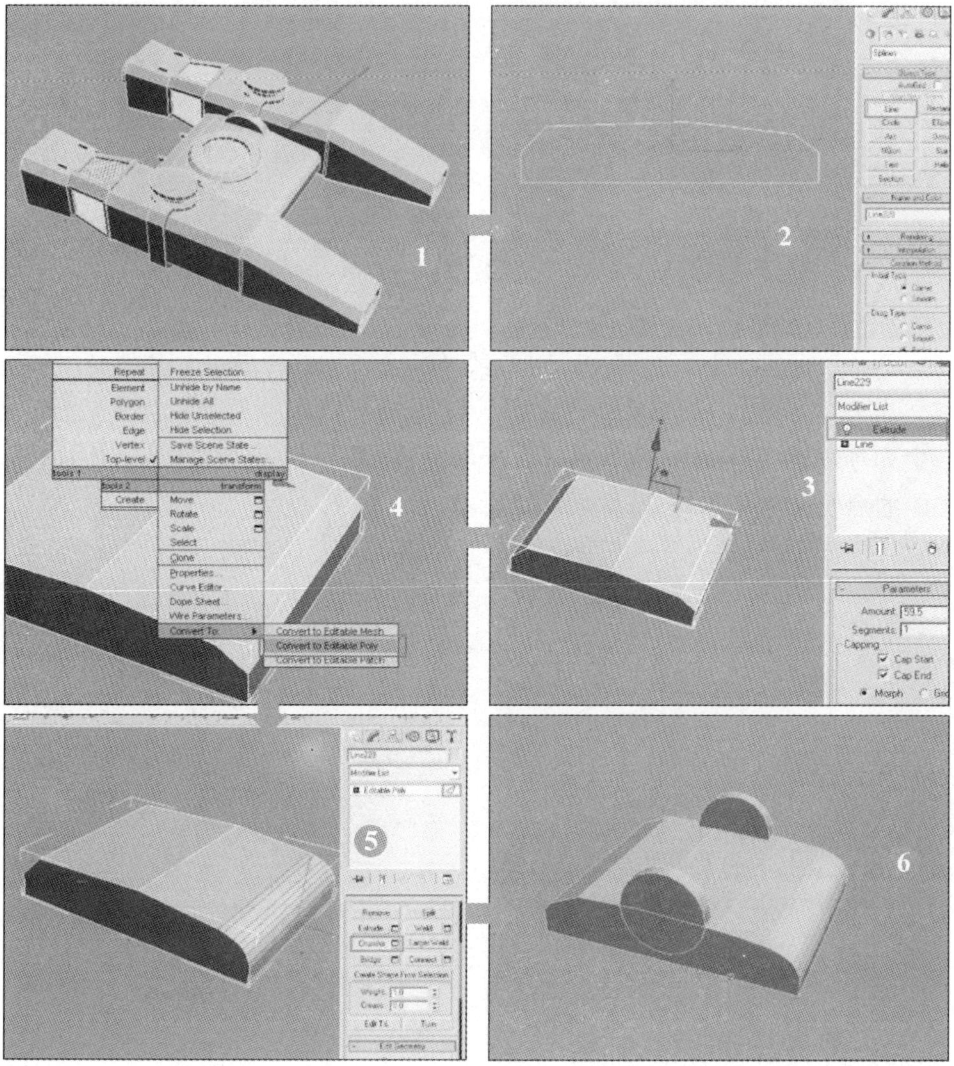

图5-79

图5-80

连接件中间的"圆柱体",将其转换成"可编辑多边形",在"多边形级别"中使用"倒角"工具,选择"圆柱体"的顶面,将它编辑成所需效果,再用"插入"和"挤出",然后添加"长方体",如图5-81所示。

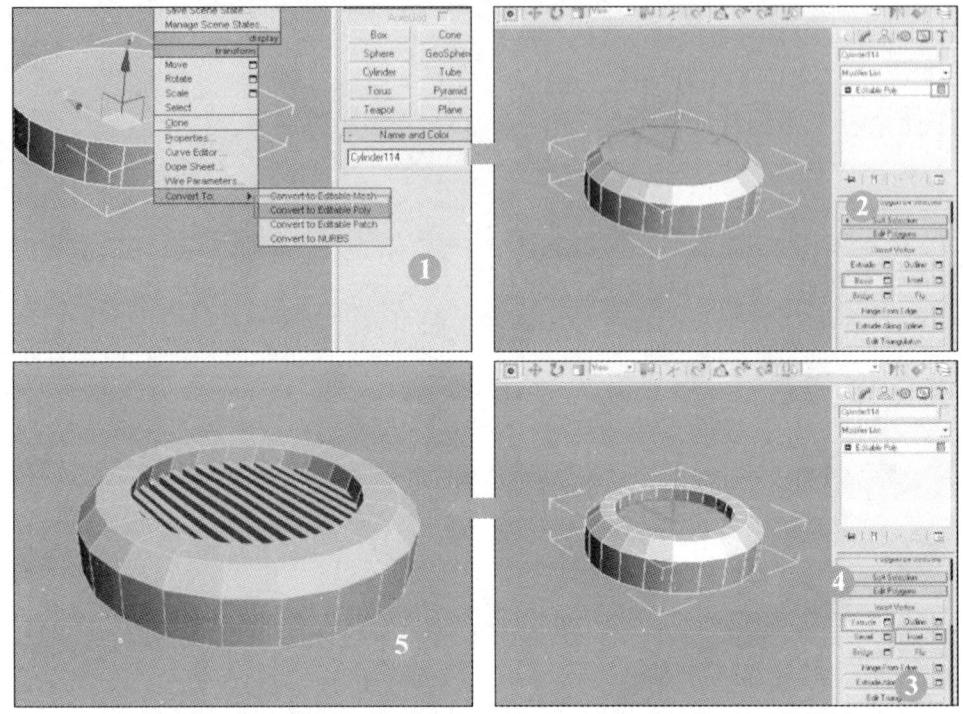

图5-81

添加部分细节,组合,以达到所需要的效果,然后将其放置到适当的位置,整个飞船的后面部分基本完成。如图5-82所示。

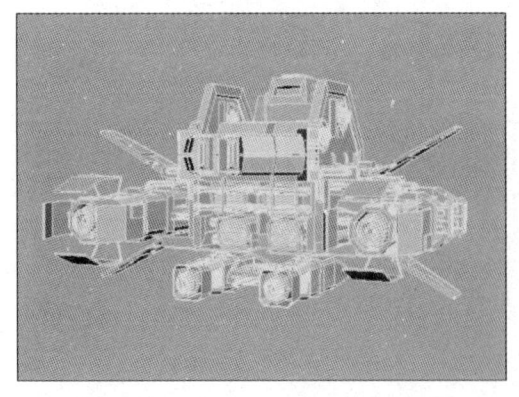

图5-82

三、战舰中部模型制作

比较复杂的后面部分已经完成,现在来做中间部分。先分析整个形状,大致也是一个"长方体",所以我们就从"长方体"开始着手,然后再在"长方体"上开始编辑或者添加细节。如图5-83所示。

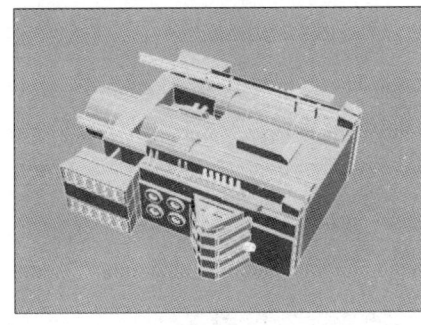

图5-83

先把大形体制作出来。首先创建"长方体"将其转换成"可编辑多边形",在"多边形级别"中使用"插入",在"样条线级别"中移动所有编辑的样条线,使其达到需要的效果,然后再在"多边形级别"中对选择的面进行"挤出",在内边上进行"倒直角"。如图5-84所示。

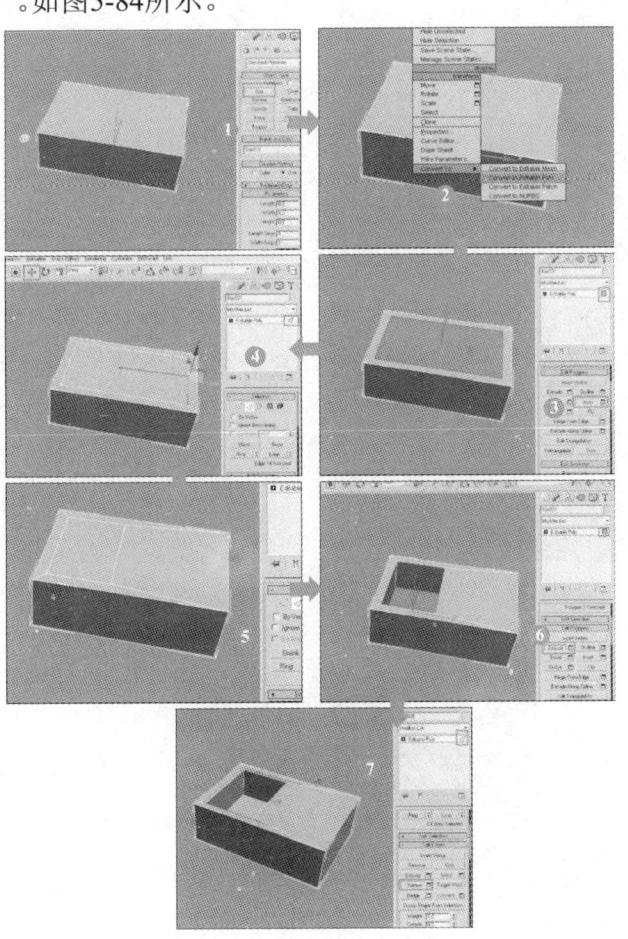

图5-84

载体已经完成,加上局部的配件。中间一个比较复杂的挡板的制作方法是先用"样条线"画出截面轮廓,然后"挤出"调整长短,再转换成"可编辑多边形",在"样条线级别"中使用"倒直角"工具。如图5-85所示。

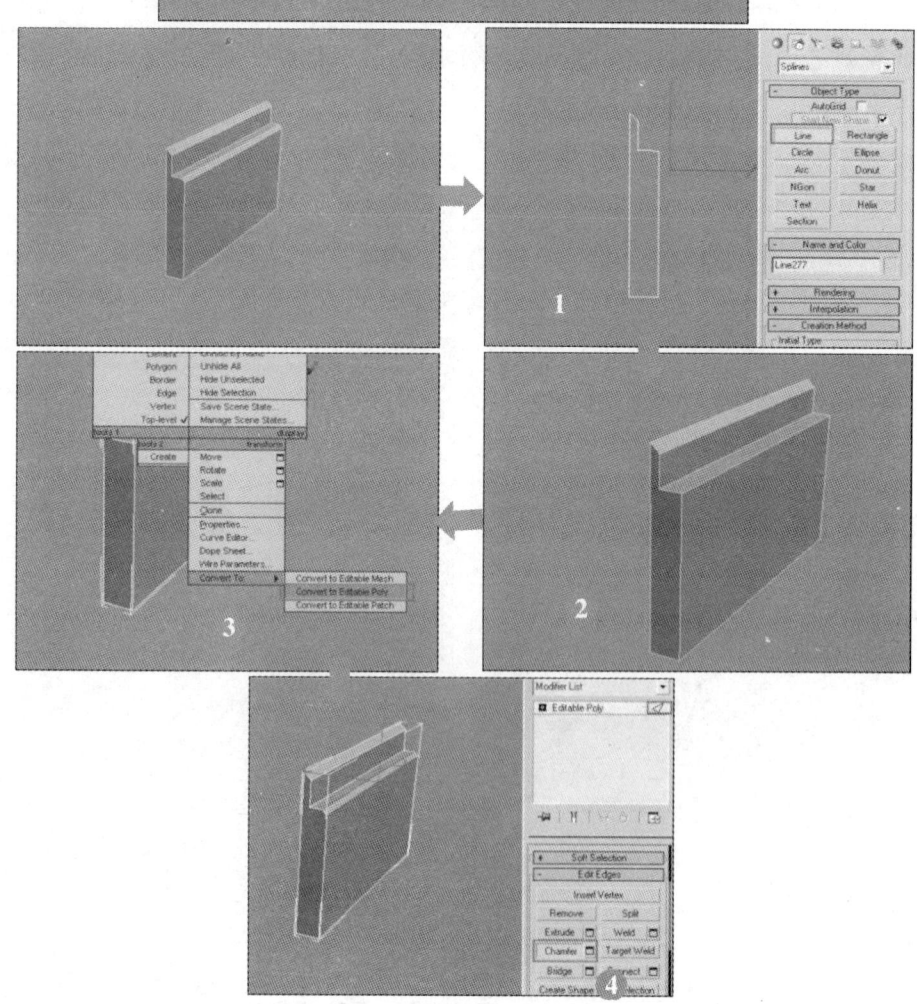

图5-85

下面再在载体上添加细节，主要由3个大的"圆柱体"和一些"长方体"转换成"可编辑多边形"所编辑成的几何体构成，如图5-86所示。

左右两边的装配，也是由一个载体和若干个小"圆柱体"构成。首先制作载体，制作方法为：在"顶视图"用"样条线"画出其截面图，在透视图中"挤出"，将其"段数"调为"3"，然后将其

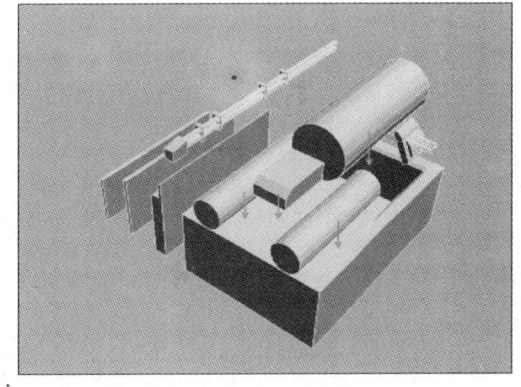

图5-86

转换成"可编辑多边形"，在"多边形级别中"选择要向里凹的两个面，分别用"插入"和"挤出"即可达到所需效果，如图5-87所示。

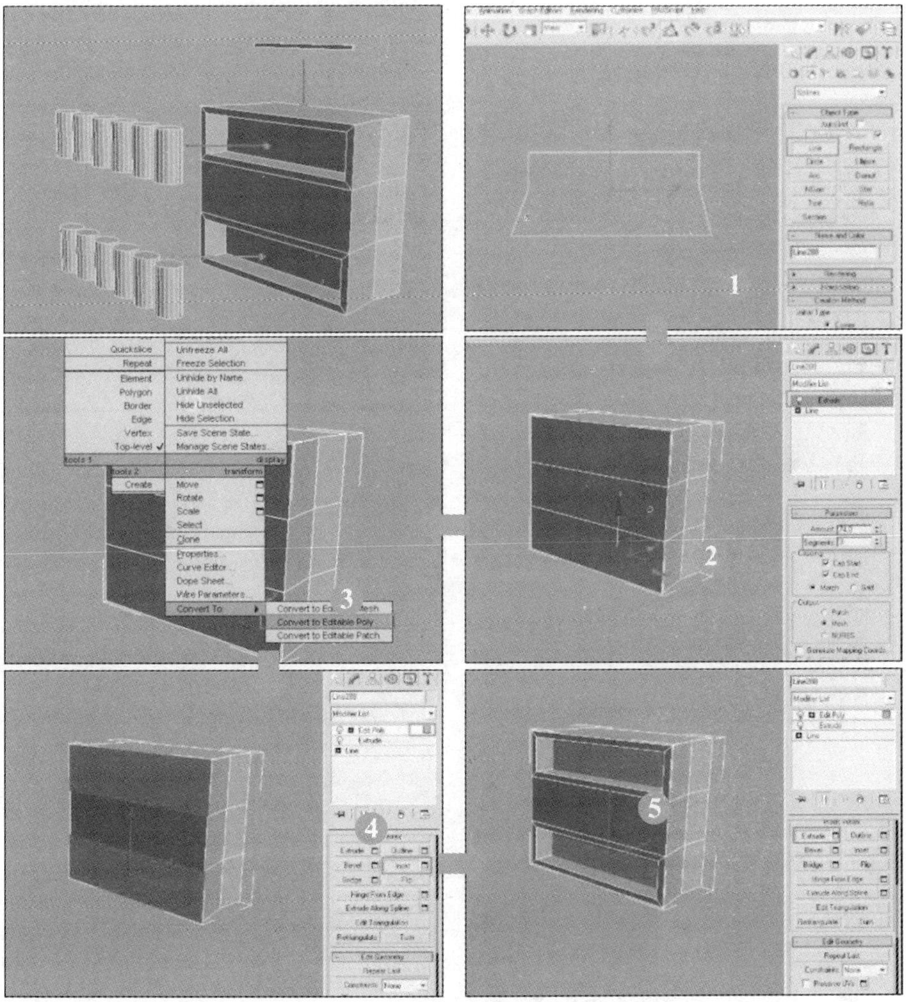

图5-87

这个部分做完了,然后就是稍微靠前的装置配件,如图5-88所示。

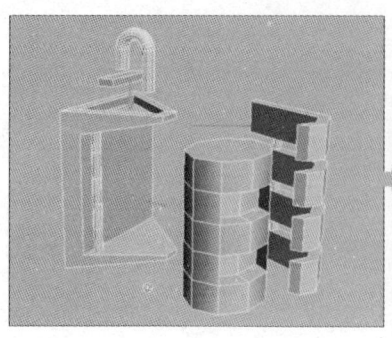

图5-88

步骤跟前面介绍的基本一样,先制作载体:在"左视图"中用"样条线"画出截面图,然后"挤出",将其转换成"可编辑多边形",在"顶点级别"中选中要编辑的顶点,使用"缩放"工具将其缩小,再在上面使用"插入"和"挤出"工具,如图5-89所示。

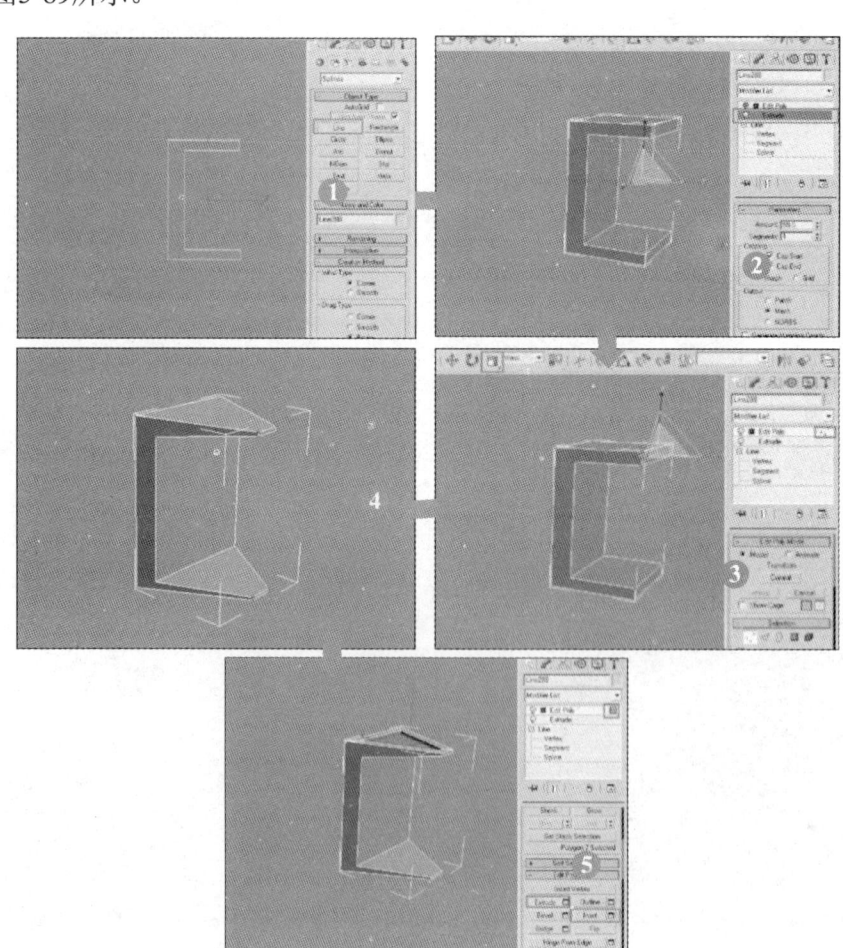

图5-89

制作里边的"圆柱体"。先创建"圆柱体"将其高的"段数"设置成"5"，"边数"设置成"9"，将其转换成"可编辑多边形"，在"多边形级别中"选中要编辑的面，使用"挤出"工具即可，如图5-90所示。

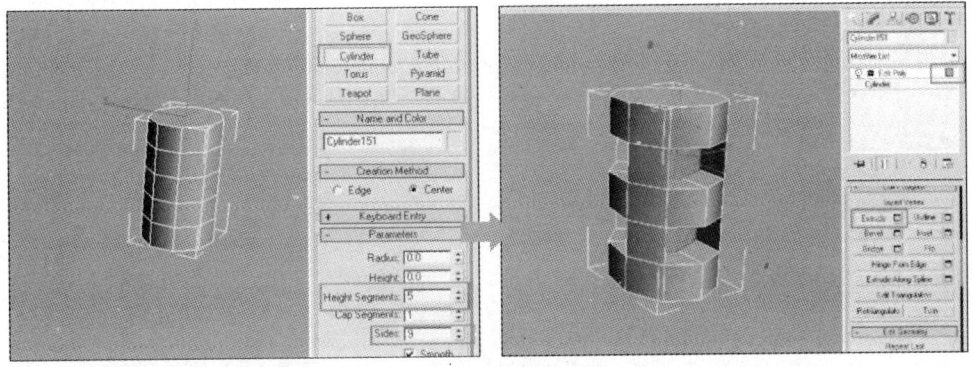

图5-90

用"样条线"画出图形的截面图，再"挤出"，将其转换成"可编辑多边形"，在"多边形级别"中使用"插入"和"挤出"，之后按住"Shift"键使用"选择移动"工具向下移动复制3个，添加两个"圆柱体"将它们串起来，如图5-91所示。

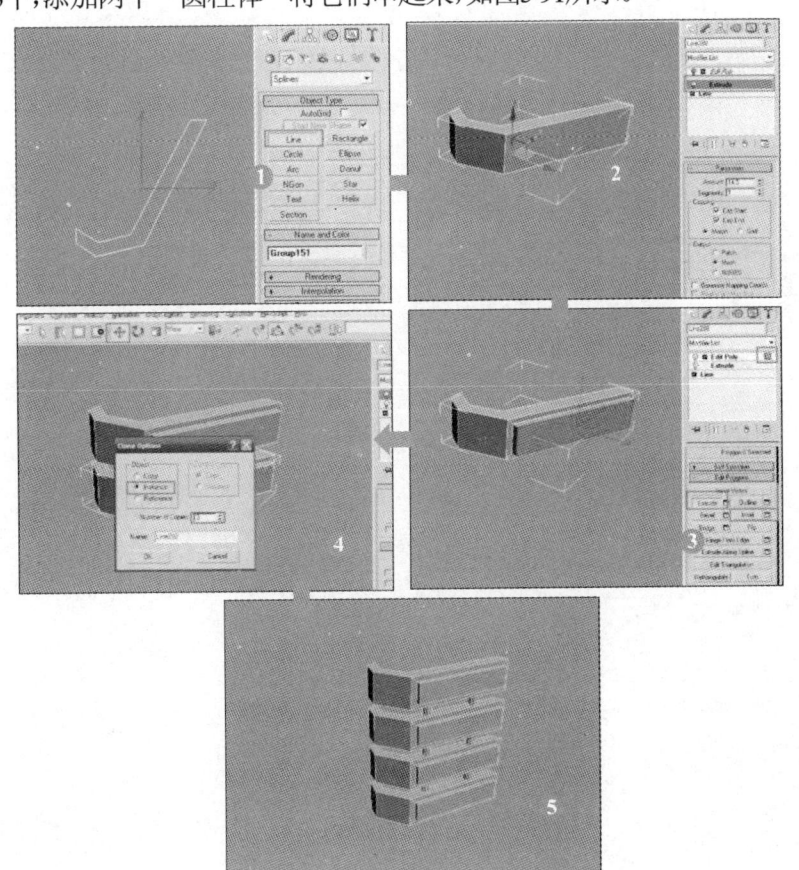

图5-91

四、战舰首部模型制作

做完整个飞船的中间部分,现在来做前端,如图5-92所示。

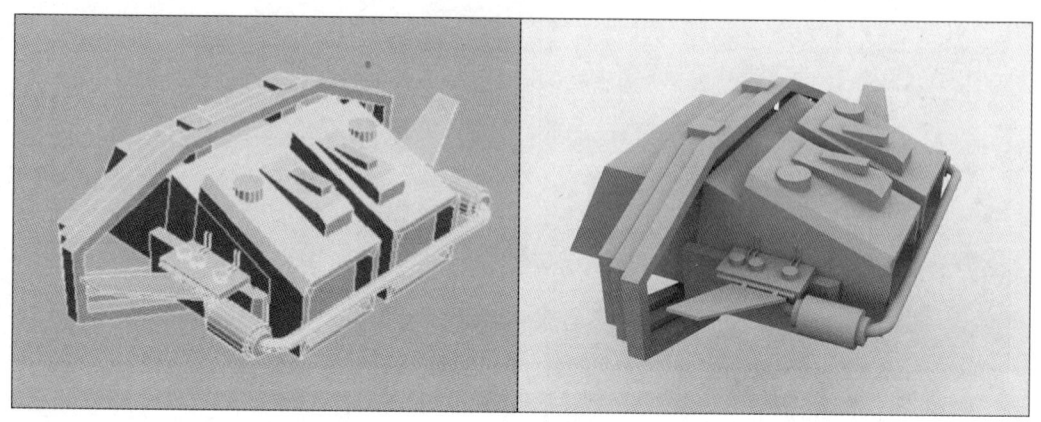

图5-92

其制作方法也跟前面介绍的一样,先制作载体,再制作细节。载体的制作方法:创建"长方体",将其转换成"可编辑多边形",在"顶点级别"中使用"选择移动"工具拖动顶点,将其编辑成所需效果,然后有需要"倒角"的地方,就在"样条线级别"中选中所编辑的边进行"倒直角"。如图5-93所示。

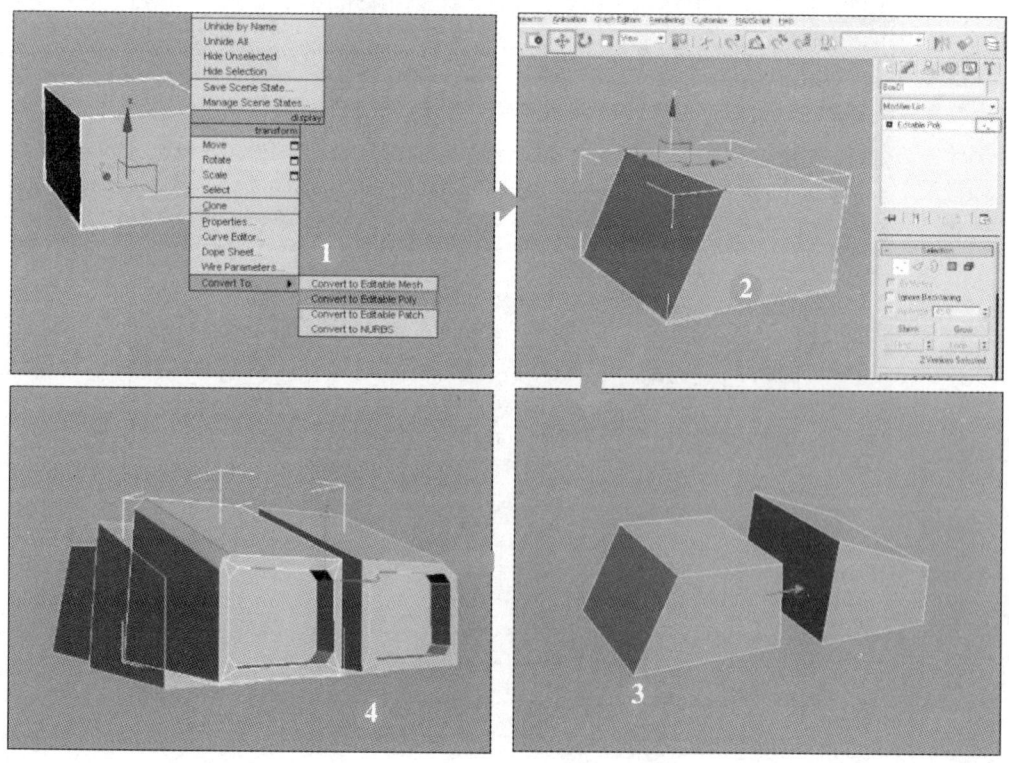

图5-93

我们来制作围绕前端的框,其制作方法是:首先将"多边形"工具的"边数"设置成"8",画出形,打开"角度捕捉"工具,单击右键将默认度数设置成"22.5"后,使用"选择旋转"工具将"多边形"旋转22.5度,然后单击右键将其转换成"可编辑样条线";在"顶点级别"中,选中所有的顶点,单击右键选择"角",再使用"选择移动"工具拖动顶点来达到所需要形的效果;在"样条线级别"中,使用"轮廓"工具将其"挤出",再用"缩放"配合"Shift"复制即可。如图5-94所示。

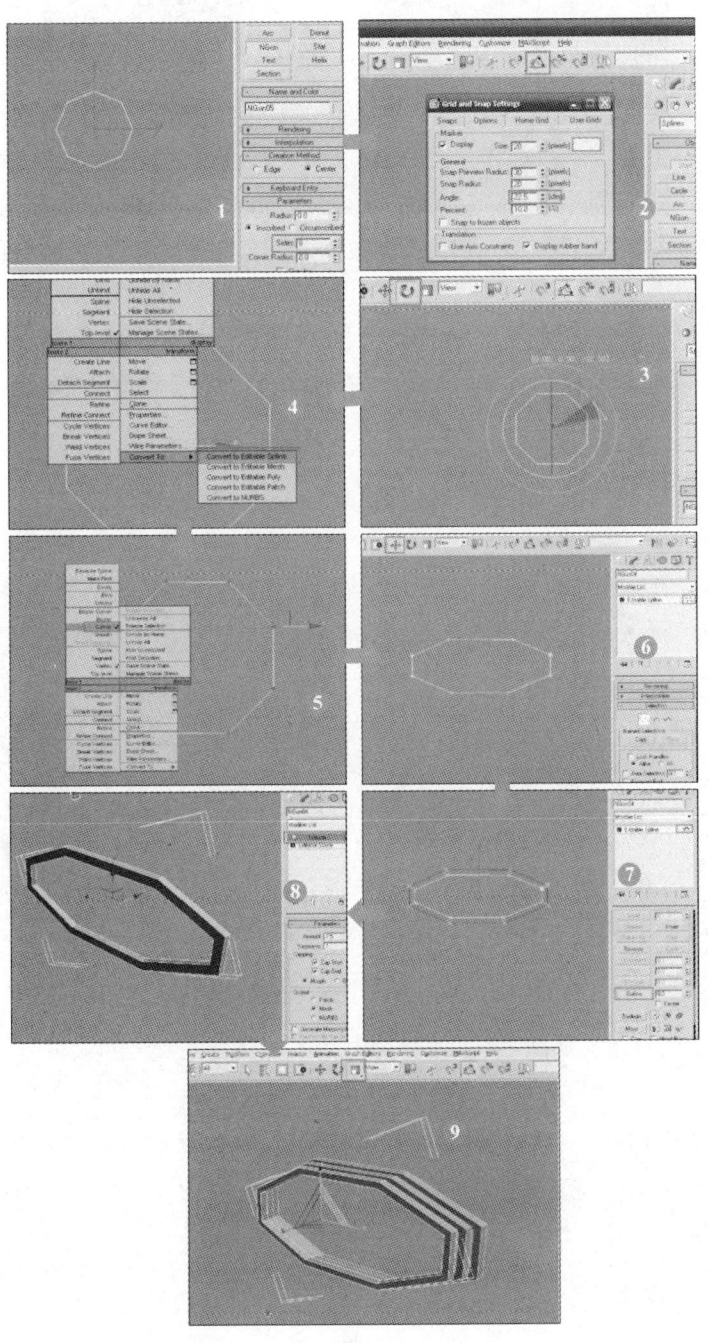

图5-94

小翅膀的制作方法与前面介绍的方法大致相同,如图5-95所示。

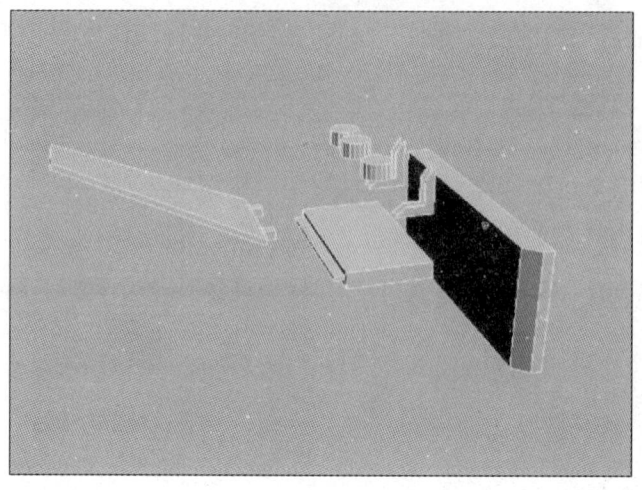

图5-95

制作前端的导管,制作方法:在"顶视图"中用"样条线"画出导管的走向,再在"顶点级别"中将顶点"倒圆角",然后将"样条线可渲染"勾上,调整粗细和位置,再添加"圆柱体"即可,最后添加部分细节。如图5-96所示。

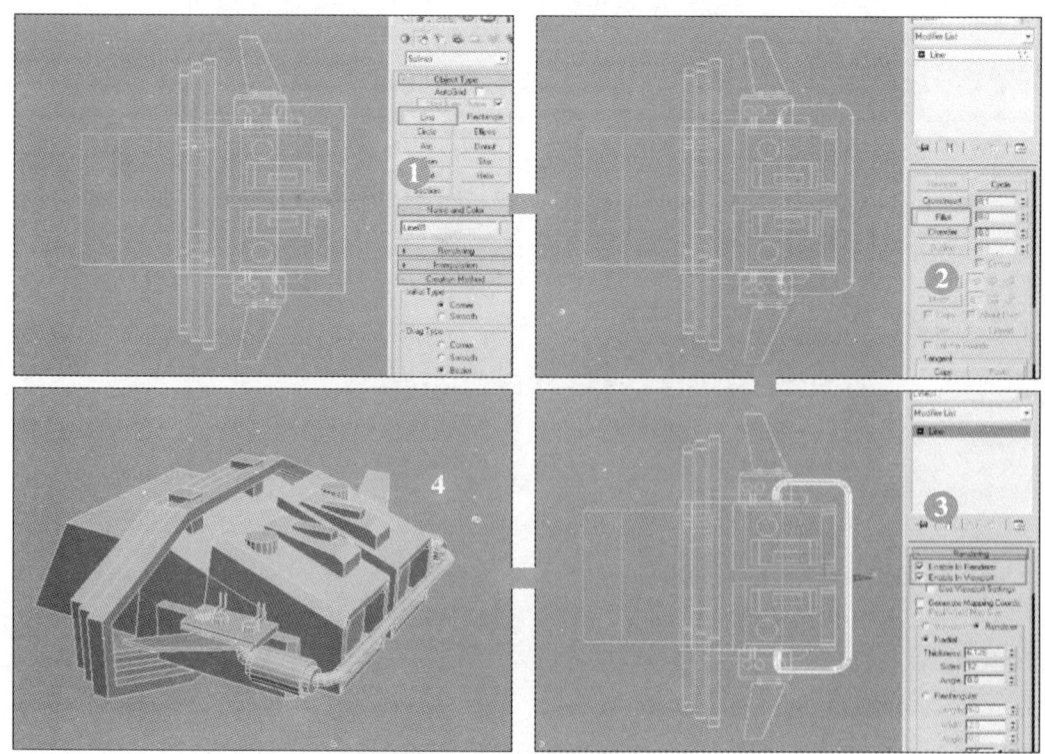

图5-96

将前中后三部分"组合"起来就完成了我们要做的模型,如图5-97所示。

图5-97

五、星河战舰模型渲染

做完模型部分,下面来做渲染部分。首先在"顶视图"上创建个巨大的"长方体",然后将其放在飞船的下方,按"M"打开"材质管理器",选择飞船和一个"材质球"点选"将材质赋予物体",然后在"漫反射"中改变其渲染颜色。下面"长方体"的渲染方法也是如此,在"漫反射"中所选的颜色应该跟飞船区分开来。如图5-98所示。

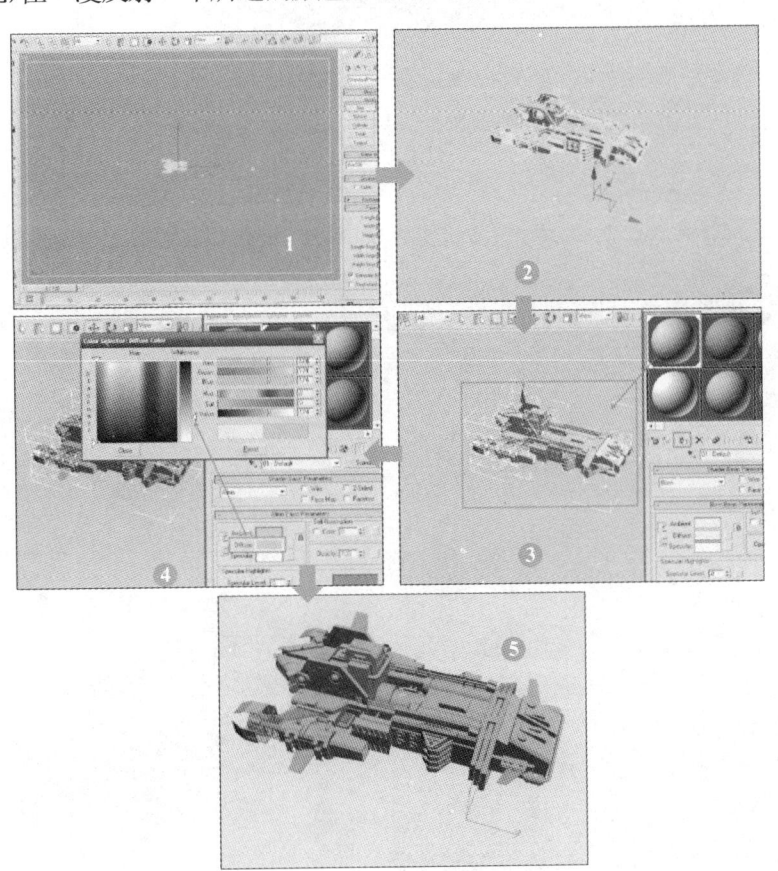

图5-98

在"灯光"中选择"天光",左键单击在任意视图上,在"透视图"中调整好视角位置,使用高级照明进行渲染。等几分钟,我们所制作的概念飞船就渲染好了,然后储存。如图5-99所示。

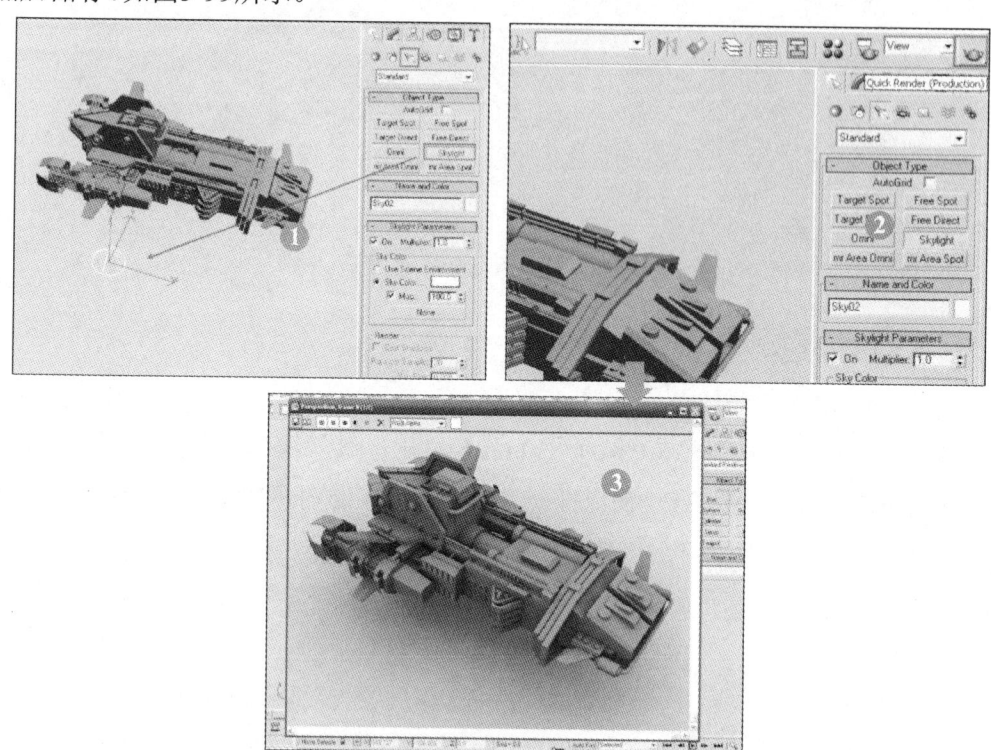

图5-99

图5-100

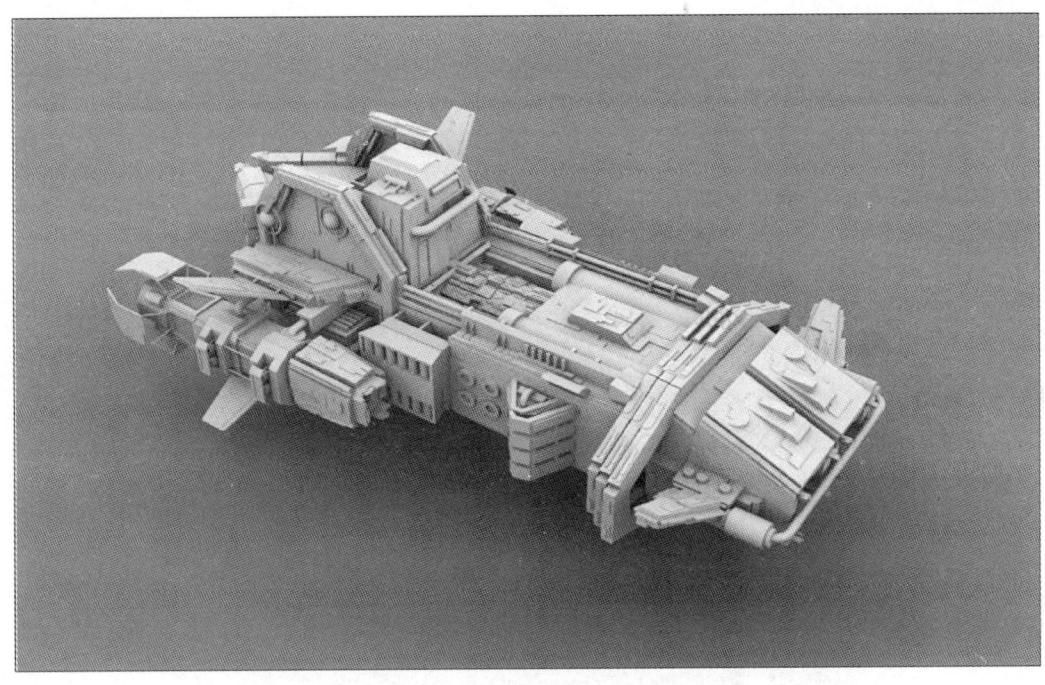

图5-101

图5-102

第六节　中级模型制作总结

使用基本几何体、扩展几何体和修改建模工具，掌握正确的方法，能够快速准确地完成3ds Max中级模型。下面一些模型（如图5-103至图5-110所示）就是运用创建机枪的方法完成的。大家可以对它们进行临摹练习，这对建模技术的提高是很有帮助的。

图5-103

图5-104

图5-105

图5-106

图5-107

图5-108

图5-109

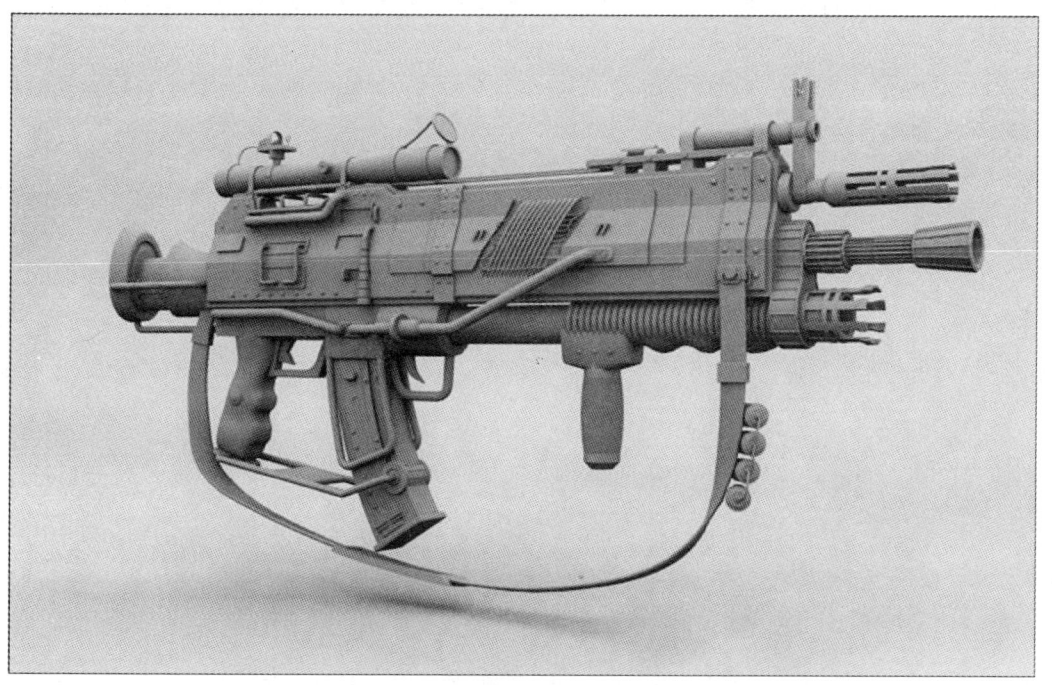

图5-110

思考与练习

1. 简述3ds Max复合几何体建模的整体思路。
2. 在放样建模中,路径和截面图形有什么特点?
3. 如何操作多次布尔运算?
4. 简述星河战舰模型的制作思路和流程。
5. 在提供的参考图中挑选2~3幅作品,临摹完成模型。
6. 如何使用光线追踪渲染模型?
7. 简述复杂场景的管理方法。
8. 渲染抗锯齿的操作方法是什么?

第六章 3ds Max 高级建模——编辑多边形建模

>>>> **本章重点**

多边形建模整体思路

运用多边形建模方法完成一些常见模型

>>>> **学习目的**

编辑多边形建模是3ds Max建模的法宝，理解和掌握多边形建模技术，就能在三维模型世界里做到无所不能。在主流三维软件中，不管是3ds Max还是Maya，它们虽然有些工具和场景的管理方法不同，但是，它们主流的建模方法是相同的，那就是编辑多边形建模。编辑多边形建模的核心思路就是在基础模型的基础上，使用多种编辑多边形工具，对基础模型进行细分、雕刻，创作者就像雕塑家一样，把模型由一个粗模逐步雕刻、细化出精模来。本章的学习目的就是通过一些常用模型的实际操作、演练，掌握编辑多边形各种建模工具的用法，理解建模思路。

第一节 编辑多边形高级建模工具详解

一、多边形建模工作流程

运用编辑多边形建模工具创建模型,通常由三个环节构成:

第一,创建基础形体。我们根据需要创建物体的形态,要能够想象出它的三维基础模型。如:人物头部的三维基础模型应该是球形,汽车模型的三维基础模型是长方体等等。基础形体还可以通过Lather车削、Extrude挤出、Loft放样来完成。总之,基础模型的创建以大型正确、模型段数恰当为优秀。

第二,编辑多边形。使用编辑多边形命令的主要工具,对基础模型进行深入刻画,编辑多边形提供各种功能的三维编辑工具,通过它们可以实现对基础模型切割、挤出、倒角、插入等操作,帮助我们完成模型细节。

第三,网格平滑。一个光滑表面的模型是由成千上万个多边形组成的,我们不可能用第二步编辑多边形来进行模型的平滑细分,好在3ds Max提供了Meshsmooth网格平滑工具可以帮助我们实现所需效果。如图6-1所示。

图6-1 网格平滑过程

编辑多边形建模由Edit Mesh编辑网格工具、Edit Poly编辑多边形工具、Mesh Smooth网格平滑工具三个主要工具构成。

编辑多边形和编辑网格的进入方法有两种:首先,使用修改器列表可以进入编辑多边形或编辑网格,如图6-2所示;其次,在选择的基础物体上单击右键也可以选择转换为可编辑的多边形或可编辑的网格,如图6-3所示。

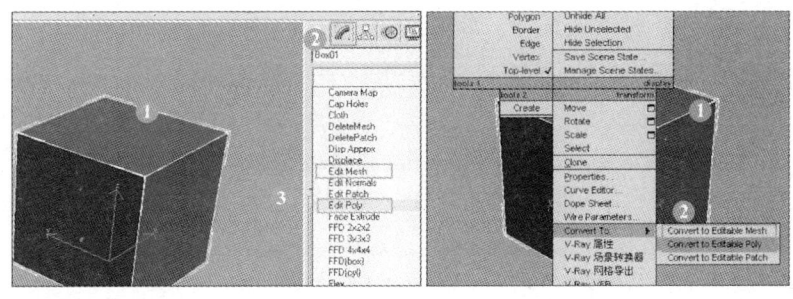

图6-2　　　　　　　　　　图6-3

二、Edit Mesh 编辑网格工具

编辑网格修改工具是3ds Max较早的多边形修改工具，它主要由点、边、面、多边形、元素五个子物体级别组成。Ignore Backfacing忽略背面可以在选择时，不选择（忽略）背面的子物体，如：忽略顶点、边、面等等。如图6-4所示。

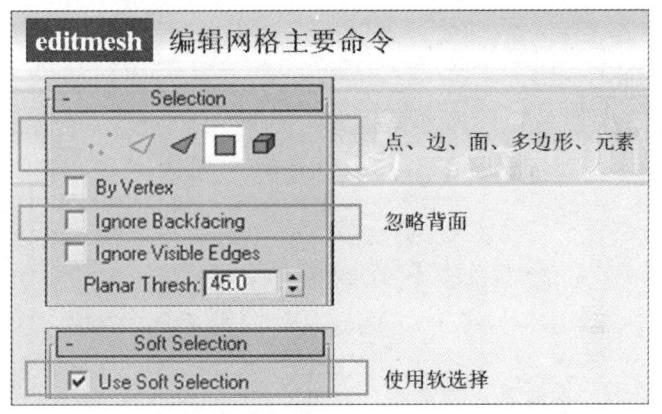

图6-4

使用软选择就是能够让规定范围内的点处于半选择状态，如图6-4所示，当我们移动选择的顶点，处于半选择状态的顶点也会适当跟随移动。图6-5所示是我们移动顶点时是否勾选Use Soft Selection使用软选择的对比。

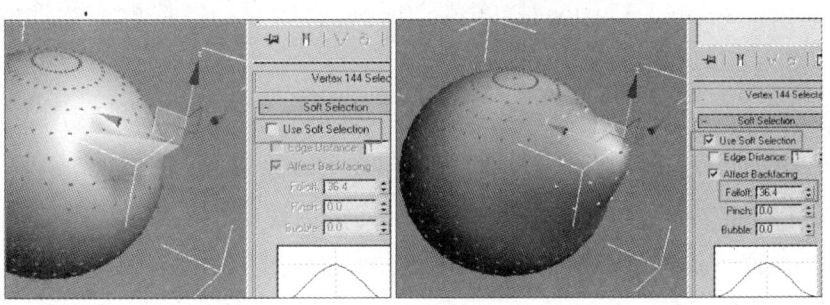

图6-5

编辑网格顶点级别主要命令，如图6-6所示：

Attach附加：能够使用这个命令将另外一个三维物体结合进来，与现在编辑的物体形成一个物体。

Detach分离：与附加功能相反，能够将当前选择的子物体分离出去，形成一个新的物体。

Break断开：将一个顶点断开，形成两个或多个顶点。

Chamfer切角：将一个顶点切成一个平面。

Weld焊接：将选择的多个顶点通过一定参数焊接成一个顶点，与断开功能相反。

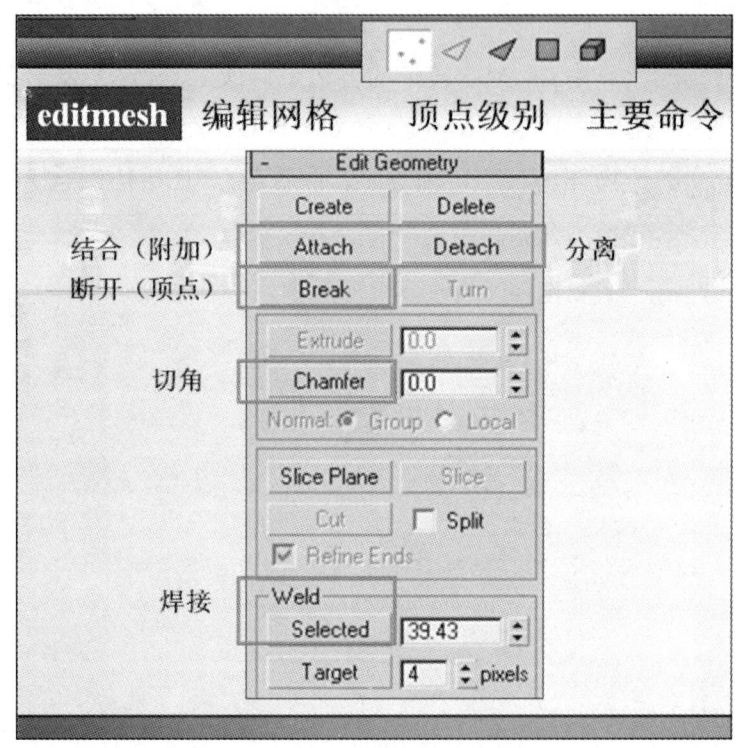

图6-6

Remove Lsolated Vertices移除孤立顶点：将没有与线段或面相连的孤立顶点删除。

View Align视图对齐：将选择的多个顶点取平均值对齐到激活视图上。

Grid Align网格对齐：将所选择的多个顶点对齐到辅助网格上。

Make Planar平面化：将选择的顶点取平均值放在一个平面上。

Collapse顶点塌陷：将选择的多个顶点塌陷成一个顶点。

如图6-7所示：

图6-7

编辑网格边级别主要命令，如图6-8所示：

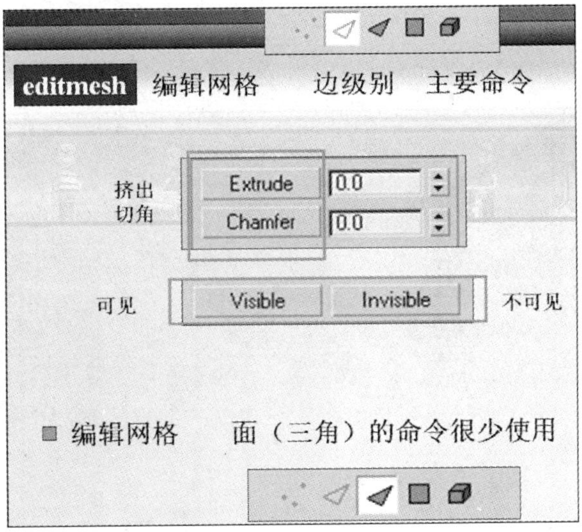

图6-8

Extrude挤出：对边进行挤出操作，如图6-9所示。

图6-9

Chamfer切角：将边切成一个平面，如图6-10所示。

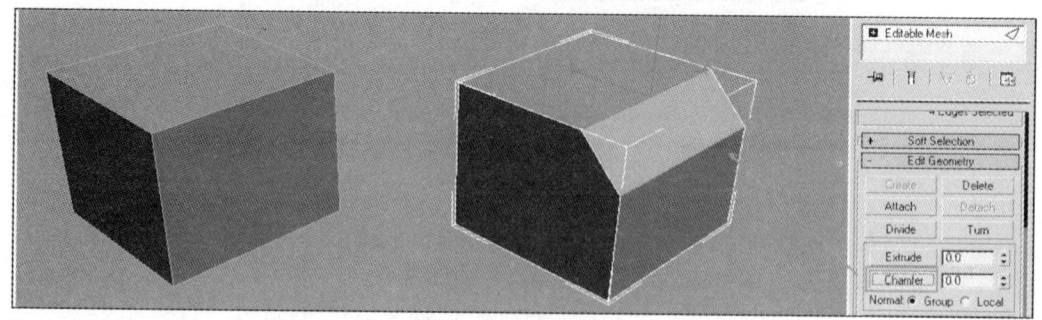

图6-10

Visible可见：使隐藏的边可见。

Invisible不可见：使可见的边隐藏。

如图6-11所示。

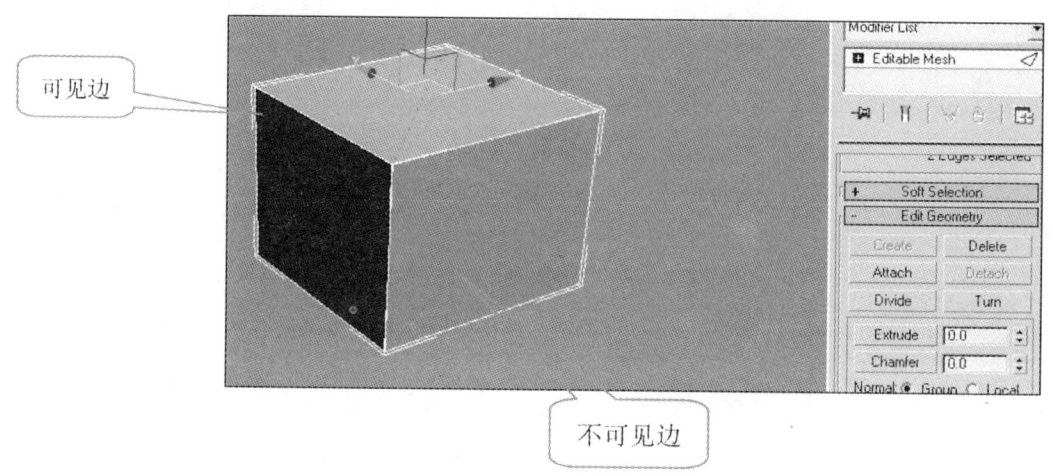

图6-11

编辑网格面级别由于处理的子物体是三角形的面，而现实生活中，要求处理三角形面的物体很少，所以不常使用。

编辑网格的多边形级别是我们使用较多的一个子物体级别。如图6-12所示。

Extrude挤出：将选择的多边形表面向外或向内挤出。

Bevel倒角：将选择的面挤出后放大或缩小。

Cut切割：对物体表面进行细分。

Explode炸开：将选择的面根据面与面的夹角炸开成物体或元素，如果选择物体，可能会形成很多的碎片物体。

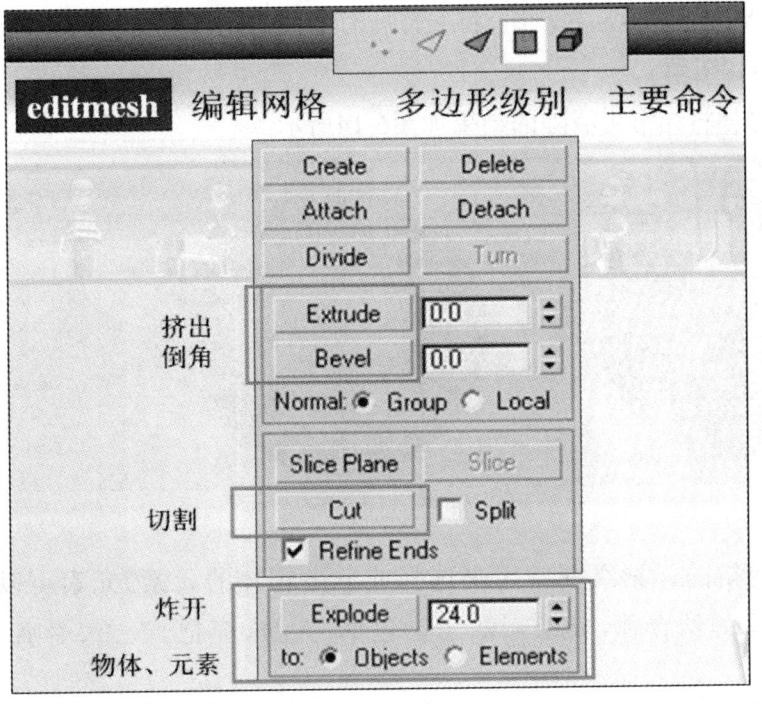

图6-12

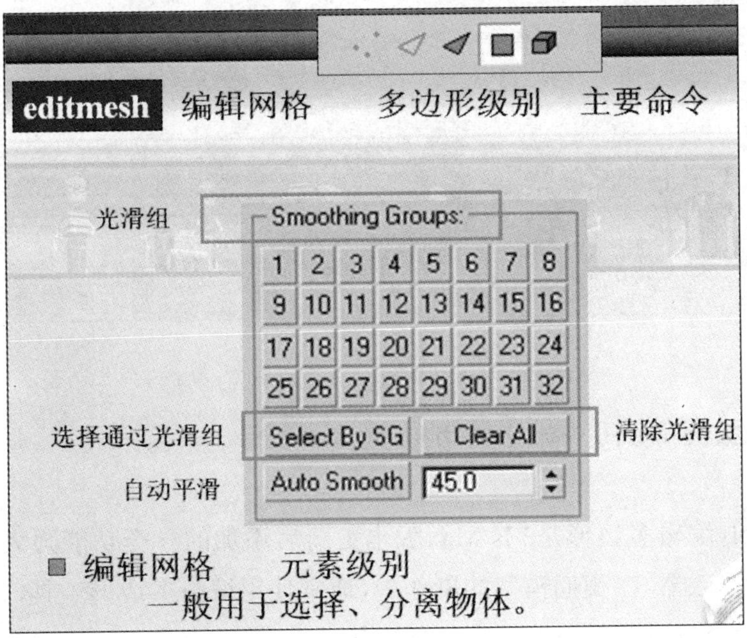

图6-13

Smoothing Groups光滑组：通过下方的数字可以将所选择的面放在不同的光滑组内，同一个光滑组内的面，我们看不到面与面之间的夹角。

Selected By SG通过光滑组选择物体：可以选择同一个光滑组中所有的面。

Clear ALL清楚全部光滑组：将选择所有表面的光滑组全部清除。
如图6-13所示。

一个球体将光滑组清除的结果如图6-14所示。

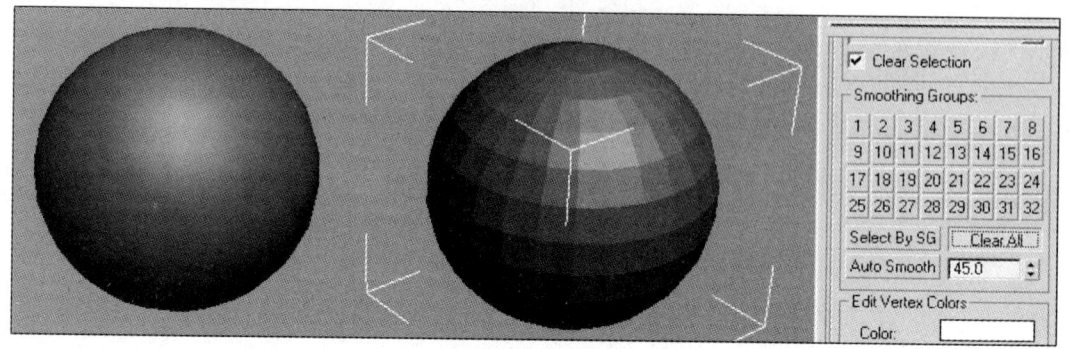

图6-14

编辑网格的元素级别常用来选择或分离物体的元素。元素可以理解为模型中一些小的结合体，如茶壶的元素包括：壶身、壶把、壶盖、壶嘴。如图6-15所示。

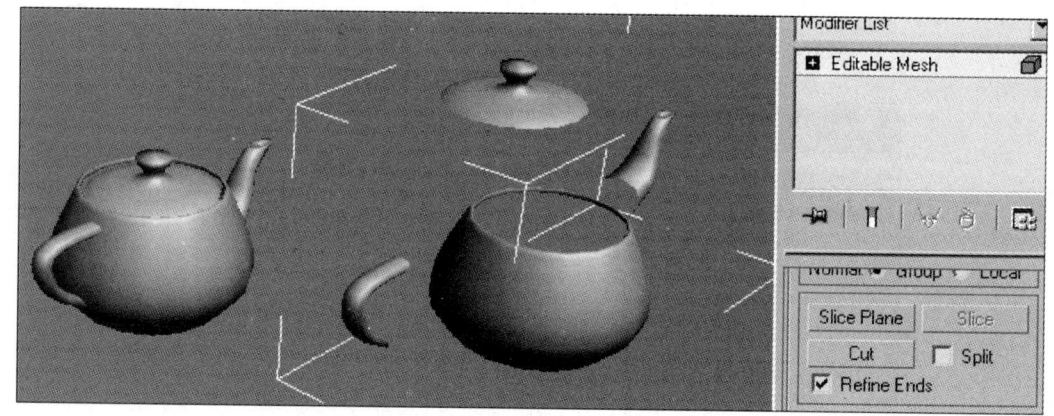

图6-15

三、Edit Poly 编辑多边形工具

Edit Poly编辑多边形是3ds Max版本更新后添加的一个功能强大、方便易用的模型编辑修改器。在我们模型的制作中，通常使用编辑多边形工具，某些不太常用、缺少的命令可以使用编辑网格命令补充。

编辑多边形和编辑网格有很多命令含义相同，下面主要讲述不同的命令。如图6-16所示。

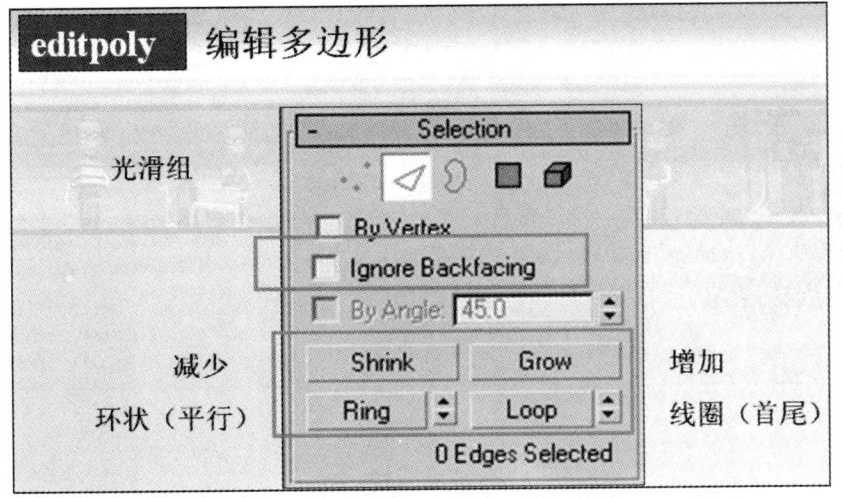

图6-16

Ignore Backfacing忽略背面：选择子物体时，忽略背面的子物体。

Shrink减少：减少子物体的选择数量。

Grow增加：增加子物体的选择数量。

Ring环形选择：在选择线段子物体时，将所有环形（平行）的线段选择。

Loop循环选择：在选择线段子物体时，将所有线圈（首尾）相连的线选择。

Edit Poly和Editable Poly命令完全相同，只是名称不同而已。

下面我们看一下编辑多边形顶点级别的主要命令。如图6-17所示。

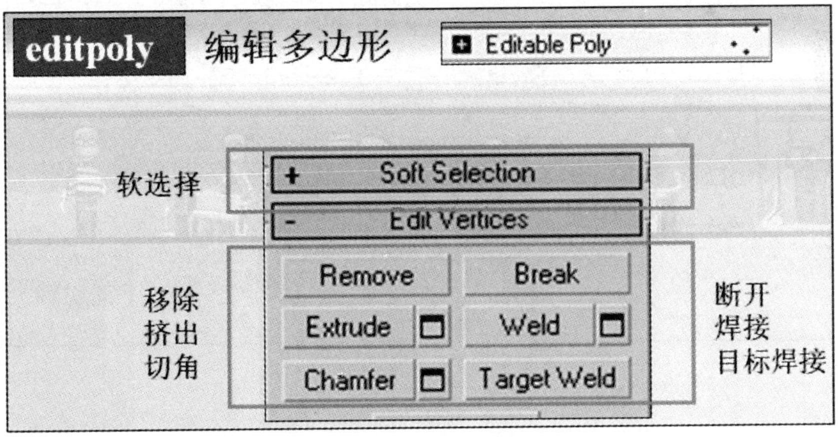

图6-17

Remove移除：将多余的顶点去除。

Break断开：将一个顶点断开成两个或多个顶点。

Extrude挤出：将顶点朝外或朝内进行挤出。如图6-18所示。

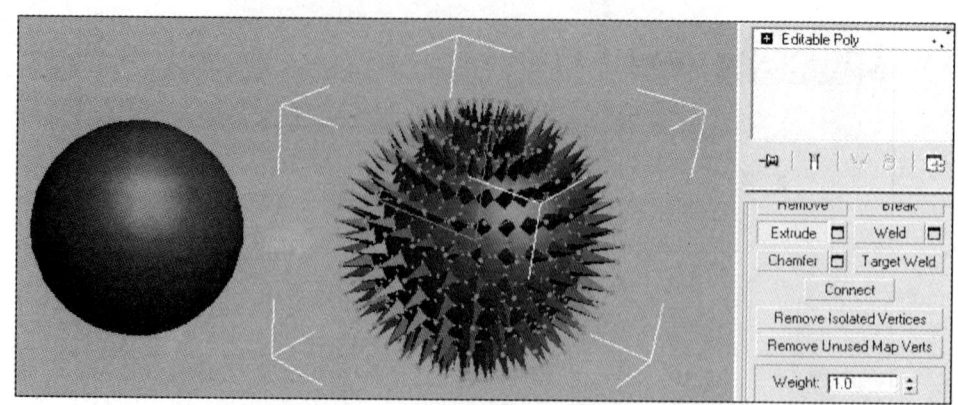

图6-18

Weld焊接：将多个顶点焊接成较少顶点。

Chamfer切角：将顶点切成平面。

Target Weld目标点焊接：将一个顶点拖动并焊接到另一个顶点上。

下面我们学习一下编辑顶点边级别的主要命令。如图6-19所示。

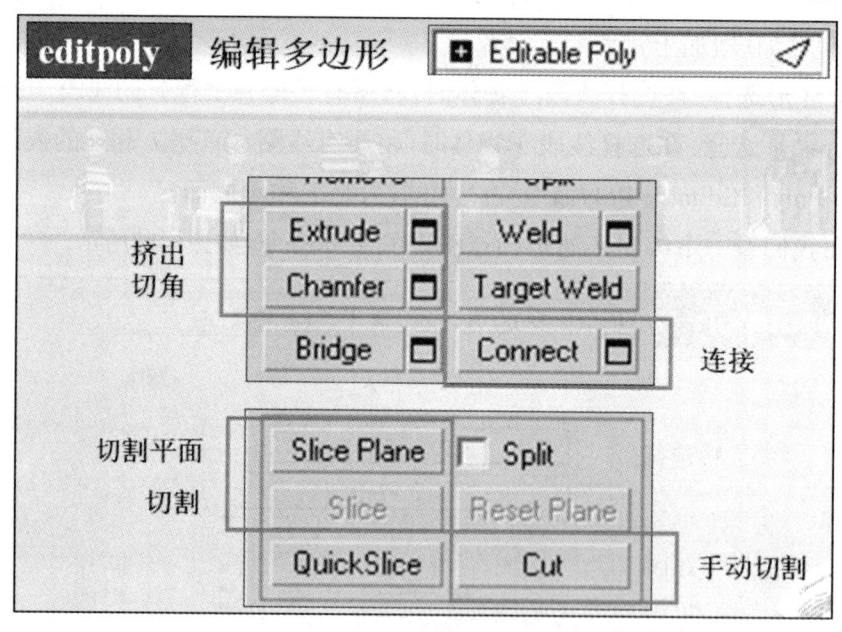

图6-19

Extrude挤出：对边进行挤出。

Chamfer切角：与编辑网格相同，将边切成平面。

Connect连接：在两条边或多条边之间进行连接，让选择的边中间创建出新的线段，是我们平等细分面的好方法。如图6-20所示。

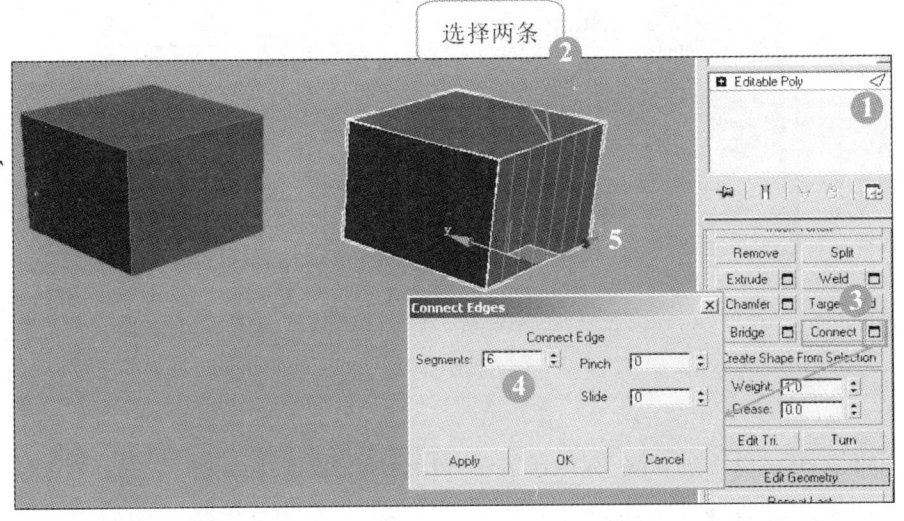

图6-20

编辑多边形的第三个子物体级别是边界级别。什么是边界呢?面的边缘就是边界。一个封闭的球体是没有边界的,但是一个开口的球体就有边界。如图6-21所示。

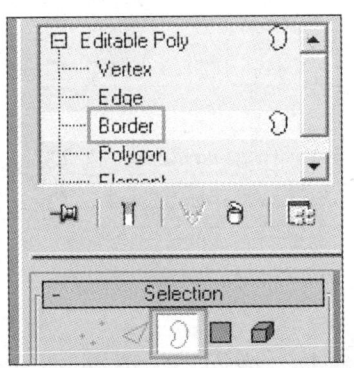

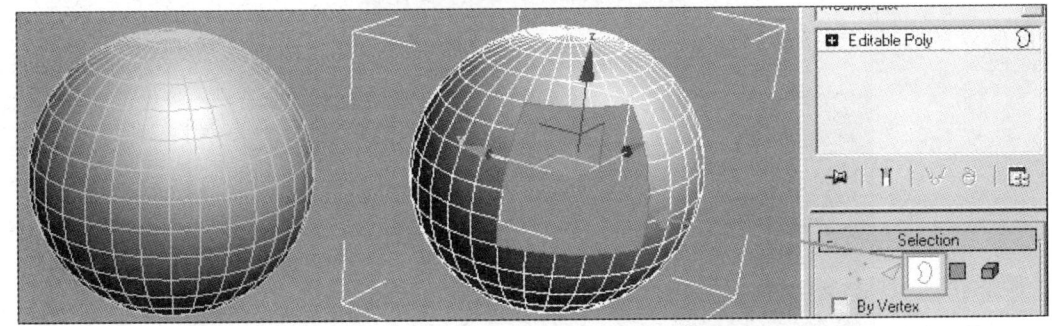

图6-21

在编辑多边形的边界级别时最常用的一个命令就是Cap封口,如图6-22所示,它能够将一个边界用一个平面封起来。

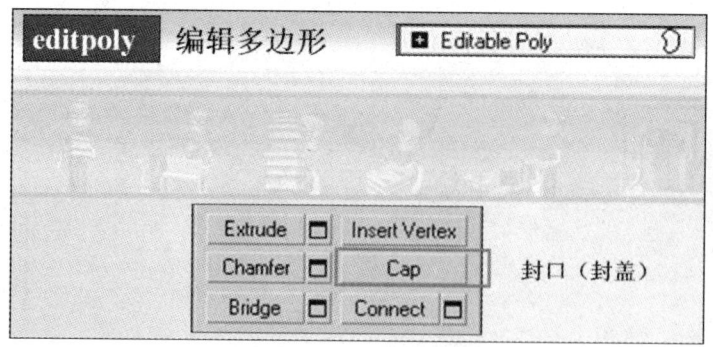

图6-22

编辑多边形最主要的命令集中在它的多边形子物体级别,下面我们详细了解一下它们的功能。如图6-23所示。

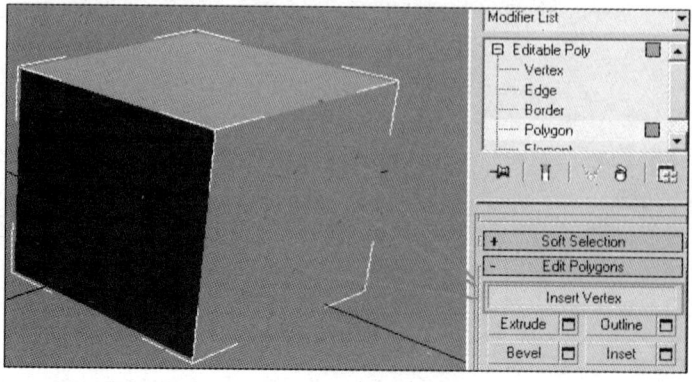

图6-23

Insert Vertex插入顶点:在物体表面添加顶点,在没有和线段相连以前,这些点是孤立的顶点。如图6-24所示。

图6-24

Extrude挤出：将面向内或向外挤出。

Outline轮廓：将面在原地放大或缩小。

Bevel倒角：将面挤出后放大或缩小。

Inset插入：将面原地向内插入。如图6-25所示。

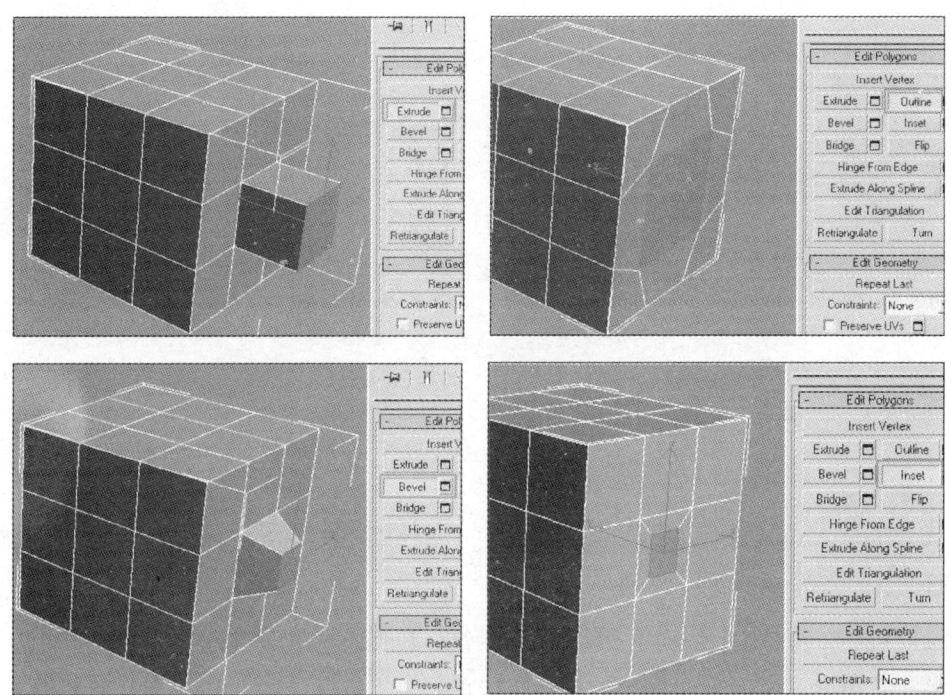

图6-25

Bridge桥型连接：将物体选择的两个面自动进行连接，类似边级别的Connect命令。

Filp翻转法线：将面的正面朝向翻转，下面是将一个茶壶表面进行法线翻转，它能够让你看见物体的内表面。如图6-26所示。

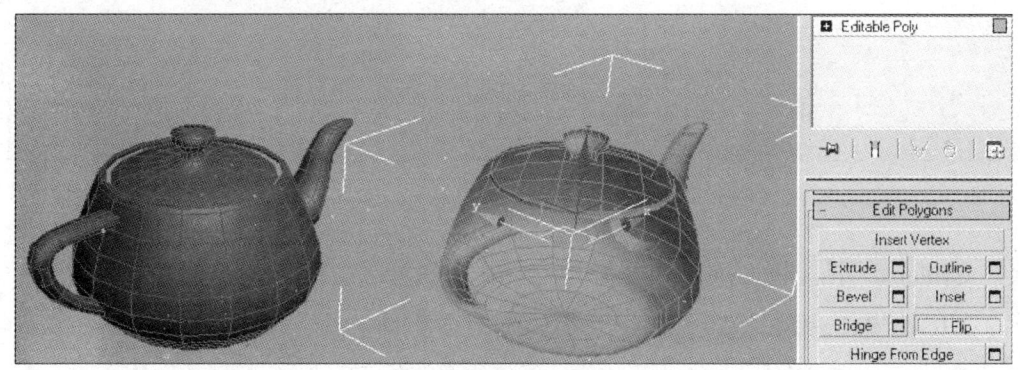

图6-26

Hinge From Edge沿着边翘起：选择的面沿着你选择的某条边挤出。

操作流程是：选择需要翘起的面，单击Hinge From Edge后的按钮，弹出浮动面板，选择Current Hinge选择模型上任意一条线为翘起的轴，调整翘起的Angle角度，完成。如图6-27所示。

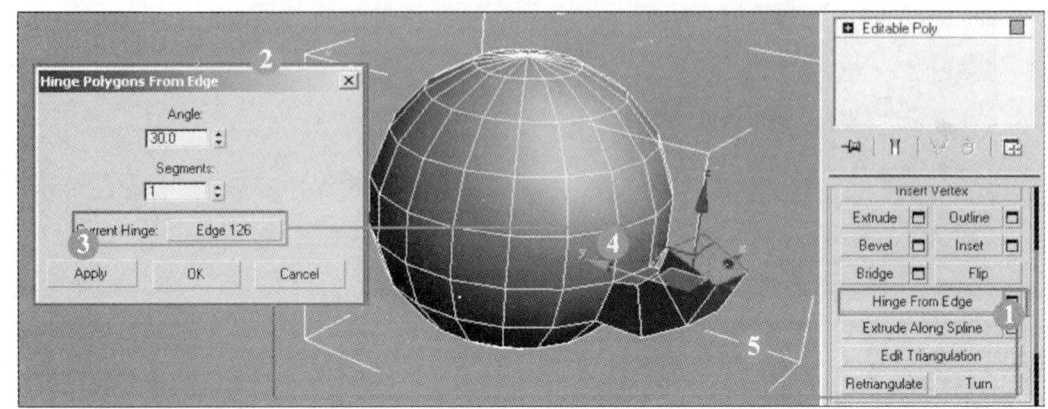

图6-27

Extrude Along Spline沿样条线挤出：将物体的选择面沿一根样条线向外挤出，能做出比较怪异的效果。

操作流程是：创建要沿着挤出的样条线，下图是一条螺旋线，选择球体的一个面，单击Extrude Along Spline命令后的按钮，弹出面板上点击Pick Spline挑选创建好的螺旋线，适当调整面板上的参数，完成。如图6-28所示。

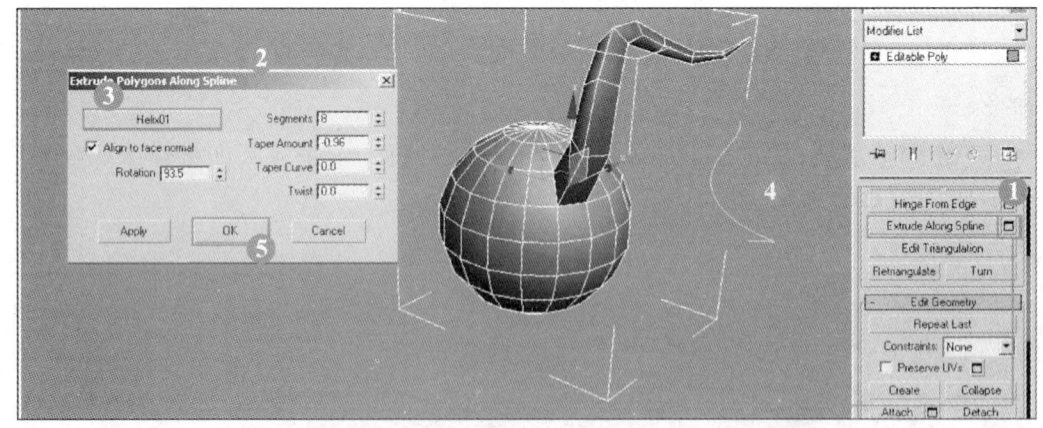

图6-28

Collapse塌陷：将面塌陷成一个顶点。

Attach附加：附加结合其他三维物体到当前物体。

Detach分离：将所选择的多边形分离成新的物体或元素。

Slice Plane切割平面：网格细分的一种工具，配合Slice切割使用。操作方法是：单击Slice Plane切割平面出现，将它移动到你需要切割的位置，单击Slice切割按钮，完成。

Cut剪切：手动剪切物体的表面，用来细分物体表面的常用工具。

Maker Planar平面化：沿X、Y、Z轴将所选择的面进行平面化。

如图6-29所示。

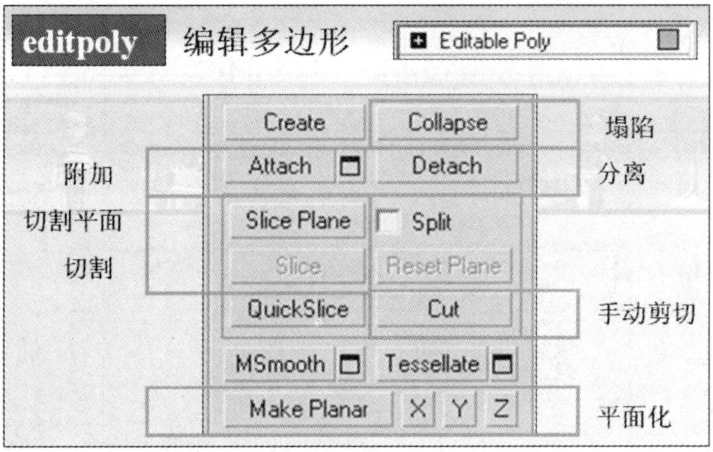

图6-29

Editpoly编辑多边形的Paint Deformation绘制变形工具可以在三维物体表面快速绘制雕刻模型。前提是编辑的模型要有足够的网格数。

Push/Pull推/拉：将模型沿法线方向向内或向外推拉变形。

Relax放松（平缓）：平缓模型表面高低差异，对模型变形严重的位置进行柔化。

如图6-30所示。

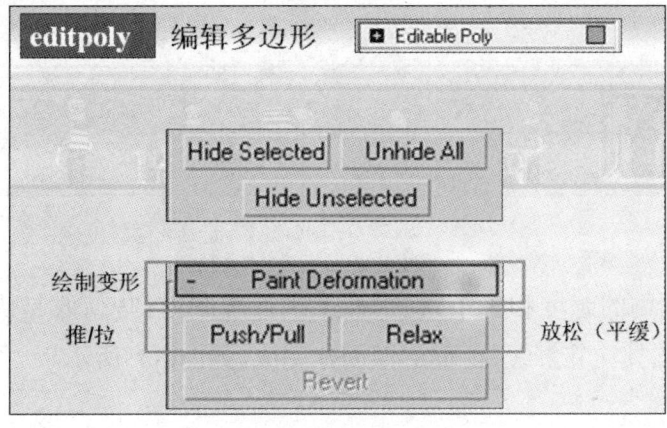

图6-30

下面我们通过使用绘制变形工具完成一个小山坡的实例，了解绘制变形的使用流程。

首先创建一个平面，如图6-31所示。

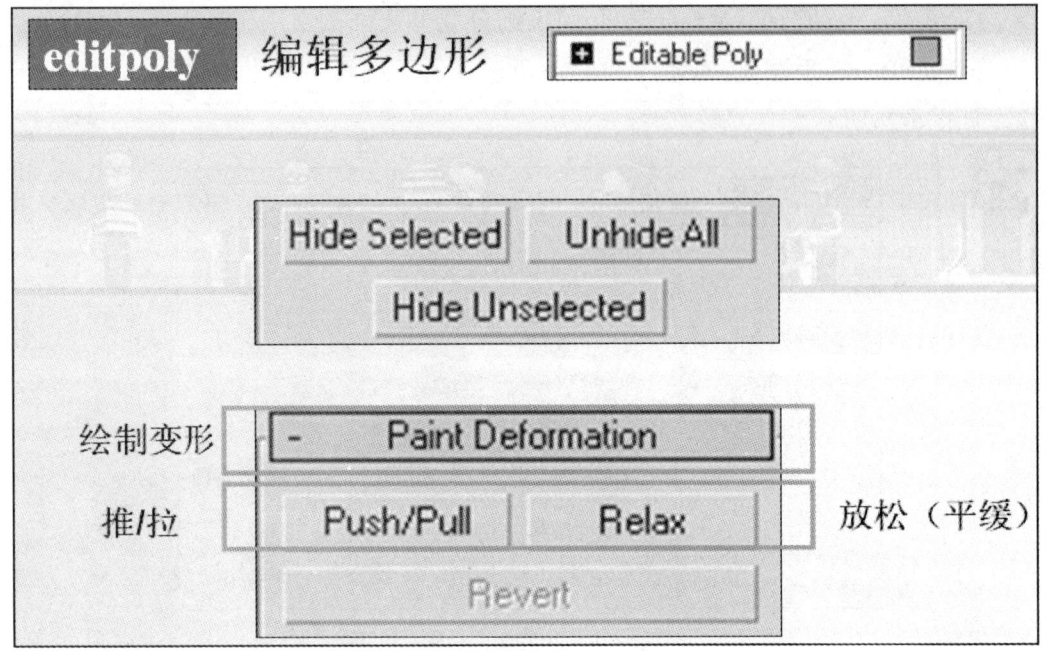

图6-31

将平面单击右键转化为可编辑的多边形，在Editable Poly中找到Paint Deformation选项。如图6-32所示。

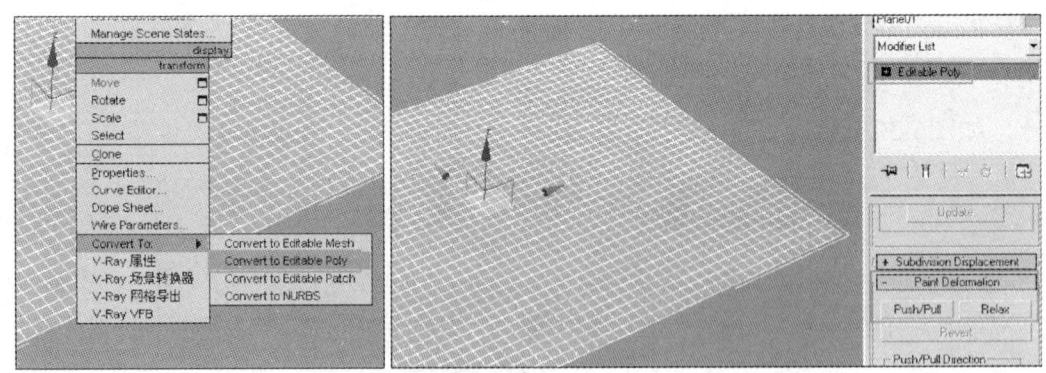

图6-32

调整笔刷的强度和大小，在平面上进行绘制，有些高低起伏过高的地方可以使用Relax工具让其舒缓，山坡造型创建完成。如图6-33所示。

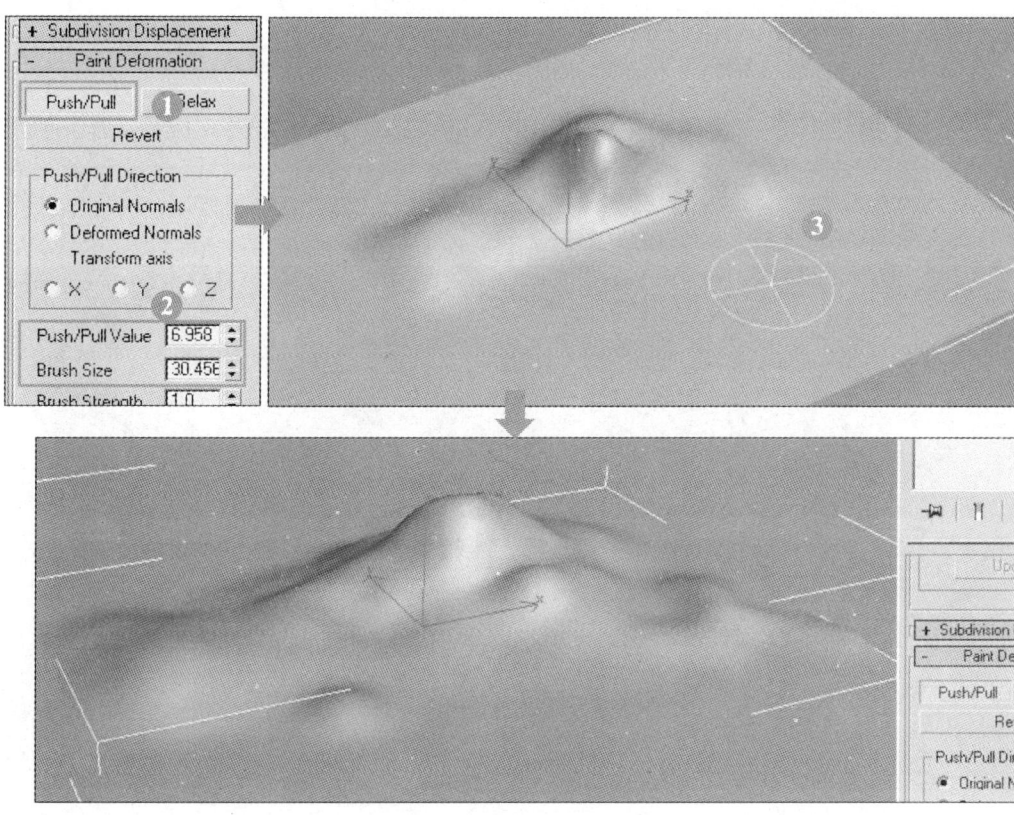

图6-33

在编辑多边形的元素级别,有两个主要命令Set ID设置ID和Select ID选择ID,如图6-34所示。ID是面或元素身份的意思,设置ID可以将选择的面或元素设置成1或其他的一个数字,Selec ID是能够通过面或元素已经存在的ID号将其选择。例如:在Select ID后面输入2,点击Select ID命令,就能把ID号为2的所有面选择出来。物体面ID的划分是为了和材质ID划分相对应使用的,具体使用方法我们会在材质章节具体介绍。

图6-34

四、Mesh Smooth网格平滑工具

网格平滑工具是在物体模型使用Edit Poly或Edit Mesh编辑完成后，由于手工编辑细分模型很难做到既细微又光滑，所以我们使用Mesh Smooth网格平滑工具来完成。如图6-35所示。

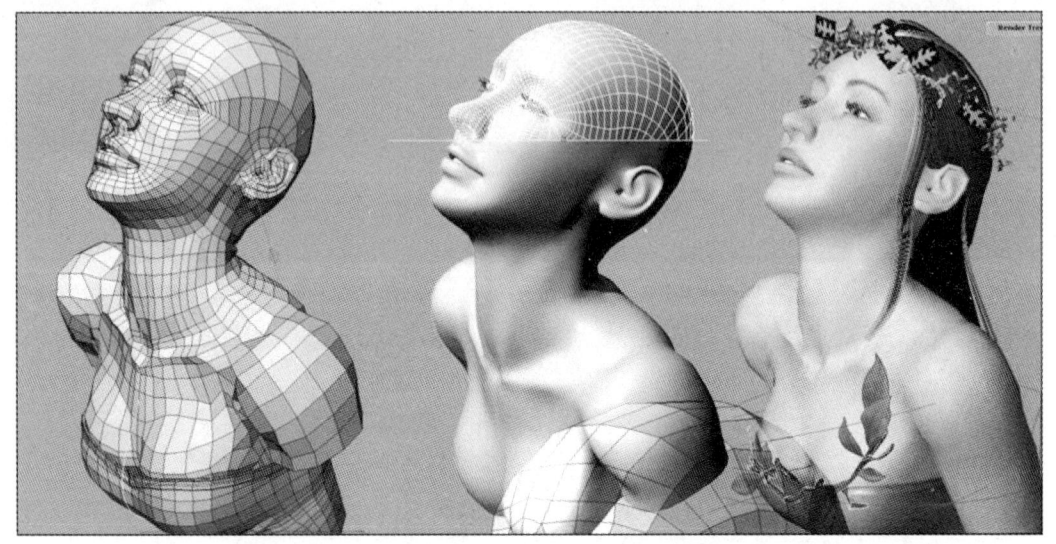

图6-35

网格平滑工具的使用方法是：选择需要平滑的三维物体，在修改器列表中选择Mesh Smooth命令。如图6-36所示。

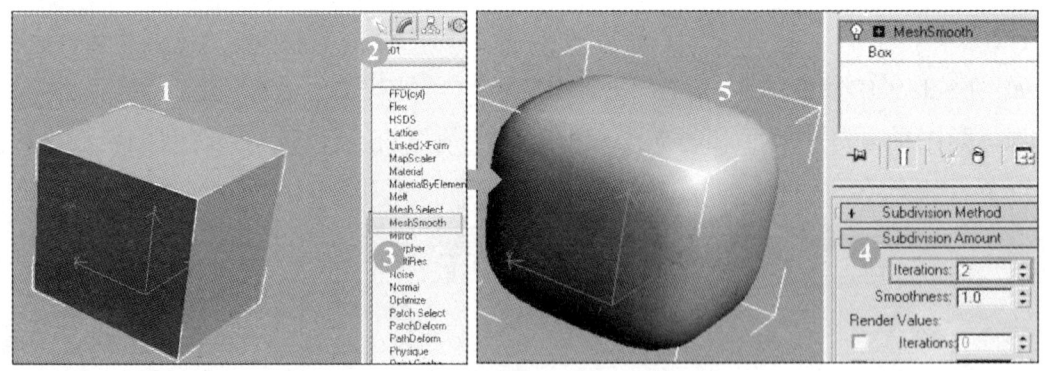

图6-36

Iterations重复次数是Mesh Smooth网格平滑最重要的命令。当它的数值是1时，光滑后所产生的面是平滑以前的4倍；数值是2时，光滑后所产生的面是以前的16倍。由于光滑以后产生的面很多，所以网格平滑中Iterations重复次数最大使用值常为2。

第二节 多边形建模实例

下面我们通过一些实例来了解编辑多边形建模的工作流程。

一、足球、篮球、排球

下面我们使用Edit Mesh编辑网格来完成足球模型。

首先，在扩展几何体面板上，创建Hedra异面体。如图6-37所示。

图6-37

进入修改面板，将异面体的类型改为Dodec/Icons类型，调节长宽比例P为0.35。如图6-38所示。

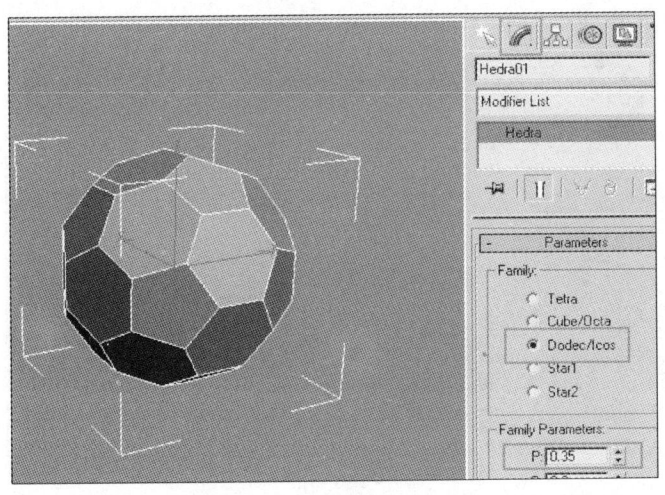

图6-38

在多边形级别，选择所有的面，使用Explode炸开工具，将其炸开成元素，使用Extrude挤出命令对选择的面进行第一次挤出，再使用Bevel工具做第二次挤压。步骤如图6-39所示。

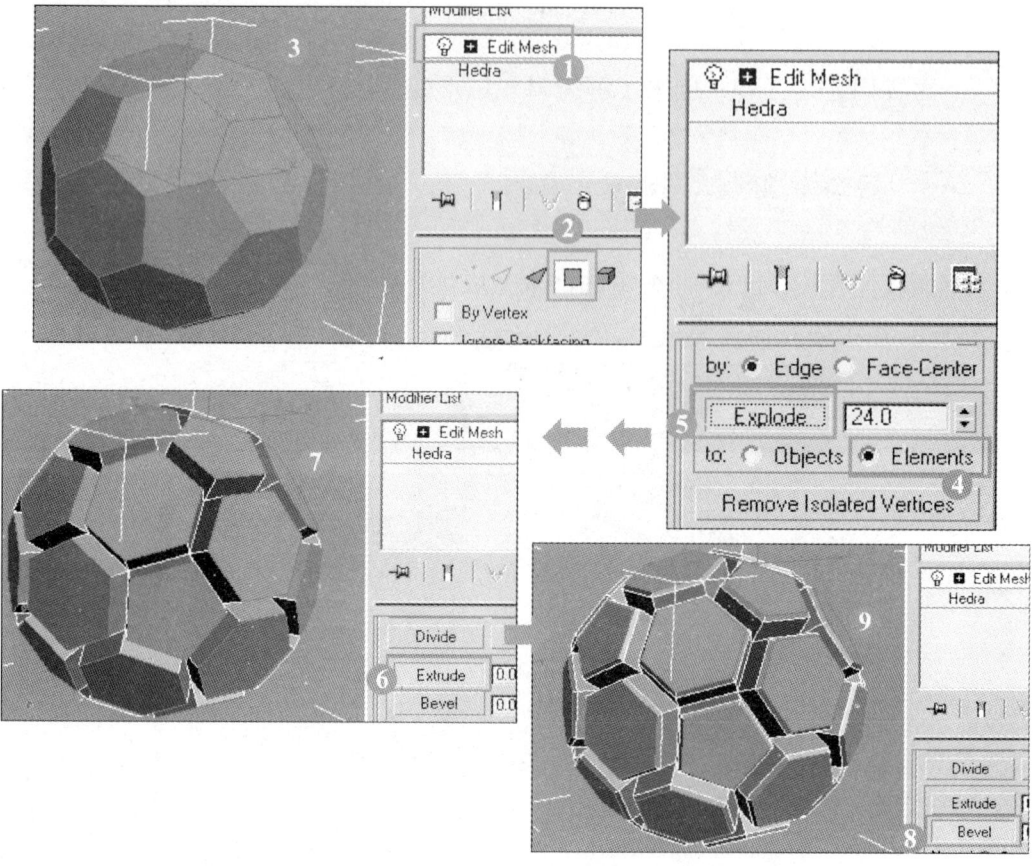

图6-39

单击Edit Mesh取消面的选择。如图6-40所示。

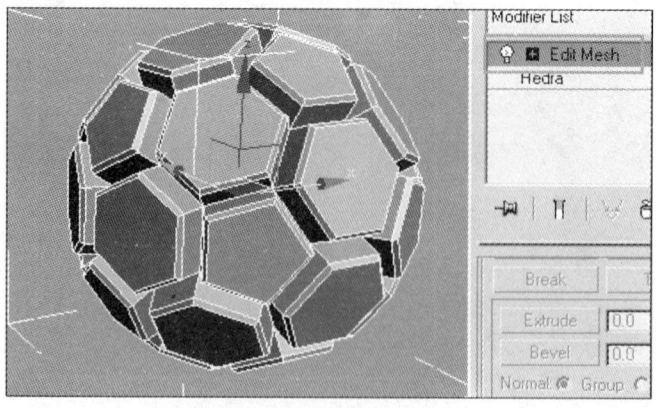

图6-40

为足球添加MeshSmooth网格平滑,将网格平滑的细分方法改成Classic经典模式,重复次数Iterations改成2次。如图6-41所示。

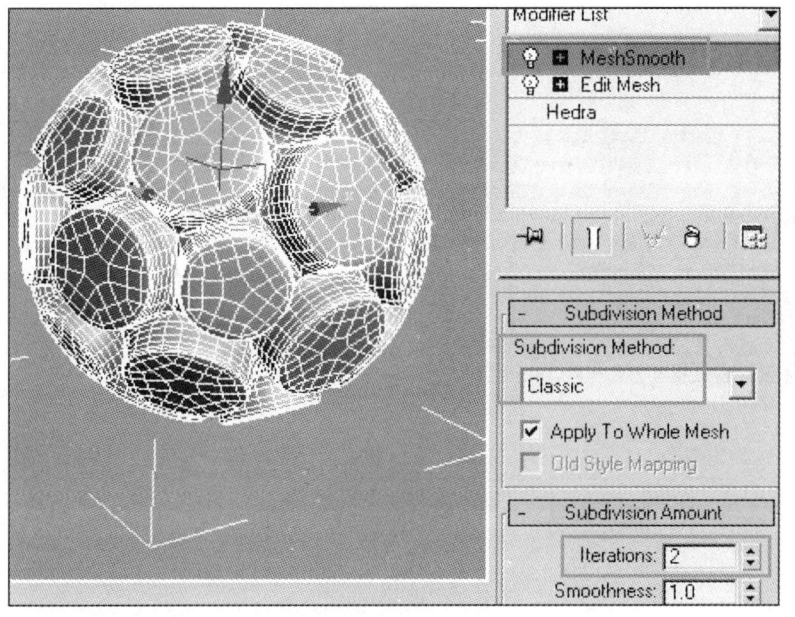

图6-41

添加Spherify球形化命令,按F4去除线框显示,足球模型完成。如图6-42所示。

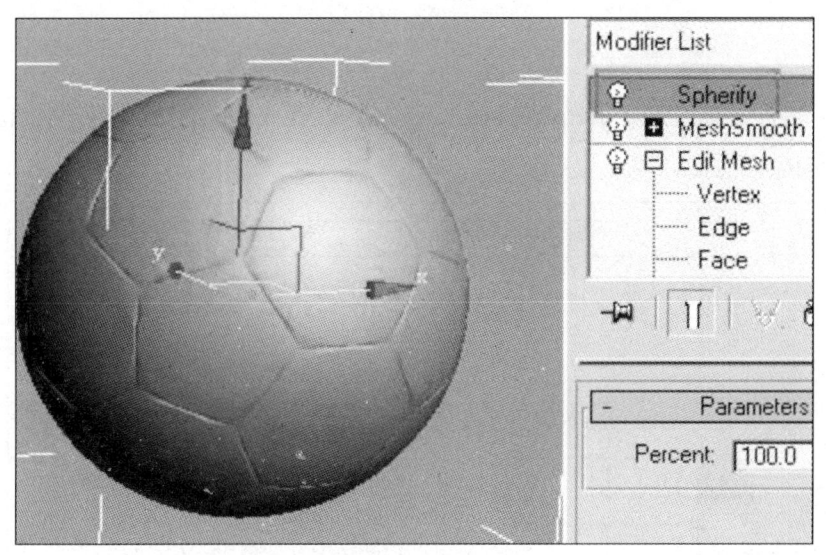

图6-42

下面我们为足球添加材质。

按下M键,打开材质编辑器,选择任意材质球,将材质球的种类由Standard标准改成Multi/Sub-Object多维子对象类型,在弹出的菜单中点击OK。如图6-43所示。

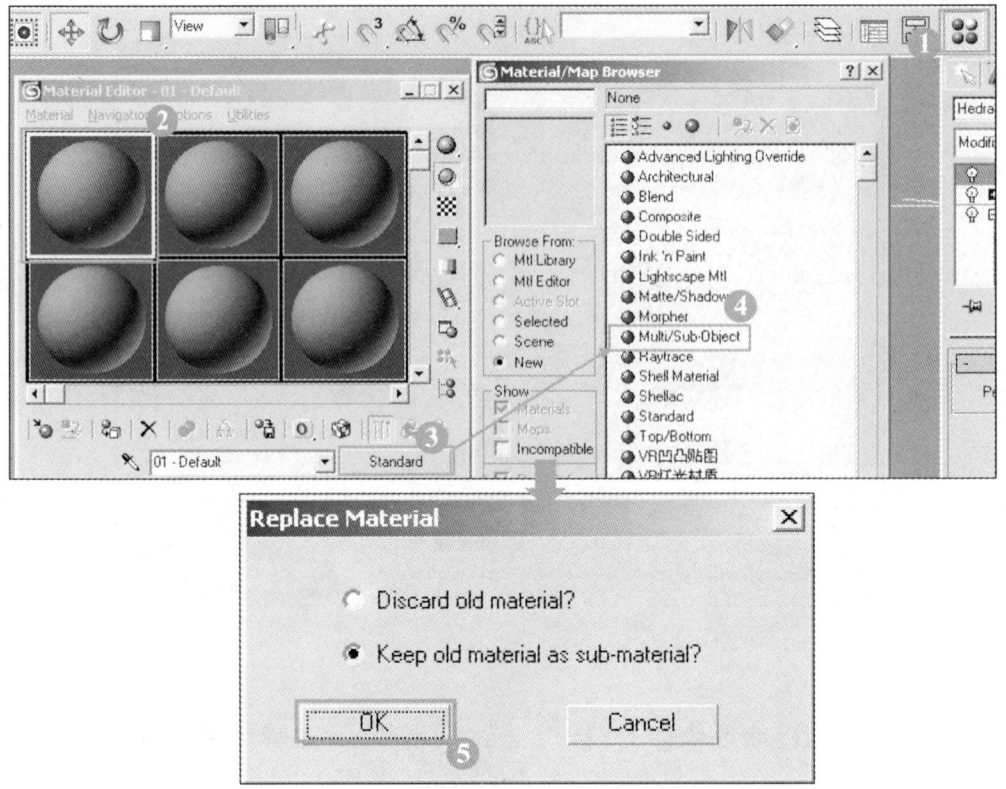

图6-43

使用材质面板上的Delete键将材质的数量设置成2个,将它们的颜色改成一黑一白。如图6-44所示。

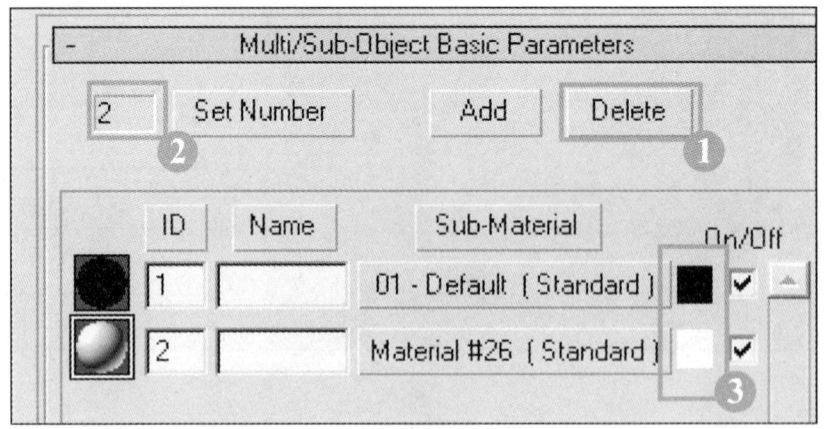

图6-44

将材质赋予物体,足球模型创建完成。如图6-45所示。

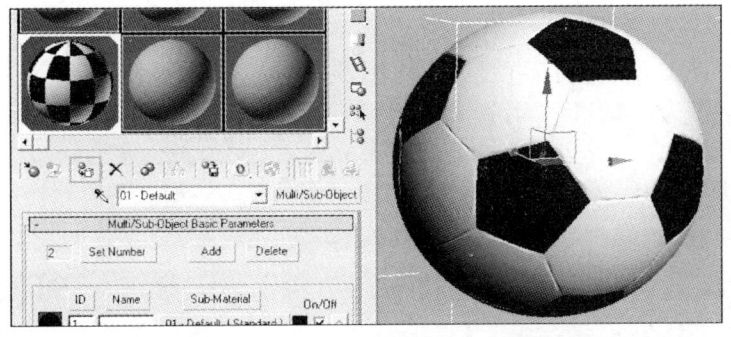

图6-45

篮球模型和足球模型明显不同,足球主要由两个图形单元构成,篮球表面由曲线分割构成,如图6-46所示。下面我们来讲述使用制作篮球贴图配合球体模型完成篮球制作的方法。

图6-46

打开三维捕捉工具,使用Line直线命令在网格上画出如图6-47所示的图形,注意直线的起始点和结束点。

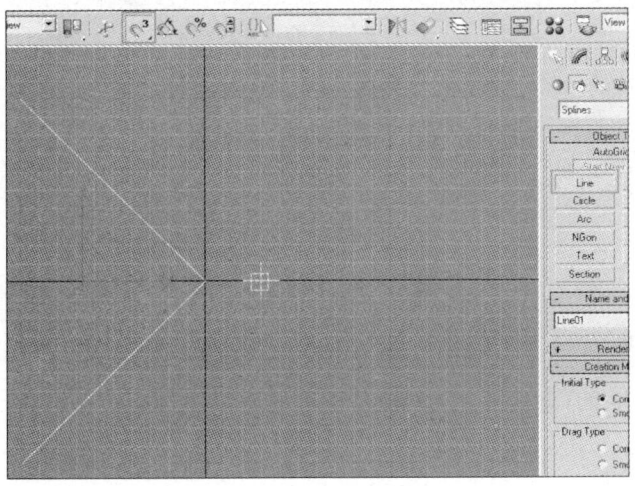

图6-47

将Start New Shape开始新图形功能关闭,再创建其他三条直线,如图6-48所示,右下角小图是所有画出直线的拆分效果。

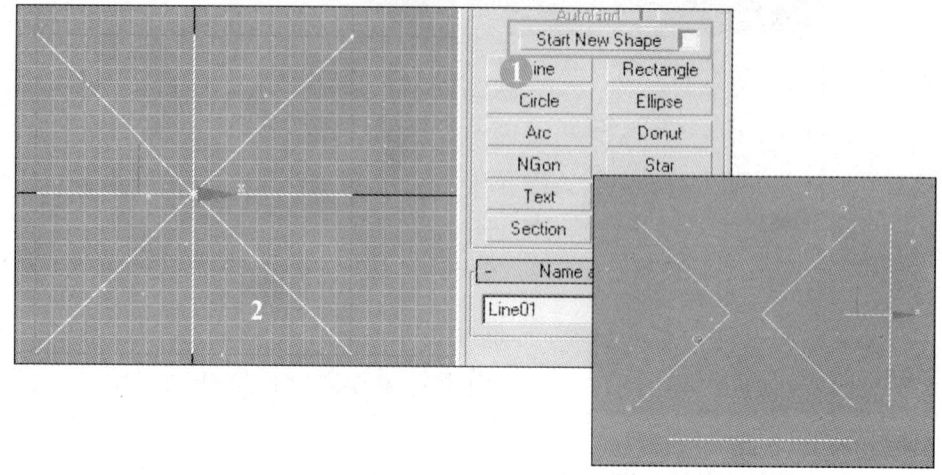

图6-48

进入修改面板,进入顶点子物体级别,选择中心的2个顶点,使用Fillet倒圆角工具对中心的顶点进行倒圆角。如图6-49所示。

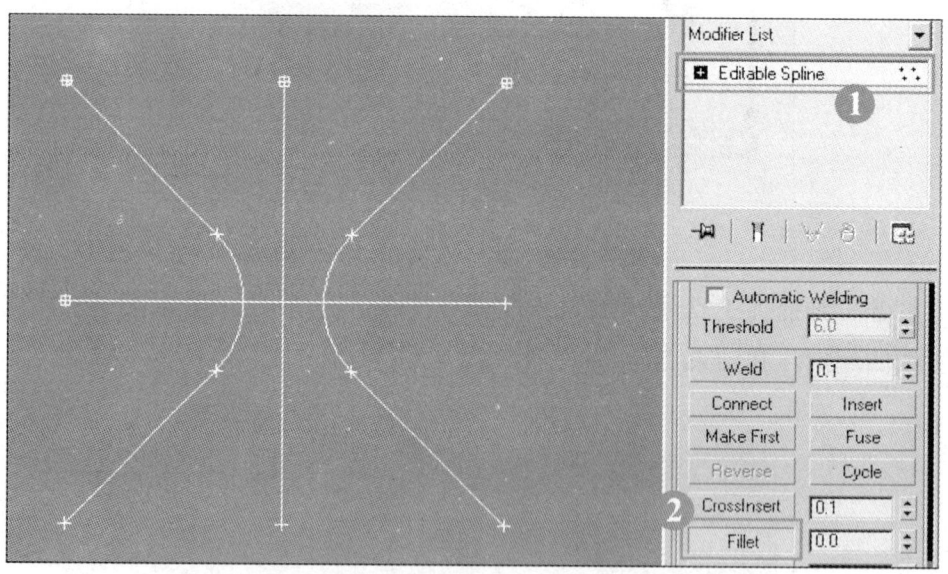

图6-49

进入Editable Spline编辑样条线的Rendering展卷栏,勾选Enable In Renderer对渲染有效和Enable In Viewport对视图有效,将Radial半径加大,这样原始的二维曲线就能够渲染了,这也是我们渲染二维曲线的常用方法。如图6-50所示。

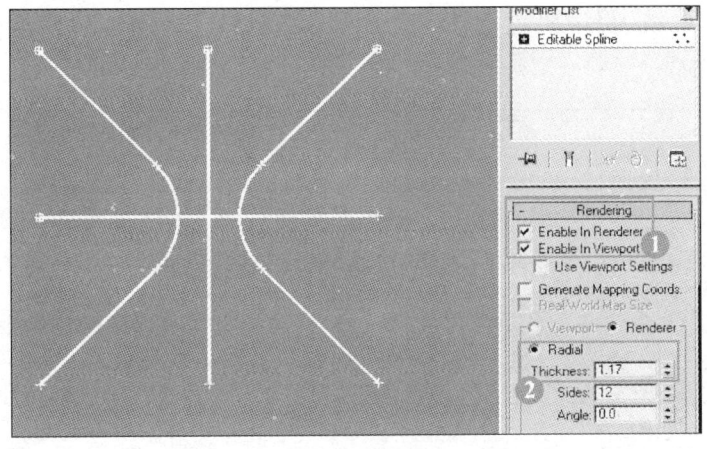

图6-50

按下数字键"8",调入环境和特效面板,将背景颜色改为深红色。如图6-51所示。

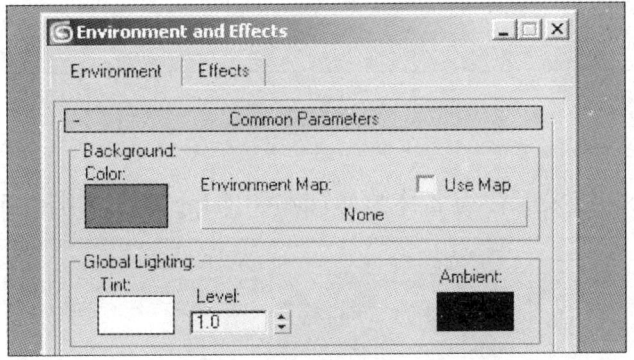

图6-51

退出环境面板,选择篮球直线并将它的线框色改为黑色。如图6-52所示。

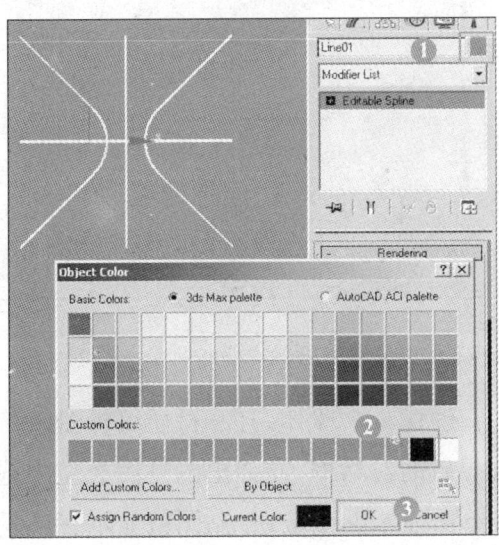

图6-52

选择篮球曲线，将渲染过滤器改为Box Selected选择物体边界盒选项，点击渲染。如图6-53所示。

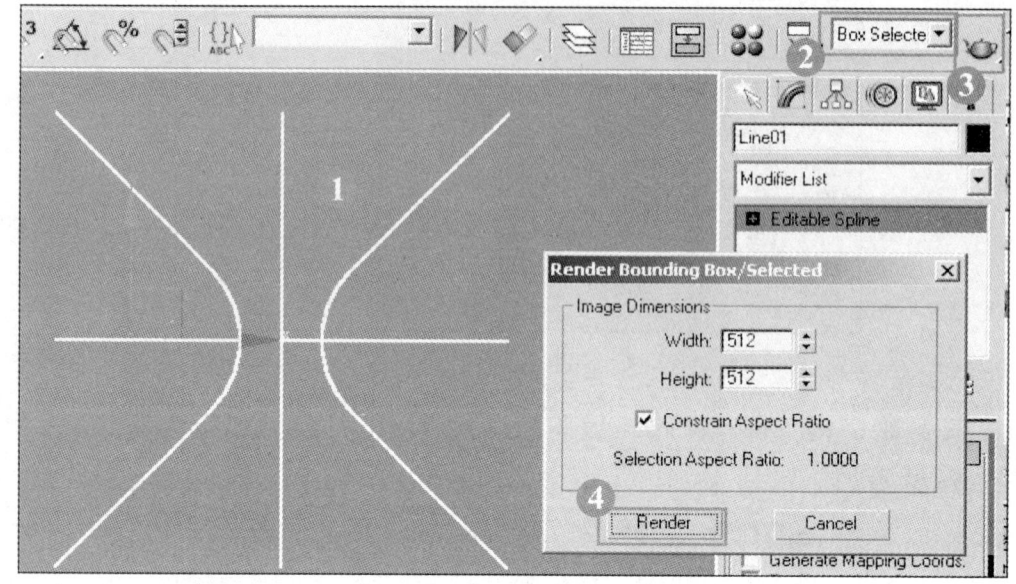

图6-53

将渲染出来的结果保存为名称为篮球贴图的Jpg文件。如图6-54所示。

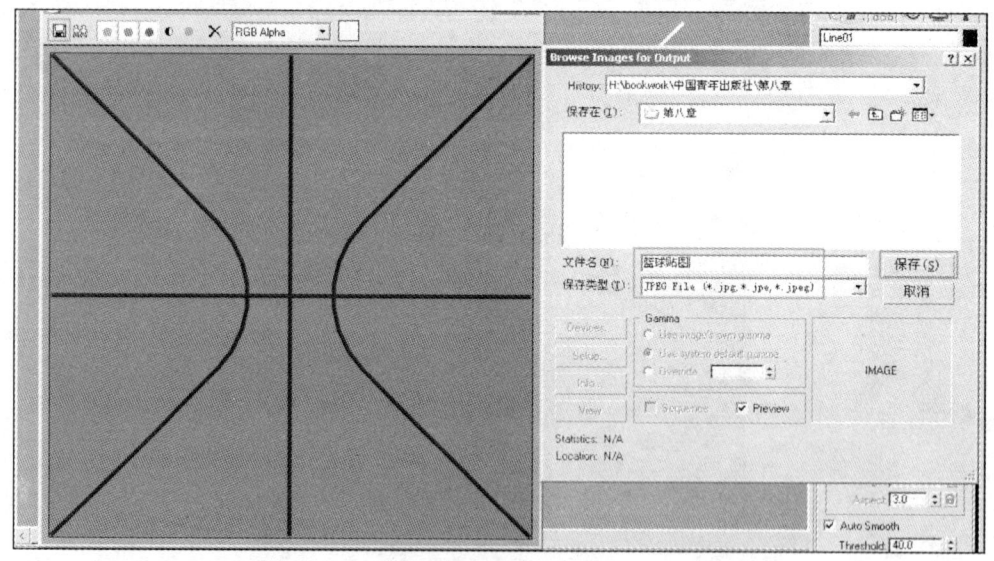

图6-54

重新开始一个场景，创建一个球体，打开材质编辑器，将任意一个材质球赋予球体，点击该材质Diffuse后的对话框，在弹出的贴图类型中选择Bitmap位图，选择刚才保存的篮球贴图，单击显示贴图按钮，贴图就显示在场景中的篮球物体上了。如图6-55所示。

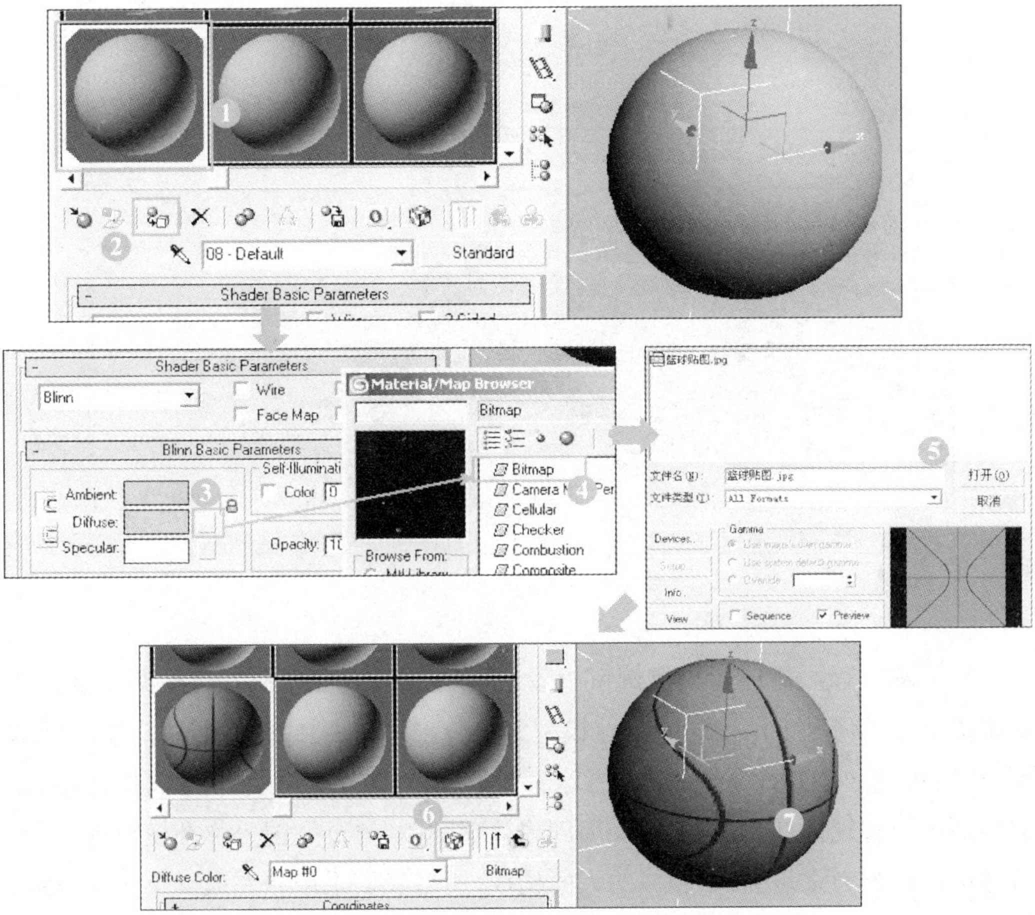

图6-55

选择篮球并给它添加UVW Mapping贴图坐标修改器,篮球模型材质创建完成。如图6-56所示。

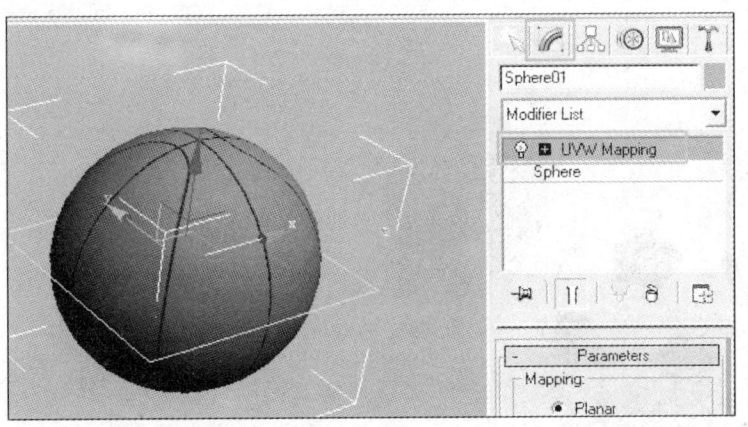

图6-56

排球模型如图6-57所示,建模过程请参照配套光盘的视频教程。

图6-57

从足球、篮球、排球建模实例可以看出,我们在创建模型时,会根据模型的特征来决定采用何种方法。比如,足球模型我们会采用异面体对其调整,产生基础造型,然后再进一步修改完成;由于篮球表面纹理的特征,基本形体难以把握,但是它的贴图很有规律,所以我们就采用创建篮球贴图,通过贴图来弥补模型的不足;排球可以理解为它是由6个相似的大面构成,所以我们采用先完成一个大面,然后复制得到其他的部分。这三个球体的建模方法代表了完全不同的3种建模思路,这些建模经验,在遇见更加复杂模型的时候能够帮助我们,选择恰当的建模方法。如图6-58所示。

图6-58

二、茶壶

茶壶的最终完成效果如图6-59所示。具体制作过程如下:

图6-59

在透视图创建一个立方体,添加Edit Poly编辑多边形修改器,进入多边形级别,使用Insert命令将顶面向内插入。如图6-60所示。

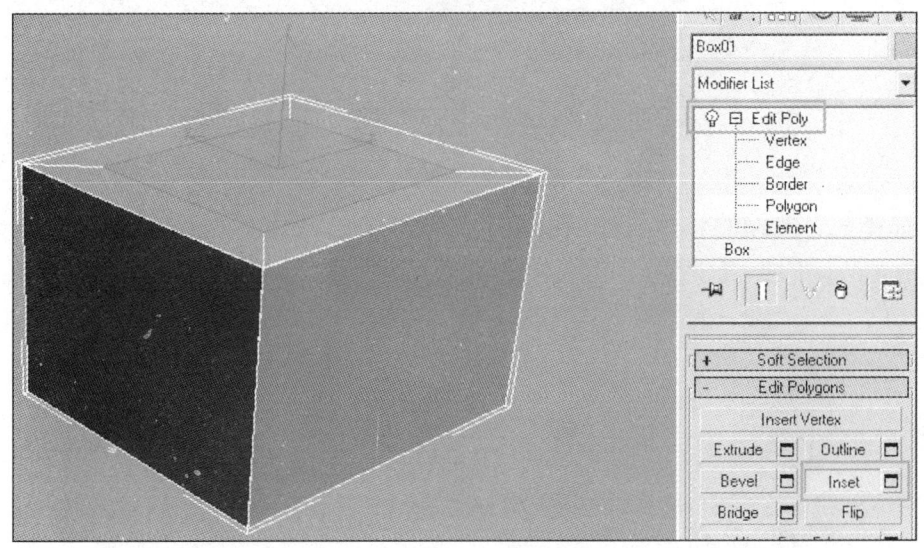

图6-60

使用Bevel命令将模型向上倒角挤出,尽量让它的造型像茶壶的壶口。如图6-61所示。

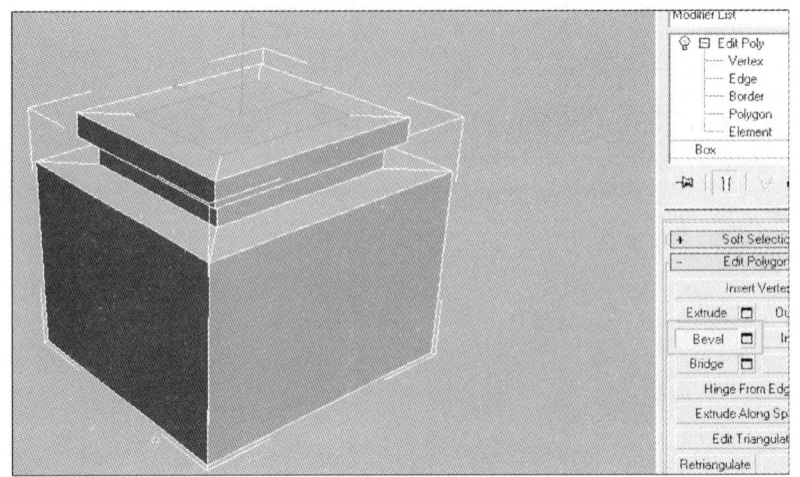

图6-61

使用Alt+X键进入物体的半透明选择状态,将物体向内倒角挤出。如图6-62所示。

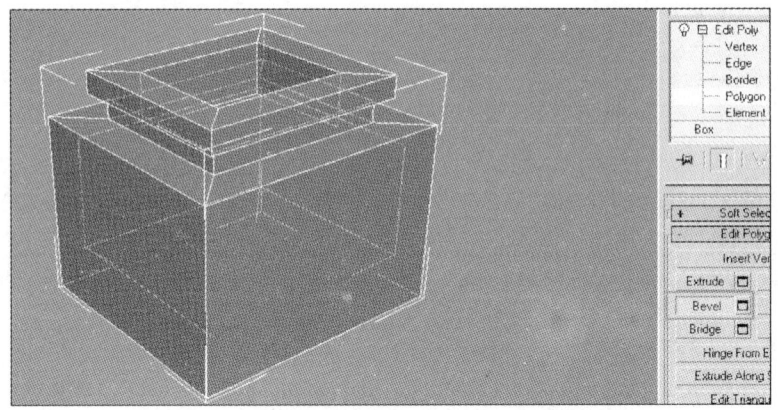

图6-62

选择壶身侧面的4个面,使用倒角工具向外挤出。如图6-63所示。

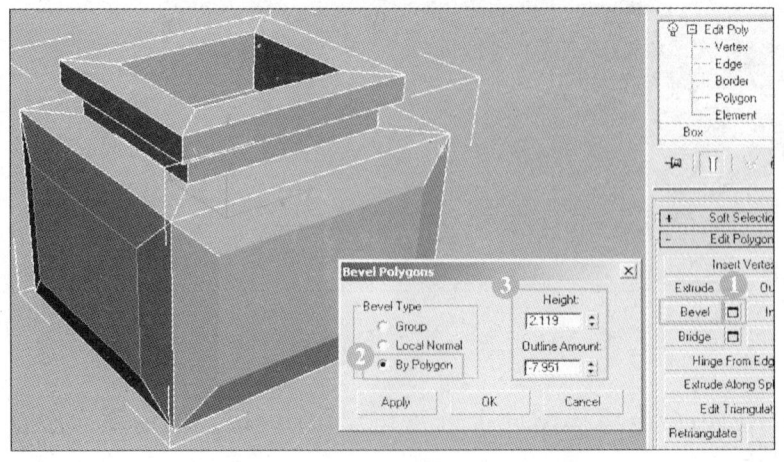

图6-63

使用挤出命令将左面多边形挤出。如图6-64所示。

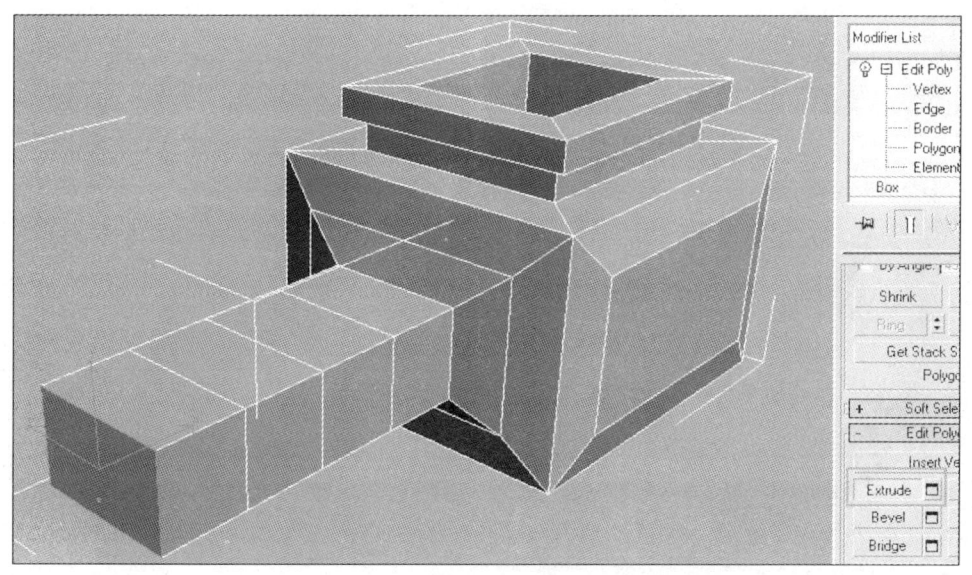

图6-64

激活前视图,将前视图最大化,进入顶点编辑级别,将顶点调整成壶嘴的形态。如图6-65所示。

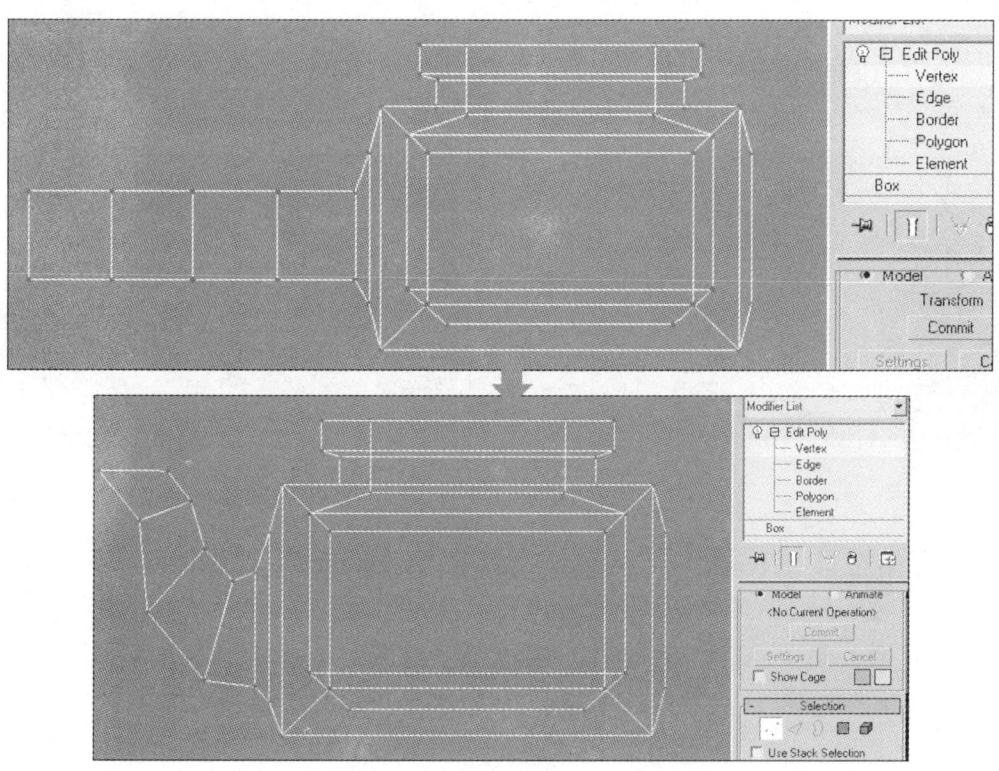

图6-65

选择壶口顶点，打开顶点的软选择，使用缩放工具对其进行缩放。如图6-66所示。

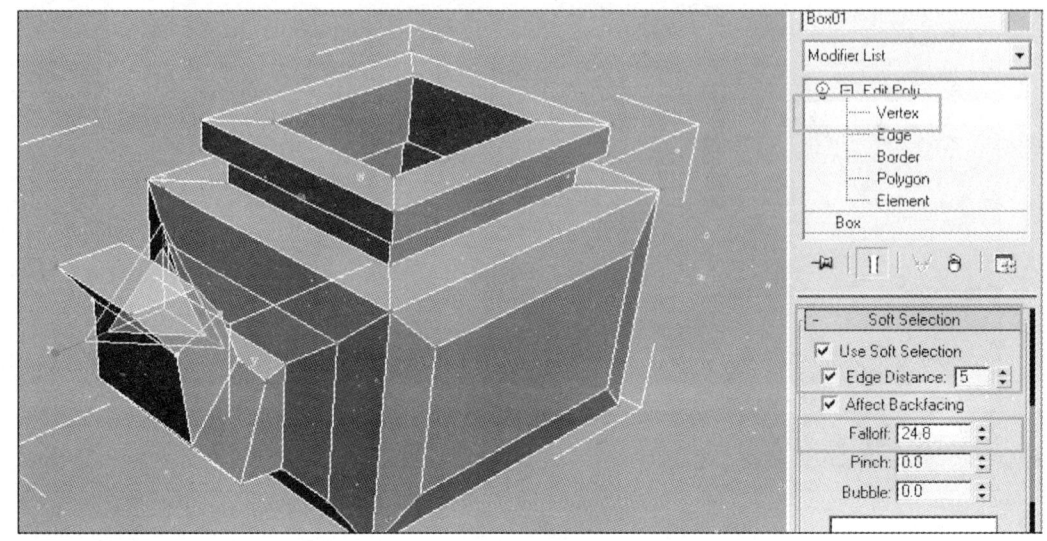

图6-66

使用Bevel工具对壶口进行加工。如图6-67所示。

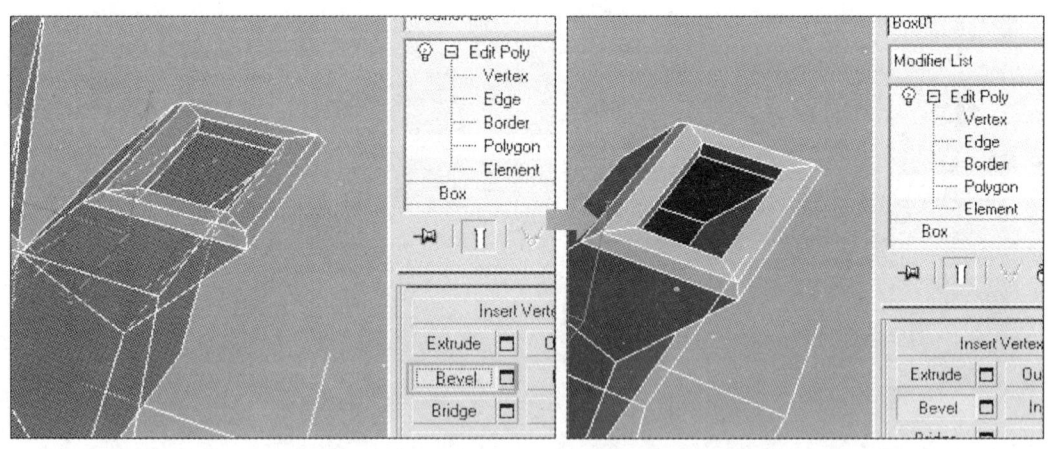

图6-67

使用Extrude工具挤出茶壶手柄，并对它进行调整。如图6-68所示。

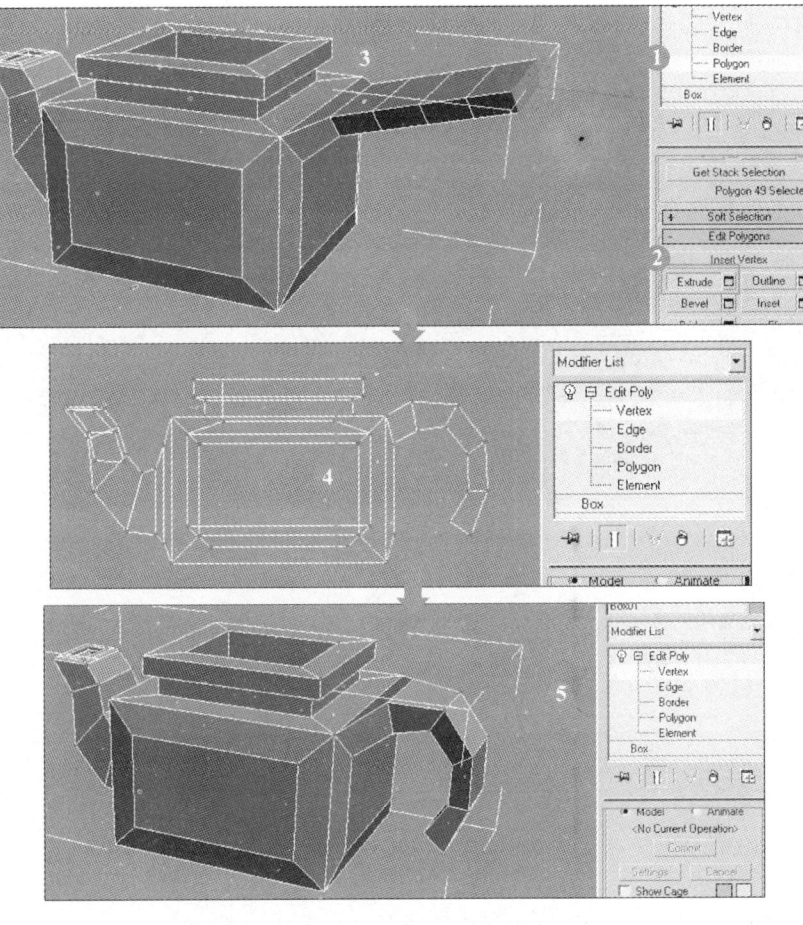

图6-68

将壶把底部用Bevel倒角挤出,选择两个断开的表面,使用Bridge桥接命令连接。如图6-69所示。

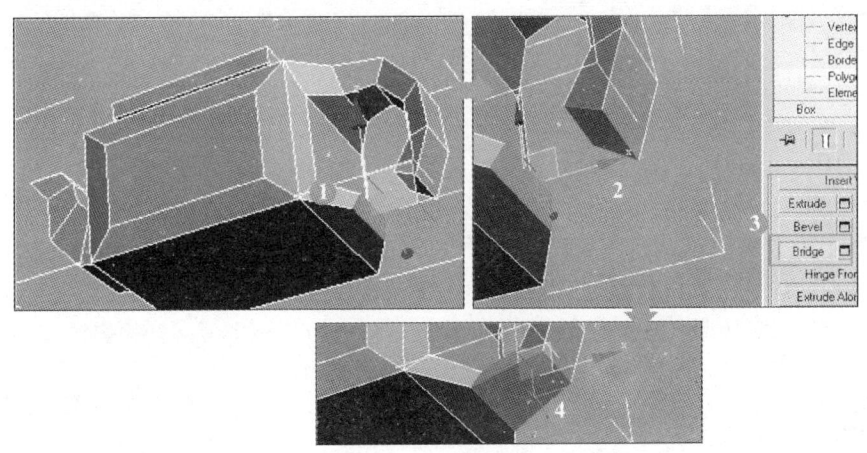

图6-69

为茶壶加上网格平滑命令，茶壶基本造型完成。如图6-70所示。

图6-70

下面我们来完成壶盖模型。在壶身旁边创建长方体，添加Edit Poly编辑多边形命令。如图6-71所示。

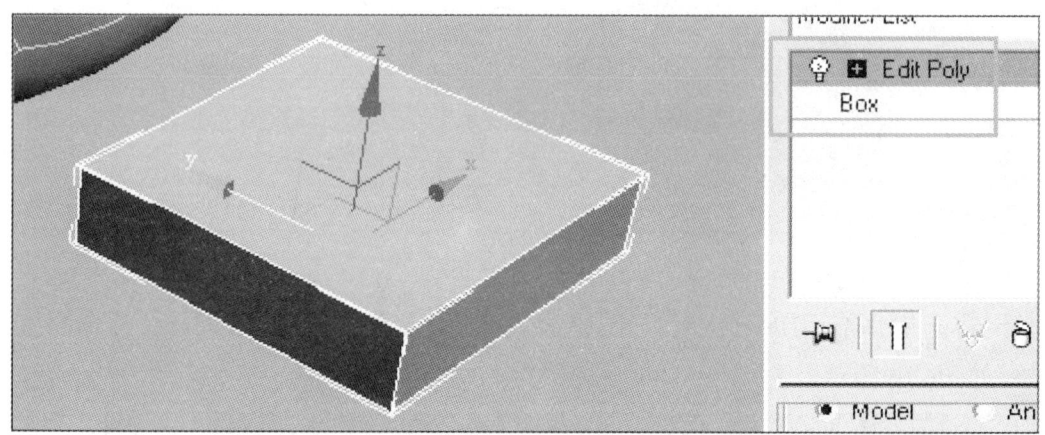

图6-71

使用Bevel命令完成壶盖顶部和底部造型。如图6-72所示。

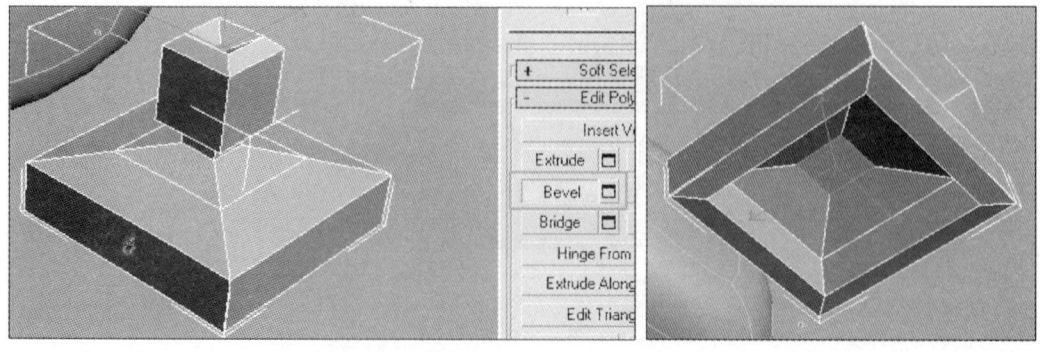

图6-72

将壶盖网格平滑后放置在壶身上。如图6-73所示。

注意：网格平滑的重复次数通常为2次。

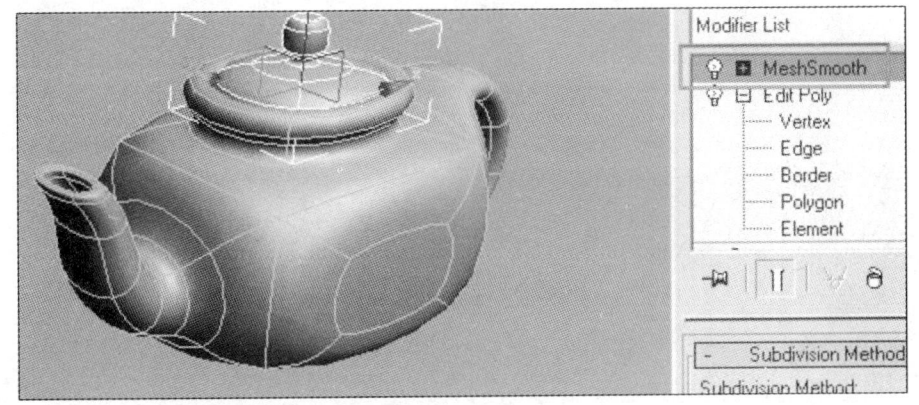

图6-73

下面完成小茶杯模型。使用Line画线工具画出茶杯的横截面，并对它进行车削成型，注意调整车削的轴。如图6-74所示。

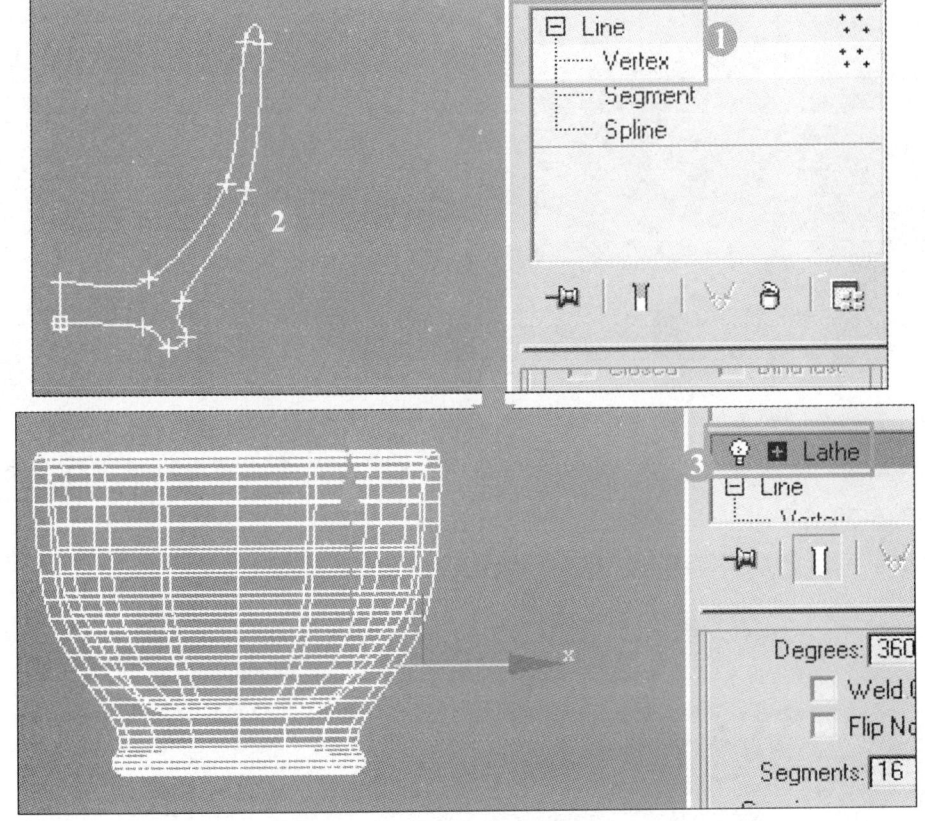

图6-74

使用Edit Poly编辑多边形将一个长方体修改成茶壶的底座。如图6-75所示。

图6-75

在底座的下方创建两个长方体,使用布尔运算将其减去。如图6-76所示。

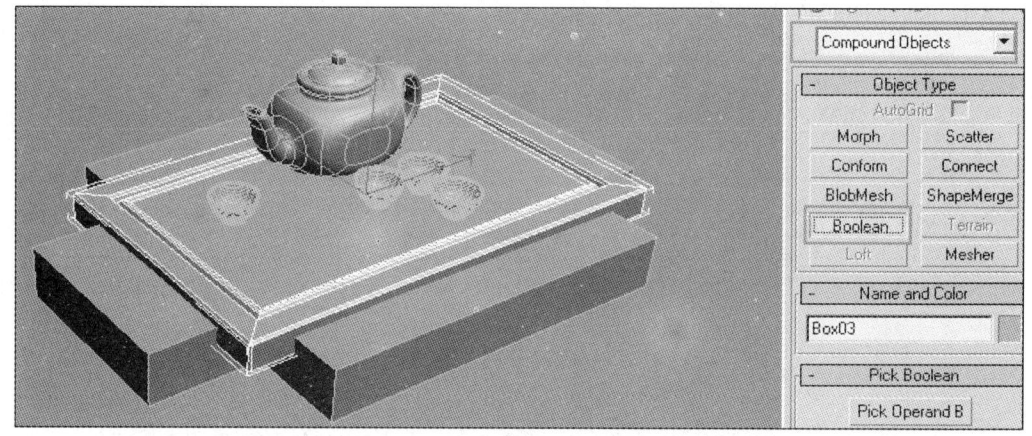

图6-76

布尔运算后,茶壶造型完成,使用Sky天光配合光线追踪对场景进行渲染。如图6-77、6-78、6-79所示。

图6-77

图6-78

图6-79

三、"高达－飞翼零式"模型

《机动战士高达》这套动画系列自1979年放映以来，广受欢迎，在动画、漫画、游戏、玩具等各方面都成绩辉煌，很多大学教授、评论家们都将其作为研究的课题。高达的观众不再仅仅局限于青少年，而是面向整个社会。如图6-80所示。

图6-80

当今，《机动战士高达》在我国也已被相当多的朋友了解和喜爱，尤其是随着《超级机器人大战》系列游戏的推出，在其中占主角地位的MS系机器人令更多的玩家对其产生浓厚兴趣。如图6-81所示。

图6-81　《高达无双2》游戏画面

高达-飞翼零式模型，如图6-82所示，主要由头部、身体、四肢和翅膀构成。

图6-82 高达-飞翼零式模型（引自动画片《机动战士高达》）

制作思路：高达模型看起来比较复杂，由多个小的部件组合而成，所以想要达到整体的高精度、高质量，就要细心做准每个小部件。

1. 高达头部模型

我们先从高达模型的头部开始，分析它是如何构成的。

图6-83

高达头部模型由脸部、眼睛、头盔、下巴、前额离子炮、头冠、耳朵和护甲8个部分组成，如图6-83所示。

首先，我们来看脸部模型。在正视图中创建三维几何形体中的面，在修改面板里将段数修改为1。如图6-84所示。

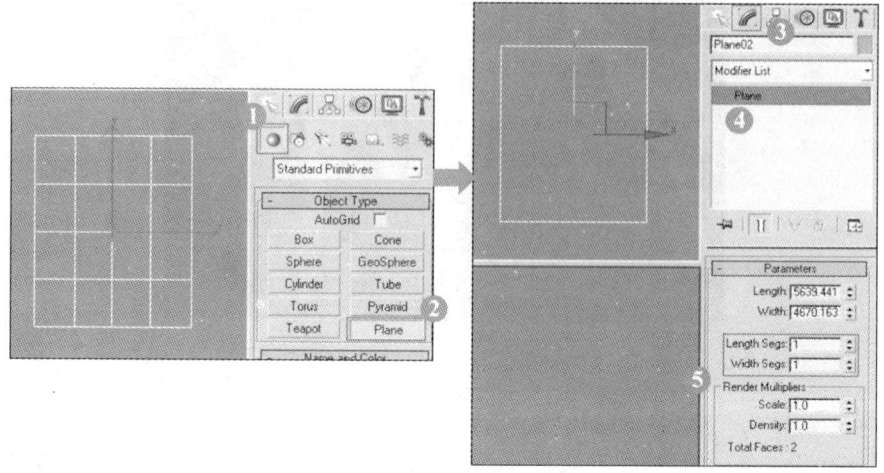

图6-84

在左视图，打开角度捕捉将面旋转60度，然后在正视图旋转15度。如图6-85所示。

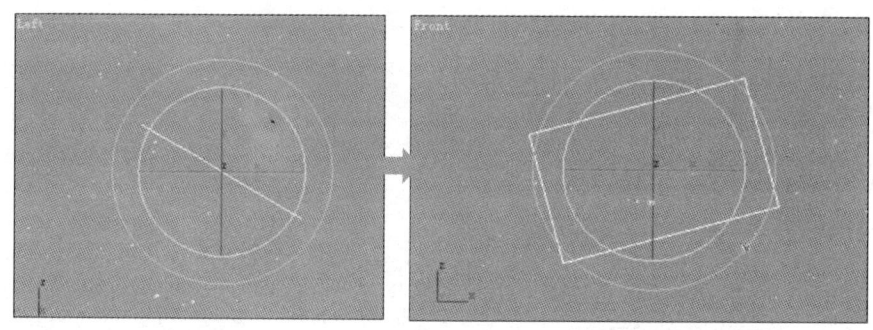

图6-85

在图形上点击右键，将图形转换为可编辑多边形。如图6-86所示。

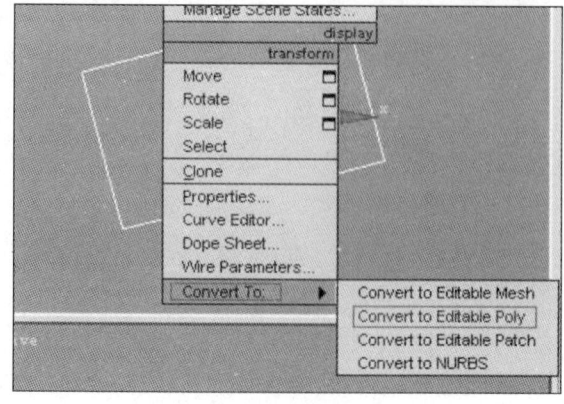

图6-86

在修改面板里,选择可编辑多边形的线级别。选择面的一个边,按住Shift移动复制。如图6-87所示。

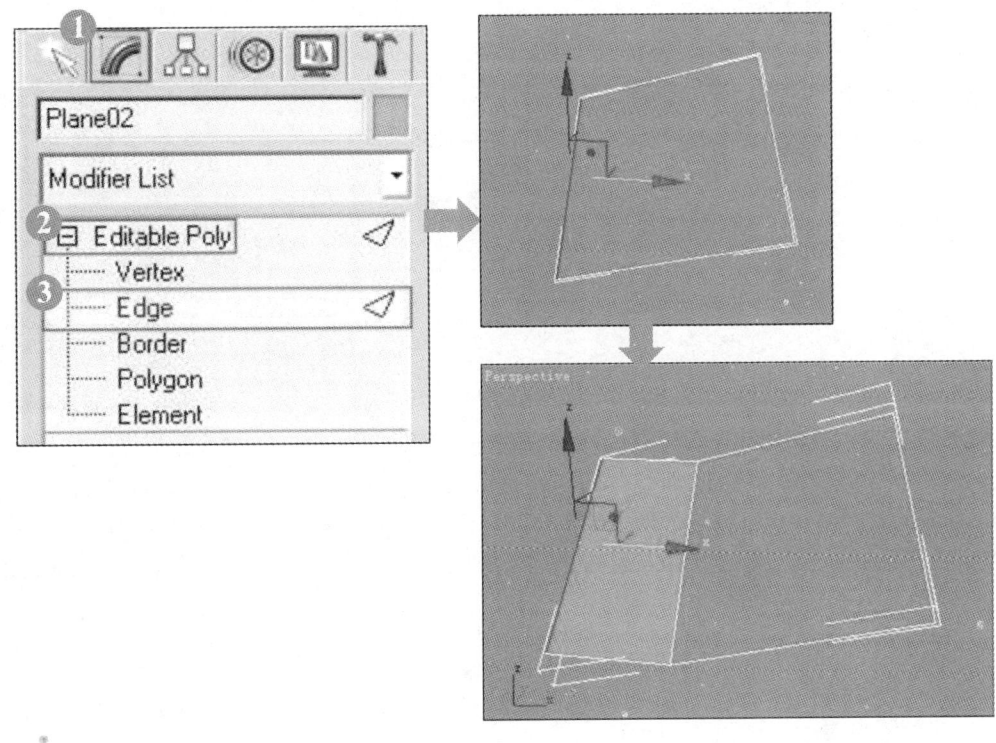

图6-87

在修改器中选择点模式,在正视图中选择需要移动的点,调整点的位置。如图6-88所示。

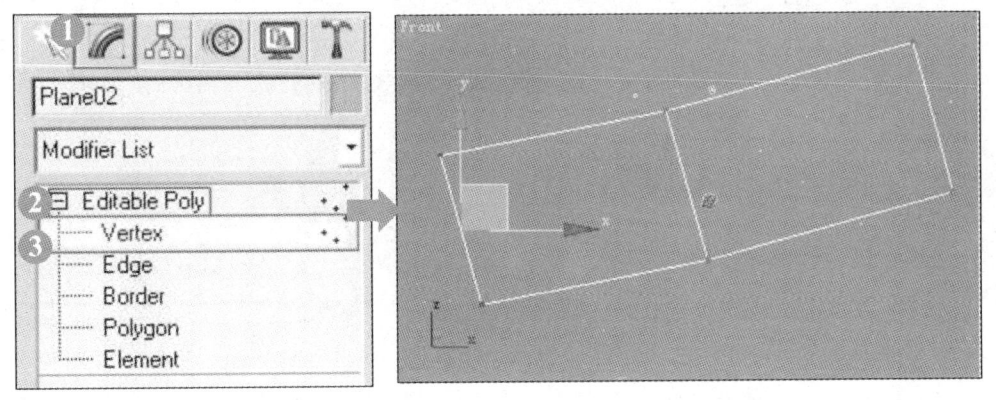

图6-88

进入边的级别,配合Shift键移动并复制边线,然后进入顶点级别修改点的位置。如图6-89所示。

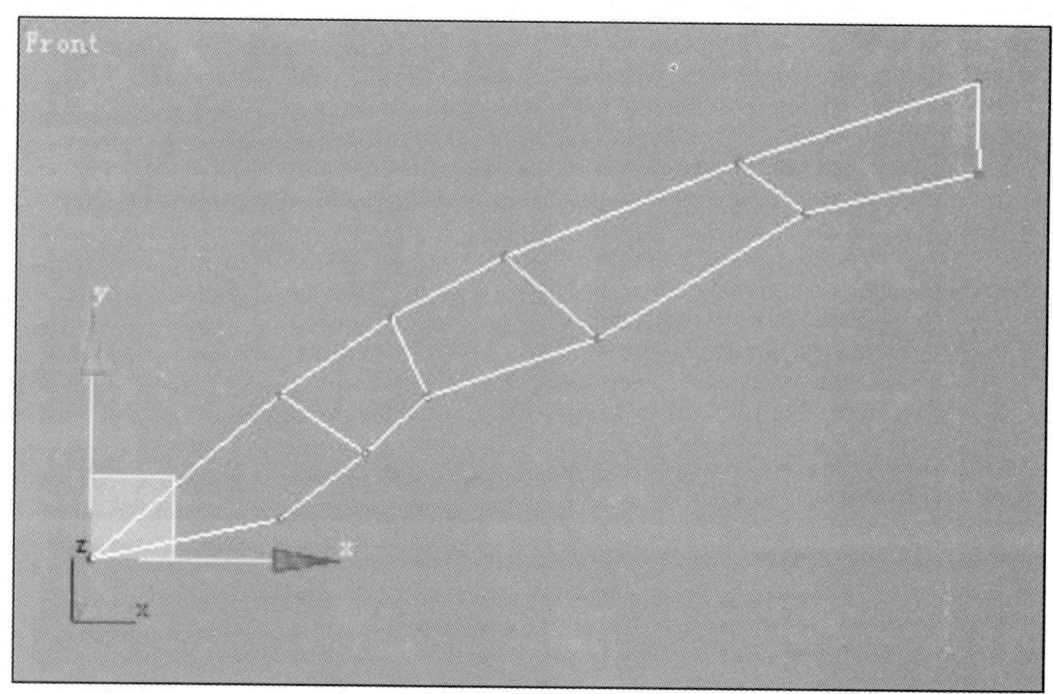

图6-89

在边级别中,配合Ctrl键选择多条线,按住Shift用移动工具将选中的线向下移。如图6-90所示。

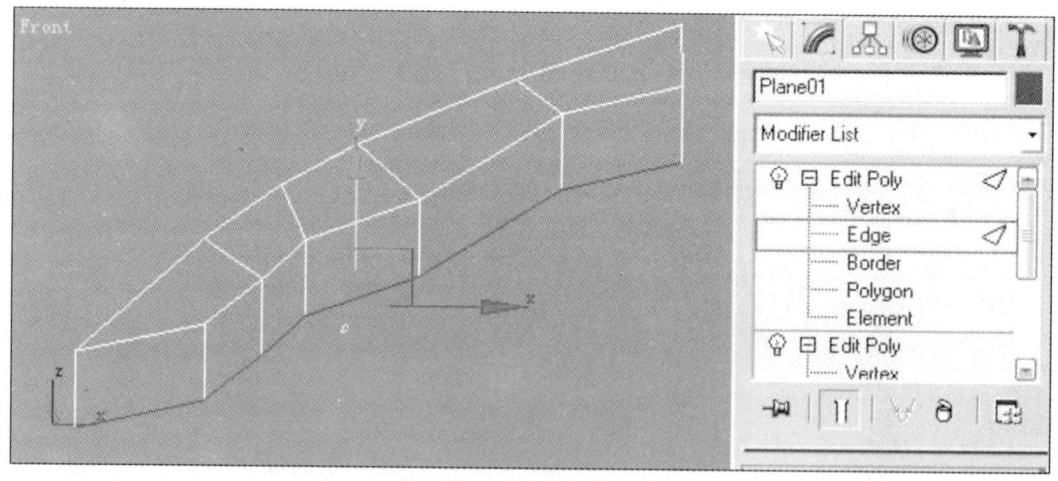

图6-90

通过边复制成面的方法,复制出高达脸部基本布线图,参照图片将脸部的顶点调整到位。这里要尽量多角度观察,仔细一些,确保造型合理。如图6-91所示。

下面我们来制作脸部凹下去的部分。进入边级别,先选择凹陷区域的轮廓线,按住Shift向内移动。如图6-92所示。

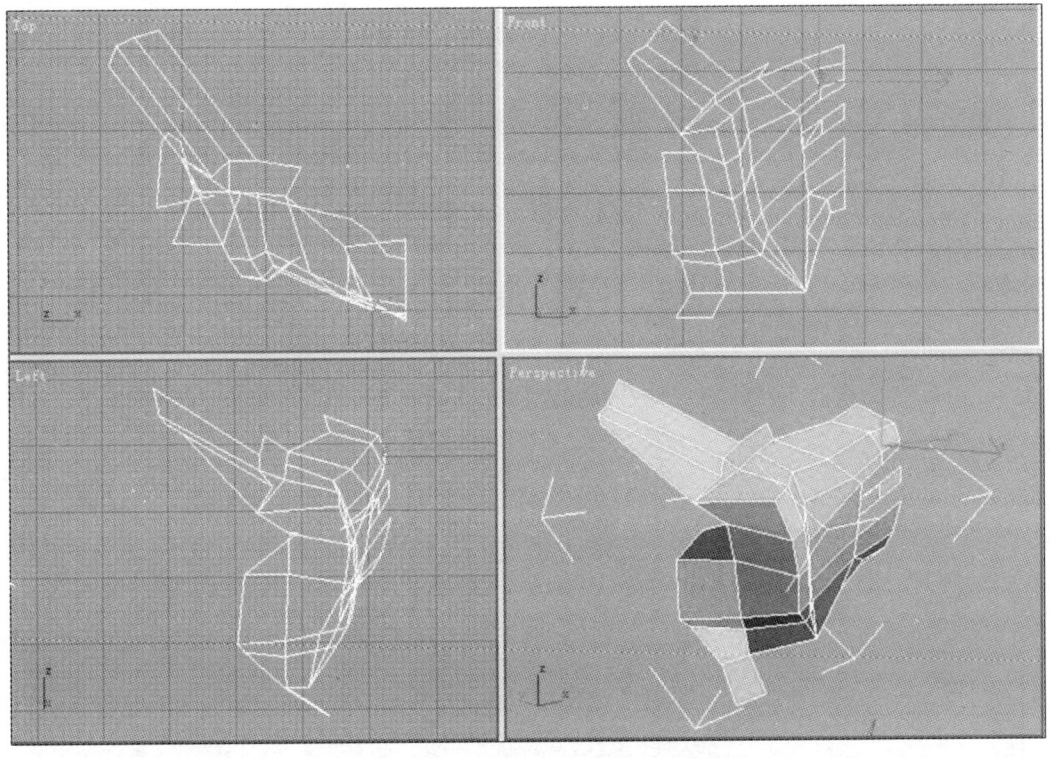

图6-91

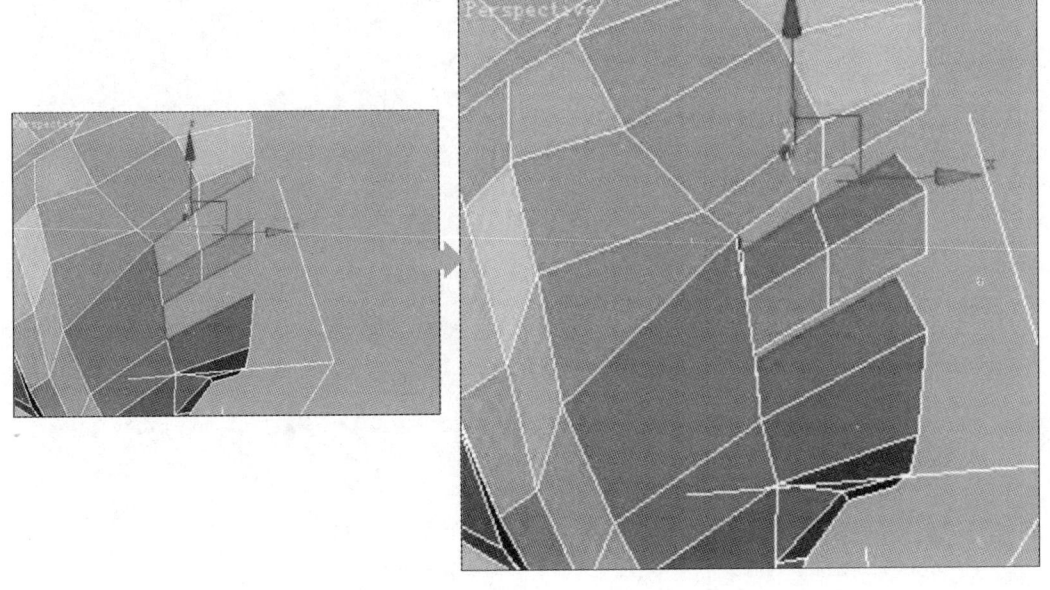

图6-92

选择一条边,按住Shift向下移动。如图6-93所示。

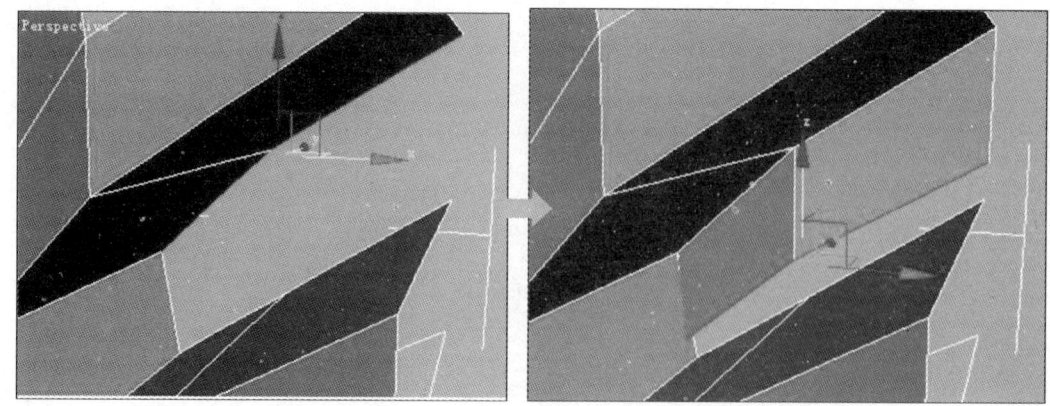

图6-93

我们使用一个新工具焊接。在点级别,选择目标点焊接工具,然后鼠标左键点选焊接的顶点到焊接的目标点上,松开鼠标左键,顶点完成焊接。如图6-94所示。

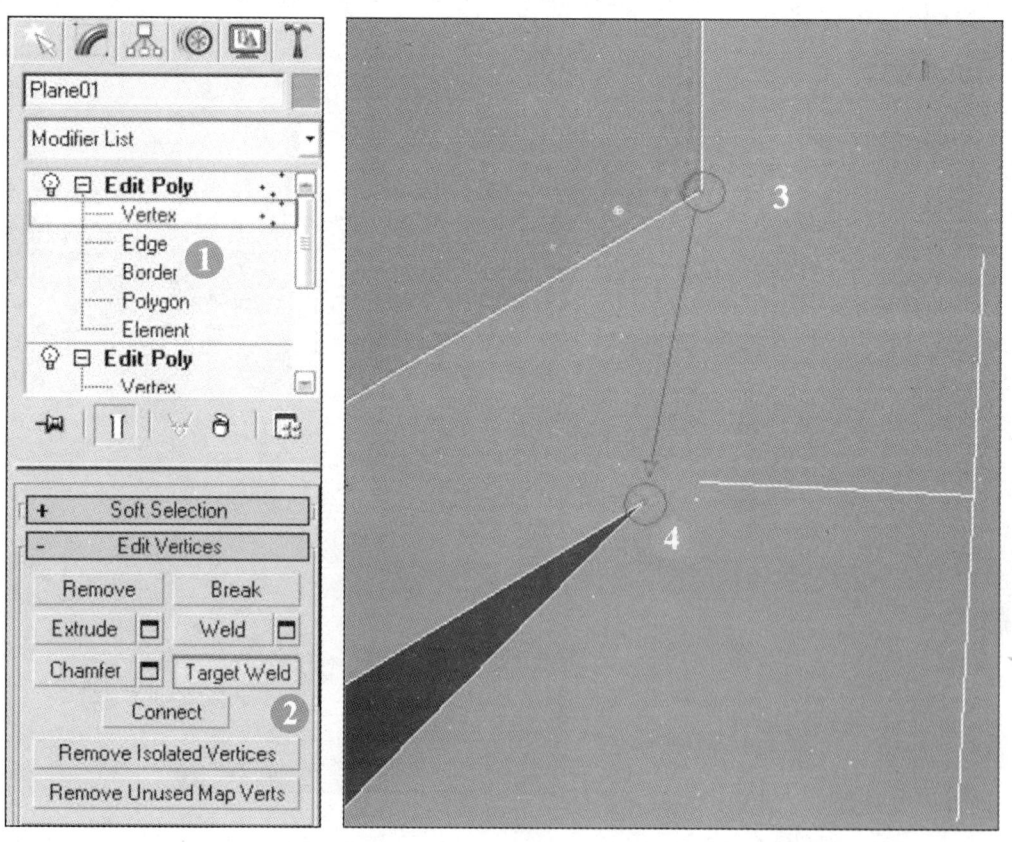

图6-94

焊接完成后,使用镜像工具,在弹出的菜单中选择X轴和关联复制,然后点击OK。如图6-95所示。

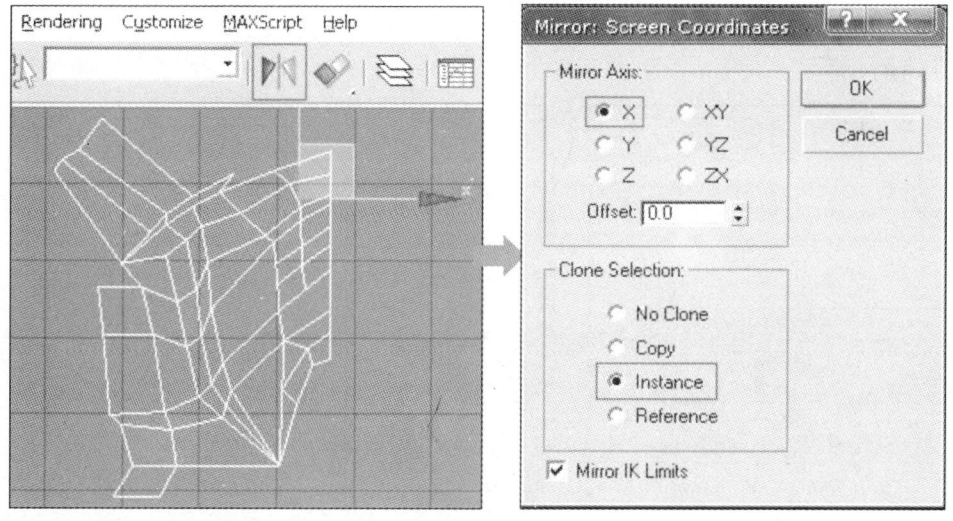

图6-95

在正视图将镜像出的面部和原图形用移动工具对齐。如图6-96所示。

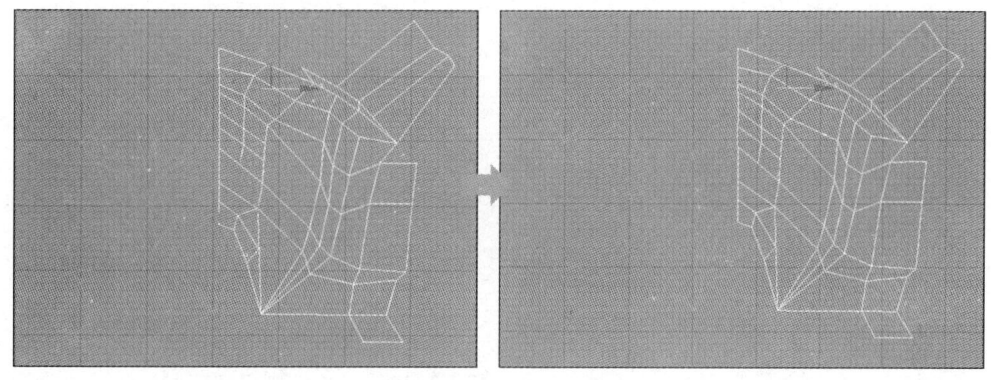

图6-96

使用Attach附加工具将两侧脸部造型附加,焊接中间部分顶点,脸部造型基本完成。如图6-97所示。

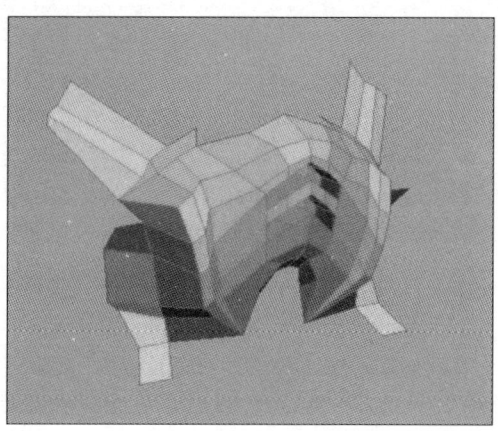

图6-97

下面我们来制作眼睛,在脸部的基础上创建一个三维几何形体长方体。如图6-98所示。

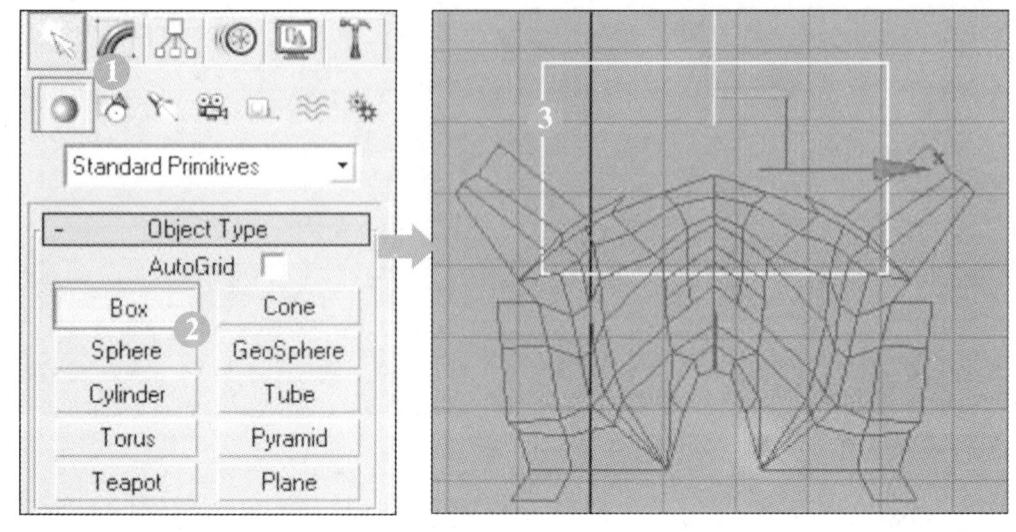

图6-98

选择创建的Box物体,进入修改面板中修改参数,段数修改为3。如图6-99所示。

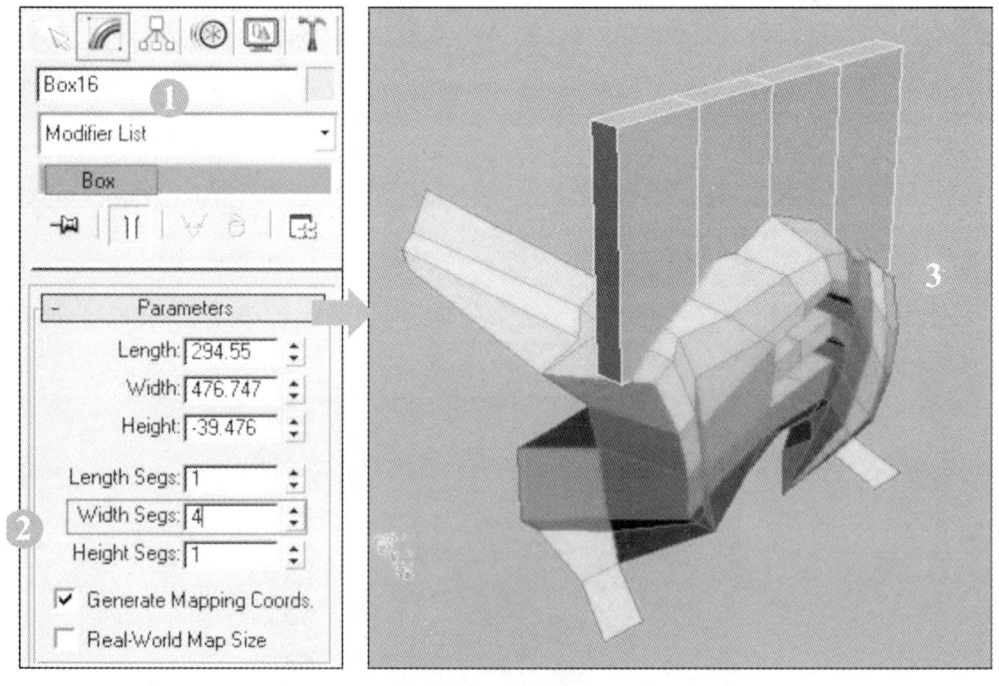

图6-99

选择立方体,在修改面板的下拉菜单中点击Bend弯曲修改器,在Bend菜单中选择弯曲轴为X,调整弯曲度设置。如图6-100所示。

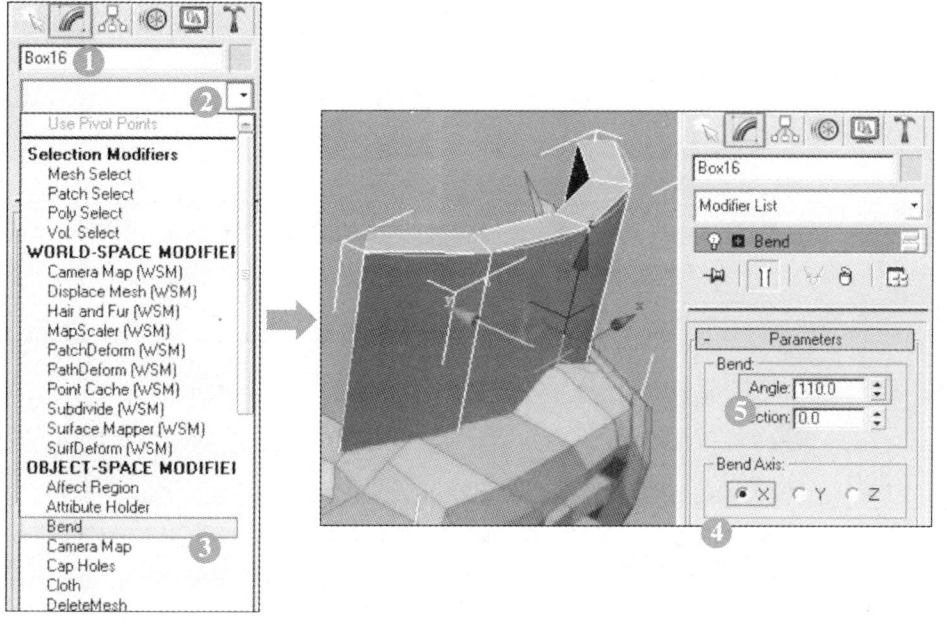

图6-100

在正视图,创建二维几何形体 Line,画成眼睛的形状。在修改面板里选择点级别将各点位置移准。如图6-101所示。

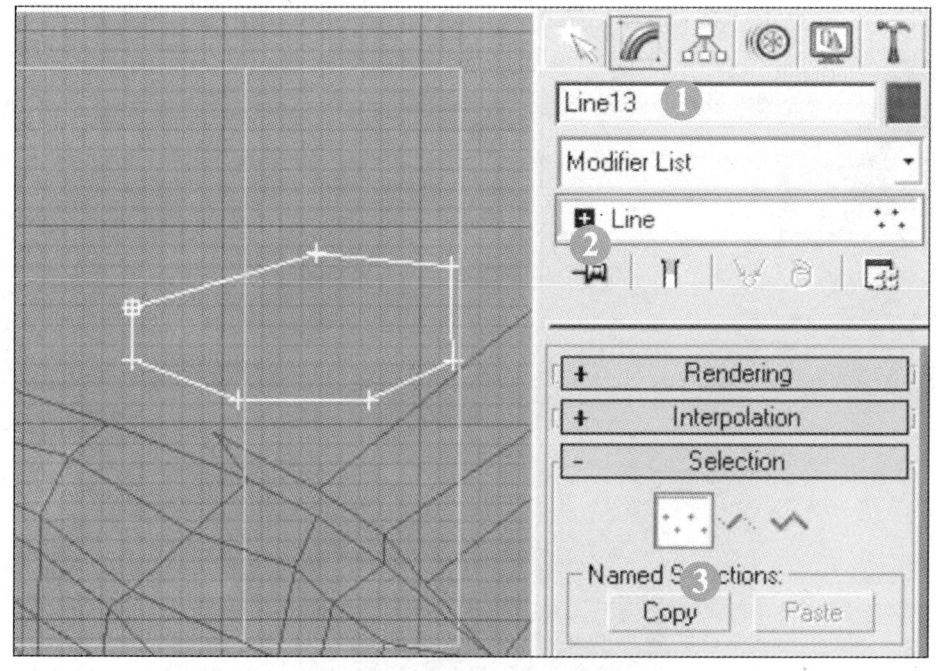

图6-101

在修改器下拉菜单中选择修改器 Extrude挤出命令,修改厚度值为 50,将眼睛造型挤出成型。如图6-102所示。

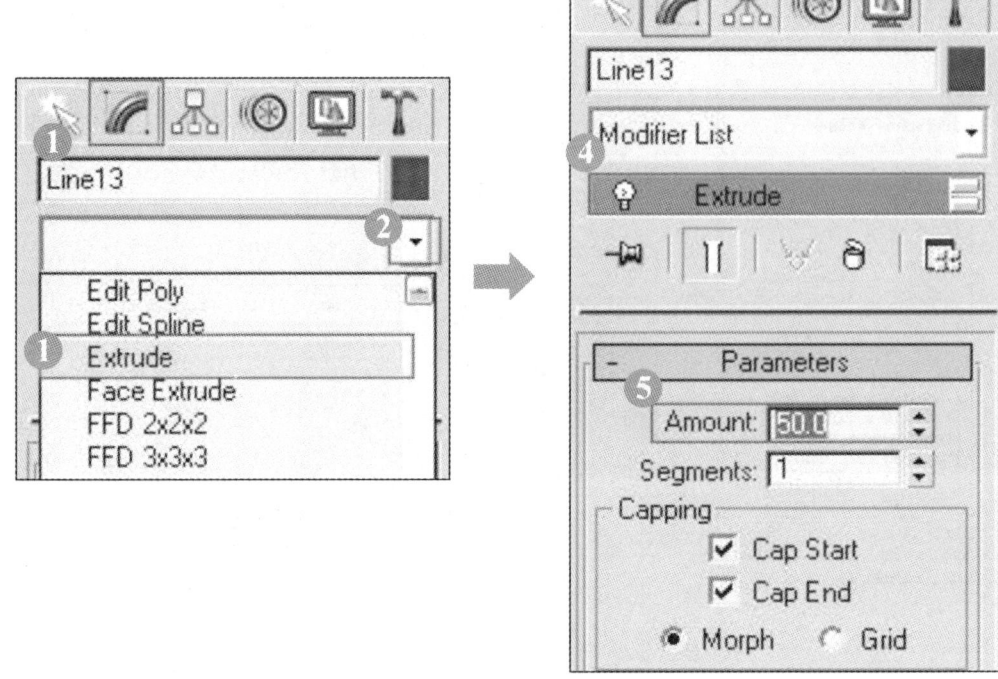

图6-102

在眼睛上点击右键,在弹出的菜单中点击 Edit Poly。在边级别选择眼睛的所有边线,点击Chamfer在选中的边上拖动进行倒角操作。如图6-103所示。

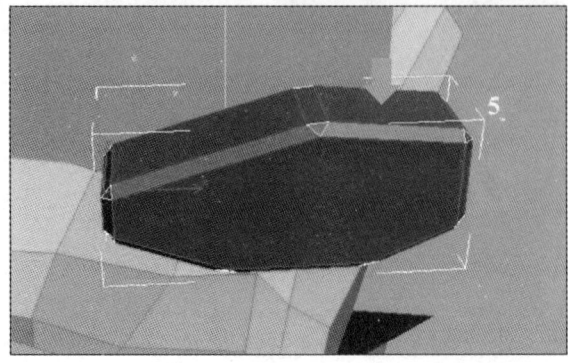

图6-103

将眼睛移动到对应位置,然后镜像另一个。仔细调整好各部分的位置关系。如图6-104所示。

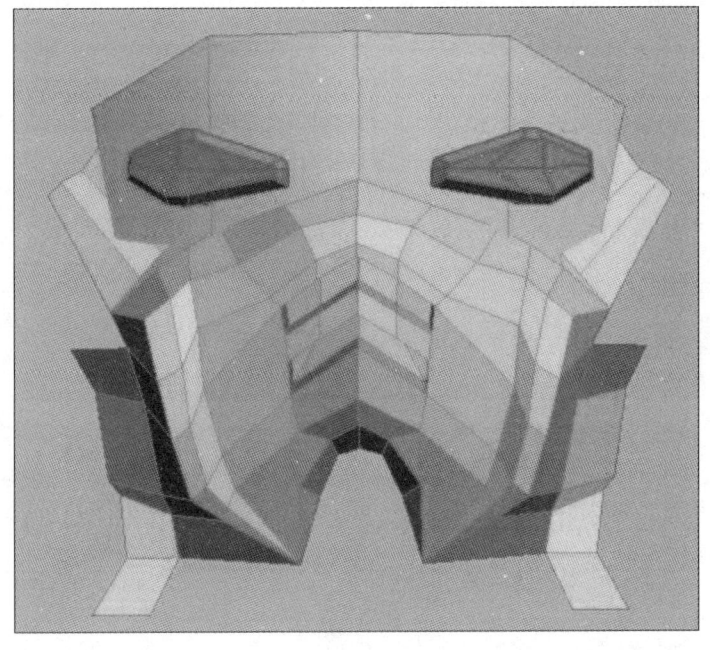

图6-104

由于头部细节部分较多,我们在制作过程中就可以给各部分赋予不同的材质。在Max主工具栏点击材质工具按钮,在弹出的材质编辑器上,将三个材质球漫反射颜色改为我们想要的颜色,然后将材质球拖到物体上。同样颜色的物体可使用同一个材质球。如图6-105所示。

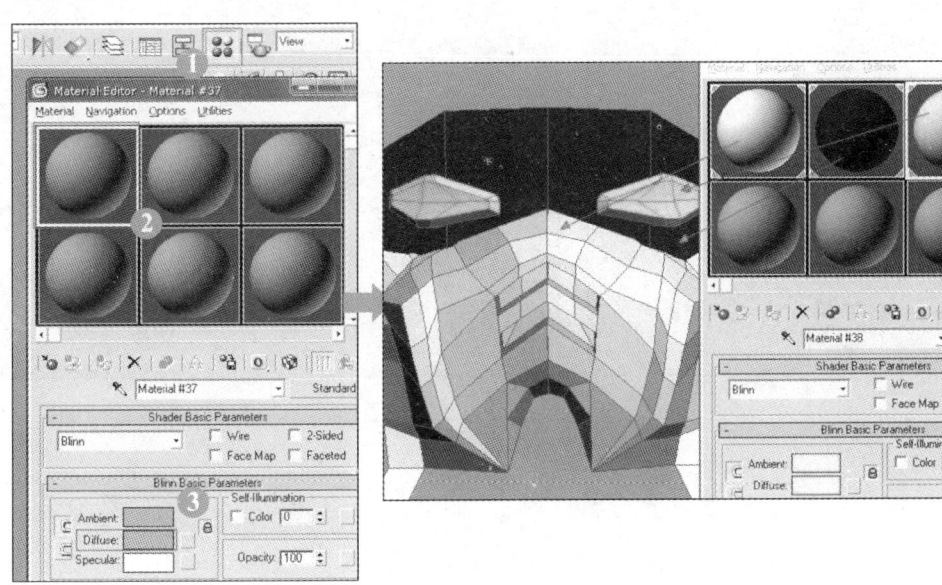

图6-105

高达脸部与眼睛模型基本完成，下面我们开始做头盔部分，和脸部的制作一样，在正视图中创建三维几何形体中的面，在修改面板里将段数修改为1。然后在面上右键转化为Edit poly，进入线级别拉面。在拉面的过程中不断进入点级别修改各点的位置。如图6-106所示。

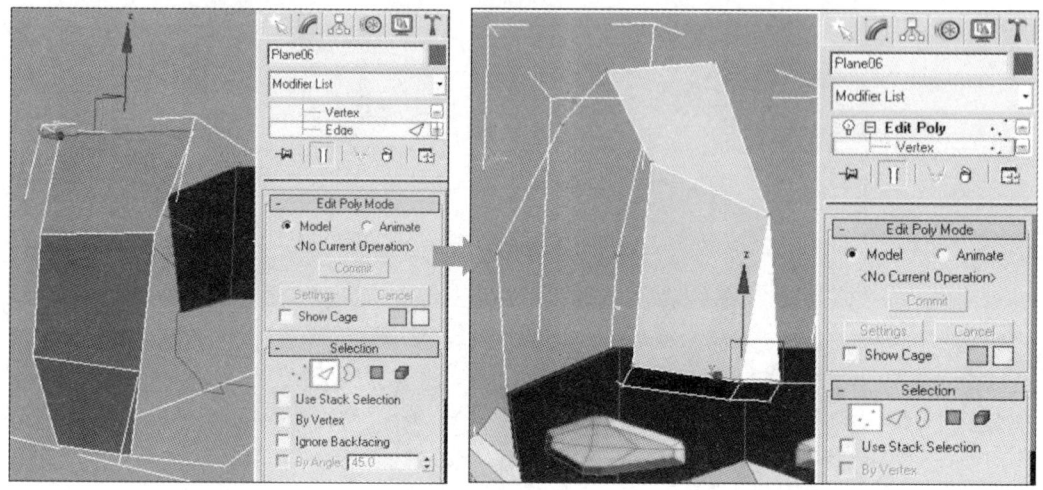

图6-106

可以用缩放工具来放大或缩小头部边界图形，在这里我们将面拉出后，使用缩放工具将边缩小。如图6-107所示。

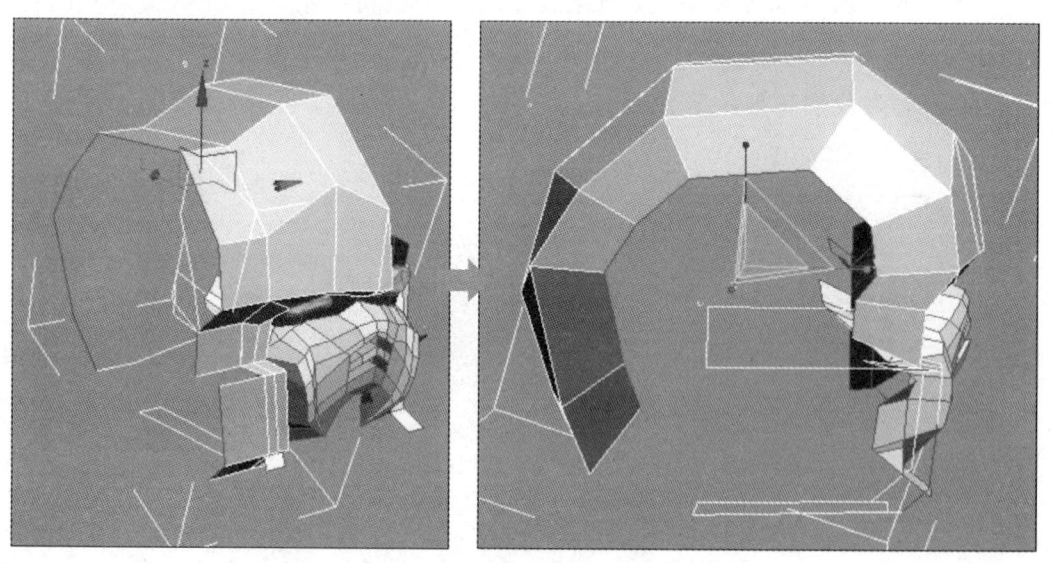

图6-107

最后使用焊接工具将多余的顶点焊上。调整好各点的位置后，用镜像复制出另一边头盔，并将位置调整好。如图6-108所示。

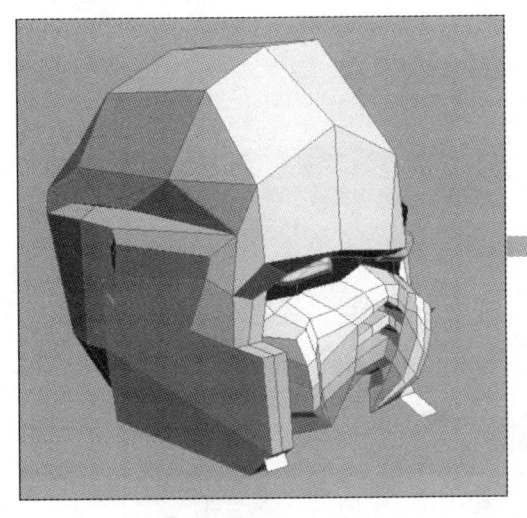
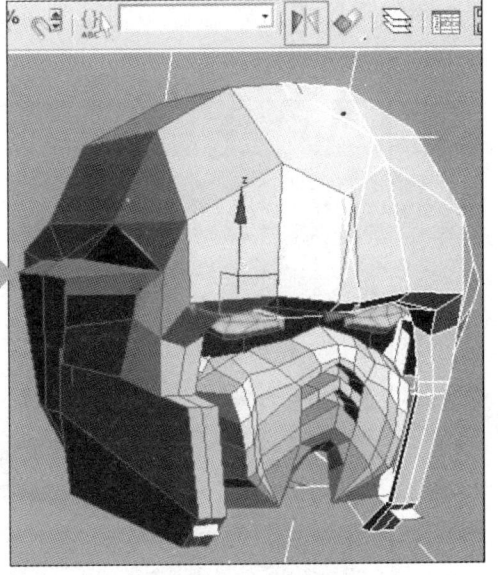

图6-108

下巴的制作和眼睛基本一致。先在左视图上用二维图形Line画出下巴的样子,然后使用修改器Extrude挤出,调整好厚度,然后在下巴上右键转化为Edit Poly,在线级别选择下巴的所有轮廓线,使用Chamfer切角命令,对下巴模型进行倒角。如图6-109所示。

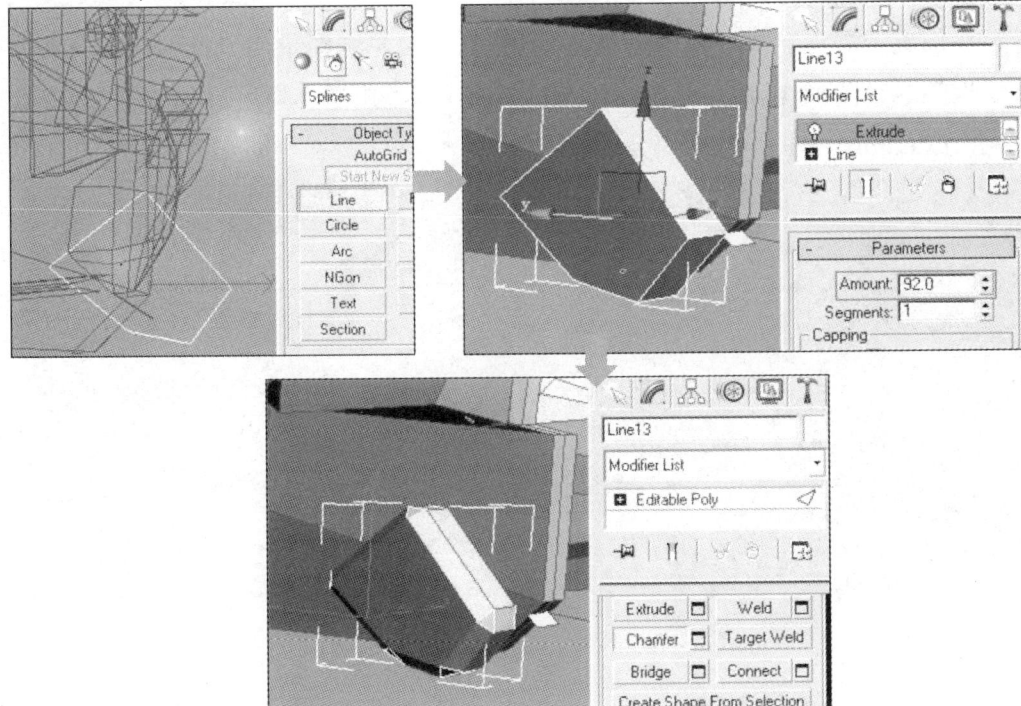

图6-109

调整下巴的形状并移动到脸部准确位置,赋予它一个新材质球,将下巴填充为红色。如图6-110所示。

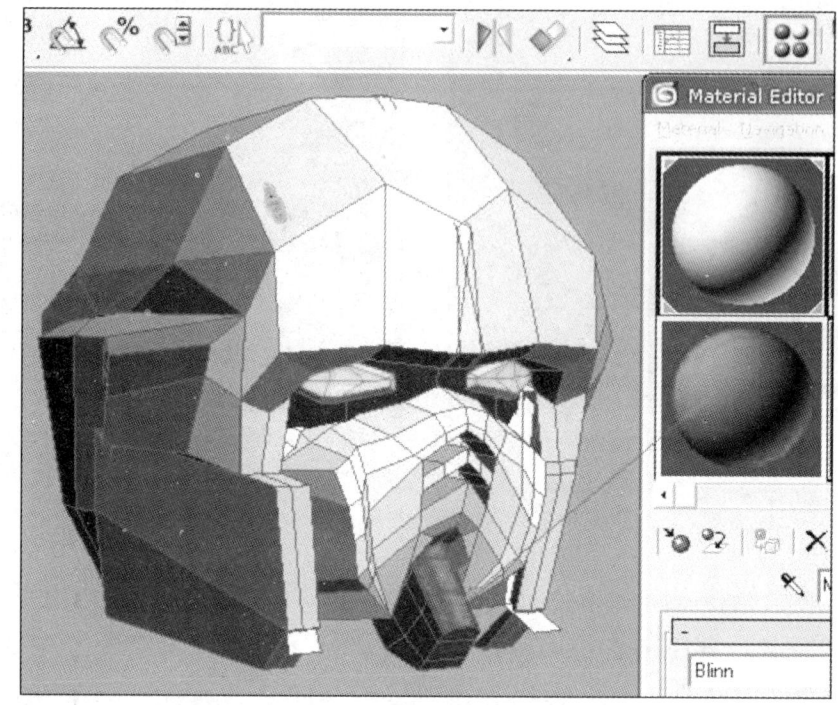

图6-110

头部离子炮与制作下巴的方法基本相同。先在左视图上用二维图形Line画出离子炮的二维图形,然后用修改器Extrude挤出,调整出适当厚度,然后在右键将其转化为Edit Poly。如图6-111所示。

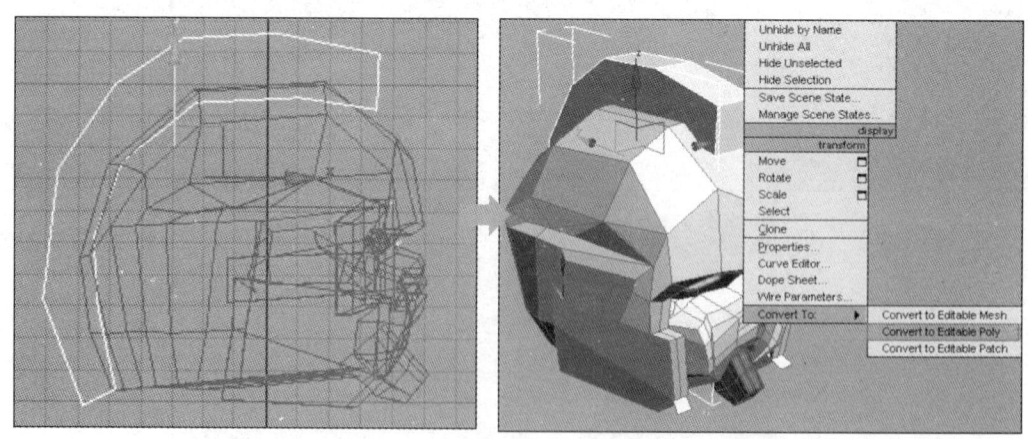

图6-111

在Edit Poly的修改面板中,选择面级别,点选正前方的面。如图6-112所示。

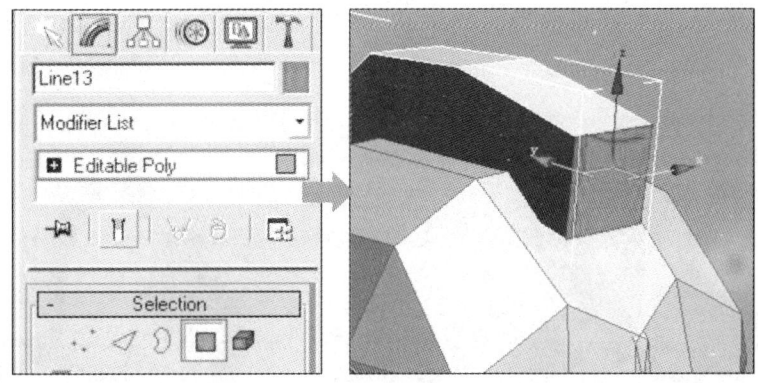

图6-112

点击Inset插入命令,在选中的红色面上拖动,将其缩小,再点击Extrude向内挤出。如图6-113所示。

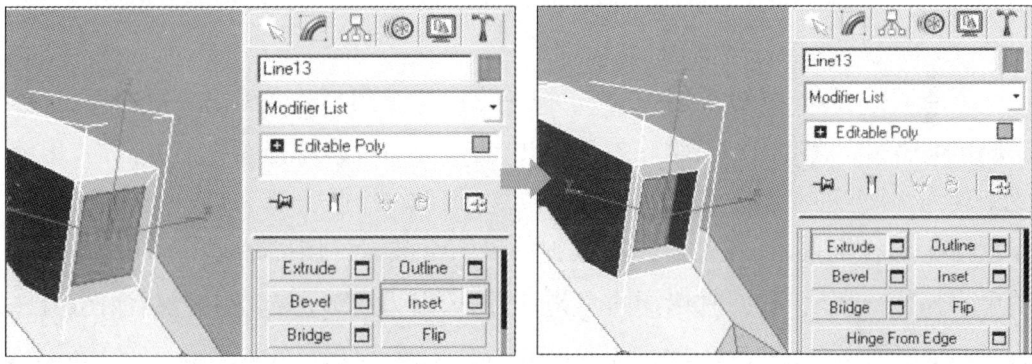

图6-113

调整前额大型,补充模型细节,赋予它黄色材质,对形体轮廓进行倒角设置。如图6-114所示。

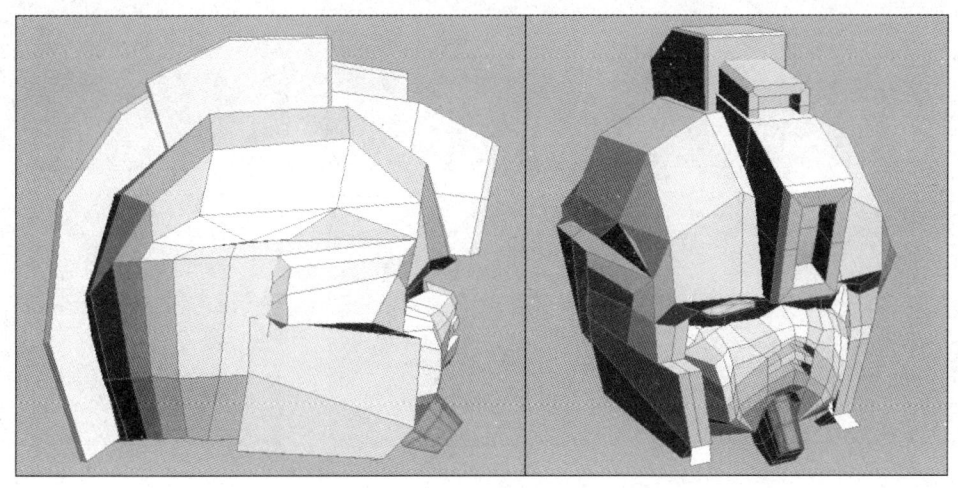

图6-114

建立三维形体Box,调整为适当大小,用材质球加上颜色,移动到离子炮的凹槽内。如图6-115所示。

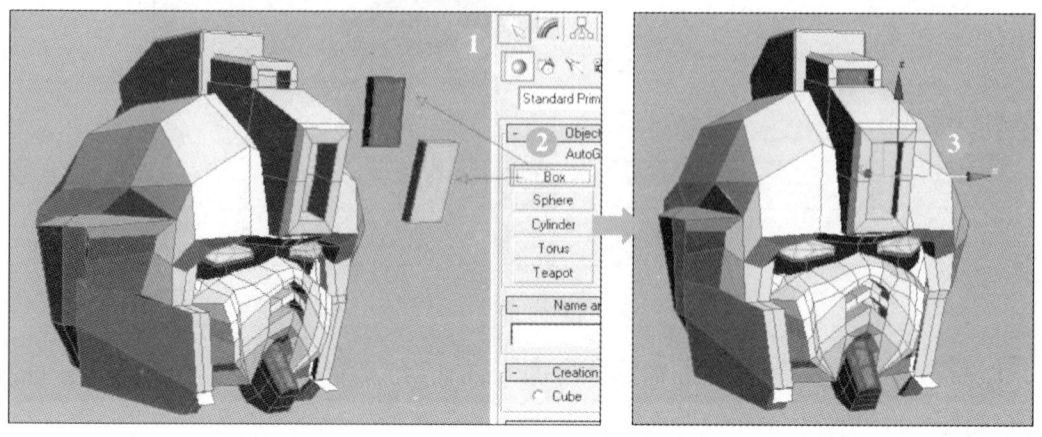

图6-115

下面,我们制作头冠模型。先在正视图上用二维图形Line画出头冠的样子,然后Extrude挤出,点击鼠标右键转换为Edit Poly。在面级别选择新体前方的面,用缩放工具缩小。再进入点级别移动各点的位置。再做一个长方体,就入Edit Poly的线级别给轮廓线倒直角,进入点级别原则一段的全部点使用缩放工具略微缩小,把两个物体摆放在一起。同时选择两个物体,镜像出另一边,安放在头部。如图6-116所示。

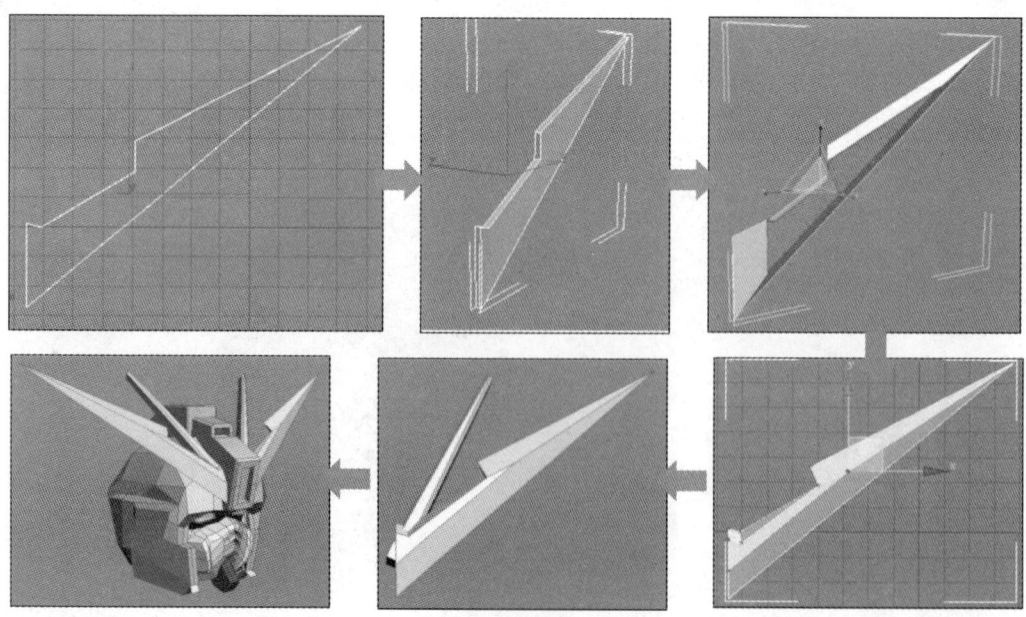

图6-116

接下来，我们来制作耳部。先在正视图上用二维图形Line画出图形，然后用Extrude挤出，再进入Edit Poly对图形进行编辑，里面用到了Chamfer、Inset、Extrude。第六张图中白色形体是一个Box，将段数调整为2，再进入Edit Poly。最后在凹陷处放上一个黑色的Box。如图6-117所示。

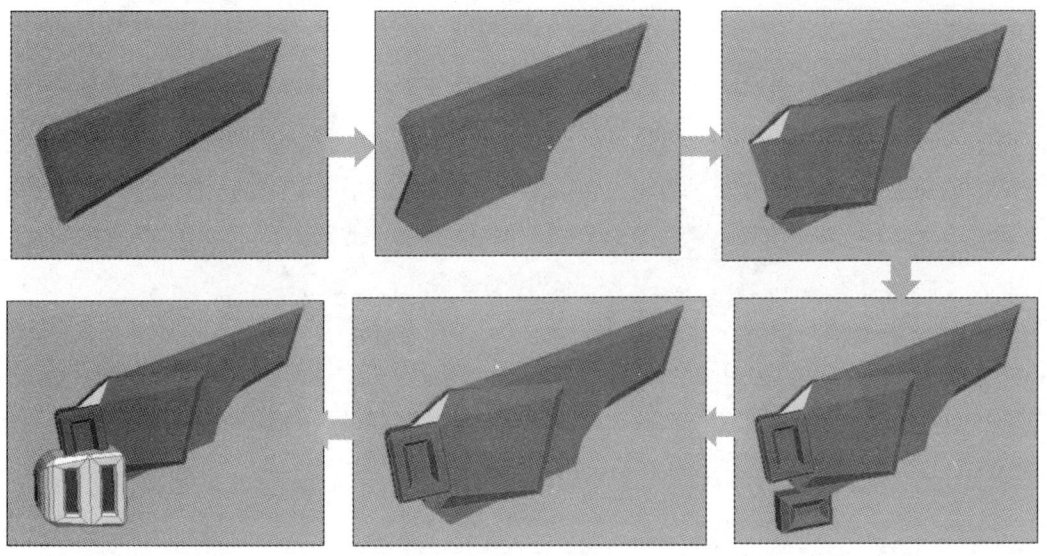

图6-117

将耳部摆放到合适位置，在三维几何形体中创建一个圆柱，在Edit Poly的面级别下，将圆柱顶面Inset然后Extrude，使圆柱中空，然后镜像，安放在头两侧。如图6-118所示。

图6-118

高达模型的头部制作完成了。如图6-119所示。

图6-119

2. 高达身体模型

高达身体大致是由四个部分组成的,制作方法在制作头部的过程中基本都用到过,主要使用Edit Poly来编辑命令完成。由驾驶窗、驾驶窗两侧、胸部和腰部4个部分构成。如图6-120所示。

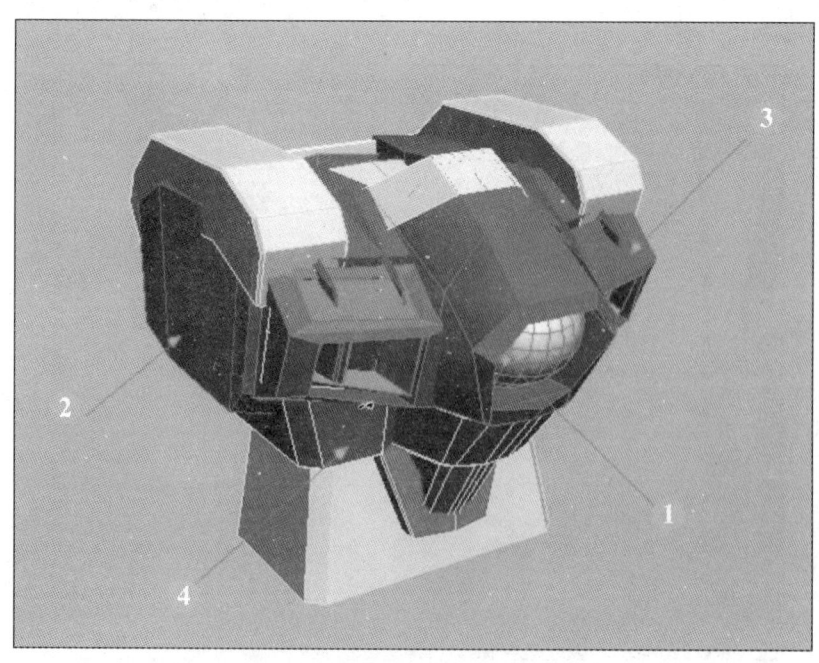

图6-120

我们先从中部的驾驶舱做起。先在左视图创建Box长方体，调整长、宽、高段数并对其进行旋转。然后鼠标右键转换为Edit Poly，在点级别对模型进行编辑。大型完成后，进入面级别将前端的面Inset，然后Extrude向内挤出。最后对胸部顶点进行编辑。如图6-121所示。

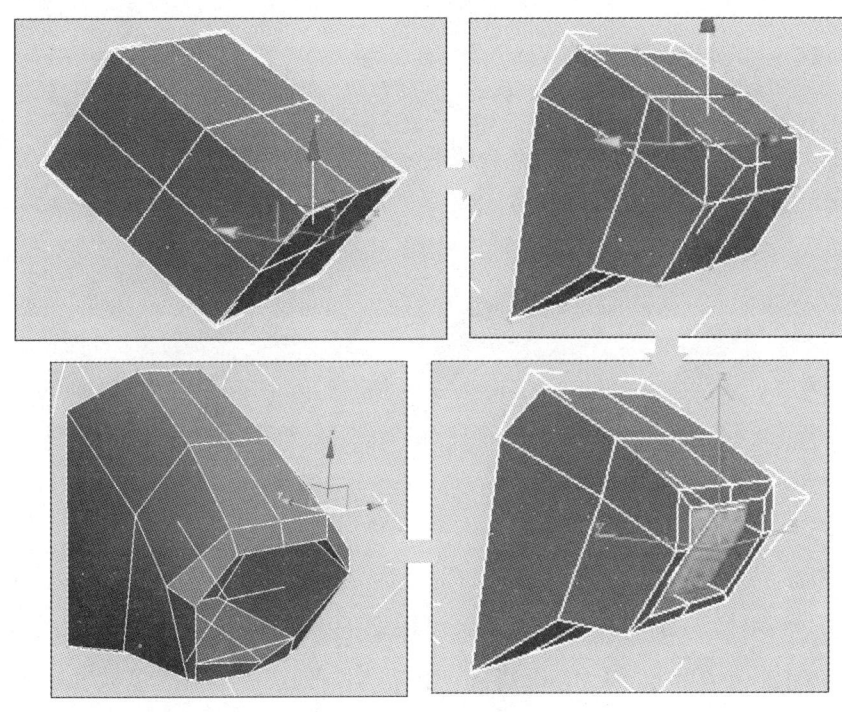

图6-121

按照同样方法做出下半部分。在三维几何形体中建立一个球体，放在凹槽中，用材质球给模型上色。如图6-122所示。

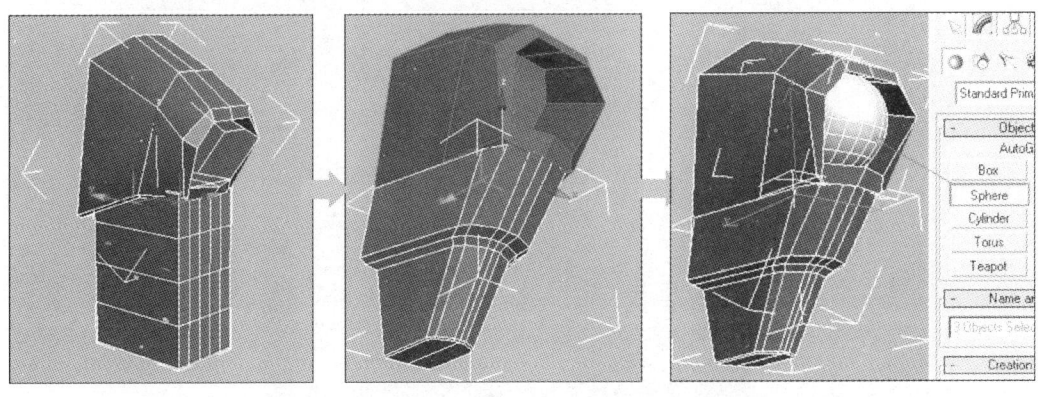

图6-122

接下来，我们制作胸部。在Edit Poly的点级别里对Box顶点进行编辑。在两胸之间和背部加入Box，使其连接为整体。如图6-123所示。

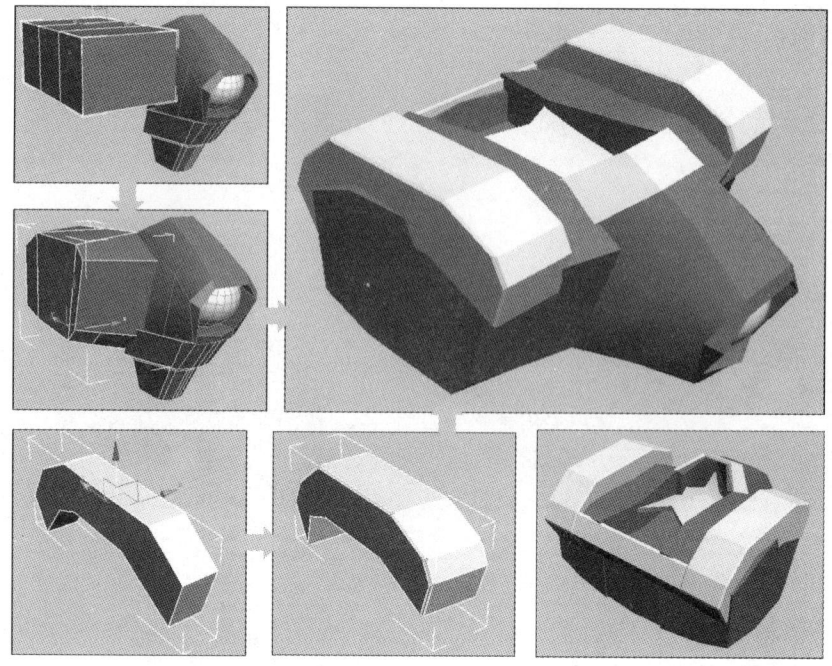

图6-123

创建Box物体，右键转换为Edit Poly可编辑的多边形，在Edit Poly中改变顶点位置，再进入面级别用Inset和Extrude将面向内挤出，在挤出的凹槽里放置Box，再做一个较小的Box，放置在胸部和进气口之间的间隔中。如图6-124所示。

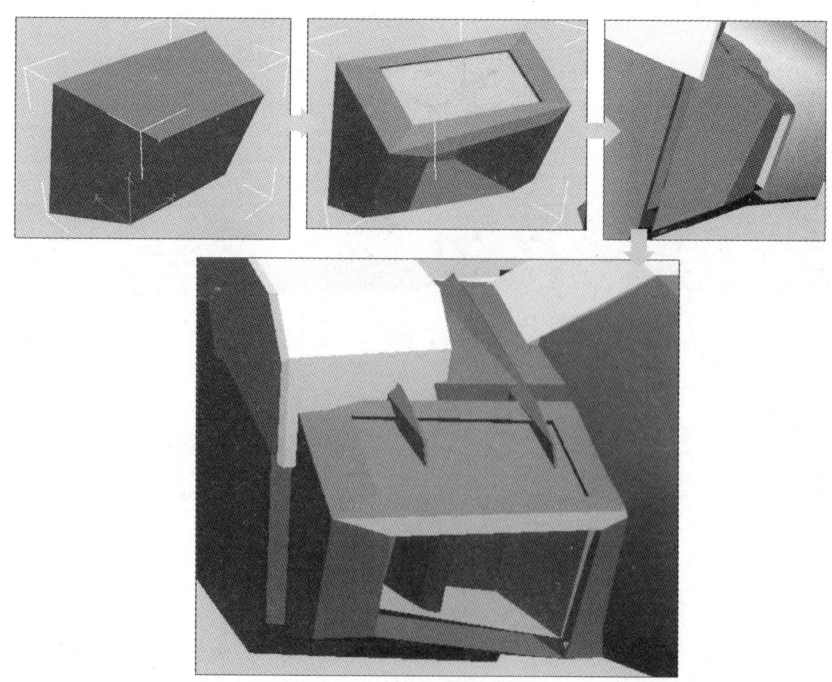

图6-124

下面，我们来完成腰部模型，创建Box，调整长方体的段数，进入Edit Poly点级别进行编辑，完成后对其进行左右镜像复制。如图6-125所示。

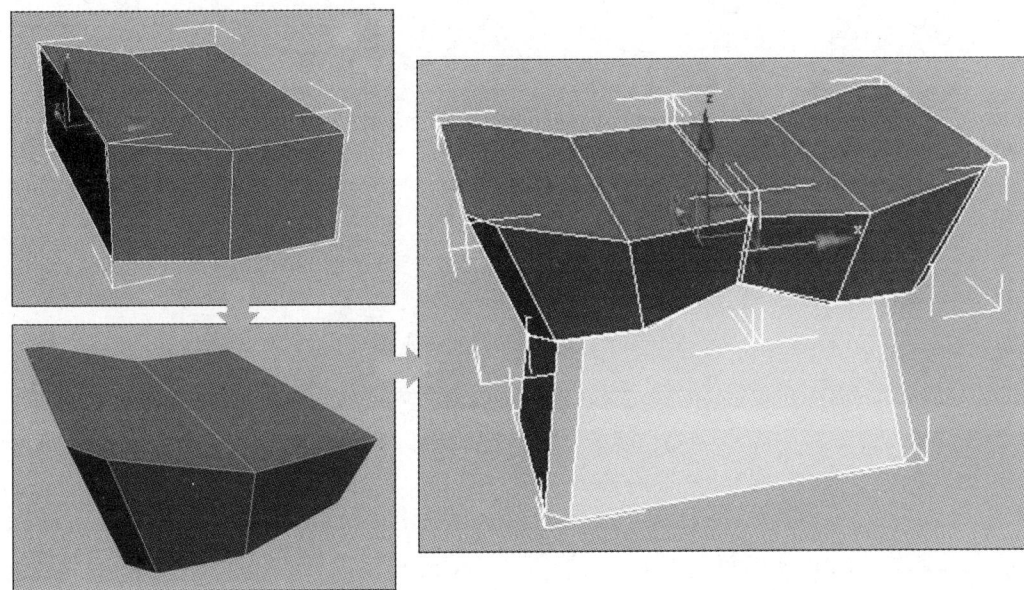

图6-125

将各部件组合起来，在红色形体正中间做一个Box，编辑为梯形，高达的身子就做好了。如图6-126所示。

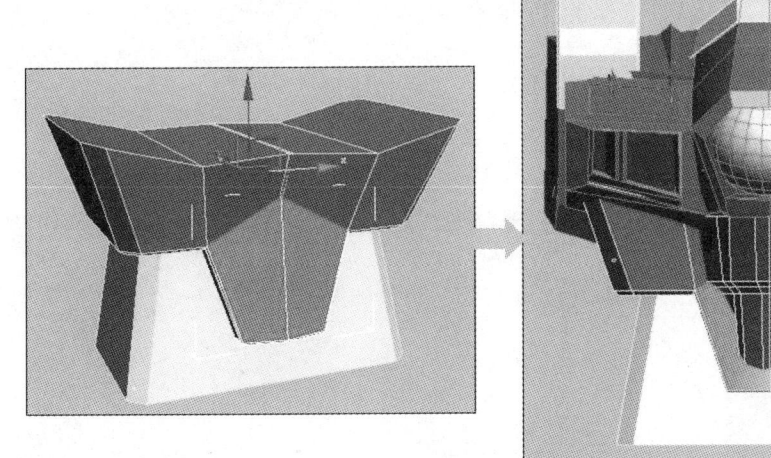

图6-126

3. 高达背部推进器、肩部、胯部模型

如图6-127所示，背部推进器中，肩部、胯部都是紧挨身体的部分，所以要用身体作为参照，以使各部分比例恰当。

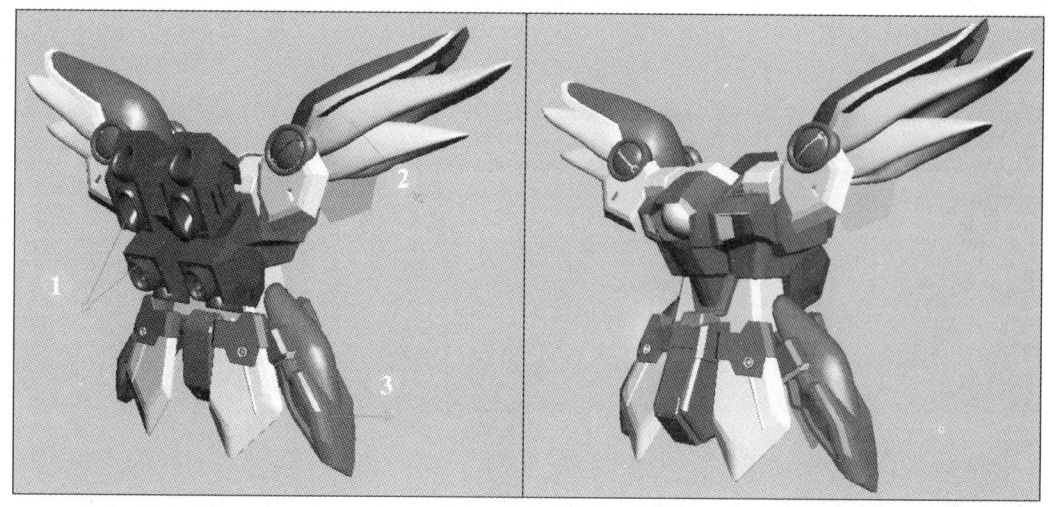

图6-127

首先我们完成推进器模型，在身体背部的中间建立一个Box，然后在左视图上用二维形体Line画出推进器的轮廓，然后Extrude挤出，调整好厚度。再进入Edit Poly，选择外侧的两个面Inset缩小并向内Extrude挤出。然后选择侧面的面直接Extrude挤出，然后用缩放工具将面缩小。如图6-128所示。

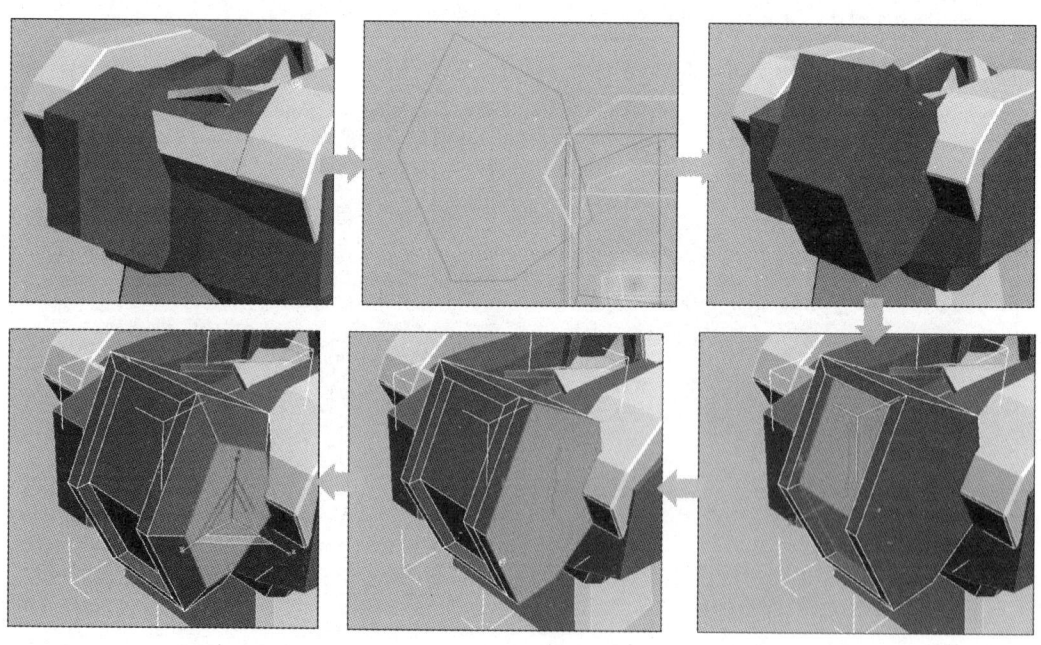

图6-128

使用编辑多边形的Inset插入和Extrude挤出命令对模型进一步完善，并对模型赋予新的黑色材质。如图6-129所示。

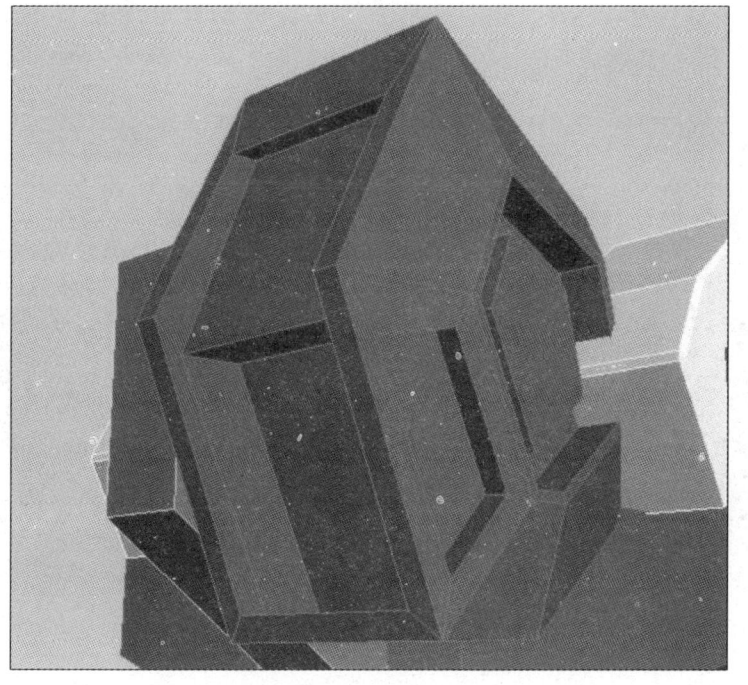

图6-129

　　喷气口是由一个Box做成的,在Edit Poly中将一个面Inset缩小并向内Extrude挤出,然后在修改器面板中选择修改器MeshSmooth网格平滑,将网格平滑的重复次数改为2次。然后再添加一个修改器FFD2×2×2变形修改命令,在控制点级别中调整各端点物体外形。如图6-130所示。

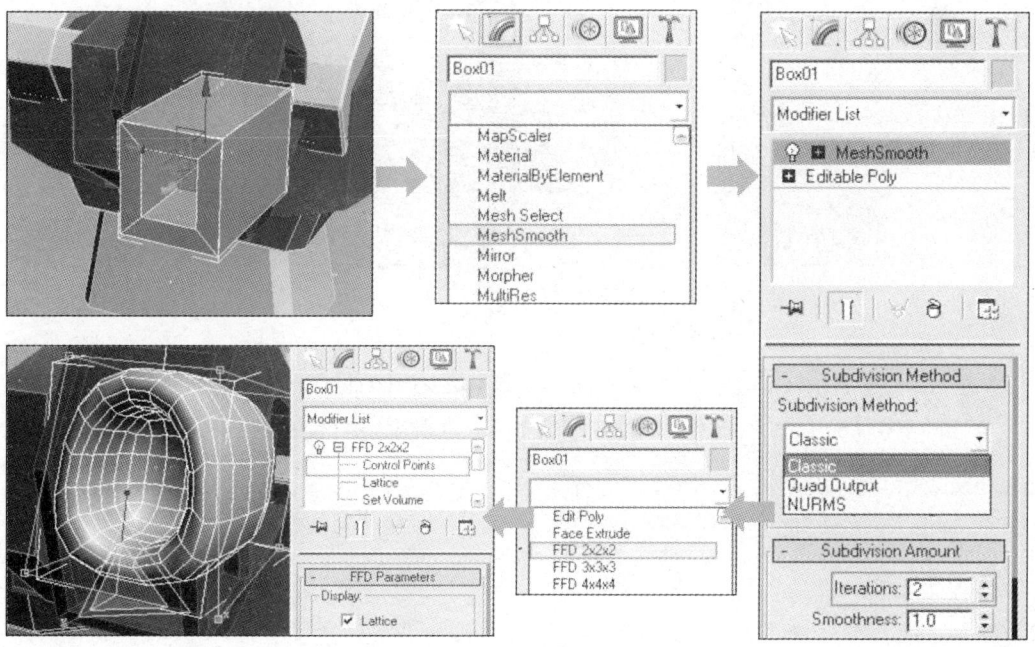

图6-130

将黑色材质球赋予喷气口物体,并将其复制安装在推进器上。根据前面步骤将下方的两个推进器做完。如图6-131所示。

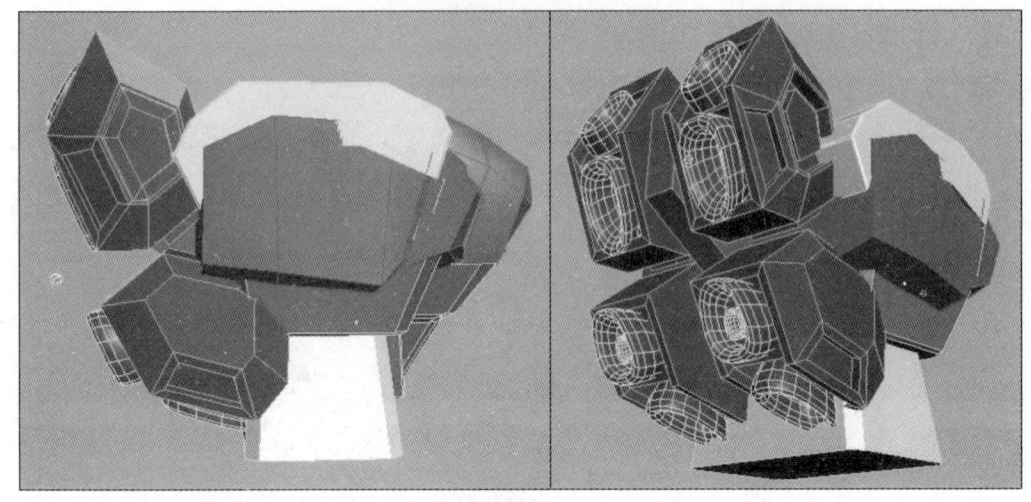

图6-131

下面我们来完成肩部模型。首先,我们先制作连接身体和肩部的圆轴。在身体一侧建立一个三维圆柱几何形体,将其转换为可编辑的多边形,在Edit Poly的面级别,使用Bevel倒角挤出命令对其进行挤出,完成后镜像复制给另一侧。如图6-132所示。

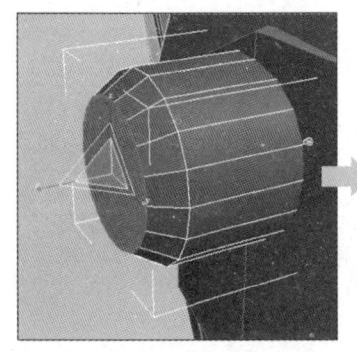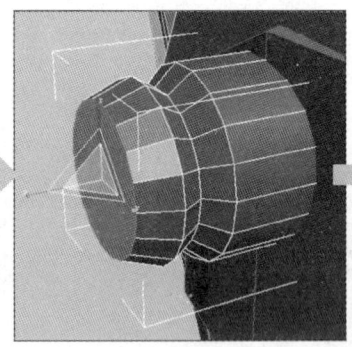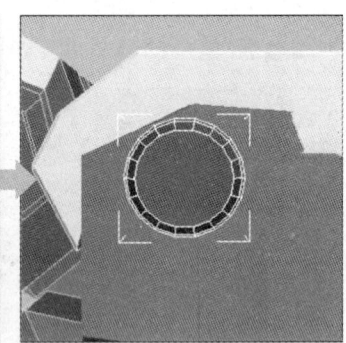

图6-132

建立一个Box,将段数调为相应段数,进入Edit Poly点级别移动各点位置,侧面的点最好在左视图中编辑,编辑出肩部翅膀的大型,然后使用修改器MeshSmooth将其圆滑。如图6-133所示。

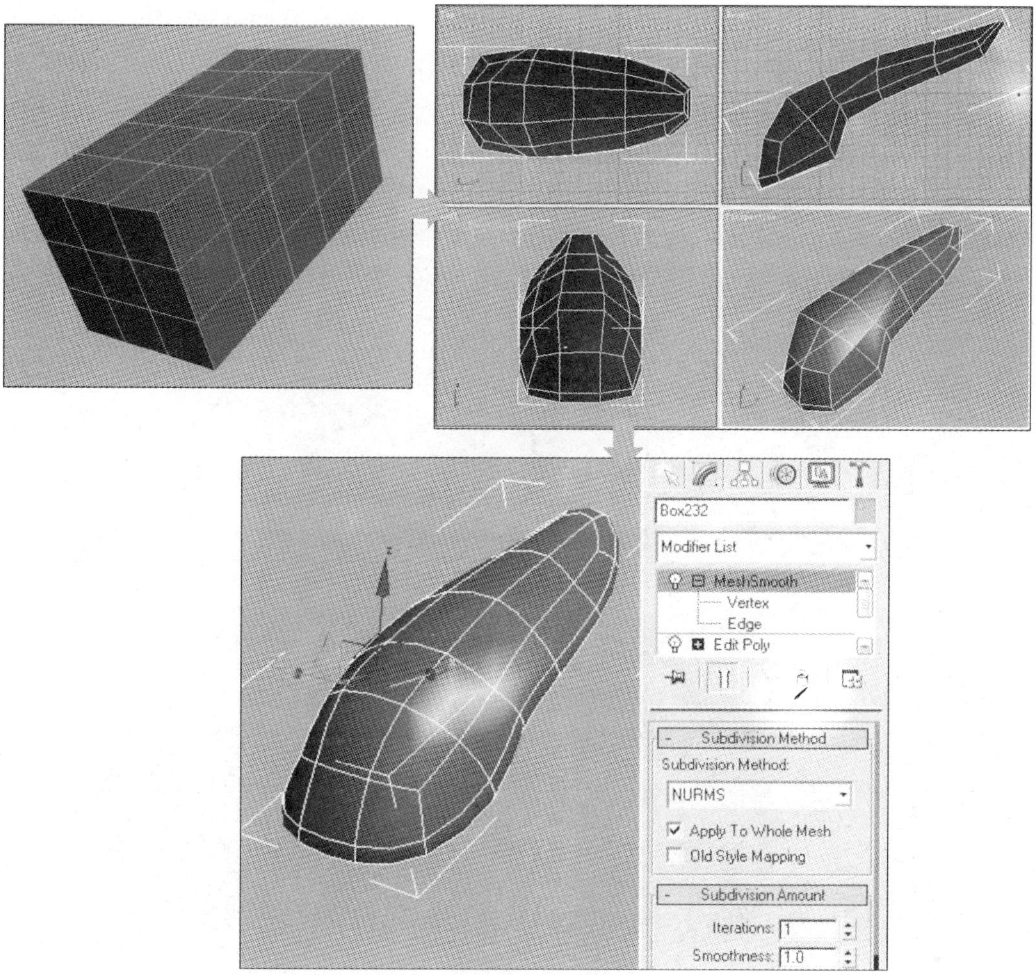

图6-133

使用同样的方法，创建肩部其他造型。如图6-134所示。

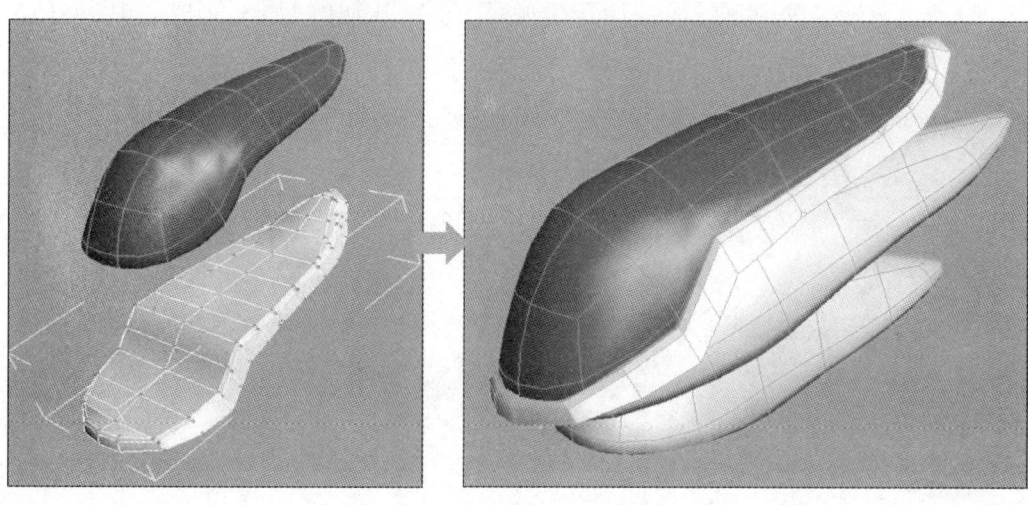

图6-134

使用二维曲线Line画出肩部装甲的轮廓后挤出，进入Edit Poly编辑。再建立一个三维图形圆环Torus。对圆环段数外形进行调整，完成后将一个球体嵌在刚才做的Torus圆环里，将网格匀称的面旋转到正前方，再用缩放工具将球体压扁一些，进入Edit Poly选择相应的面向内挤出。如图6-135所示。

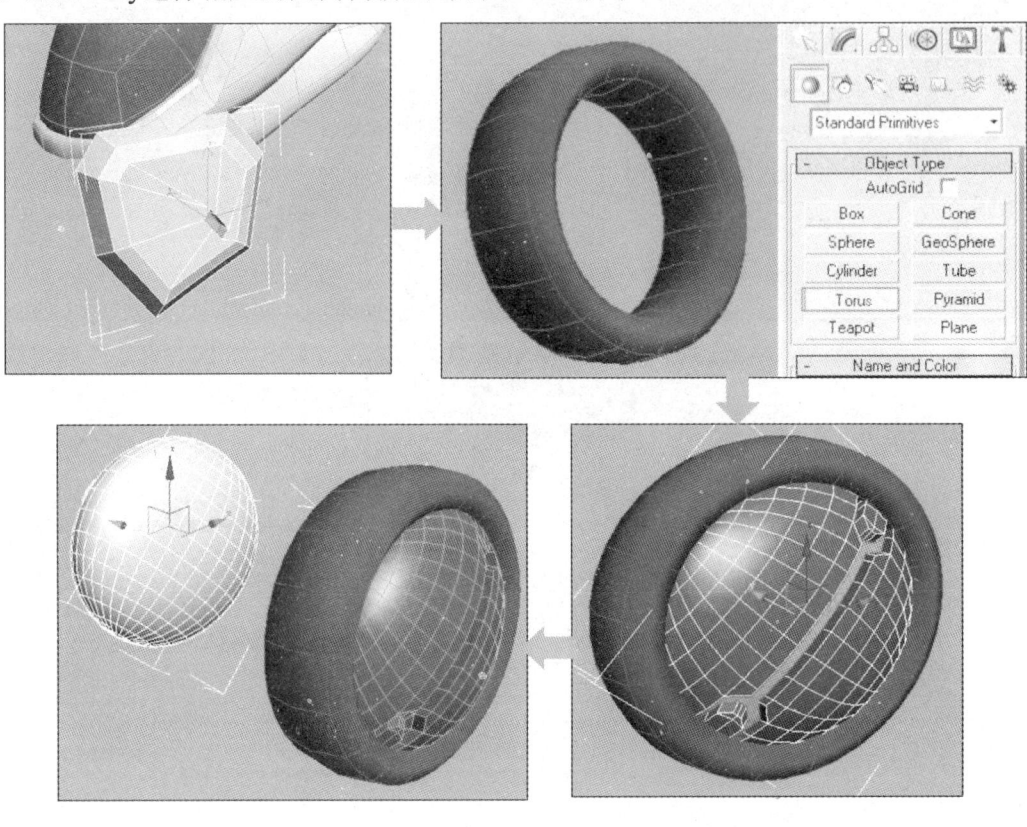

图6-135

将各部件移动到准确位置，用镜像复制，做出其他的。肩部完成。如图6-136所示。

图6-136

接下来,完成胯部模型。首先我们用二维曲线Line工具画出胯部中间的轮廓,然后Extrude挤出。在Edit Poly的线级别中,给整个物体边线Chamfer倒直角,在面级别中选择下端的几个面先Inset缩小,然后Extrude挤出。然后完成其他部件,将它们组合完成。如图6-137所示。

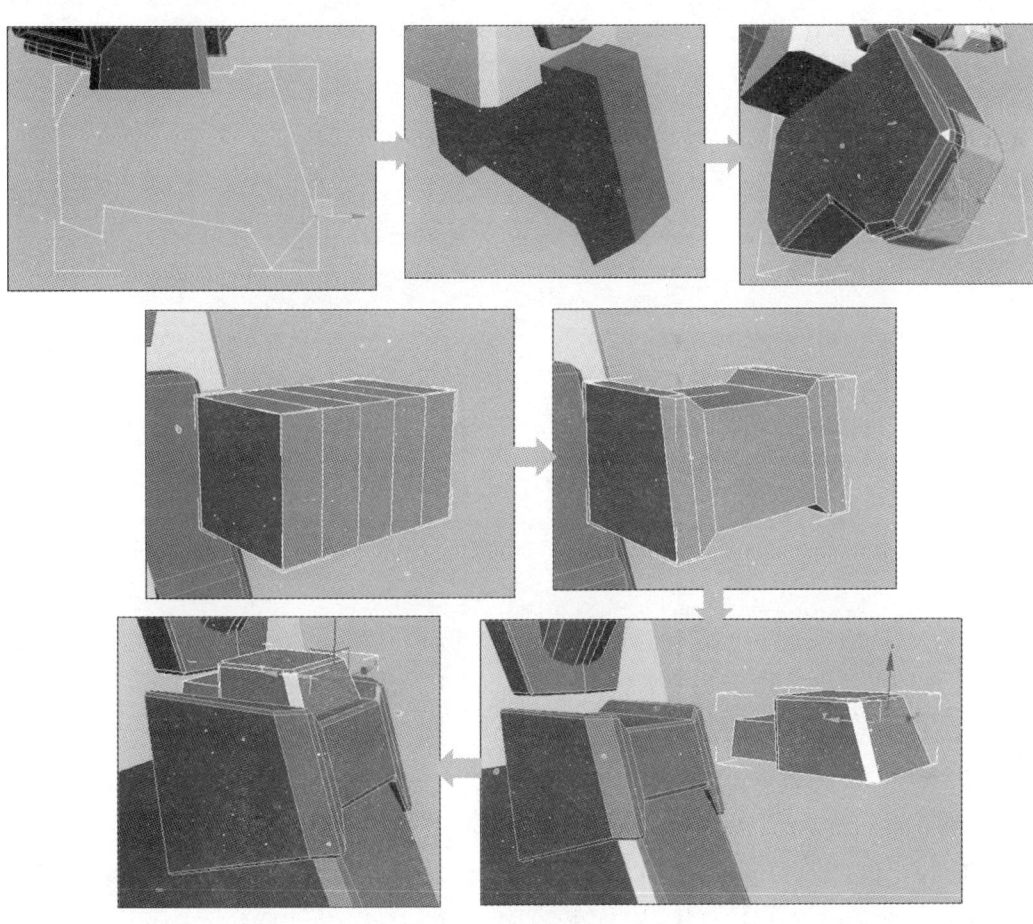

图6-137

制作装甲板。首先用二维曲线工具Line画出装甲板的轮廓,然后Extrude挤出,再进入Edit Poly面级别,将正面Extrude挤出,然后用缩放工具将面缩小。再选择左下边两个角的折线,使用Chamfer工具倒直角,这里要多倒几次,尽量匀称一些,这两个角就成了圆角。如图6-138所示。

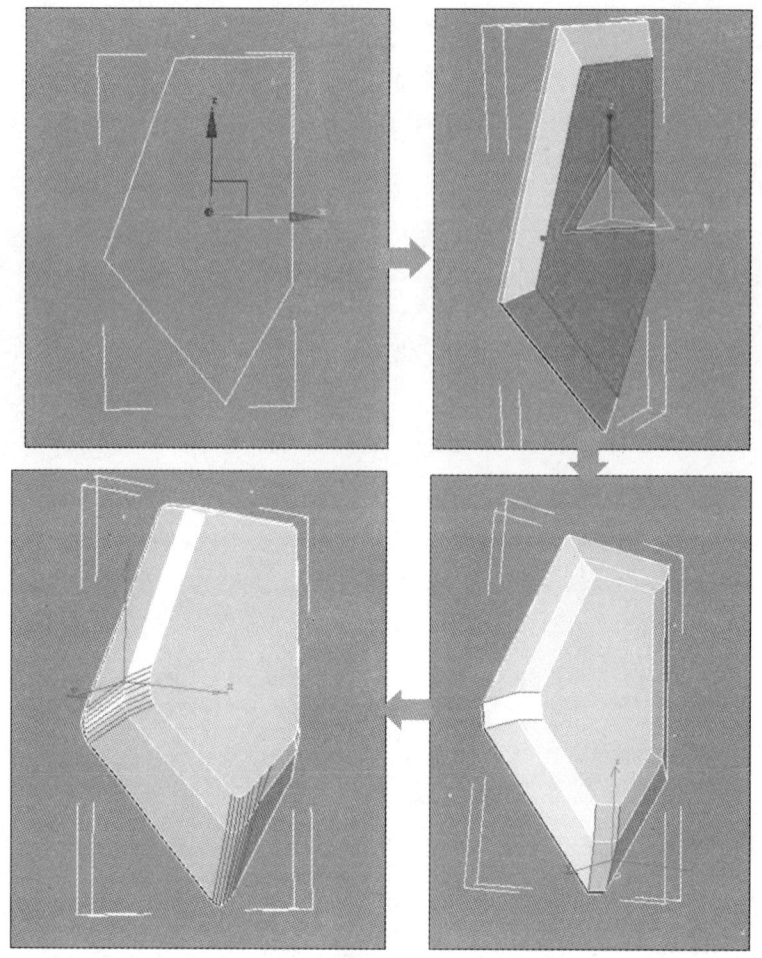

图6-138

在装甲板上做一个圆柱体,进入Edit Poly点级别,将圆柱一头用缩放工具放大一点。然后用Line画出上面装甲的轮廓,用Extrude挤出,再进入Edit Poly中编辑。如图6-139所示。

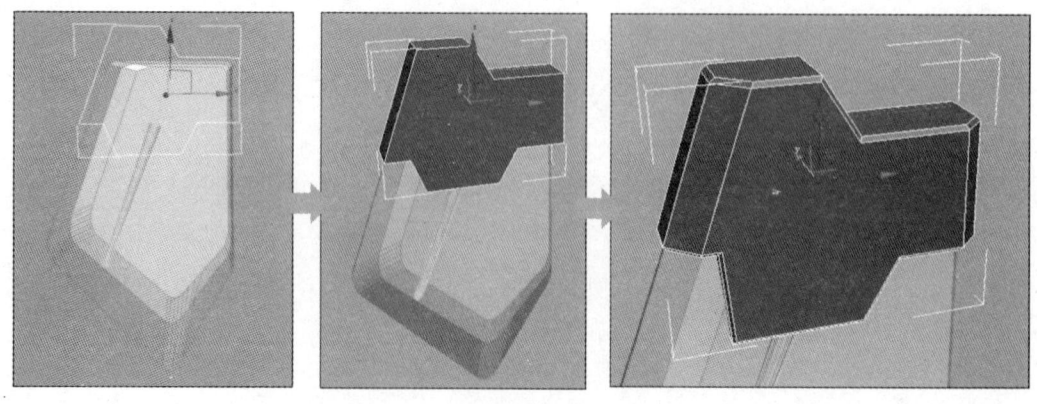

图6-139

在装甲板上建立一个圆柱,使用Edit Poly将正面Inset向内挤出,然后再向外挤出。建立一个黑色圆柱。放在装饰物的后面,完成后将装甲板镜像复制,安装到正确位置。如图6-140所示。

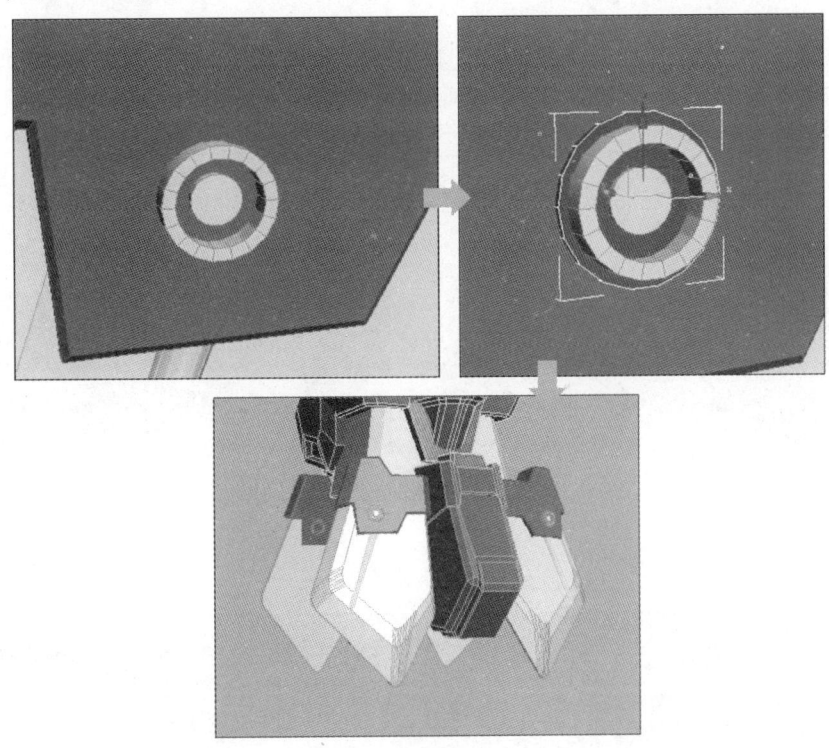

图6-140

使用Line画出侧面的装甲板,然后Extrude挤出,增加适当的段数,进入Edit Poly,对它的外形进行编辑。将前面做好的护肩物体复制下来,摆放到合适位置。如图6-141所示。

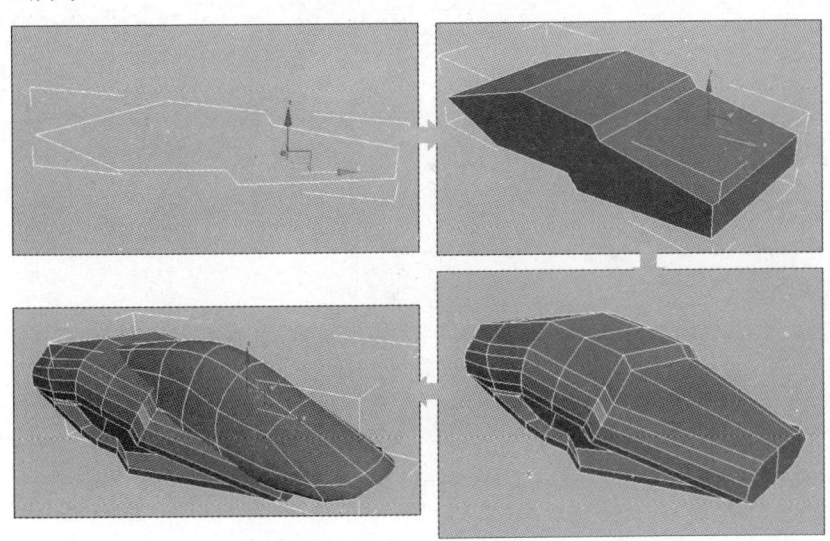

图6-141

建立一个Box，在Edit Poly中给所有边倒直角，在原地复制一个，用缩放工具缩小，并调成白色，适当露出一些，将侧面装甲板组装上去。如图6-142所示。

图6-142

高达模型的身体盔甲部分基本完成。如图6-143所示。

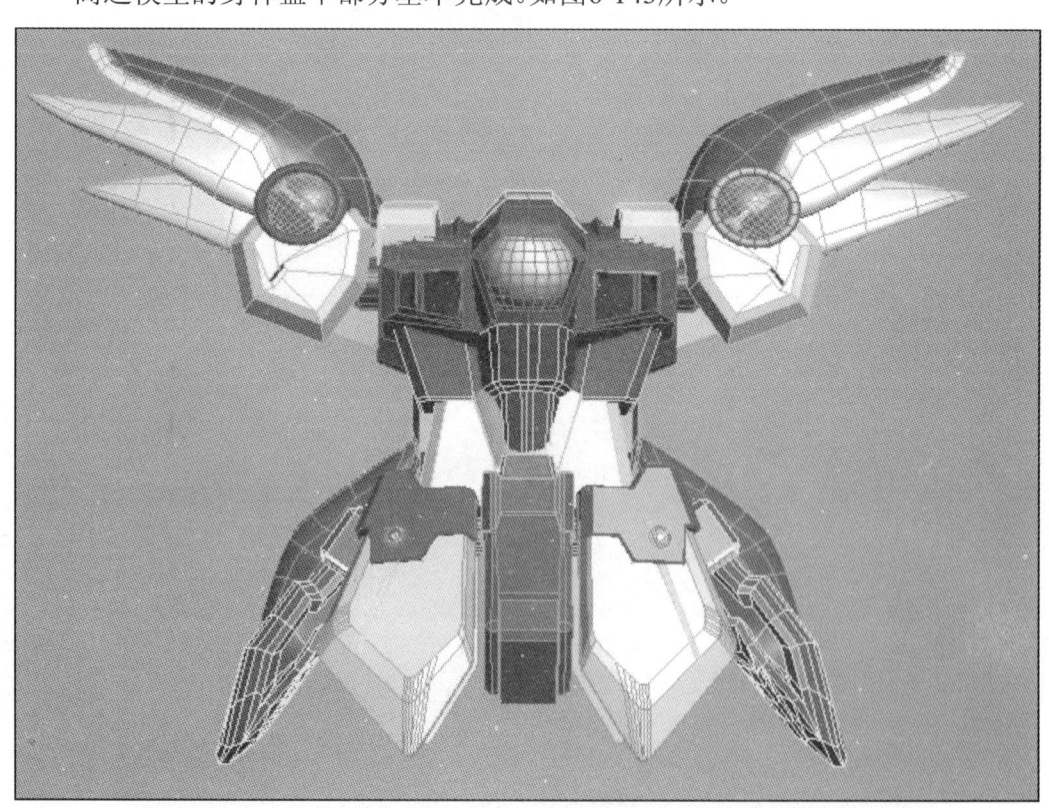

图6-143

4. 高达四肢模型

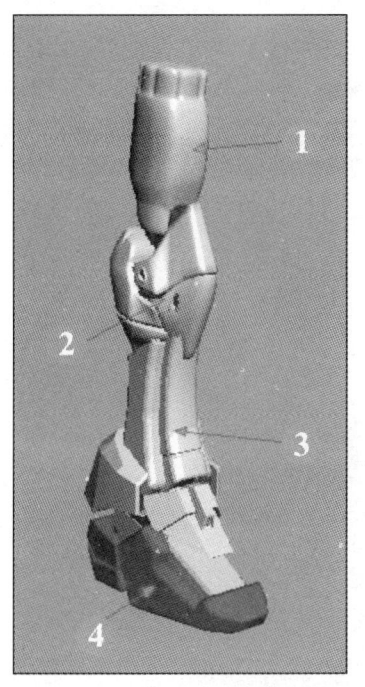

图6-144

首先制作大腿。先建立一个Box并增加段数。在Edit Poly中进行编辑。为防止使用网格圆滑时物体变形过大,我们在线级别中,把所有线倒直角。然后加入修改器MeshSmooth。如图6-145所示。

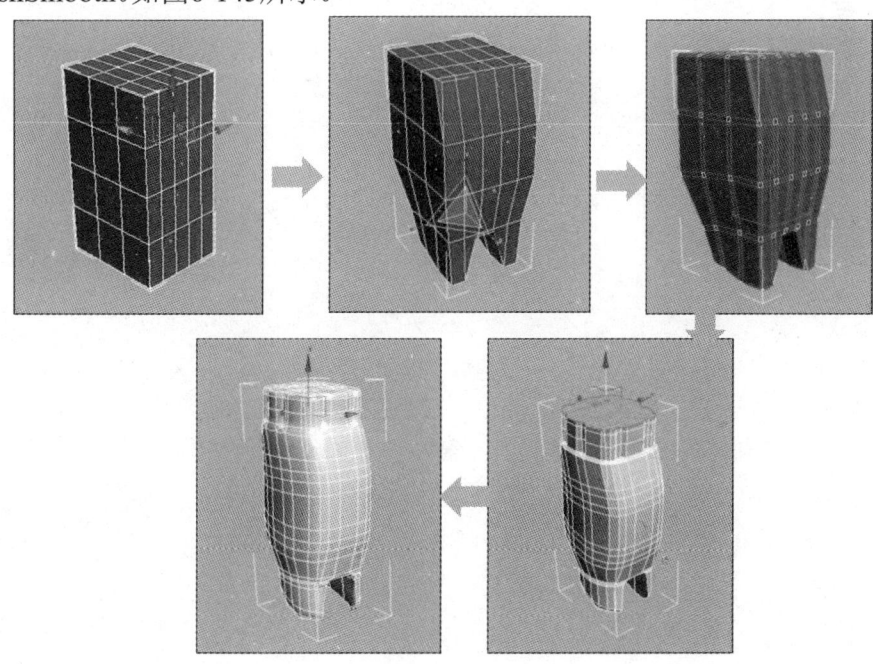

图6-145

建立一个Box,在Edit Poly中把四个直角边倒直角,然后从两面同时挤出。如图6-146所示。

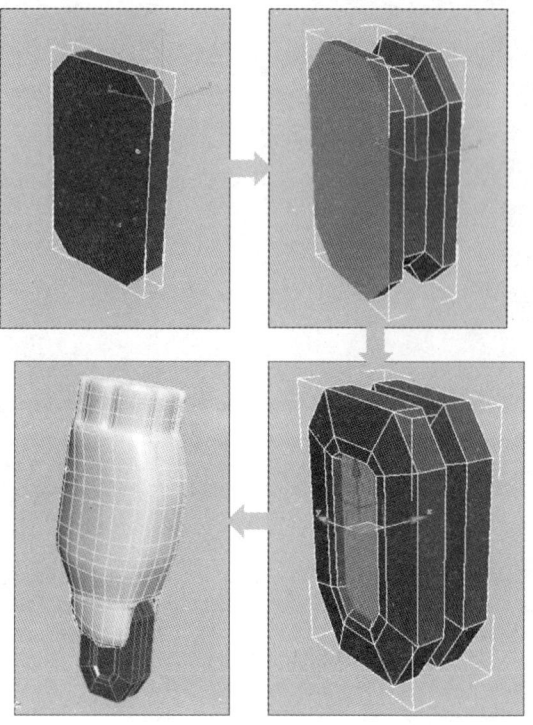

图6-146

膝盖的制作和大腿差不多,都是完成基本形体之后,在Edit Poly中对形体进行编辑,然后MeshSmooth。将膝盖各部分全部制作好了以后,将它们组装起来,在各部分的结合处加入黑色的Box。如图6-147所示。

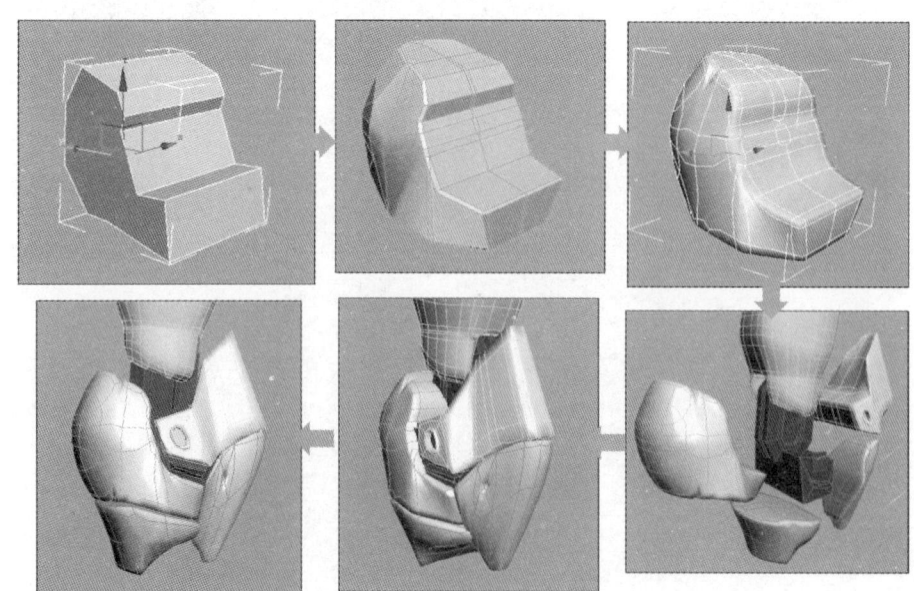

图6-147

小腿的做法比较简单，先建立Box，用修改器Bend将其弯曲。再进入Edit Poly，将底面向内挤出，最后用FFD2×2×2将Box下端放大。如图6-148所示。

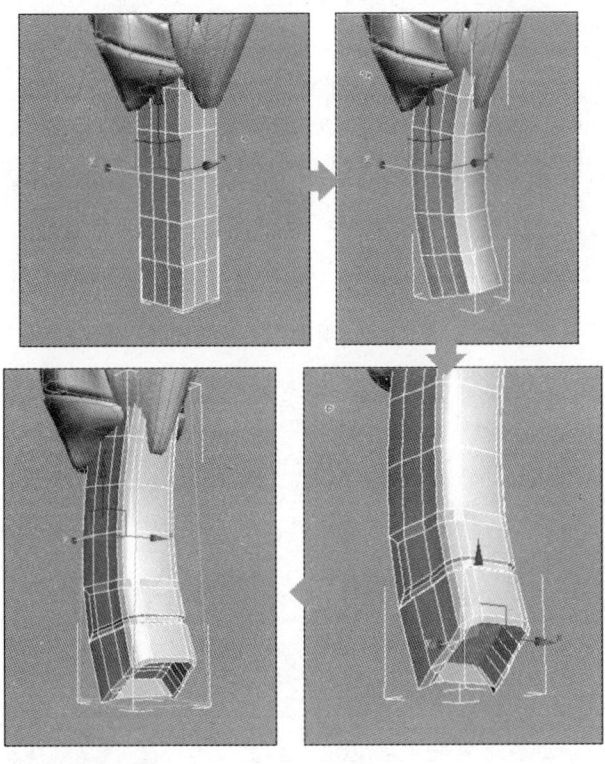

图6-148

根据之前的方法，将小腿做完。如图6-149所示。

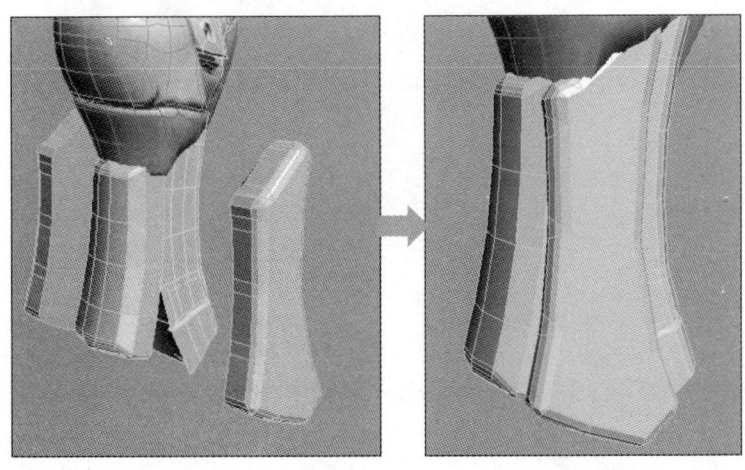

图6-149

脚踝，也是用一个挤出的基本形体经过Edit Poly编辑而成的，并在前端的凹槽里放入黑色Box。如图6-150所示。

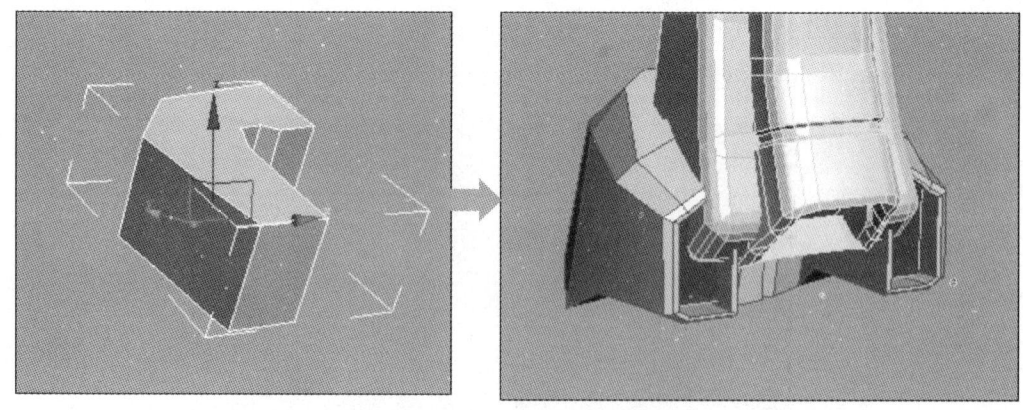

图6-150

将几个部件做好,然后组合,脚部也完成了。如图6-151所示。

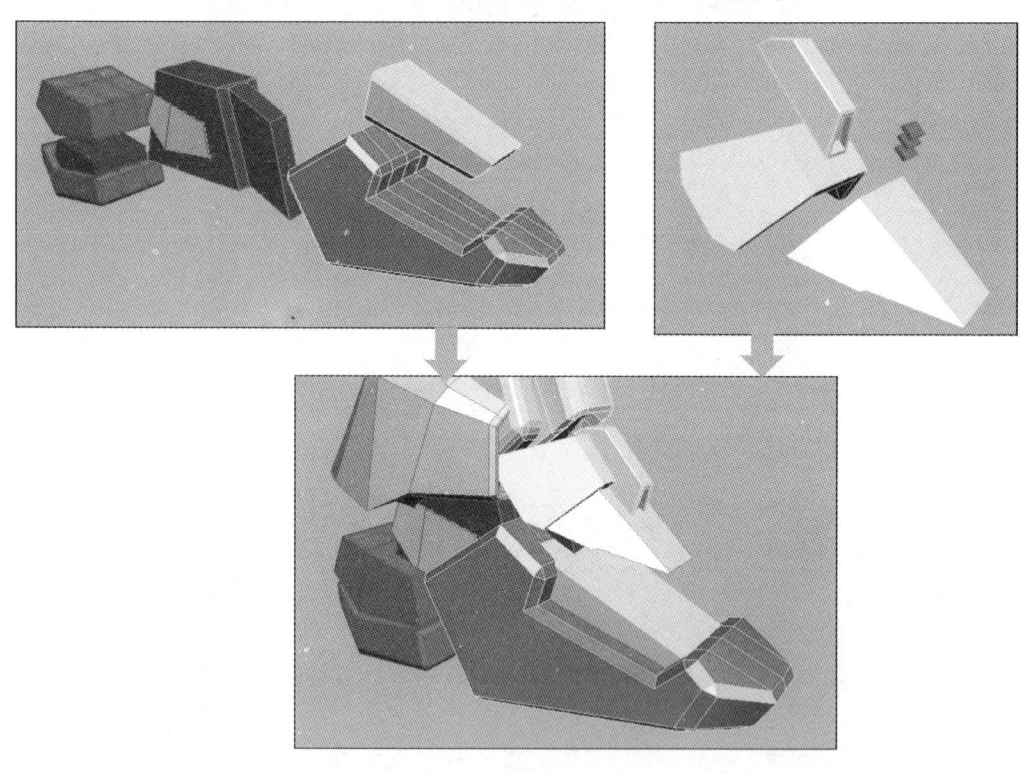

图6-151

手臂的制作方法:有了前面的制作经验,手臂的制作就非常简单了。做手的时候先建立一个Box,调整相应的段数。然后在Edit Poly的面级别中把Inset后面的参数点开,在弹出的对话框中勾选By Polygon,点击确定,对Box的前四个面Inset,用Extrude挤出。旋转工具旋转选定面,然后继续挤出。如图6-152所示。

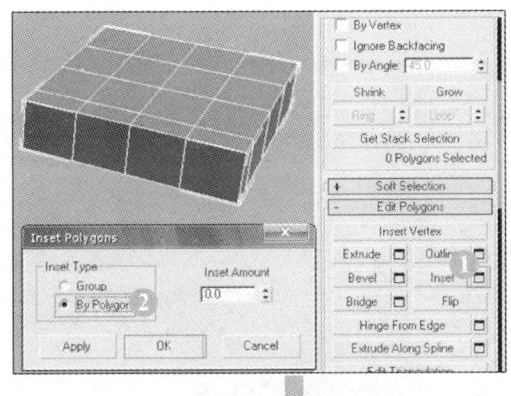

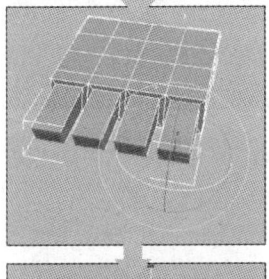
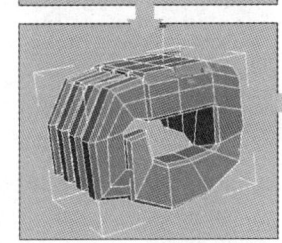
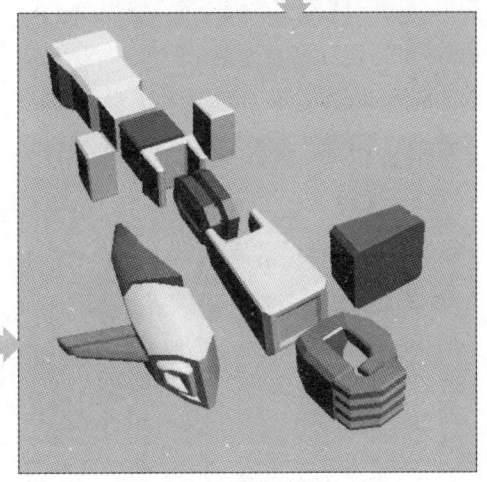

图6-152

5. 高达步枪、翅膀模型

高达步枪、翅膀模型和前面完成的模型创建方法基本相同，都是先使用基本形体或二维曲线工具完成基础三维模型，然后通过Edit Poly编辑多边形修改而成。如图6-153所示。

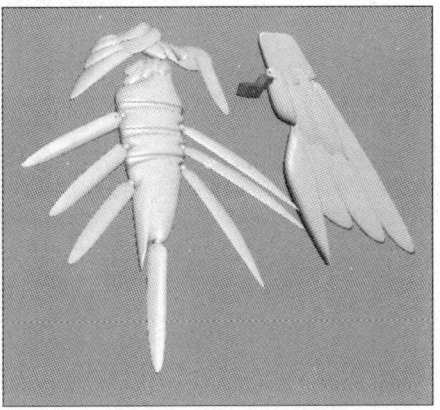

图6-153

步枪没有什么难度，都是由简单的形体组成的。如图6-154所示。

图6-154

翅膀看上去很难，做起来其实很容易，先建立一个球体，用缩放工具压扁，再进入FFD3×3×3的点级别编辑，在顶视图编辑周围点能够改变形状，上下移动中间的点能增加弧度。在Edit Poly中挤出一个小的方块。如图6-155所示。

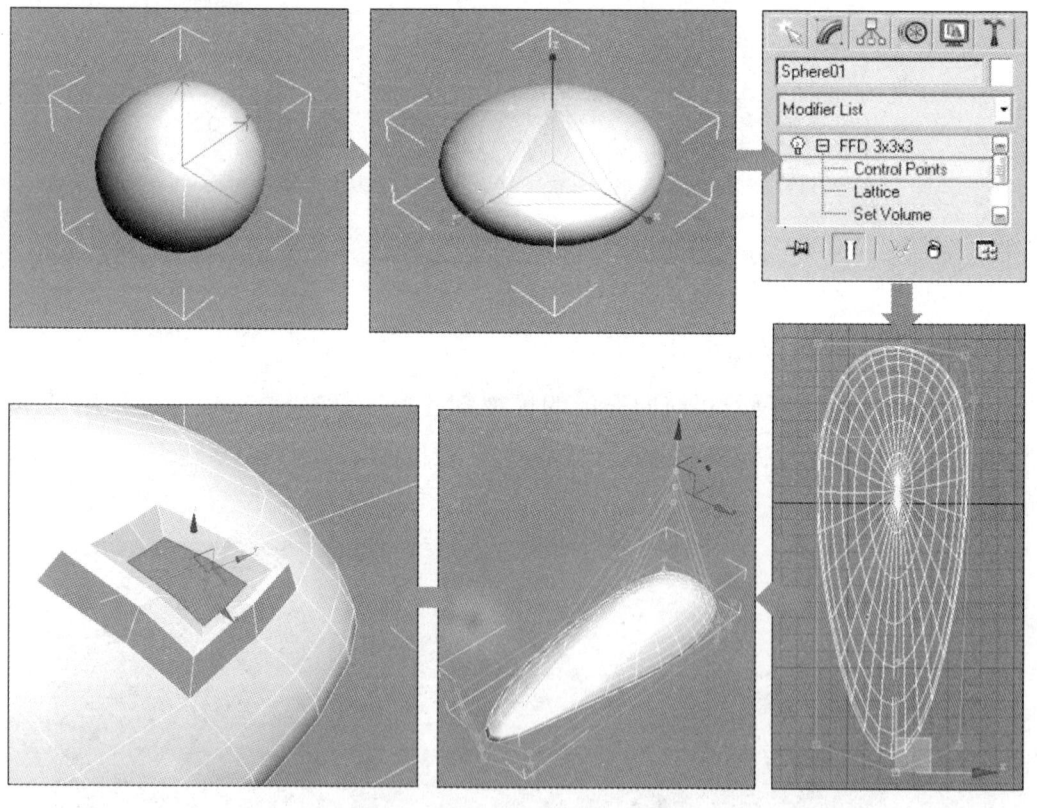

图6-155

将挤出的图形放入Edit Poly中进行编辑，然后MeshSmooth，再进入FFD和Bend中调整。将刚才做的羽毛安装在凹槽处，中间加上一个球体。如图6-156所示。

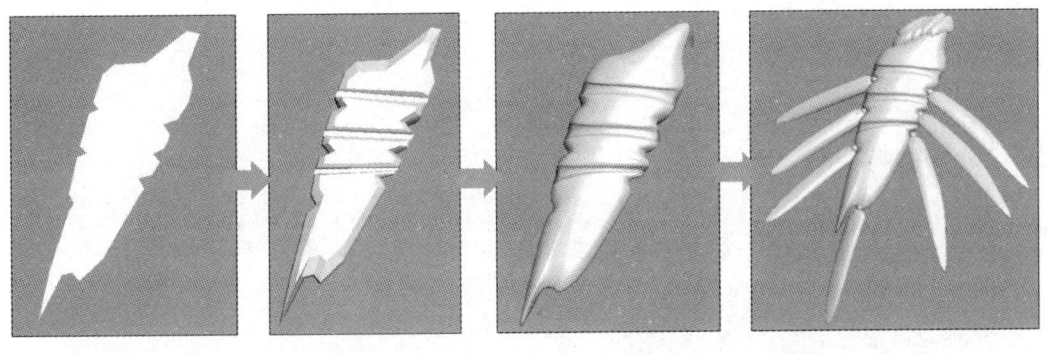

图6-156

将羽毛编辑成不同形状,拼合成小的翅膀。再将小的翅膀按顺序组成大的翅膀。如图6-157所示。

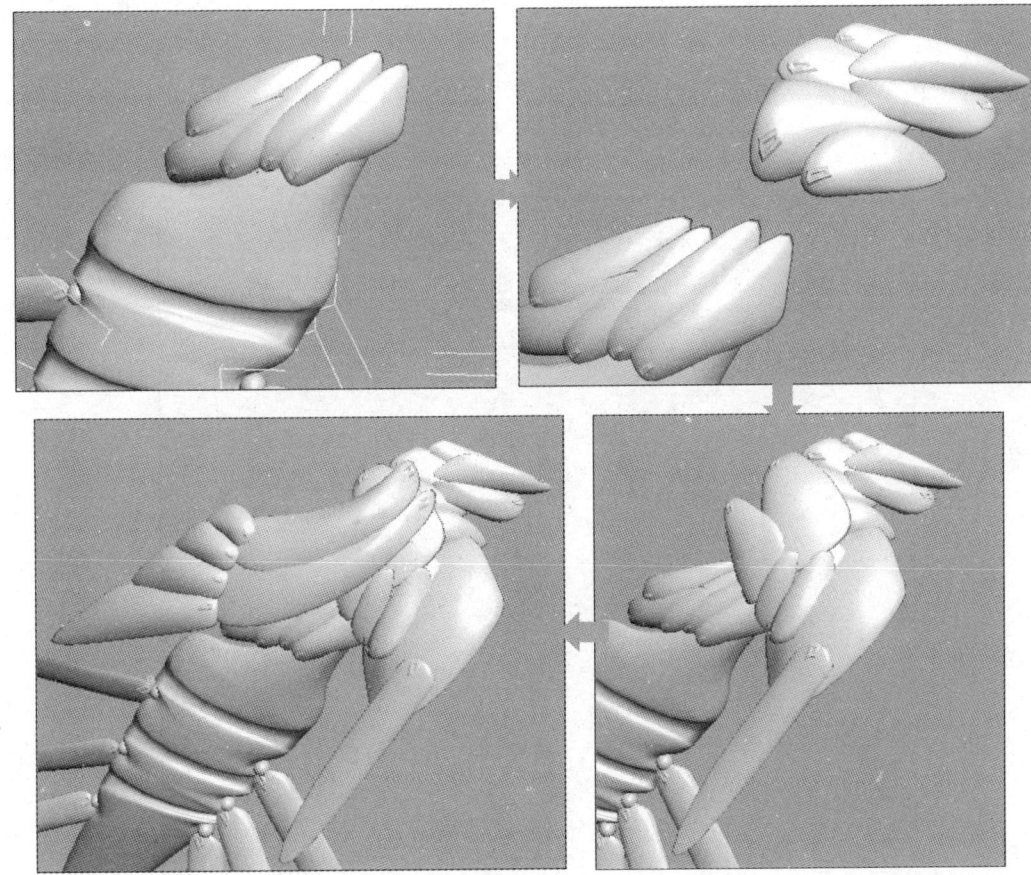

图6-157

尾翼的做法也大致相同。如图6-158所示。

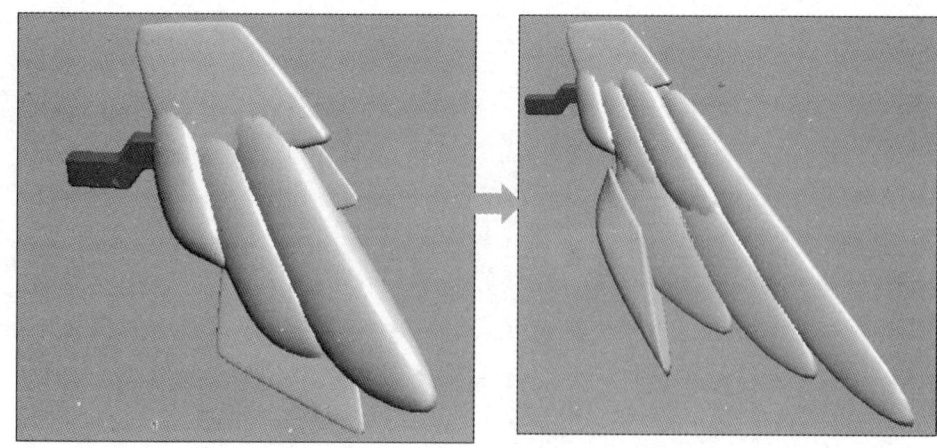

图6-158

6. 高达模型渲染

高达模型部件完成后,使用群组、位移、旋转等工具,将它摆放成一个行走的姿势。如图6-159所示。

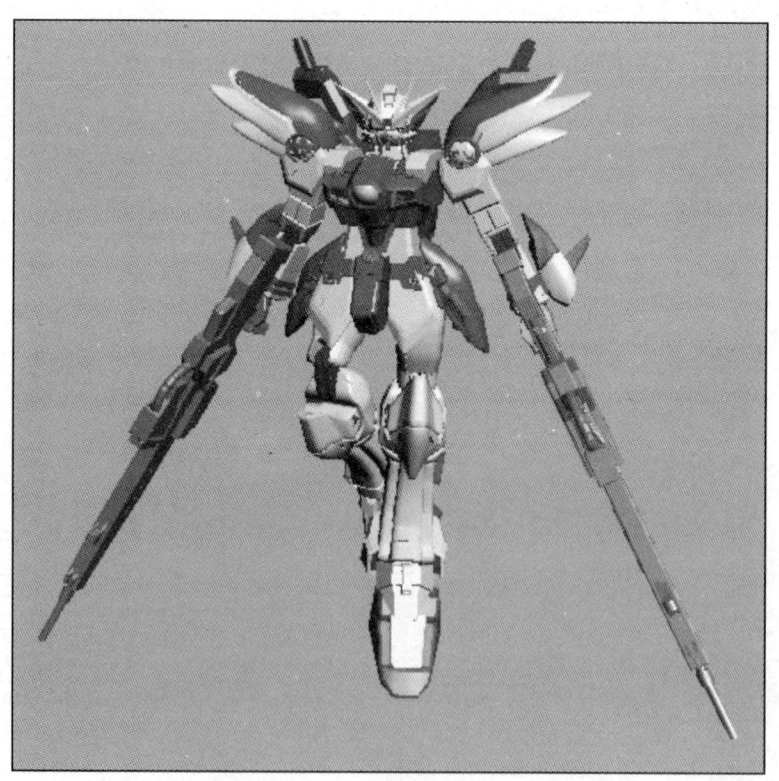

图6-159

将翅膀安装到位,一个高大威武的高达模型即呈现在我们眼前。如图6-160所示。

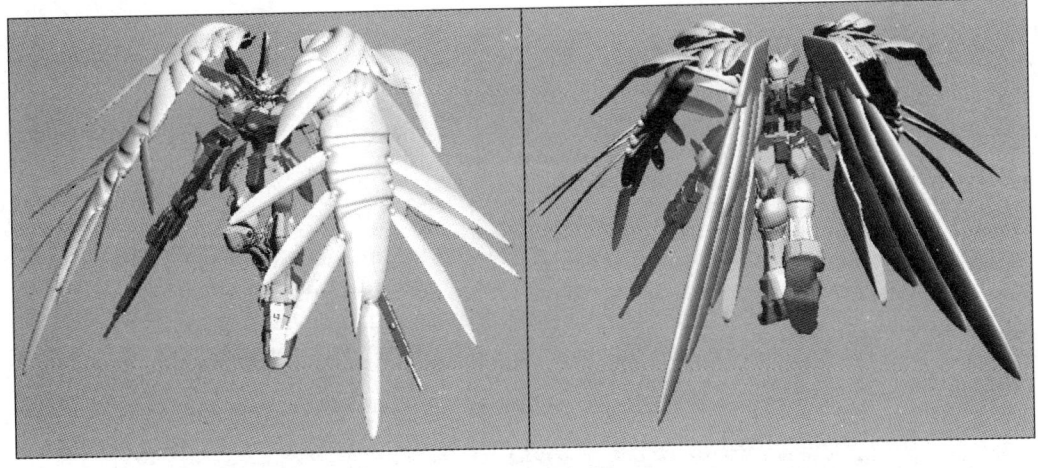

图6-160

下面我们对场景模型进行渲染。

这里我们使用天光加目标聚光灯配合照明,在灯光面板里创建两个灯光Target Spot、Skylight,并选择Target Spot,在修改面板中调整灯光的强度等参数。如图6-161所示。

图6-161

用Shift+F在透视图显示安全框,将模型调整在安全框内,并调整好大小和角度。然后在渲染面板勾选高级照明参数,调整渲染大小和抗锯齿,点击Render开始渲染。如图6-162所示。

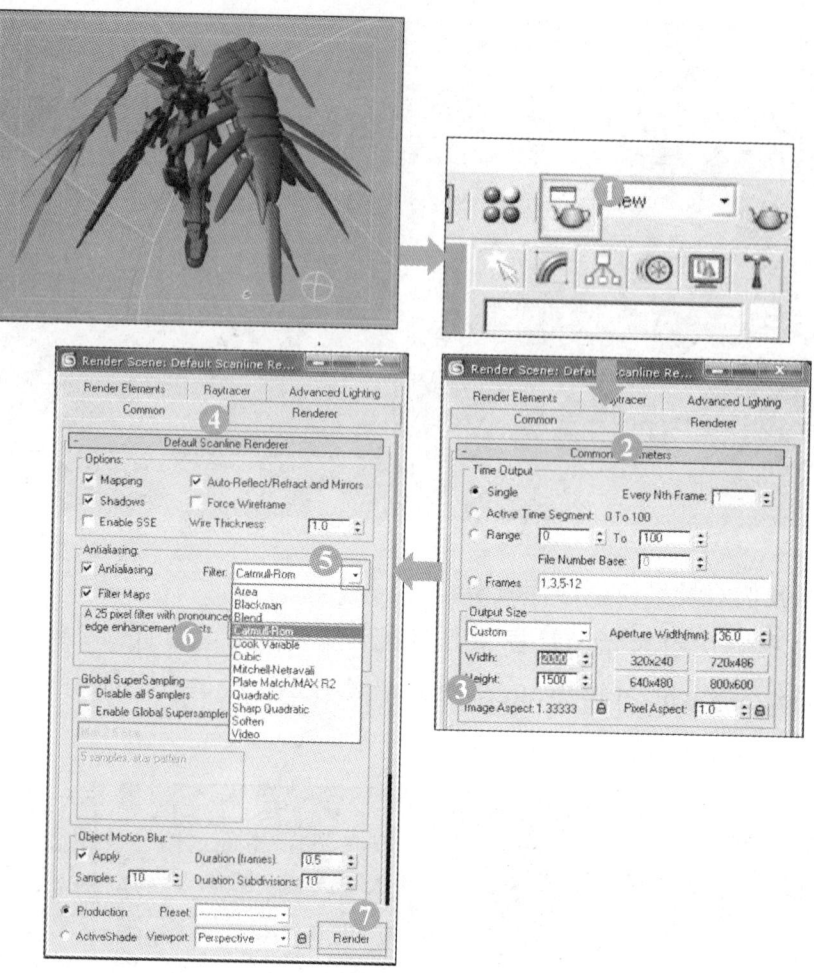

图6-162

等待几分钟后,高达模型就完成了。如图6-163所示。

图6-163

使用同样的建模方法,可以完成不同版本的机动战士模型。如图6-164所示。

图6-164

思考与练习

1. 简述多边形建模的工作思路和流程。
2. 练习完成足球、篮球和排球的模型。
3. 谈谈你对模型网格布线是怎样理解的。
4. Edit Poly有哪些子物体级别?
5. 举例说明编辑多边形中重要工具的使用方法。

第七章 3ds Max 材质基础

>>>> **本章重点**

认识材质编辑器的主要命令，理解材质贴图工具的不同用法

掌握不同材质贴图创建的思路与方法

>>>> **学习目的**

在建模部分学习完成以后，我们进入材质部分的学习。材质对三维世界中的物体来说是非常重要的，它能给场景增加更多的艺术细节，营造符合作者或剧本要求的色调气氛。另外，材质还能够弥补模型创建中的一些不足，模型和材质相互配合，发挥它们各自的长处，是我们在今后创作中不断追求的目标。

第一节　材质编辑器简介

在三维世界中,材质描述对象是通过如何反射或传送光来实现的。材质的重点是模拟物体的物理属性,例如,一个物体是金属、布料、泥土、塑料或是液体;相比材质而言,贴图是材质的组成部分,贴图能模仿三维世界中不同质感下的纹理,就像我们小时候玩的转印画,它就是一种贴图纹理,它可以贴在金属、塑料、玻璃、手指等各种不同的材质表面上,来表达一定的质感。

不同材质感觉的物体如图7-1所示:

图7-1

贴图就像图7-2所示的转印纸一样,能够贴到任何材质的物体表面。

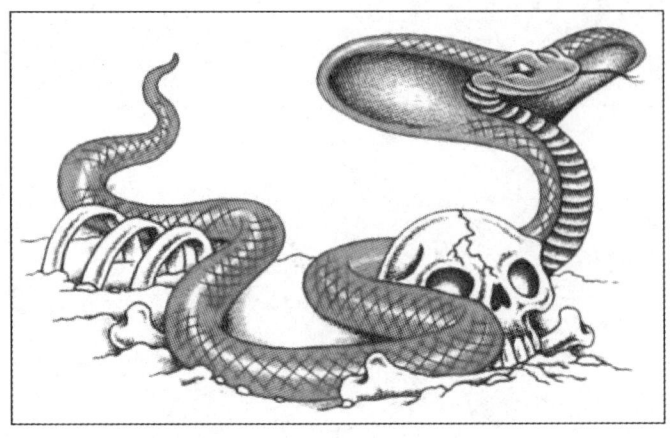
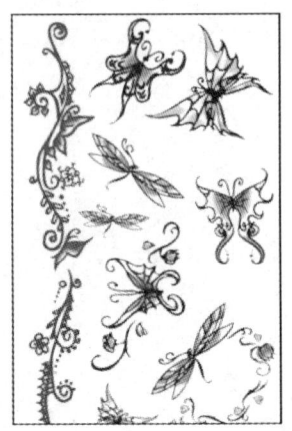

图7-2

一、材质编辑器打开方法

材质编辑器的打开方式有下面三种：

第一种，按下快捷键M，材质编辑器面板打开。如图7-3所示。

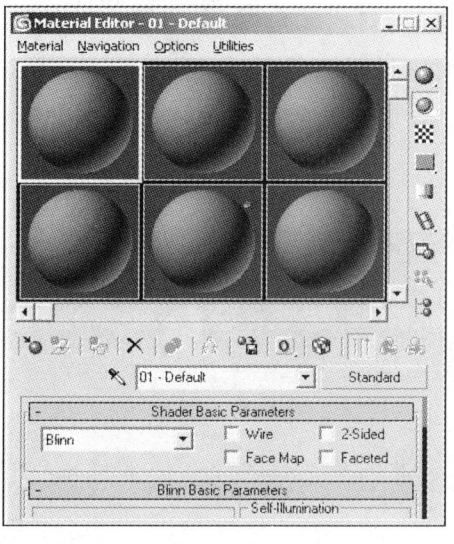

图7-3

第二种，使用主工具栏的材质编辑器工具。如图7-4所示。

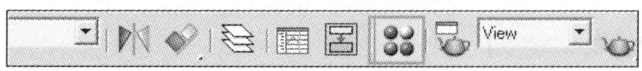

图7-4

第三种，使用Rendering渲染菜单的Material Editor进入。如图7-5所示。

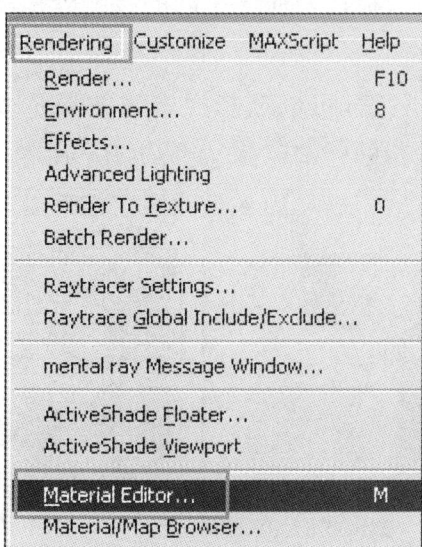

图7-5

二、材质赋予物体

当材质创建完成后,我们需要将已经创建好的材质赋予物体,一般有两种方法来实现:

第一种,选择物体,打开材质编辑器,选择某个材质球,按住鼠标左键,将材质球拖拽到需要赋予的物体上,松开鼠标,材质赋予完成。

第二种,选择物体,单击材质球,使用将材质赋予物体命令,如图7-6所示,完成材质赋予。

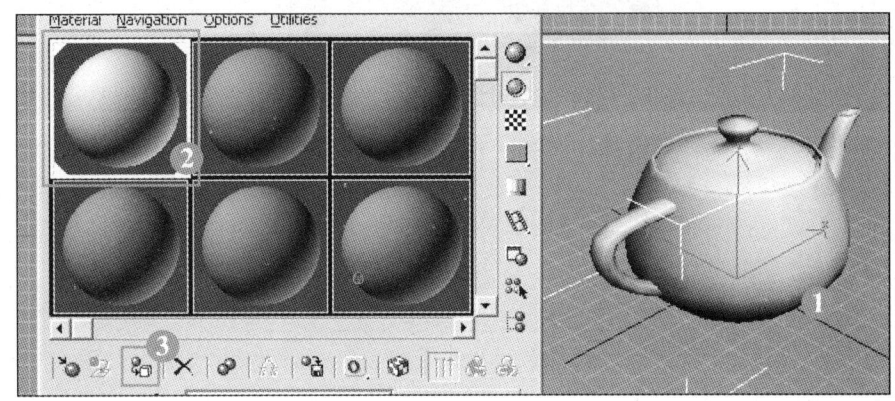

图7-6

三、材质样本窗口

材质样本窗口是我们查看材质效果的主要窗口。默认情况下,Max显示6个灰色的材质球,可以使用鼠标在材质球中间的接缝处拖动,实现对其他材质球的查看。

在样本窗口上单击右键,可以选择样本球的显示个数,选择6×4 Sample Windows可以显示最多数量的样本球体。如图 7-7所示。

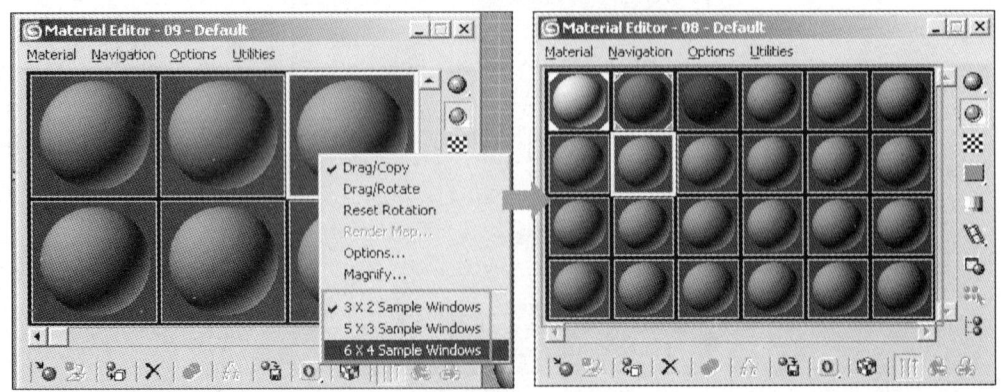

图7-7

样本视窗指示器是指样本球四个角上的小三角形,它有三种不同的指示状态,每种状态都包含着重要的材质使用信息。如图7-8所示,黄色的材质球指示器是白色的,它代表黄色材质球已经被使用,而且现在已经选择了使用该材质的物体;红色的材质球指示器是灰色的,代表红色材质已经被使用,但是现在没有选择使用红色材质的物体;蓝色材质球的指示器没有出现,代表蓝色材质没有被任何物体使用。

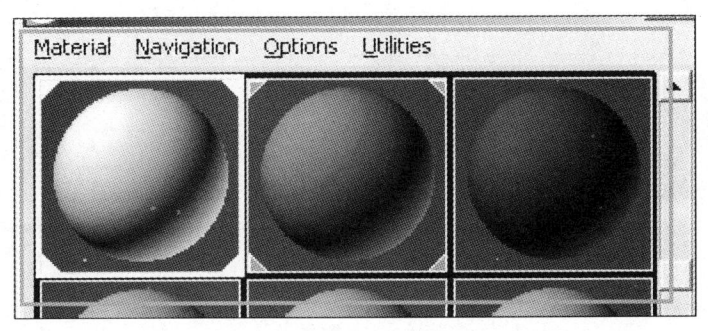

图7-8

注意:了解了材质球样本视窗指示器的指示含义,我们就能快速知道材质球和场景模型的关系。

四、材质工具栏

材质编辑器工具栏有垂直和水平两个部分,我们先学习垂直的部分。先后顺序如图7-9所示。

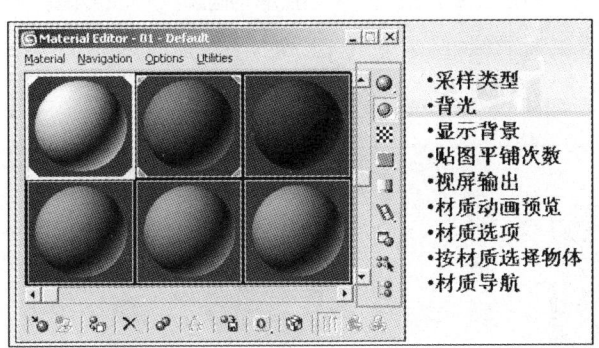

图7-9

采样类型:材质球的形状。它可以将材质球改成立方体、圆柱体和球体的形状,对最终的材质贴图效果没有影响,可以单击工具右下角的小三角形更改。

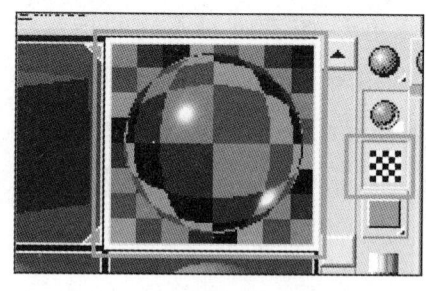

图7-10

背光：材质球是否显示背景光。通常保持显示状态，这样能更好地观察材质效果。

显示背景：针对透明和半透明的物体，能够显示透明物体的透明度和折射率。如图7-10所示。

贴图平铺次数：显示样本球上贴图的重复次数，用来观察材质平铺效果。如图7-11所示。

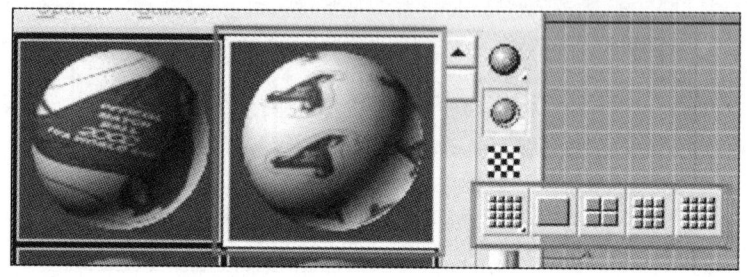

图7-11

视屏输出：对材质的颜色和纯度进行检查，查看在电视媒体中是否能正确显示，如图7-13所示是开启检查后，颜色检查错误的结果。

材质动画预览：如果材质进行了动画设置，可以用它来进行预览。

材质选项：材质编辑器细节参数设置通常保持默认数值。

按材质选择物体：非常好用的一个命令。选择材质球，再选择按材质选择物体命令，就能将场景中使用该材质的物体全部选择。

材质导航：帮助浏览较复杂的材质，能清晰显示材质贴图的组成。

在材质编辑器工具栏垂直工具中，最常用的是显示背景和按材质选择物体工具。如图7-13所示。

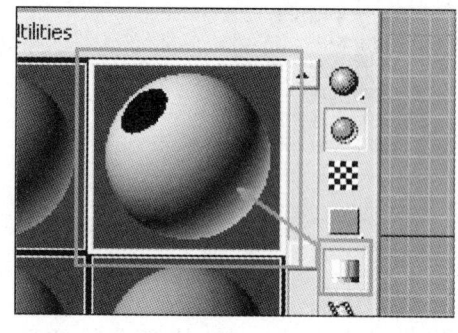

图7-12

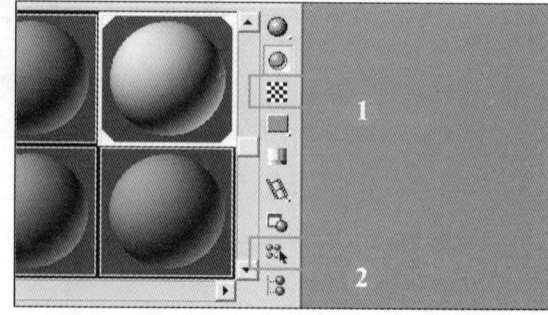

图7-13

下面我们来学习水平工具栏的主要工具。如图7-14所示。

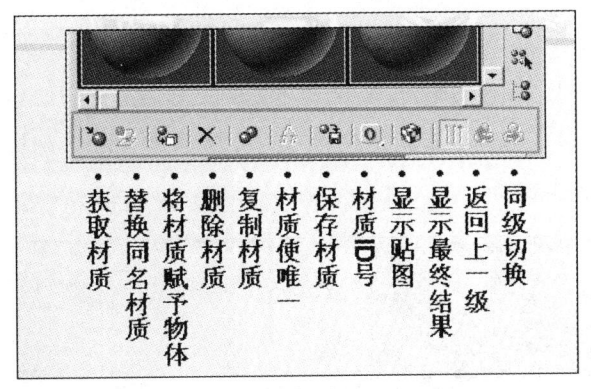

图7-14

获取材质：从保存的材质或材质库中获取一个已经存在的材质。

替换同名材质：用来测试两个同名材质在场景中的不同效果，一般较少使用。

将材质赋予物体：选择物体，选择某个材质球，单击此工具后可以将材质赋予选择的物体。

删除材质：删除无用的材质。

复制材质：将材质原地复制，原始材质被放入场景材质库中。

材质使唯一：将两个原本关联的材质解除关联。

保存材质：将材质存入材质库。

材质ID号：用不同的ID号来区分材质，常用于后期特效处理。

显示贴图：当材质有贴图的时候，使用此工具可以在视图窗口显示贴图。

显示最终结果：材质样本视窗显示材质贴图的最终结果。

返回上一级：贴图级别返回上一级。

同级切换：贴图级别同级切换。

在材质编辑器的水平工具中，最常用的有获取材质、将材质赋予场景、删除材质、保存材质、设置材质ID、显示贴图、返回上一级和同级切换。如图7-15所示。

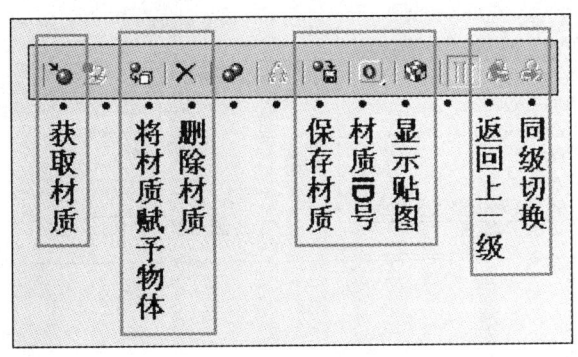

图7-15

在水平工具栏下方,还有一行工具,如图7-17所示,❶是吸管工具,它能够在有材质的物体上将它使用的材质吸取下来,方便修改;❷是材质名称,用来修改材质的名字,支持中文名称;❸是材质类型,默认的Standard标准材质,单击它可以改变成其他类型的材质。

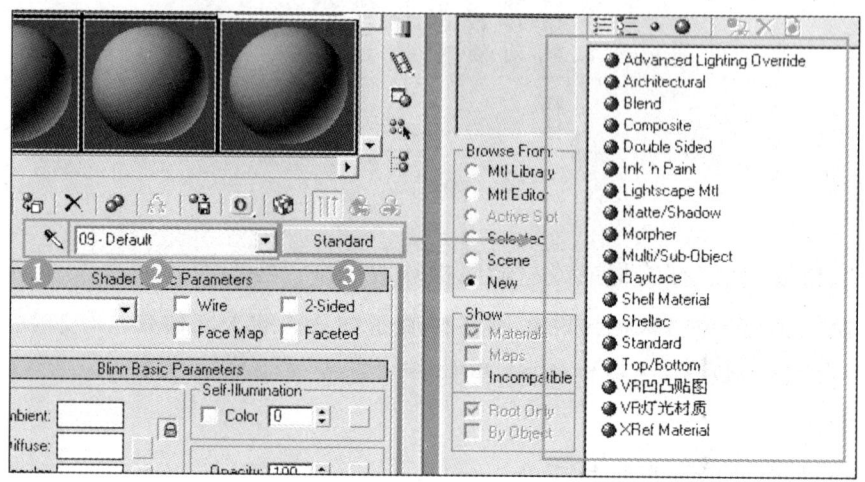

图7-16

五、材质明暗生成器

明暗生成器是材质创建的基础参数,如图7-17所示,它用来控制材质明暗生成类型。例如在创建金属、布料、蜡烛等不同物理属性的材质时,需要选择不同类型的材质明暗生成器。

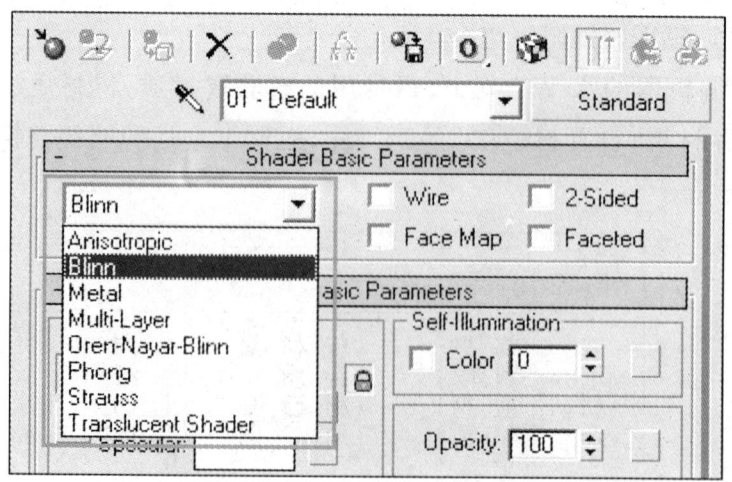

图7-17

材质明暗生成器由以下一些类型构成,如图7-18所示。

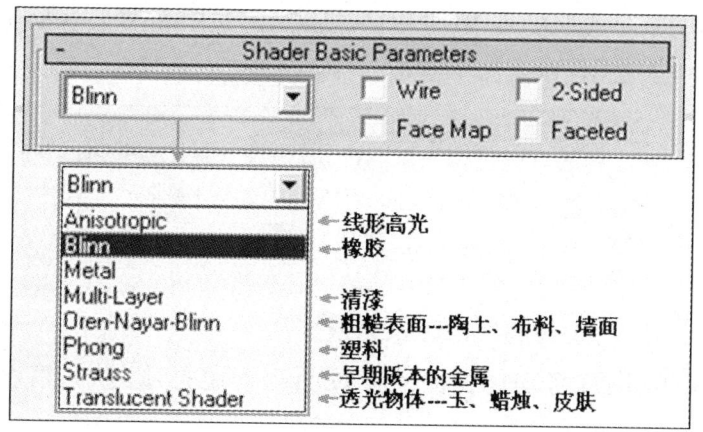

图7-18

Anisotropic线形高光：材质高光类型呈线形，比较适合头发、丝绸等线形高光的材质。

Blinn橡胶：默认的材质类型，能模仿自然界中较多的半亚光物体。

Metal金属：高光对比比较强烈，易于模拟金属。

Mullti-Layer多层高光：模拟多层高光的材质物体，如清漆、汽车车漆等。

Oren-Nayar-Blinn粗糙表面：模拟较粗糙（亚光）物体，如陶土、麻布、粗糙墙面等。

Phong塑料：早期版本的半亚光材质，参数与Blinn基本相同。

Strauss金属：早期版本的金属材质，为了兼容早期完成的Max场景文件，所以还保留在明暗生成器中。

Translucent Shader透光材质：模拟透光物体，如玉器、蜡烛、皮肤等。

图7-19所示是明暗生成器的8种不同类型：

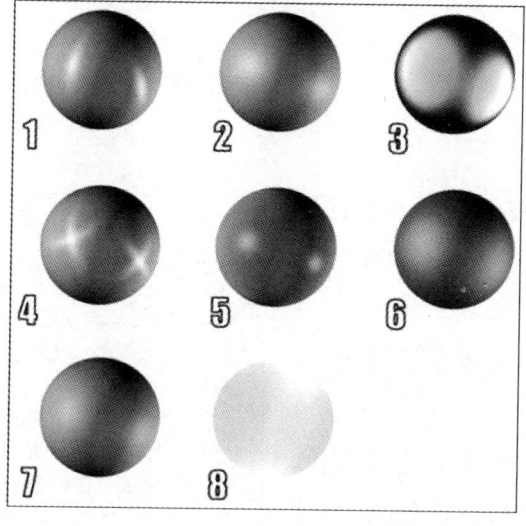

图7-19

在众多的明暗生成器类型中,使用频率最高的是Blinn橡胶和Metal金属。

明暗生成器参数中,还有四个选项是比较重要的。如图7-21所示。

图7-20

Wire线框材质:将物体的网格转换为线框。

2-Sided双面材质:将物体表面的正反面都使用材质,默认情况下只有正面显示。

Face Map面贴图:将贴图贴到物体的每一个可见的表面上。

Faceted面状:清除物体的光滑组,按面状显示物体材质。

以茶壶为例,显示以上工具参数的表现效果,如图7-21所示。

图7-21

第二节 材质贴图基础知识

在创建材质之前我们需要对材质贴图的基础参数做一下了解。如图7-22所示。

Ambient环境光:与漫反射锁定,不常使用。

Diffuse漫反射:物体的反射颜色,是我们经常用来改变材质颜色的工具。

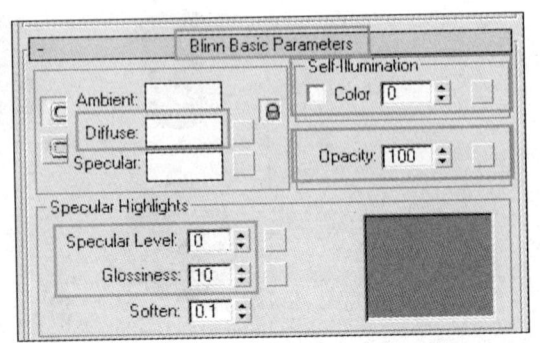

图7-22

Specular高光色：物体高光的颜色，默认白色，不常更改使用。
Seif-Illumination自发光：控制材质是否自发光，如灯箱。
Opacity透明度：参数100代表不透明，0代表完全透明。
Specular Level高光级别：可以理解为高光强度。
Glossiness光泽度：可以理解为高光范围，值越大、高光范围越小。
Soften柔化：高光边缘模糊控制，一般很少使用。

在基础参数中，我们使用最多的有Diffuse漫反射、Seif-Illumination自发光、Opacity透明度、Specular Level高光级别和Glossiness光泽度。

一、背景贴图

使用渲染工具渲染场景，默认情况下是黑色的。我们会经常使用颜色或贴图改变场景背景的颜色。如图7-23所示。

图7-23

使用菜单命令或按下快捷键"8"可以进入环境设置面板。如图7-24所示。

更改Color颜色，可以将背景改为各种不同的颜色。

如果需要给背景贴入一张图片的话，可以点击Environment Map环境贴图选项的None按钮在弹出的贴图类型选择Bitmap位图，然后找到需要贴图的位图就可以了。如图7-25所示。

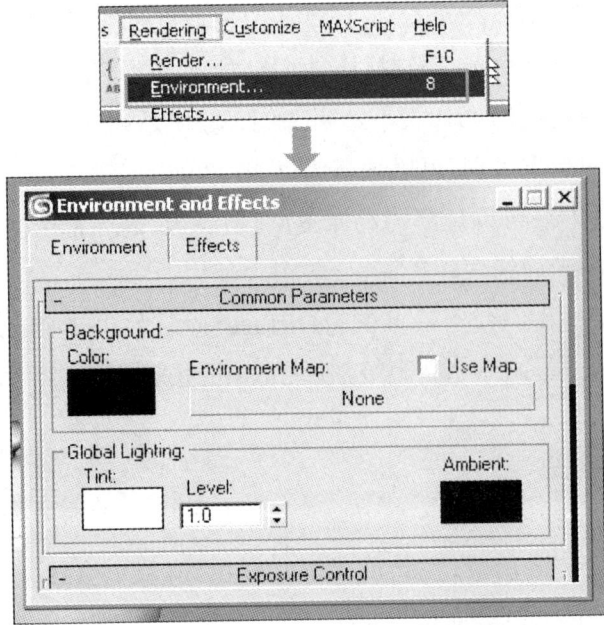

图7-24

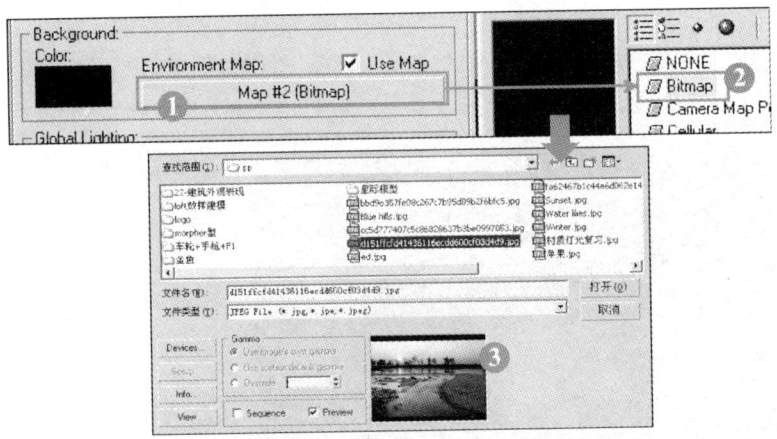

图7-25

背景添加完成后,渲染如图7-26所示。

图7-26

二、表面纹理贴图

表面纹理贴图是使用最多的一种贴图类型,它代表物体表面到底使用什么贴图或纹理,例如:布纹、图书、大理石,这些不只需要通过材质的物理属性来表现,还需要布纹、图书、大理石的花色图片来配合。

例如我们需要给一个苹果完成材质贴图,具体操作如下:

创建球体,添加FFD(cyl)4×6×4命令。如图7-27所示。

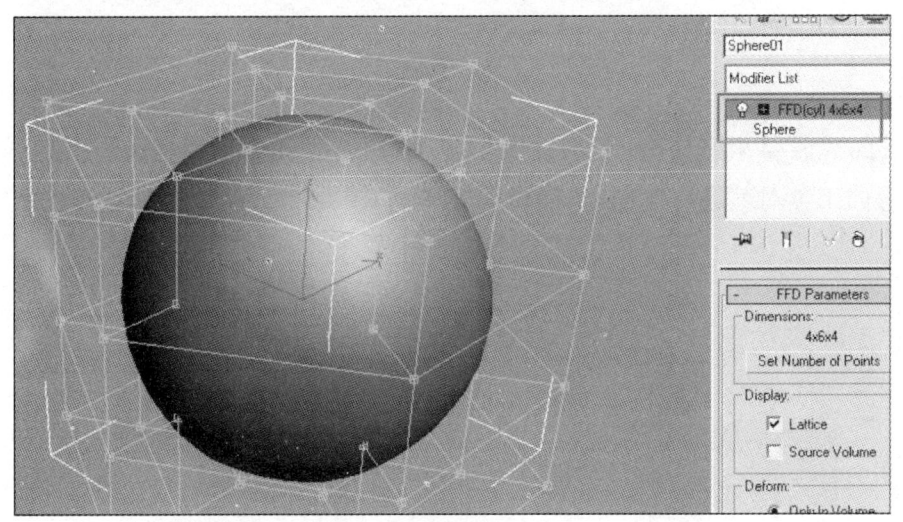

图7-27

进入Control Points修改级别,在前视图上选择中间的4个控制点。如图7-28所示。

使用缩放工具,将中间的4个顶点进行缩放,完成苹果的上下凹槽。如图7-29所示。

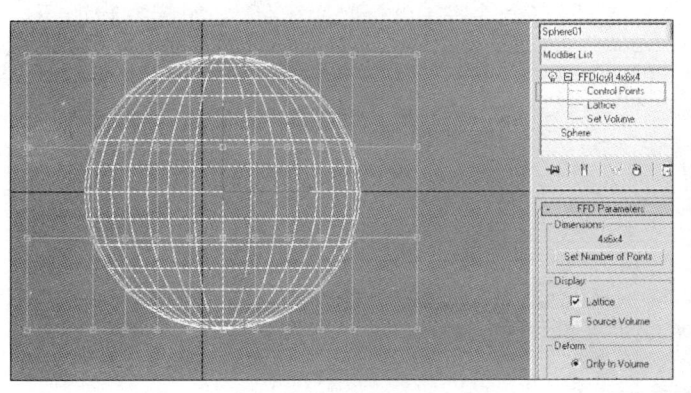

图7-28　　　　　　　　　　　　　　图7-29

添加Taper锥化命令,调整数值,苹果大型完成。如图7-30所示。

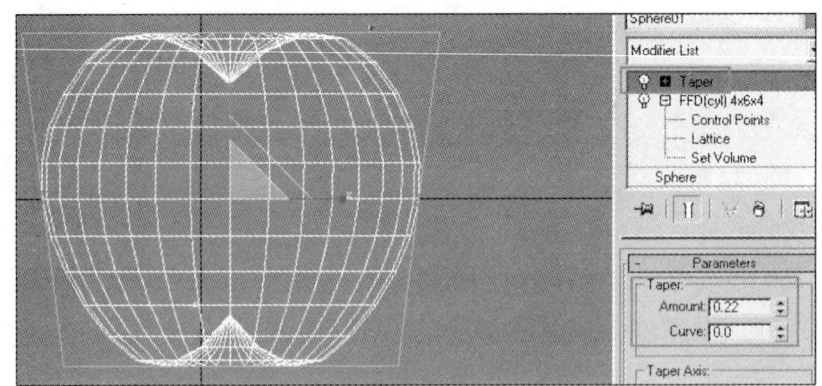

图7-30

下面完成苹果蒂模型,在顶视图创建圆柱体,使用Taper对其进形锥化,添加Bend弯曲工具对其进行弯曲,苹果模型完成。如图7-31所示。

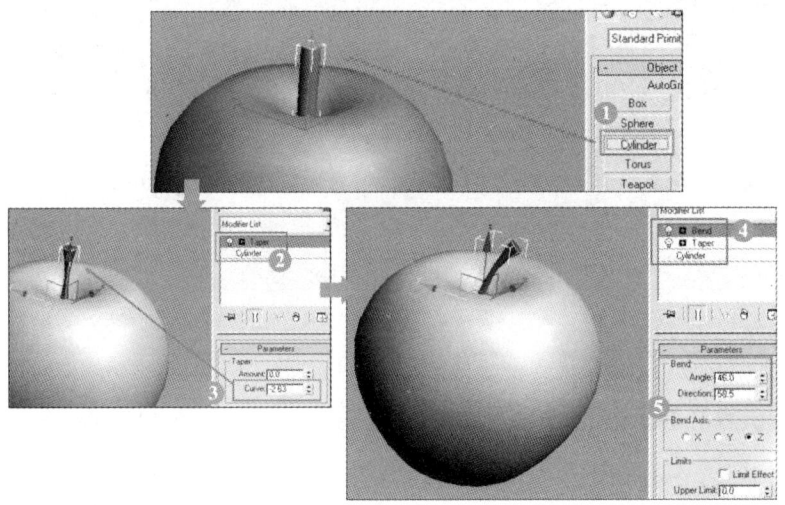

图7-31

选择苹果模型,进入材质编辑器,将一个空白材质赋予物体。如图7-32所示。

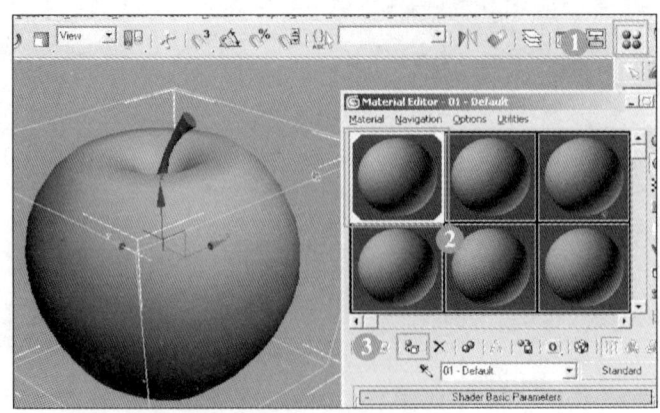

图7-32

单击Diffuse漫反射后的空白方框，添加Bitmap贴图，在弹出的面板上选择苹果贴图，完成后单击在视口中显示贴图的按钮。如图7-33所示。

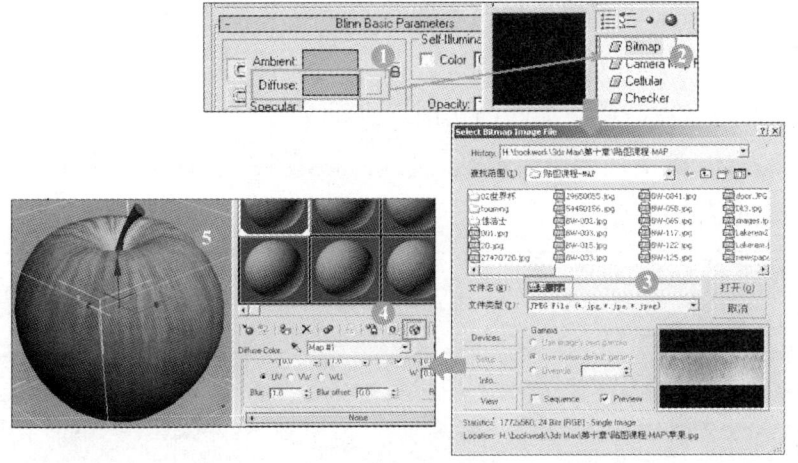

图7-33

返回上一级，调整高光强度级别和高光大小。如图7-34所示。

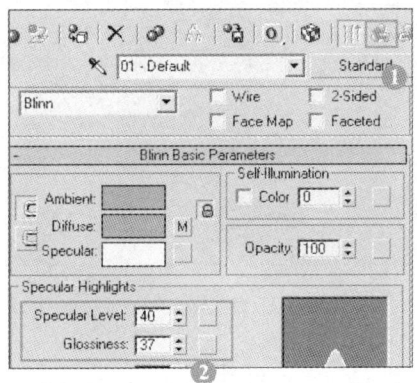

图7-34

对苹果进行复制，苹果表面纹理贴图完成。如图7-35所示。

图7-35

三、凹凸贴图

凹凸贴图能够用纹理模拟材质表面的凹凸效果，弥补纹理贴图不能完整表现粗糙表面的不足。

下面我们为一面砖墙添加凹凸贴图。

创建长方体，赋予任何一个材质，进入Maps贴图展卷栏，点击Bump凹凸贴图后的None按钮。如图7-36所示。

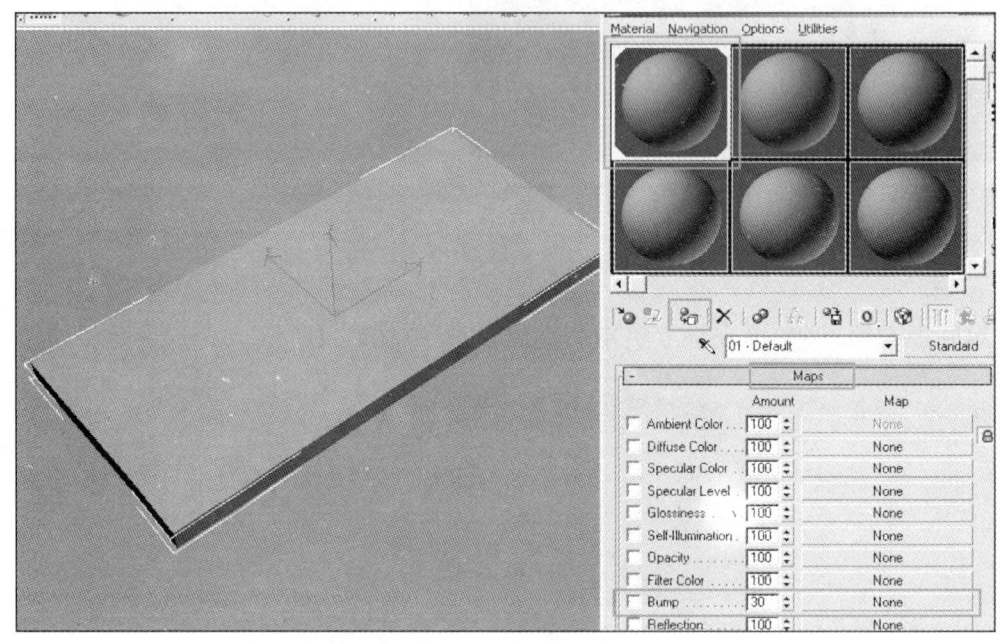

图7-36

在弹出的贴图类型中选择Bitmap位图，选择砖墙图片。如图7-37所示。

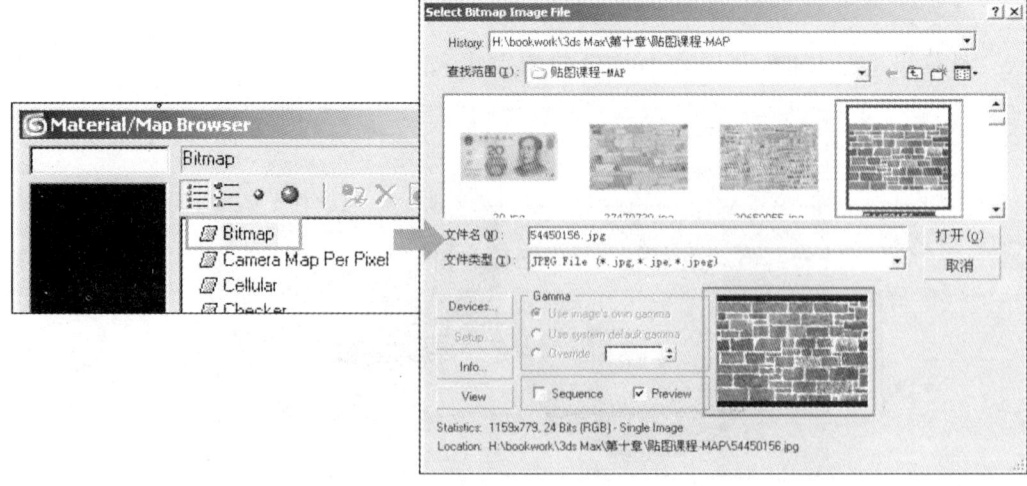

图7-37

凹凸贴图完成后,渲染场景,发现贴图上出现凹凸效果。如图7-38所示。

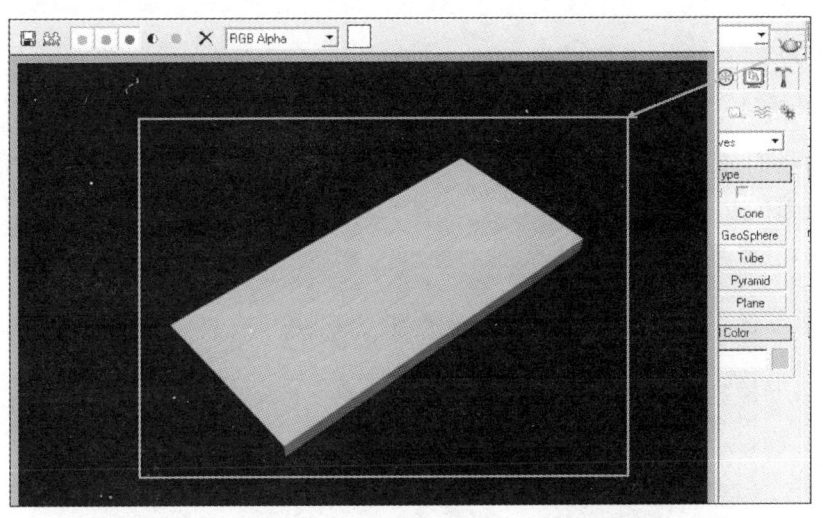

图7-38

修改Bump凹凸贴图后面的参数值可以改变凹凸的程度,该值默认为30。如图7-39所示。

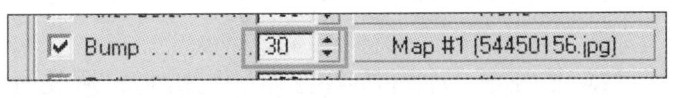

图7-39

一般凹凸值不能太高,过高会有些失真,毕竟这种凹凸结果是通过贴图来模拟的,并不是模型真正的凹凸。如图7-40所示。

图7-40

四、反射贴图

反射贴图是用来模拟自然界中表面比较光滑、会产生反射的物体。例如：金属、光滑的陶瓷、塑料等。

下面我们通过使用反射贴图完成不锈钢和黄金材质来了解反射贴图的用法。在透视图中创建套环扩展几何形体。如图7-41所示。

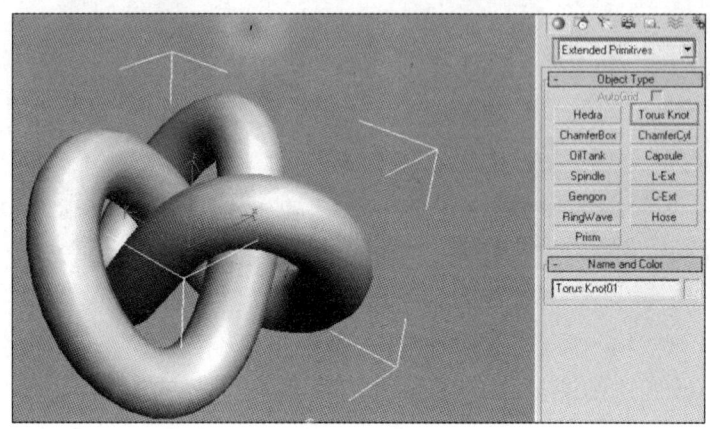

图7-41

进入材质编辑器，将任意一个材质球指定给物体，将材质类型更改为Metal金属，调整Diffuse漫反射颜色为亮灰色，调整Specular Level高光级别和Glossiness光泽度的数值为100、80。如图7-42所示。

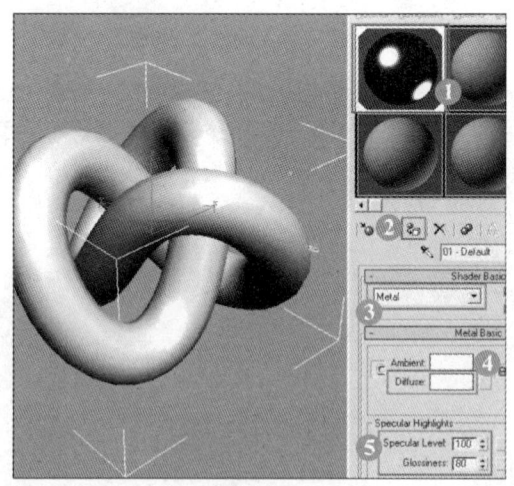

图7-42

进入Maps贴图展卷栏，单击Reflection反射通道中的None按钮，在弹出的面板中选择Raytrace光线追踪类型。如图7-43所示。

注意：光线追踪是一种算法，经常配合反射与折射使用，模拟金属与玻璃。

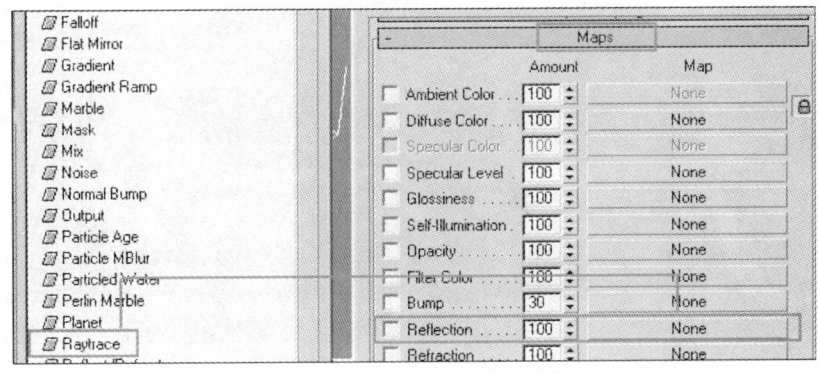

图7-43

单击Raytrace光线追踪中的None，添加一张湖面的环境贴图（湖面贴图用来模拟不锈钢的环境）。如图7-44所示。

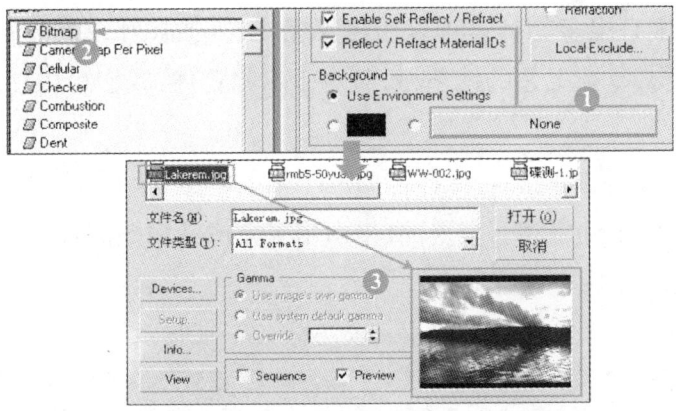

图7-44

对模型进行渲染，不锈钢效果完成，如图7-45所示。用同样的方法可以完成黄金材质的创建，如图7-46所示。

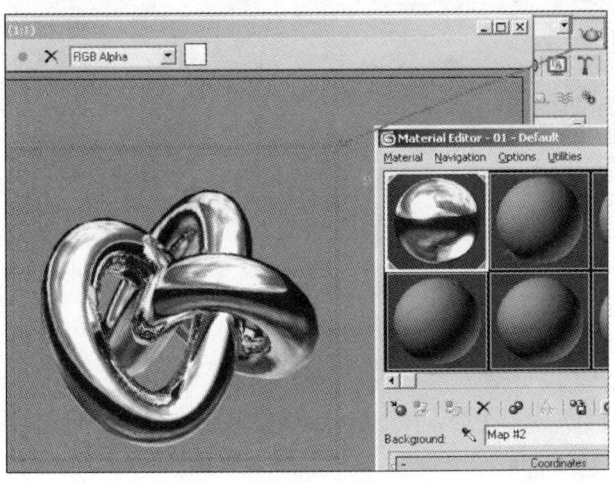

图7-45

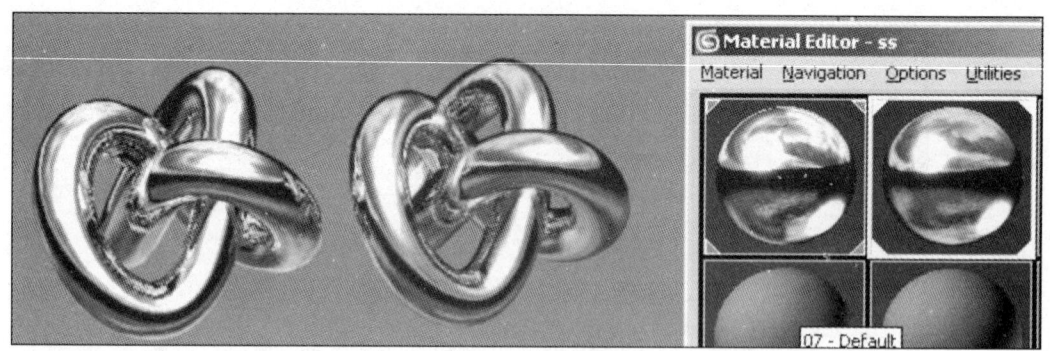

图7-46

五、透明贴图

三维世界中有很多物体是难以用建模完成的，如枝叶茂盛的花草树木、材质逼真的静态人物、复杂工艺的铁艺栏杆，对于这些物体，我们可以使用透明贴图来实现。

下面以一个铁艺大门和一棵树作为例子来了解透明贴图的用法。

创建地面、两个柱子和一个平面，平面用来完成铁门贴图，注意将Plane平面中多余的段数去除。如图7-47所示。

注意：节省面资源是我们建模中需要遵守的一项标准。

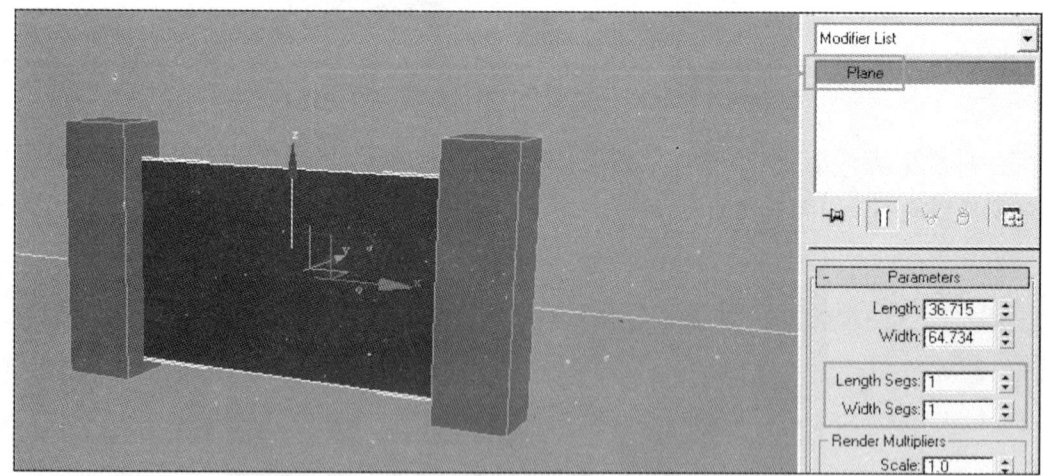

图7-47

选择大门平面，将任意一个材质球赋予物体，将材质的颜色改为黑色（如果想要铁门是红色就改为红色），单击Opacity透明度后面的贴图方框，选择位图。如图7-48所示。

图7-48

在弹出的面板上找到本书配套光盘中的铁门黑白贴图。如图7-49所示。

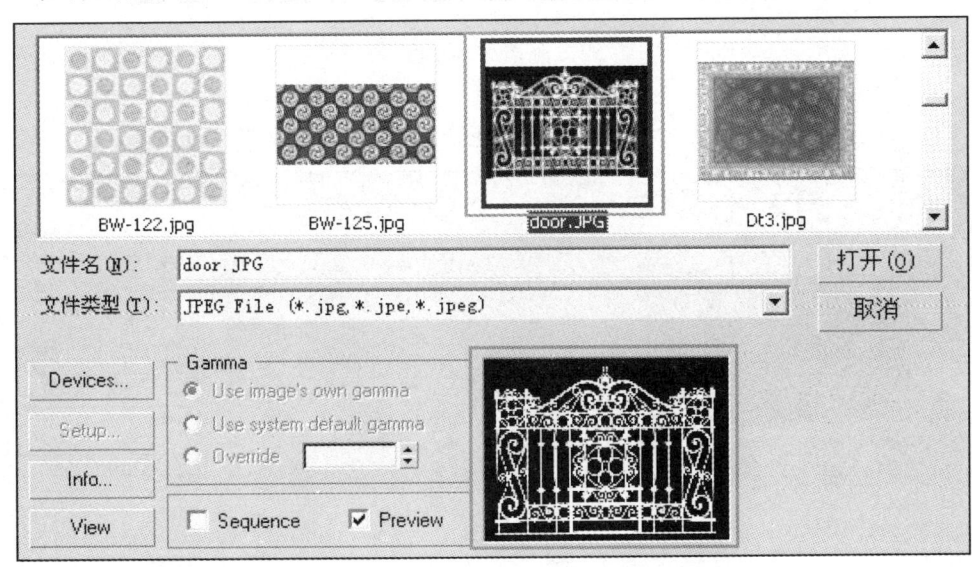

图7-49

按下数字键"8",打开环境背景面板,将背景色改为灰色,因为背景默认的颜色是黑色,无法显示黑色的铁艺大门,背景修改完成后渲染,如图7-50所示,铁艺大门就完成了。

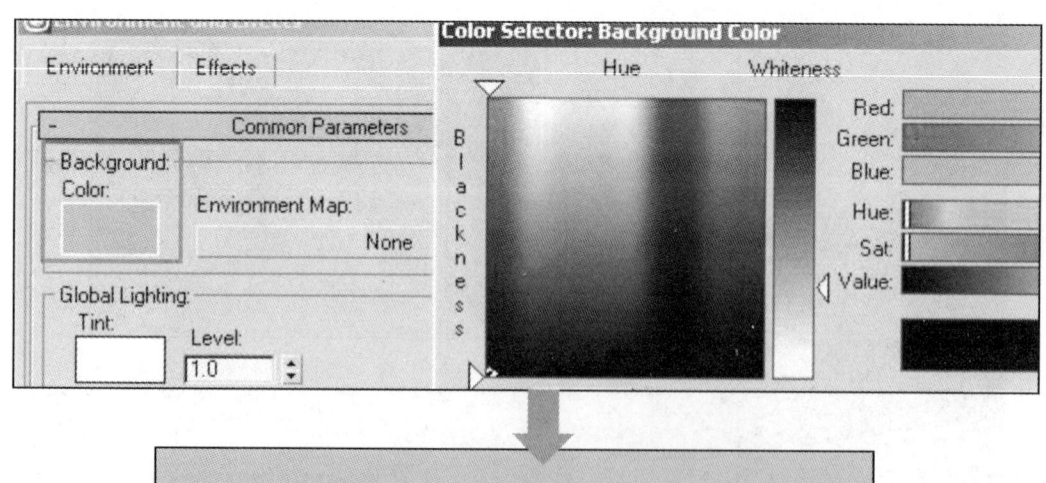

图7-50

在大门的一侧创建一个平面,我们用它来模拟树木。如图7-51所示。

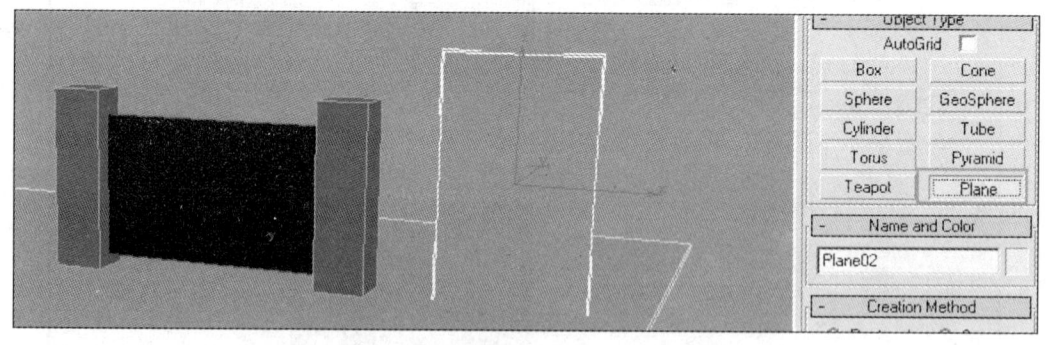

图7-51

进入材质编辑器,将一个新材质赋予树木平面,单击Diffuse漫反射后的贴图方框,弹出贴图类型面板,选择Bitmap位图,找到树木的彩色贴图。如图7-52所示。

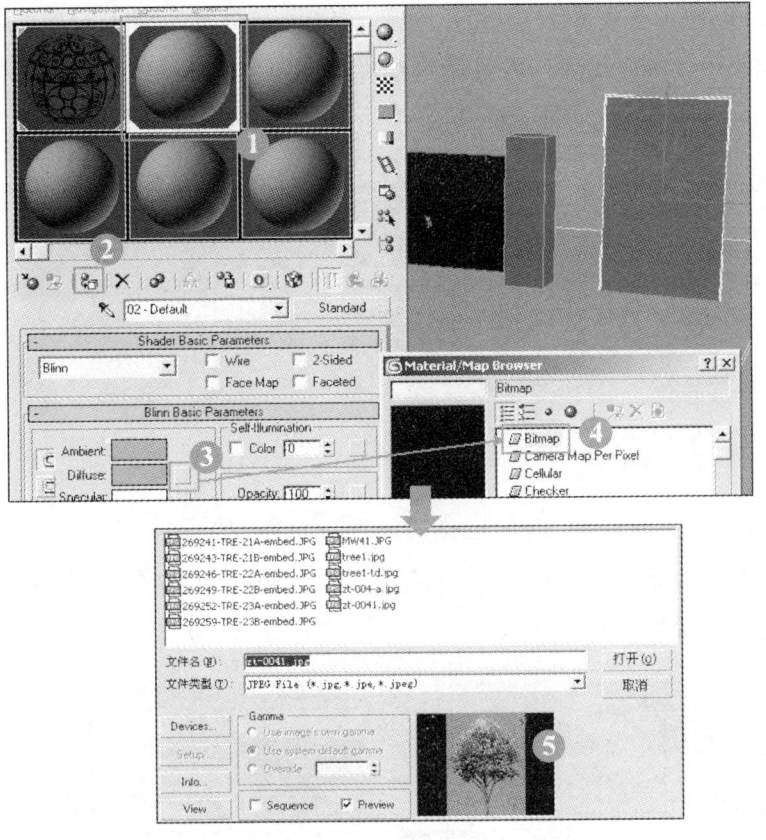

图7-52

返回上一级,点击显示贴图按钮,并将Self-Illumination自发光改为100,因为树木贴图照片已经有了明暗关系,它的亮度不要受到场景灯光的影响。如图7-53所示。

图7-53

现在只是完成了表面纹理贴图,如果渲染场景会发现树木旁边的方框没有去除,如图7-54所示。下面,我们将使用透明贴图,让不需要的地方透明。

图7-54

单击Opacity后的贴图方框,选择树木黑白位图。如图7-55所示。

注意:透明贴图就是一个用图像黑白控制透明度的程序,白色不透明,灰色半透明,黑色完全透明。

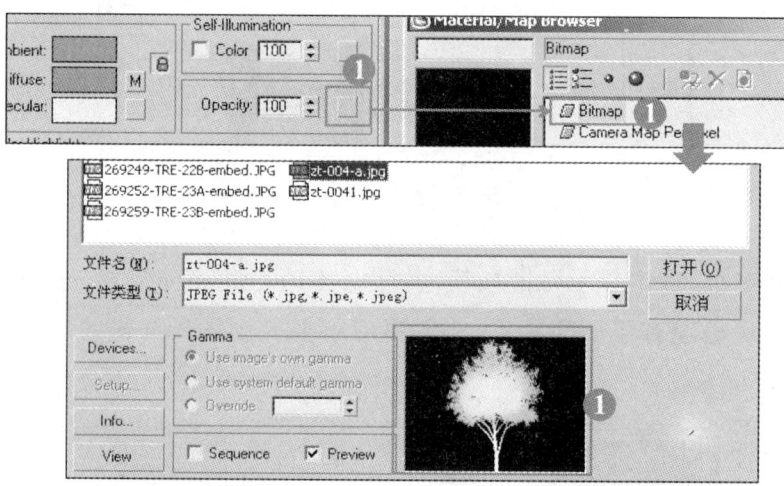

图7-55

再次渲染场景,树木旁边多余的部分都透明了。如图7-56所示。

图7-56

复制树木,给场景简单添加灯光,渲染结果如图7-57所示,原本比较复杂的铁门和树木模型我们通过透明贴图就完成了。

图7-57

六、贴图坐标修改器

贴图坐标修改器是指如何将贴图放置到三维模型上的修改工具。其实,三维贴图就像用投影仪将图片投射到墙面一样。换句话说,就是用什么样的方法将贴图投影到模型上。

例如一幅图片贴在长方体上,可以有下面不同的贴图方法,贴图坐标就是控制如何将贴图投射到物体上的。如图7-58和7-59所示。

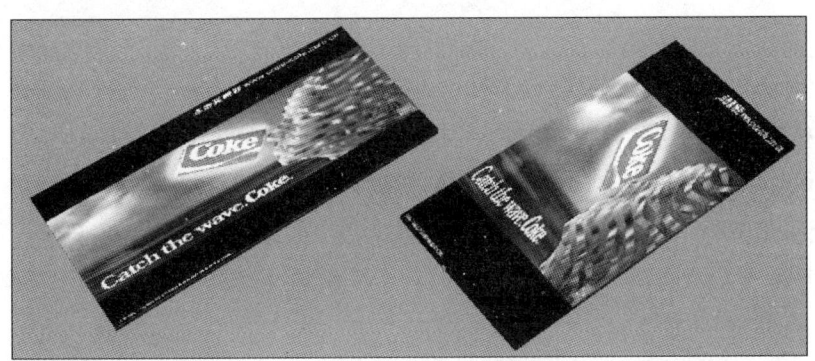

图7-58

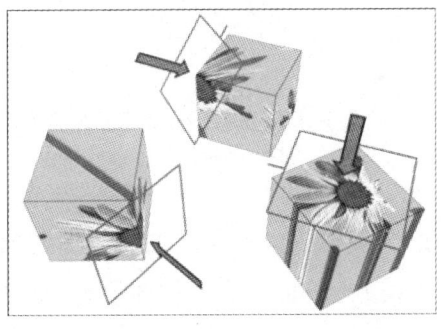

图7-59

选择物体，在修改器列表中添加UVW Mapping贴图。如图7-60所示。

图7-60

贴图坐标修改器有下面7种贴图投影类型。如图7-61所示。

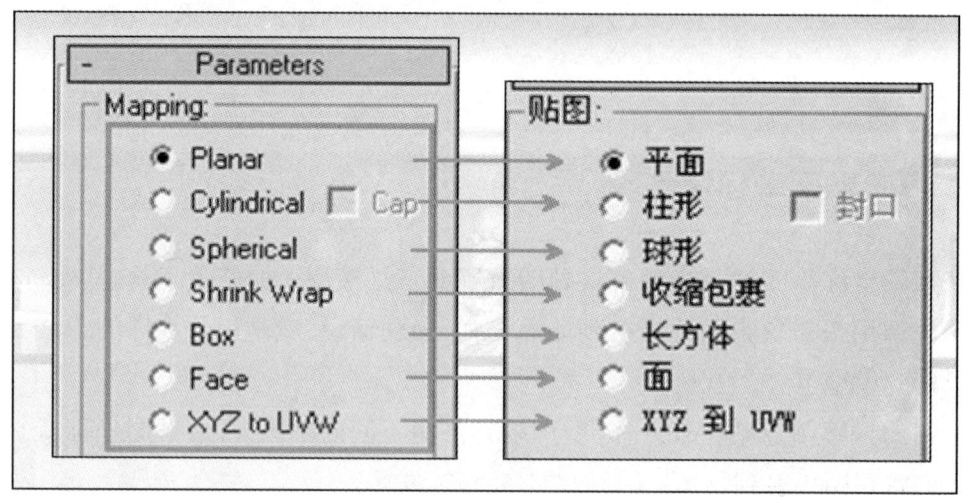

图7-61

Planar平面：平面将贴图透视到物体上。如图7-62所示。
Cylindrical柱形：圆柱形将贴图投射到物体上。如图7-63所示。
Spherical球体：圆球状将贴图投射到物体上。如图7-64所示。

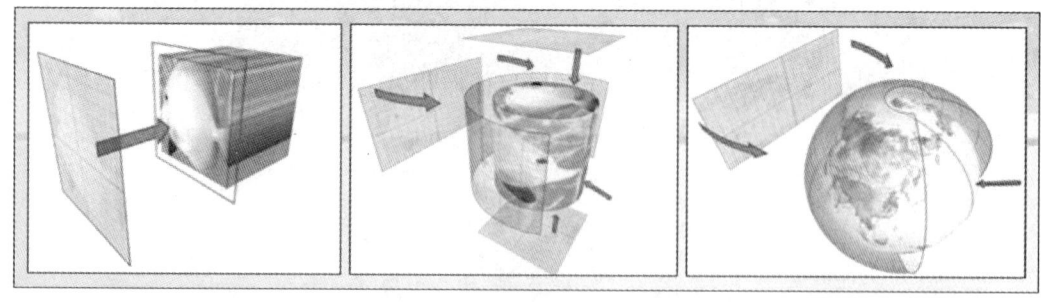

图7-62　　　　　　图7-63　　　　　　图7-64

Shrink Wrap收缩包裹：将贴图的4个顶点收缩包裹到模型上。如图7-65所示。
Box长方体：将贴图从长方体的6个面向物体投射。如图7-66所示。
Face面：物体每一个面贴一张贴图。如图7-67所示。

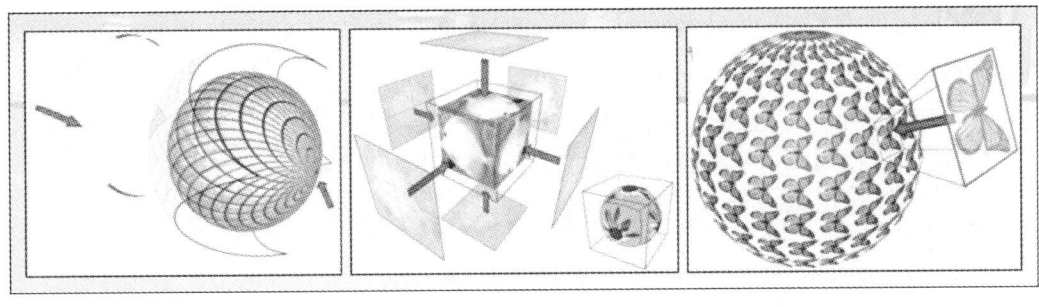

图7-65　　　　　　　　图7-66　　　　　　　　图7-67

XYZ to UVW：针对程序贴图使用，能够让贴图跟随物体变形而变形，一般较少使用。

在这些贴图坐标中，我们通常会以三维物体的形态来决定使用什么样的贴图坐标，例如：易拉罐贴图就会使用Cylindrical柱形贴图坐标，一个咖啡盒子就会使用Box长方体贴图坐标等。通常情况下，使用最多的是平面、柱形、球形和长方体这四种贴图坐标。

七、折射贴图

折射贴图一般用来创建光线透过，发生折射的物体，如玻璃。

下面我们创建一个玻璃材质来实现折射贴图的用法。

选择一个空白的材质球，将显示背景打开，调整高光强度和高光范围。如图7-68所示。

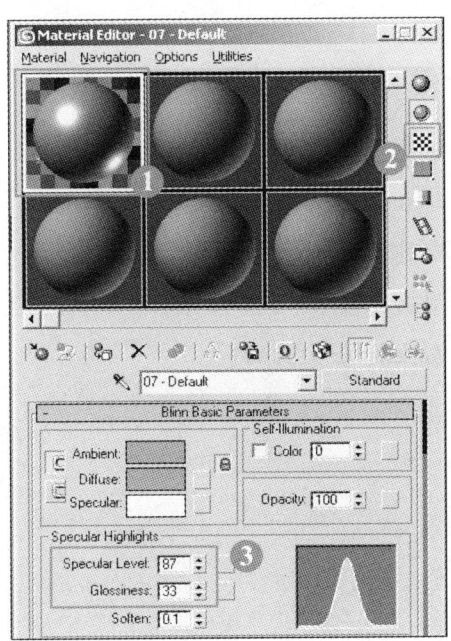

图7-68

在贴图展卷栏中，单击Refraction后的None按钮，为其添加Raytrace光线追踪贴图。如图7-69所示。

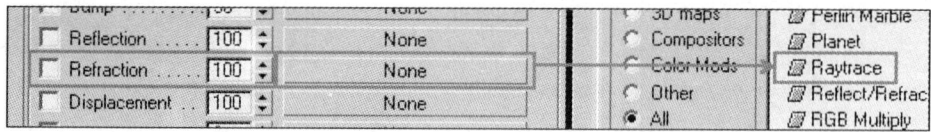

图7-69

玻璃折射材质完成，如图7-70所示。这里，只有显示背景，我们才能看到玻璃折射后的结果。

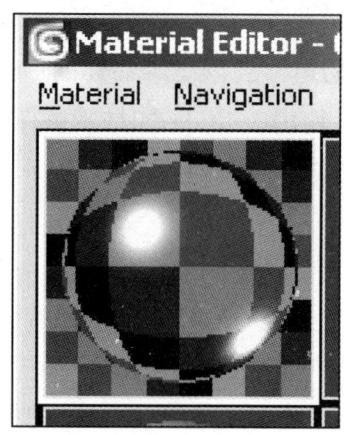

图7-70

思考与练习

1. 简述材质编辑器中主要工具的含义。
2. 你是怎样理解材质和贴图的？
3. 谈谈金属材质的创建方法。
4. 明暗生成器的作用有哪些？
5. 你是怎样理解贴图坐标修改器的？

第八章 3ds Max 灯光基础

>>>> **本章重点**

认识灯光的创建方法与种类特征

理解灯光常用参数的使用方法

>>>> **学习目的**

如果说建模是三维世界的肉体,那么材质与灯光就是三维世界的灵魂。

材质与灯光在弥补模型细节不足、增强场景艺术氛围中扮演着非常重要的角色。材质与灯光是息息相关的,材质影响灯光,灯光也影响材质。本章节对灯光的种类与创建方法、灯光的常用参数进行详细的讲述,要求读者理解灯光主要参数的含义,区分三维世界和现实世界中灯光的异同,从而在以后的创作中能够融会贯通、灵活运用。

第一节　灯光的种类与创建

Max默认场景有两盏灯,它们是帮助我们创建模型使用的。当我们创建新的灯光后,默认的两盏灯光就会自动关闭。如图8-1所示。

图8-1

Max标准灯光中共由8种灯组成,其中使用最多的是Target Spot目标聚光灯和Omni泛光灯。如图8-2所示。

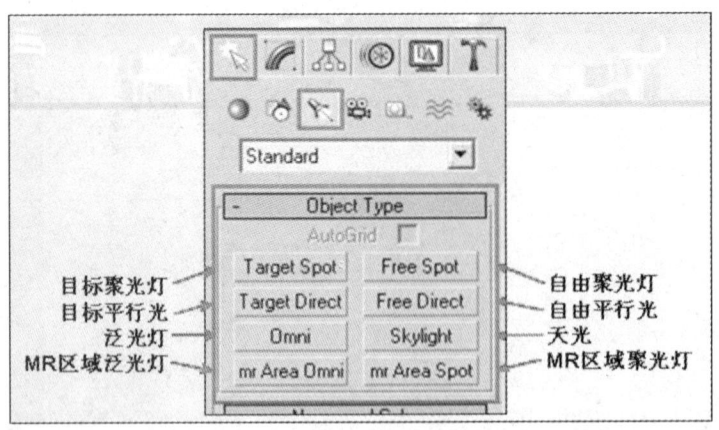

图8-2

Target Spot目标聚光灯:灯光有发射点和目标点,呈锥形向外反射,类似于日常生活中手电筒发出的光线。如图8-3所示。

Free Spot自由聚光灯:灯光只有发射点,发射方向可通过旋转发射点控制,比较自由。如图8-3所示。

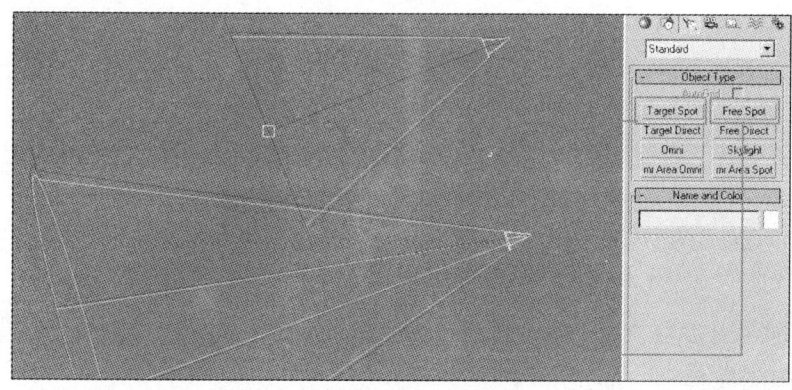

图8-3

Target Direct目标平行光：有发射点和目标点，灯光呈圆筒形发射。如图8-4所示。

Free Direct自由平行光：灯光只有发射点，旋转发射点可改变灯光方向。如图8-4所示。

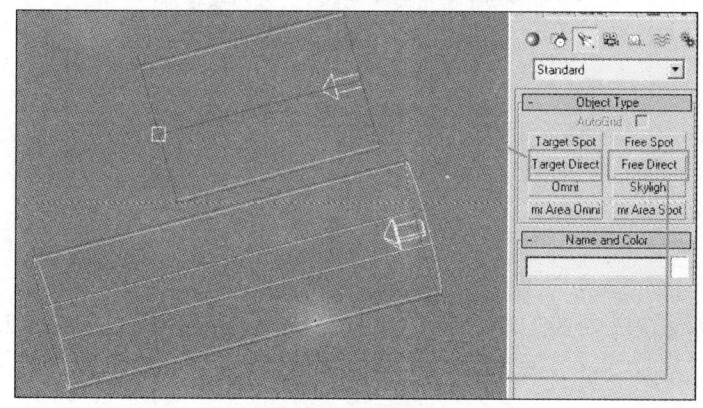

图8-4

Omni泛光灯：光线由发射点向外面方向发射（360度发射），就像灯泡或太阳一样，由一个点向外发射。如图8-5所示。

Skylight天光：和泛光灯相反，灯光从360度方向向内发射，类似阴天的天光，由于是反方向向内发射，天光没有位置和角度差异。如图8-5所示。

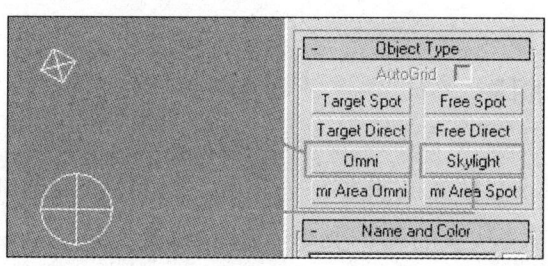

图8-5

MR Area Omni：配合MR渲染器使用的泛光灯，外形与标准泛光灯相同。

MR Area Spot：配合MR渲染器使用的聚光灯，外形与标准聚光灯相同。

第二节 灯光参数详解

灯光的常用参数由下图8个部分组成，如图8-6所示，其中最后两个是配合MR渲染器使用的属性。

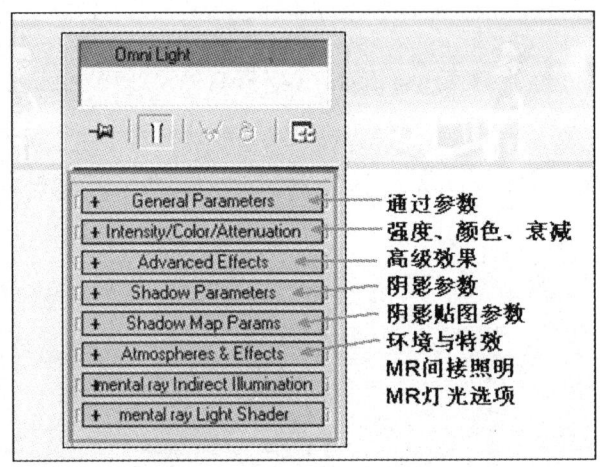

图8-6

通用参数展卷栏主要控制灯光的全局开关、阴影和排除。如图8-7所示。

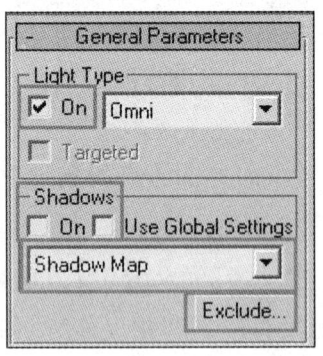

图8-7

一、灯光的阴影

默认情况下，Max中灯光的阴影是关闭的，我们可以勾选Shadows阴影下方的On来控制阴影的开关。默认的阴影类型有5种，如果安装Vray渲染器，就会出现配合渲染器使用的阴影类型。如图8-8所示。

图8-8

Adv.Ray Traced高级光线跟踪阴影：对原始的光线跟踪阴影进行了优化，能加快渲染速度。

Mental ray Shadow Map：配合MR渲染器使用的阴影。

Area Shadows区域阴影：当默认灯光有尺寸的时候，会产生更真实的区域阴影。如图8-9所示为区域阴影产生的结果，A为阴影柔化（区域产生）部分，B为主体阴影部分。

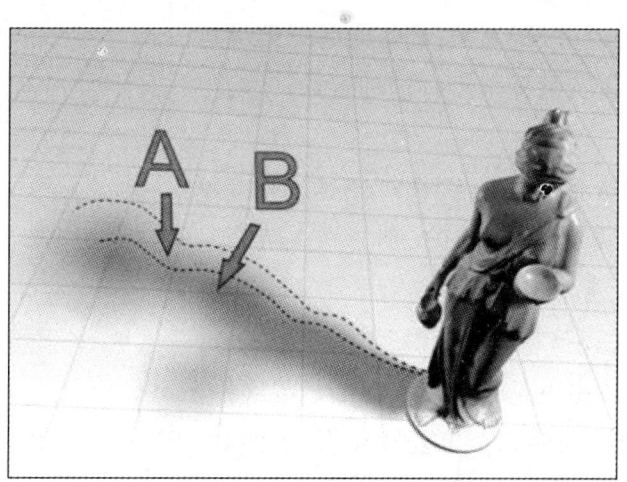

图8-9

Shadow Map阴影贴图阴影：用一张贴图从灯光的发射点发射出去，模拟阴影，是所有阴影类型中速度最快的一种阴影，阴影是否准确与阴影贴图的大小有关。如图8-10所示。

Ray Traced Shadows光线跟踪阴影：跟踪计算灯光发出的每条射线，阴影计算准确，但速度较慢。如图8-10所示。

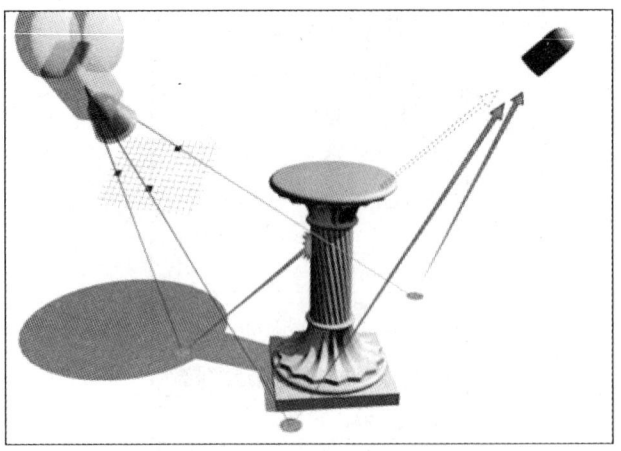

图8-10

二、聚光灯和泛光灯的衰减

强度/颜色/衰减展卷栏主要参数有Multipler强度、Near Attenuation近距衰减和Far Attenuation远距衰减。如图8-11所示。

Multipler强度：灯光的亮度倍增值。

Near Attenuation近距衰减：离灯光越近强度越弱，越近越衰减。真实世界中没有这种现象，一般很少使用。

Far Attenuatio远距衰减：距离灯光越远强度越弱，越远越衰减。真实世界中灯光都会产生远距衰减，在创作中会经常使用。

衰减面板的Use是衰减是否使用的开关，Show是指在未选择的状态下是否显示衰减的边界线框，Start和End是控制衰减的开始和结束位置。如图8-11所示。

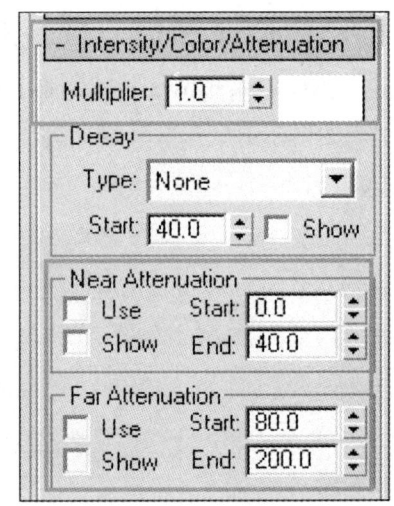

图8-11

三、灯光的引入与排除

在通用参数展卷栏中，如图8-12所示，Excluded可以控制灯光的引入（包括）和排除。灯光的引入和排除是三维世界中灯光的一种模拟现象，是指灯光可以照射某个物体，也可以排除某个物体，这样就能对场景照明进行精细的照明设计与控制。例如：场景创建完成后，架设灯光，整体光照效果非常好，但是某个物体的暗部照明不太充分,如果现在去调整整体灯光会破坏全局效果,这时,我们可以专门为该物体的暗部增加一盏灯光,让它只照明这个物体,这样,从整体效果到细节效果就都得到了充分的表现。

单击Extrude,可以弹出引入和排除面板,单击Extrude或Include可以控制灯光是引入还是排除,Illumination照明和Shadow Casting阴影投射可以分开控制,左侧的Scene Objects列出了场景中的全部模型,可以对其进行选择并通过中间的箭头将其放入引入或排除的列表中,如图8-13所示,当前的结果就是将Teapot01物体进行了灯光的排除。

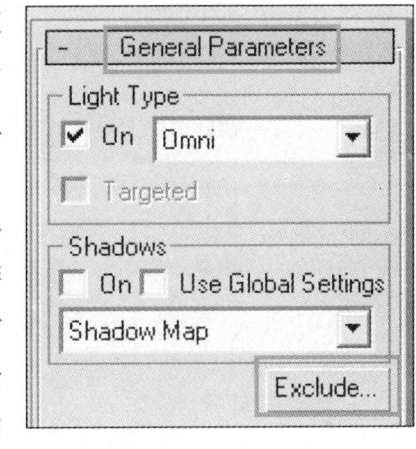

图8-12

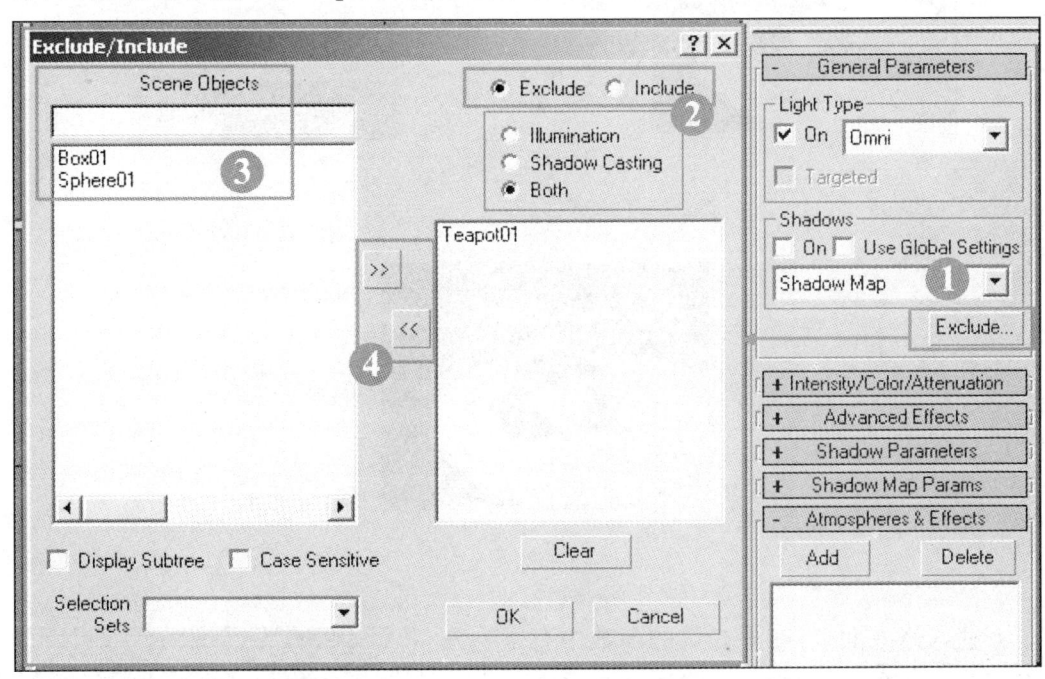

图8-13

四、聚光灯的光束衰减和形状

创建一个简单的场景,添加目标聚光灯,调整灯光发射点的位置,对场景进行渲染,发现物体没有阴影,选择灯光,将阴影开关打开,再次渲染,阴影出现。当我们发现聚光灯照射区域过于明显失真时,可以对它的光束进行调整。如图8-14所示。

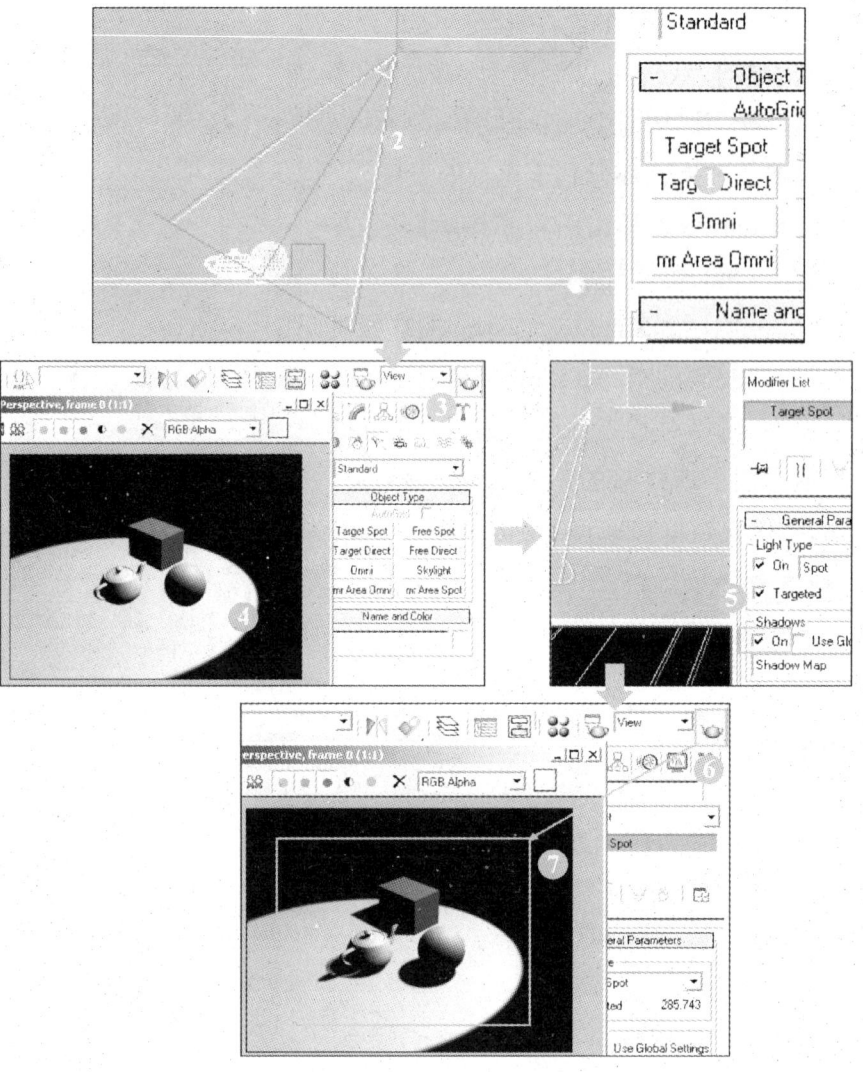

图8-14

进入修改面板,在聚光灯的参数中有下列几个命令:Show Cone显示光锥,它能显示聚光灯的照射范围;Overshoot越界照明,勾选以后能够越出光锥范围控制,像泛光灯一样全方向照明创建,但是光锥外不能产生阴影。如图8-15所示。

Hotspot/Beam聚光区光锥大小,Falloff/Field衰减区光锥大小,Circle圆形和Rectangle矩形是指光锥的形状。

将聚光区和衰减区光锥大小进行调整,渲染如图8-16所示,光照比以前柔化自然多了。

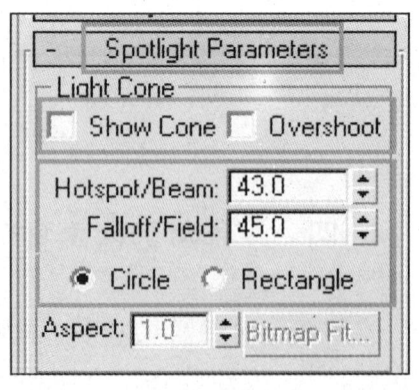

图8-15

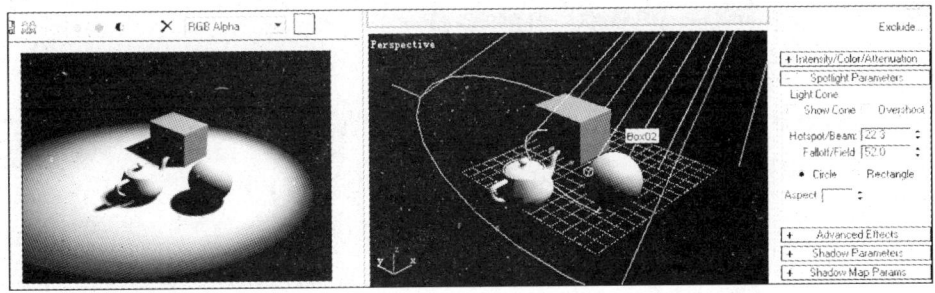

图8-16

将聚光灯的光束形状改变成Rectangle矩形可以模拟出从窗外射入阳光的效果。如图8-17所示。

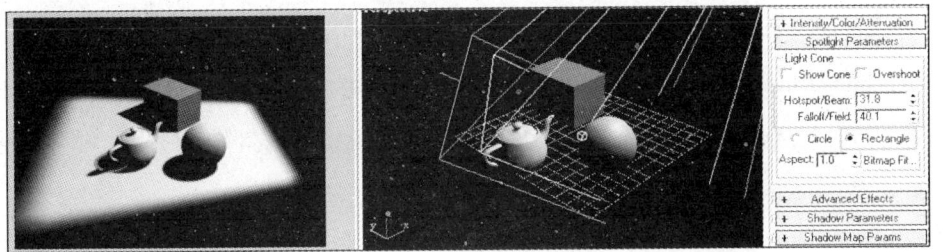

图8-17

五、阴影的色彩和密度

在阴影参数面板中,最重要的两个命令就是阴影的色彩和密度。阴影的色彩可以是黑色的,也可以根据场景氛围的需要调成任何颜色;Dens密度指的是阴影的浓密程度,将它的数值降低可以得到半透明的阴影。如图8-18所示。

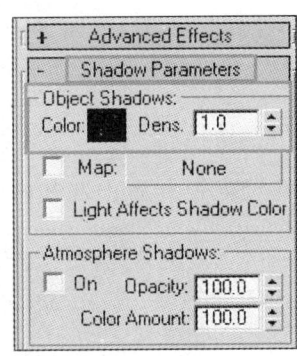

图8-18

将阴影的颜色和密度调整后,渲染场景如图8-19所示。

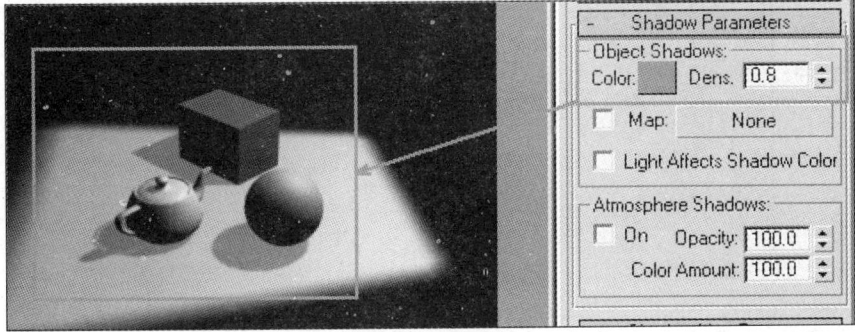

图8-19

六、Shadow Map阴影贴图的细化

阴影贴图由于它的渲染速度是所有阴影中最快的，所以在工作中经常使用，特别是建筑漫游动画中，由于场景非常复杂，用光线跟踪渲染可能需要十几分钟，而同样的场景使用阴影贴图渲染只需要30秒。光线追踪渲染速度慢但是准确，阴影贴图渲染速度快但是细节不够。在实际渲染时，我们通常要求找到质量又好渲染速度又快的方法，而阴影贴图的细化能解决阴影贴图细节表现不准确的问题。如图8-20所示。

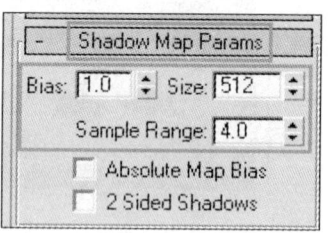

图8-20

Bias偏移：默认值为1，指阴影偏移的距离，值为0时阴影最准确。

Size阴影贴图的尺寸：默认值512代表阴影贴图长宽值都是512像素，该值越大细节越清晰，越小阴影越不准确，建筑漫游动画中由于场景较大，阴影贴图Size值可调到2000或更高。

Sample Range采样范围：值越小锯齿越严重，越大越模糊，一般保持默认值。

第三节　易拉罐场景实例

易拉罐场景实例，如图8-21所示，主要学习被踩扁的易拉罐模型创建方法和易拉罐裂开后正面和内面材质如何区分。

图8-21

首先我们通过放样命令完成裂口易拉罐模型。

在顶视图画出二维圆形,将其转换为可编辑的样条线,在顶点级别,选择上方的顶点,单击Make First命令。如图8-22所示。

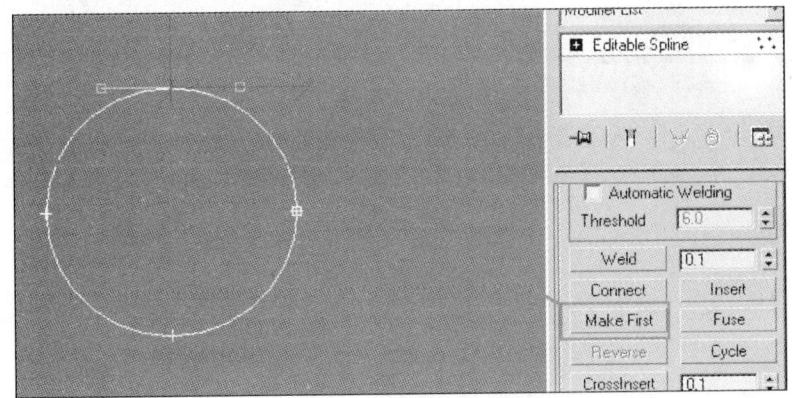

图8-22

将圆形复制,选择上方的顶点,使用Break命令将顶点断开,调整形状,用同样的方法复制出第三个开口图形,这三个图形就是易拉罐的三个不同截面图形。如图8-23所示。

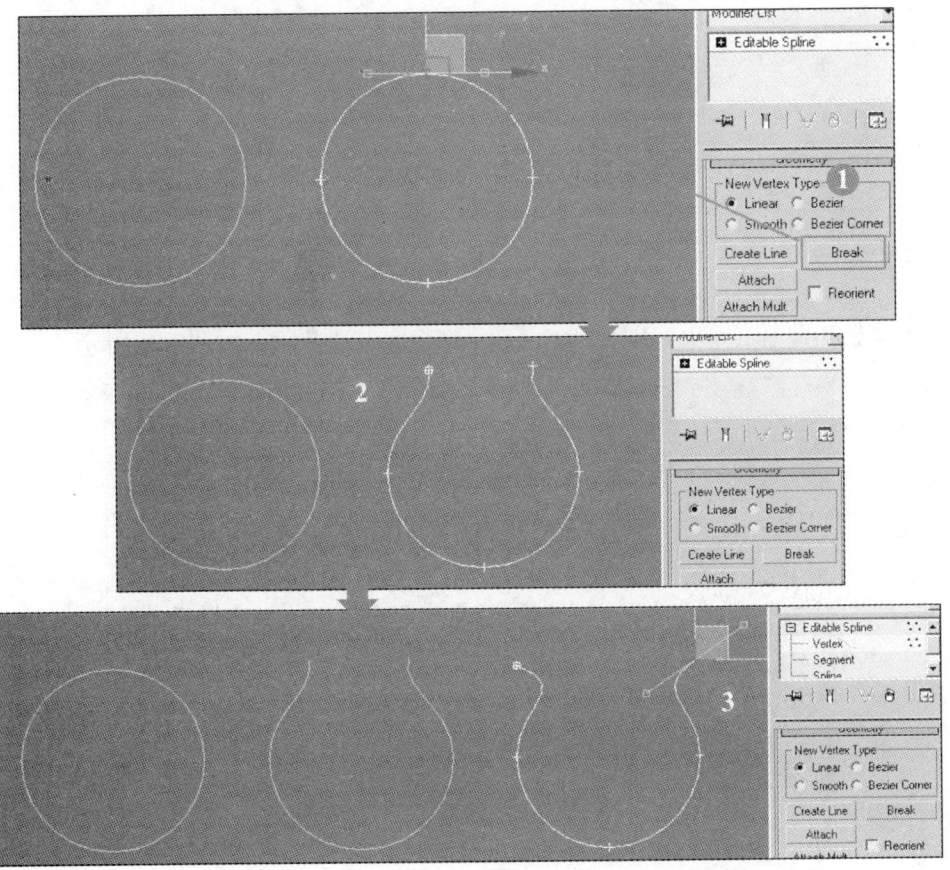

图8-23

在顶视图完成一条直线,作为易拉罐放样的对象。如图8-24所示。

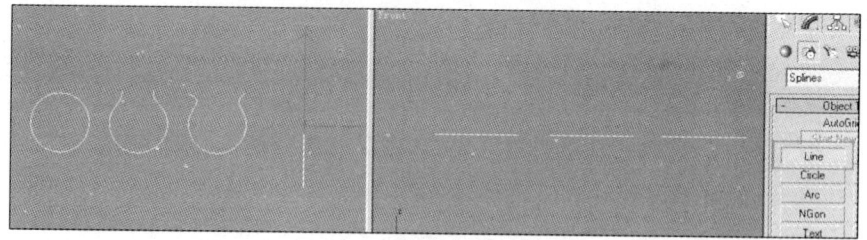

图8-24

选择直线,进入复合几何体建模中的Loft放样,选择Get Shape选择圆形。如图8-25所示。

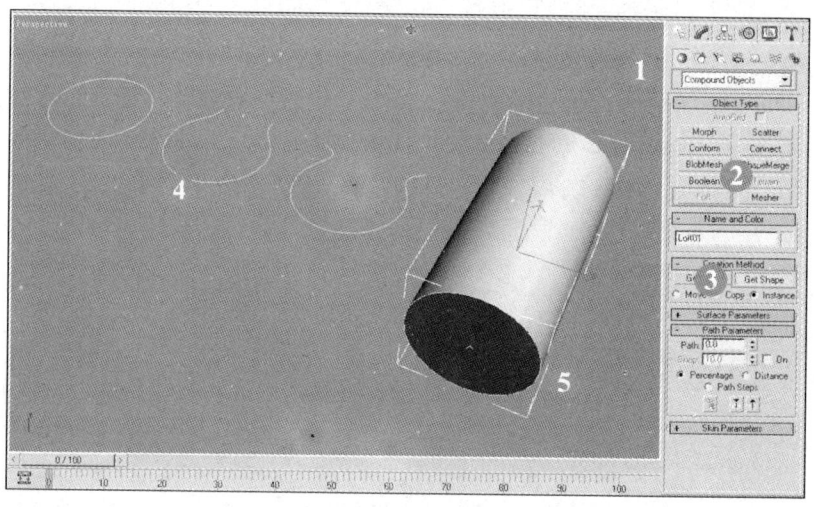

图8-25

改变Path路径位置,分别使用Get Shape获取其他图形。如图8-26所示。

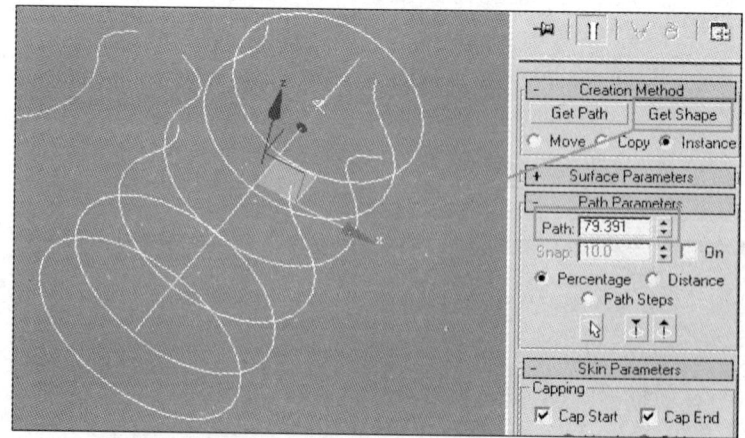

图8-26

将Cap Start封口开始和Cap End封口尾端去除。如图8-27所示。

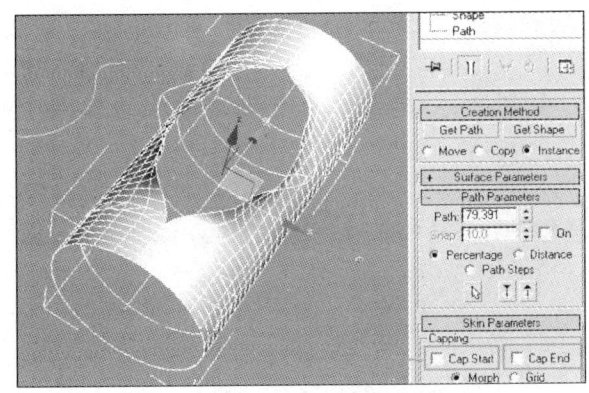

图8-27

进入放样变形展卷栏,选择Scale缩放命令,在弹出的曲线图标中添加控制点,再将最后的控制点向下移动,在视图中我们发现易拉罐的顶部缩小了。如图8-28所示。

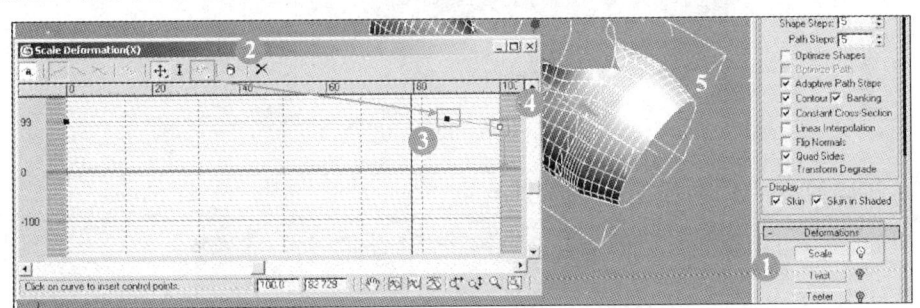

图8-28

在顶视图中画出易拉罐底部横截面,使用Lathe车削对其进行旋转成型,使用同样的方法完成易拉罐顶部造型。如图8-29所示。

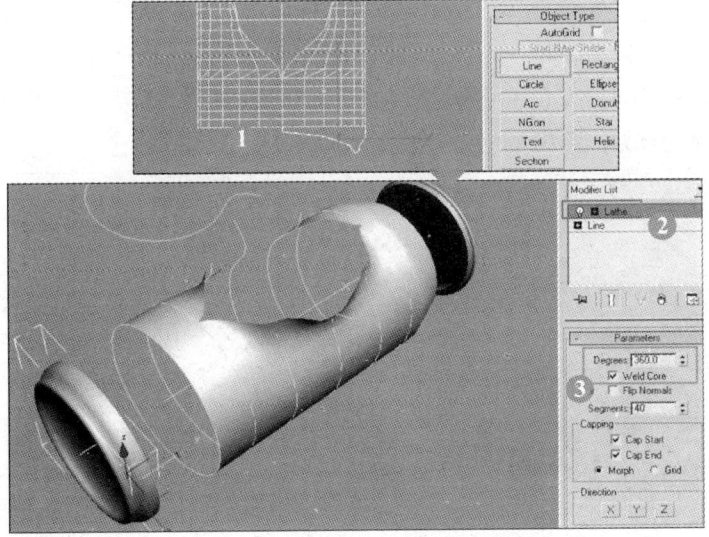

图8-29

281

创建二维曲线并挤出，使其与易拉罐底部完全相交，选择顶盖物体，使用复合几何体建模中的布尔运算工具，将挤出的物体减去。如图8-30所示。

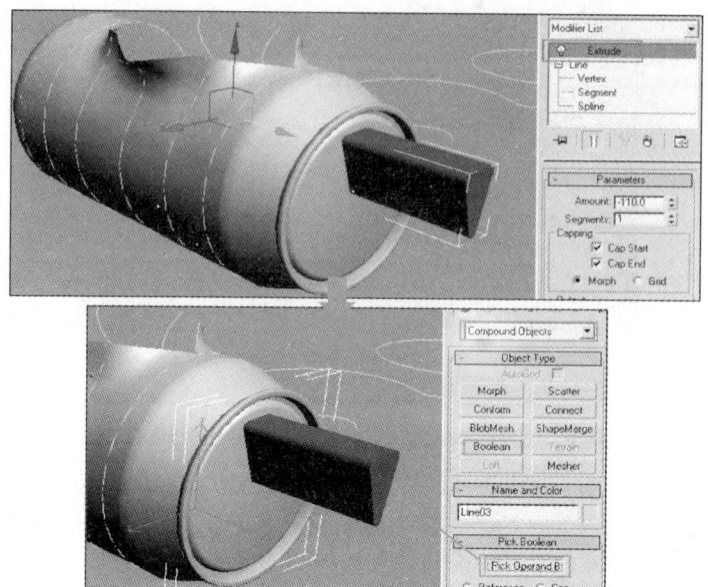

图8-30

布尔运算完成后的结果如图8-31所示。

图8-31

选择易拉罐的中间部分，添加FFD变形工具，选择控制点对易拉罐造型进行变形，使其达到类似于踩扁的效果。如图8-32所示。

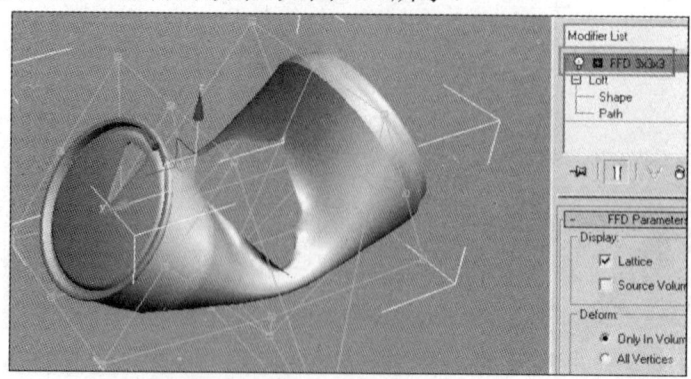

图8-32

选择易拉罐的顶盖和底盖,为其添加不锈钢材质,将Raytrace中的环境贴图进行Blur Offset模糊处理,这样能体现顶盖和底盖的铝质特性。如图8-33所示。

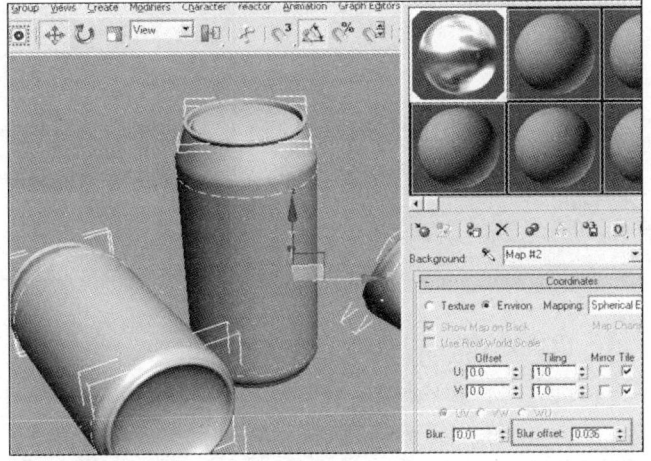

图8-33

选择易拉罐中间部分,给它一个新材质,将材质的类型由标准改为Double Sided双面材质,这种材质支持物体内表面和外表面不同。如图8-34所示。

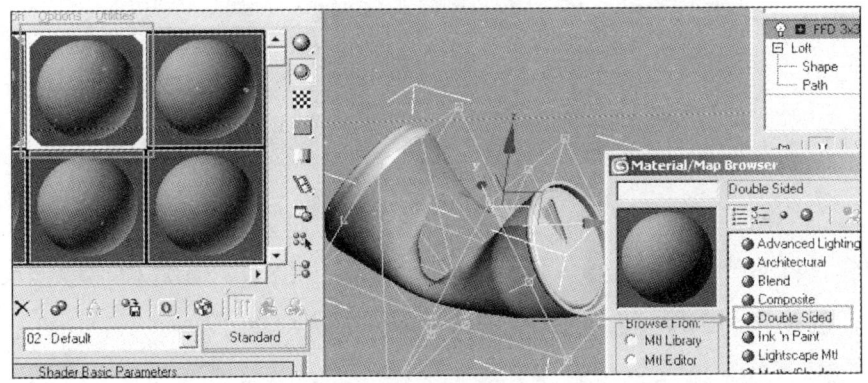

图8-34

双面材质的正面贴上百事可乐的贴图,背面创建一个铝材质。如图8-35所示。

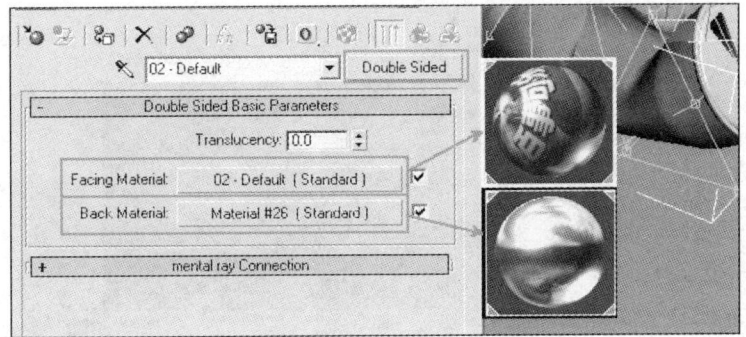

图8-35

复制几个易拉罐物体，分别给它们添加材质。如图8-36所示。

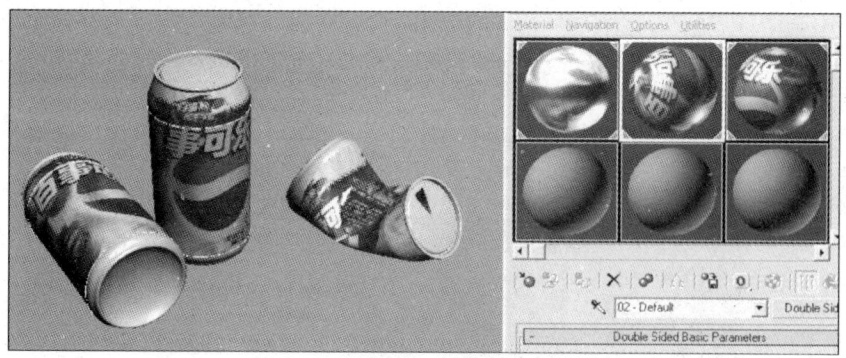

图8-36

为场景添加一些装饰小球，并给它赋予带有反射的彩色材质。如图8-37所示。

图8-37

创建目标聚光灯和泛光灯，目标聚光灯模拟主光源，泛光灯模拟环境反射光，调整它们的位置和强度，将聚光灯的阴影打开。如图8-38所示。

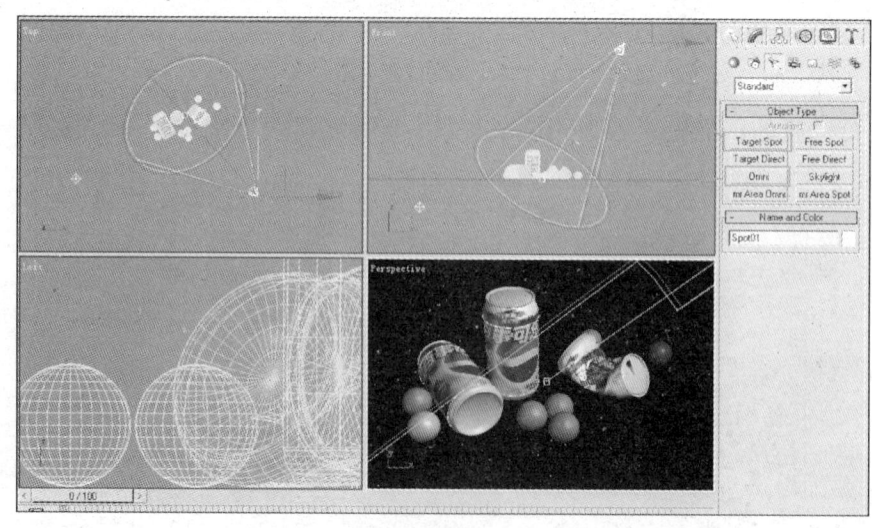

图8-38

易拉罐场景渲染完成。如图8-39所示。

图8-39

第四节 蜡烛台上实例

前面的案例展现了Max一些常用材质的制作方法，它们分别是多维子对象材质、金属材质和双面材质，我们能做出一些很漂亮、崭新的材质，但是，在三维世界中，会用到很多旧材质，这些材质赋予场景更多的历史痕迹，带给观众更多的联想。这一节我们重点学习Max中混合材质的制作方法，看看旧材质是如何产生的。

首先我们看一下蜡烛台上场景模型是如何创建出来的。如图8-40所示。

图8-40

蜡烛模型的创建方法：创建圆柱体，增加高度段数，转化为可编辑的多边形，选择一些侧面表面向外进行倒角挤出，软选择蜡烛中间的顶点并向下移动，形成一个凹槽，使用网格平滑命令对整个物体进行网格平滑，为了增加蜡烛随机扭动的效果，最后添加Noise噪波。如图8-41所示。

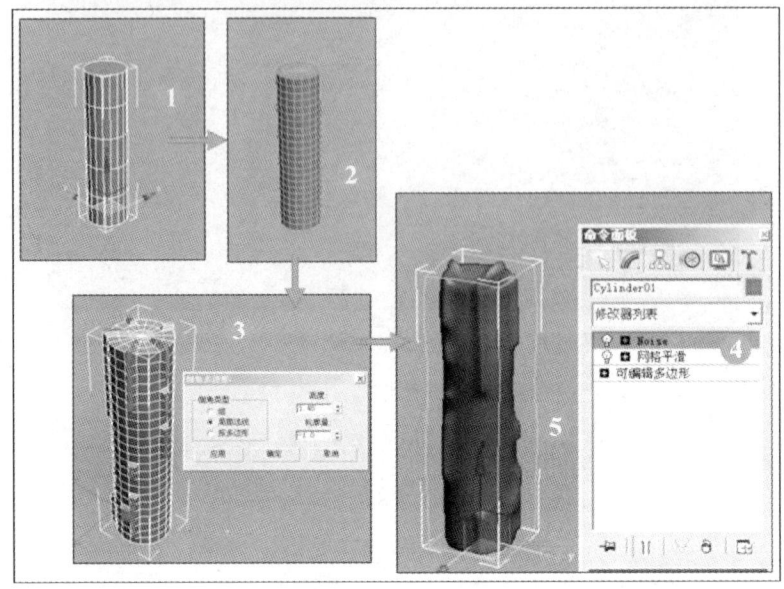

图8-41

蜡烛台的创建方法：在前视图画出二维直线，使用Lathe车削得到蜡烛台底座的基本形状（注意调整Lathe中的旋转边数分段为8，过多的分段数不利于后期编辑修改），在前视图画出二维扭曲曲线，在Edit Poly中选择车削底座物体的4个多边形，使用Extrude along Spline沿样条线向外挤出命令对齐向外挤出，最后添加网格平滑命令。如图8-42所示。

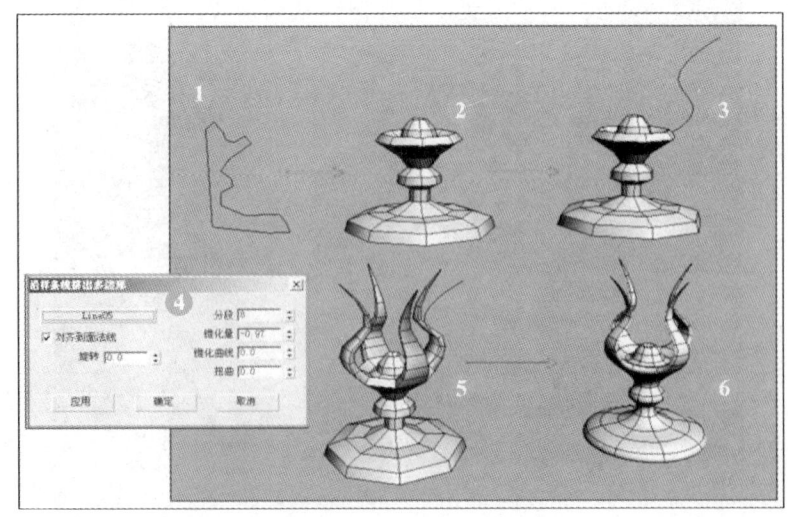

图8-42

匕首的制作方法：创建长方体，调整合适的段数，使用Edit Poly编辑多边形中的Bevel倒角挤出命令进行修改，最后添加网格平滑，手柄完成。在顶视图上创建刀刃二维图形并挤出，转换为Editable Poly，使用Cut切割命令对其表面进行切割，完成血槽布线，将中间的血槽直线向下移动，使用FFD变形工具将刀刃的一侧压扁（使其锋利），匕首模型创建完成。如图8-43所示。

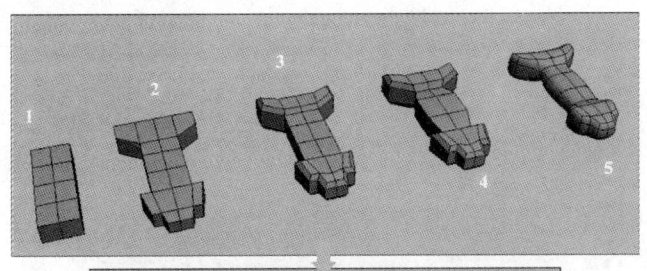

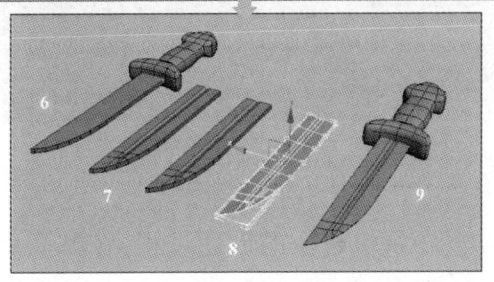

图8-43

旧银票的建模方法：创建Plane平面物体，调整合适的段数，添加Noise修改器（表现褶皱效果），再添加Bend弯曲。如图8-44所示。

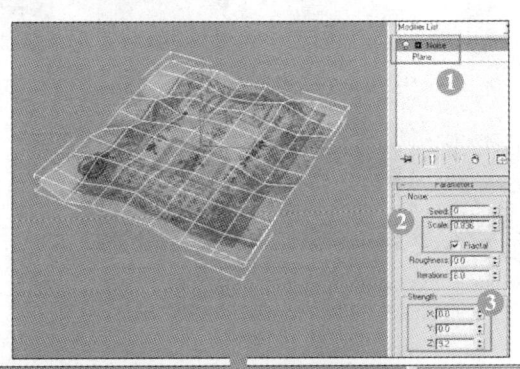

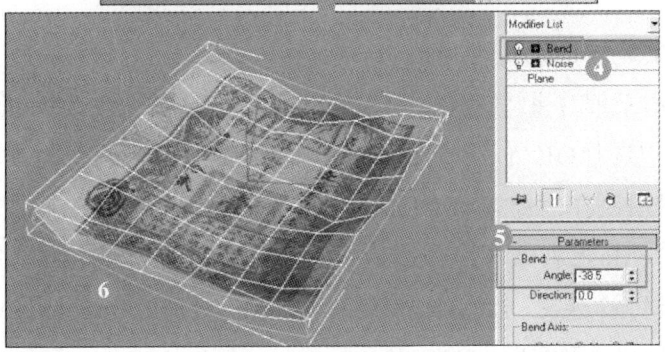

图8-44

把场景模型摆放一下,模型部分基本完成。如图8-45所示。

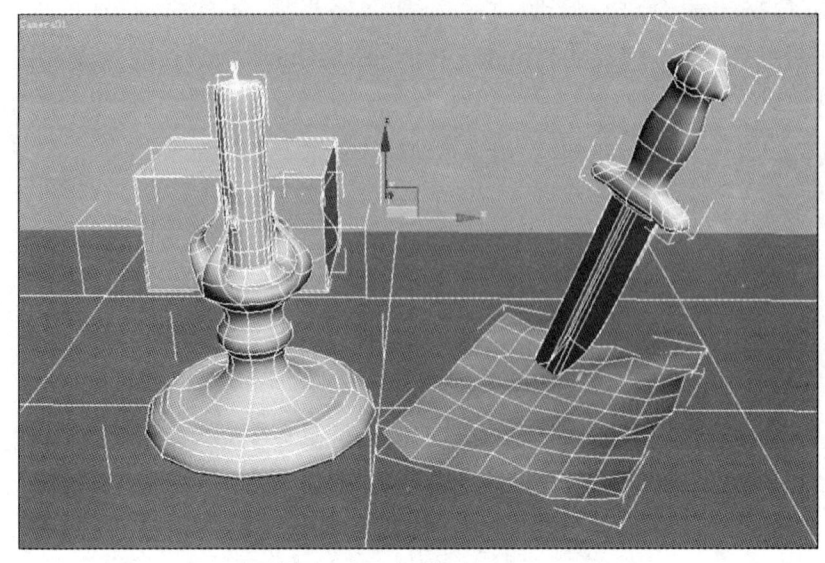

图8-45

下面,我们来看一下场景中材质的创建过程。在贴图创建前,需要为场景寻找贴图素材,如图8-46所示,在素材中,有两张黑白贴图,它们是用来完成混合材质的。

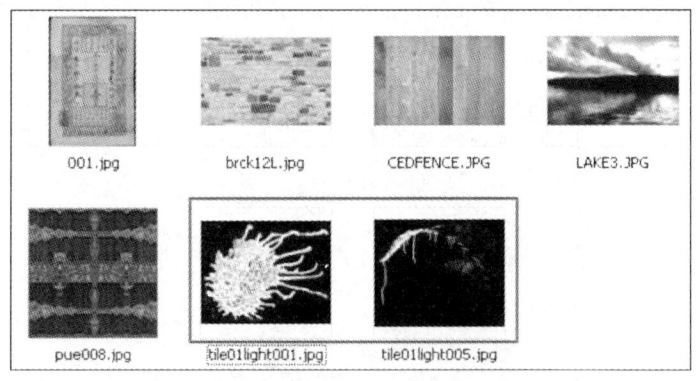

图8-46

首先我们来完成银票混合材质。

将一个新材质赋予银票物体,将Standard标准材质更改为Blend混合材质,在弹出的对话框中选择OK(问你是否保留原始材质为混合的子材质),进入混合材质后,我们的材质制作思路是:Material1材质1使用银票,Material2材质2就是暗红色(模拟血滴),Mask遮罩(混合通道)是一张黑白血滴的位图,在贴图完成后,黑色部分将使材质2透明,白色部分将保留并显示材质2。Interactive代表激活(在视图中显示某种材质贴图)。如图8-47所示。

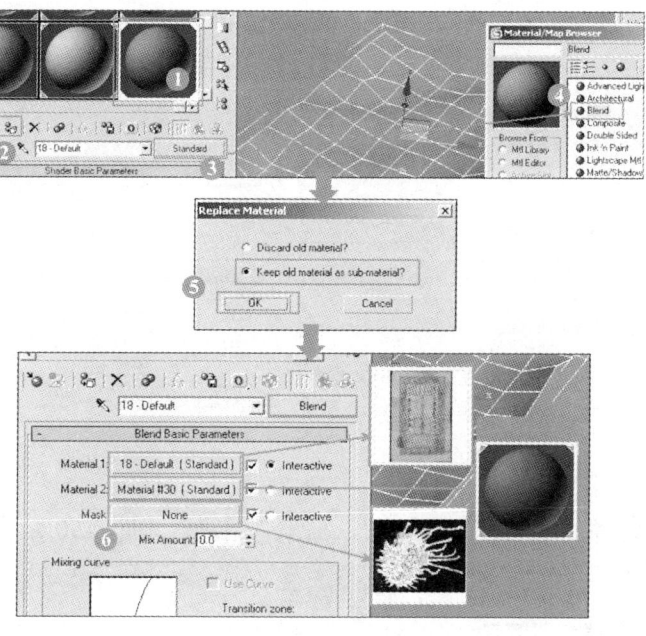

图8-47

单击Material1材质1,贴上银票图,发现图片有黑边(贴图素材上的黑边),可以使用Cropping/placement裁切与放置功能下的View Image,在弹出的裁切栏中将黑色部分切除,如图8-48所示。

注意:这种Max中裁切贴图的方法在实际工作中是非常有效的。

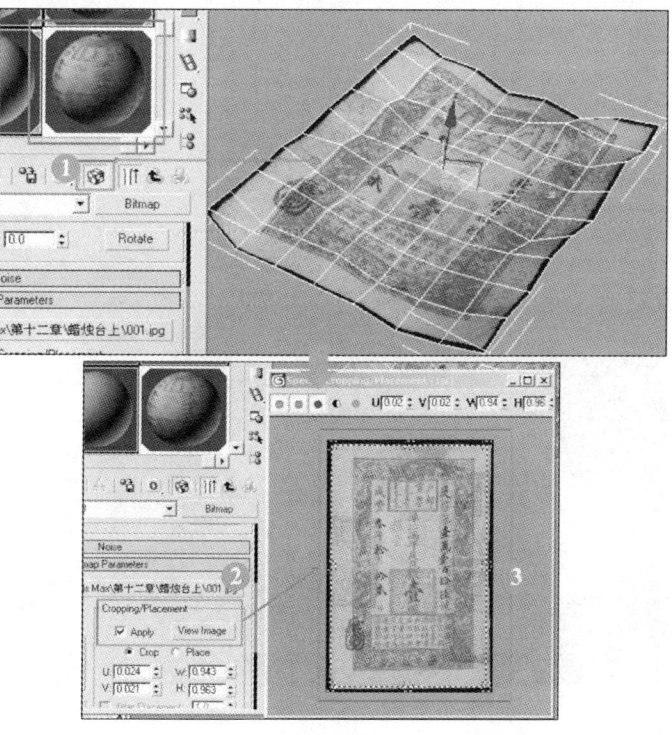

图8-48

返回上一级,单击Material2,进入材质2,将材质2漫反射改为暗红色。如图8-49所示。

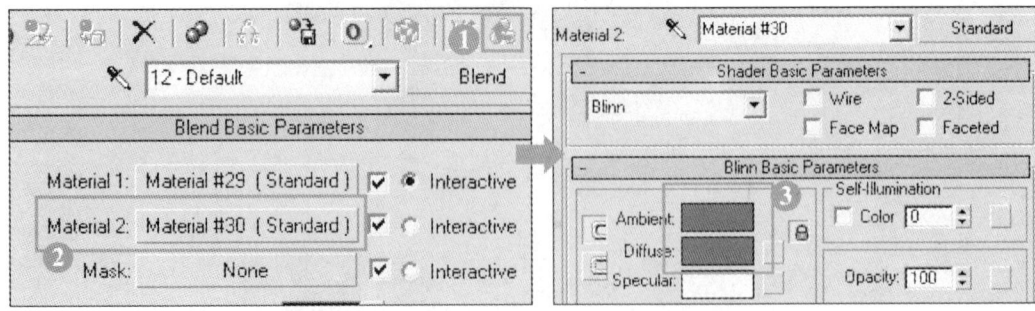

图8-49

返回上一级,将Mask贴图通道贴入血滴黑白图。如图8-50所示。

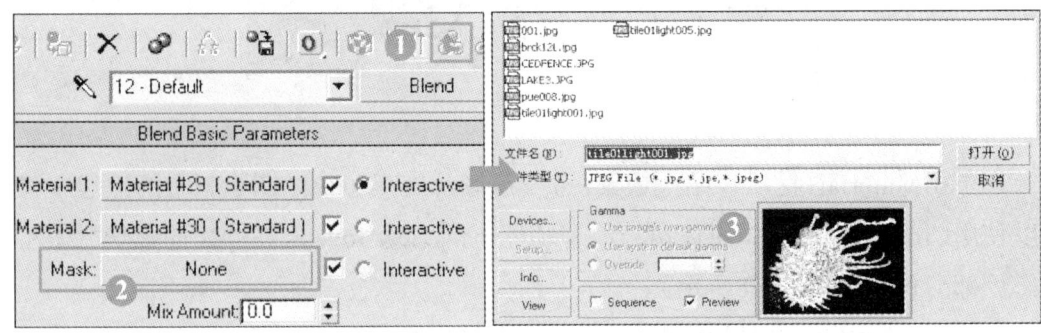

图8-50

渲染场景,发现材质已经混合,只是血滴的太大。下面我们来通过贴图坐标调整血滴的大小。如图8-51所示。

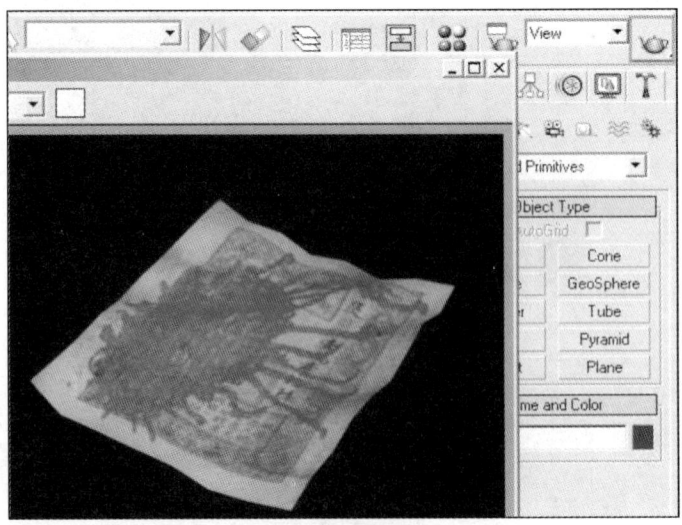

图8-51

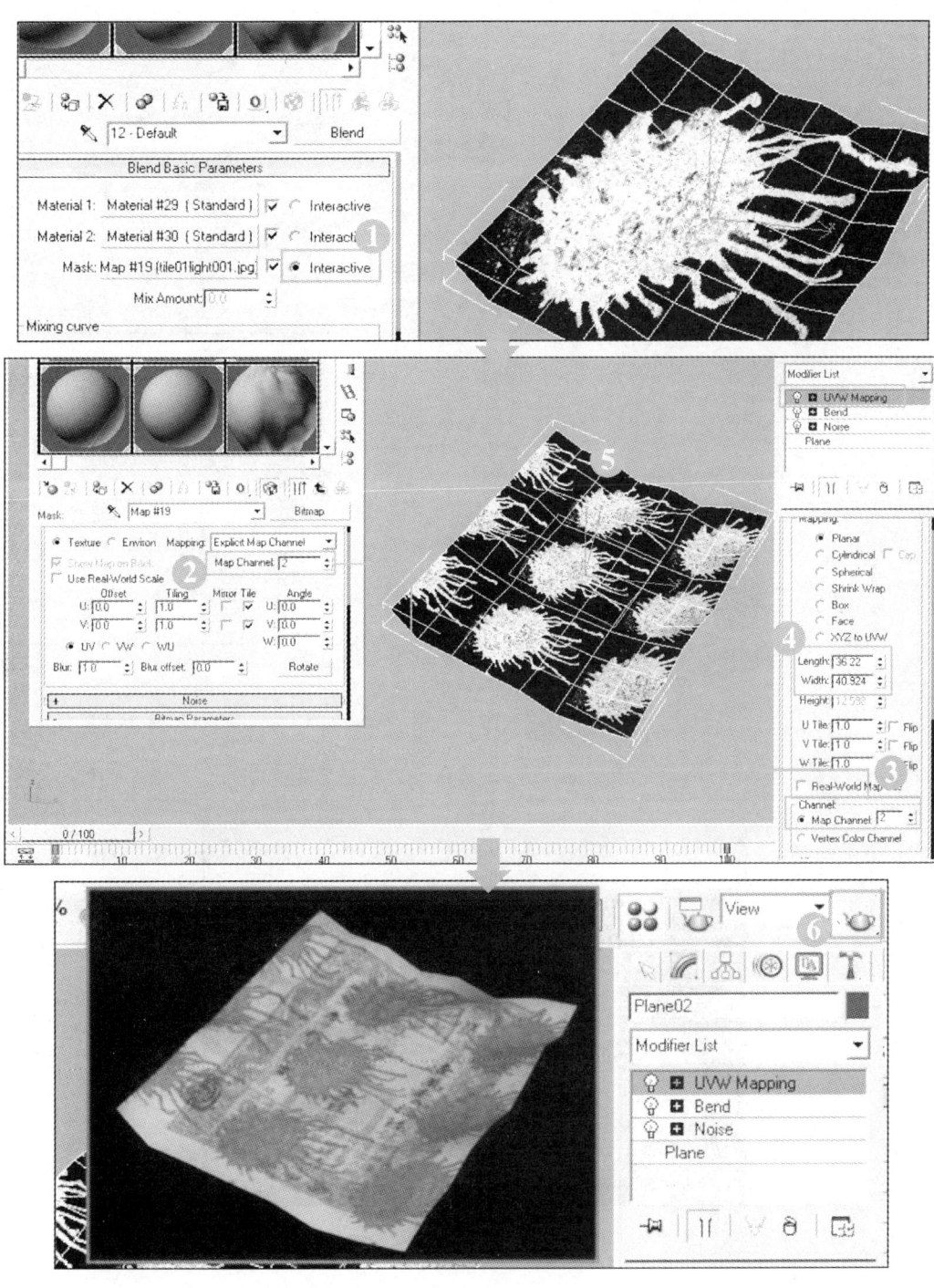

图8-52

将Tile平铺去除，Mask血滴贴图的数量减少，可以选择UVW Mapping中的Gizmo线框移动旋转到不同位置，得到不同的混合结果。如图8-53所示。

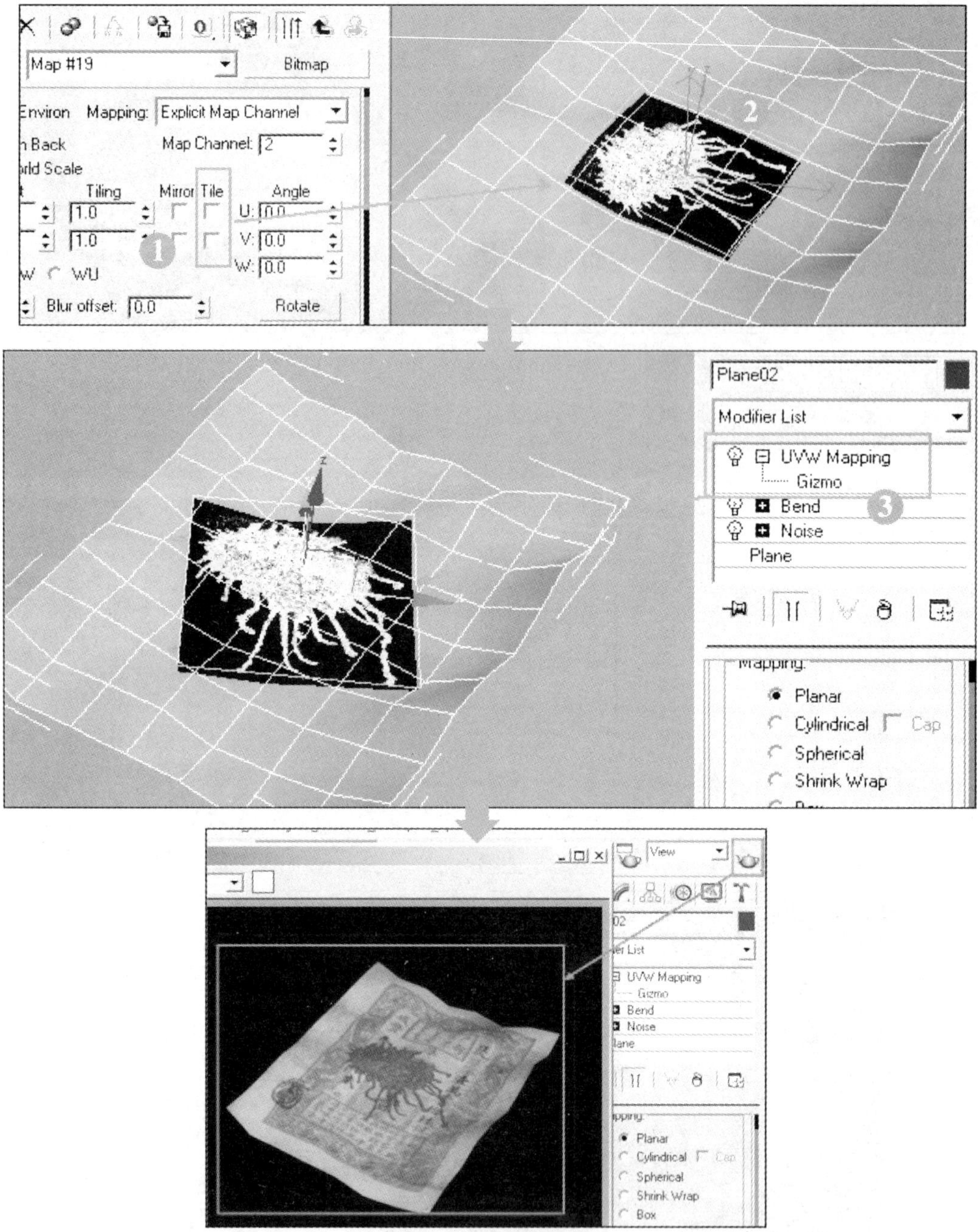

图8-53

混合贴图可以完成多次混合,通过单击第一次的Blend,在弹出的类型中选择Blend,系统提问是否保留上一次混合为子材质,单击保留。如图8-54所示。

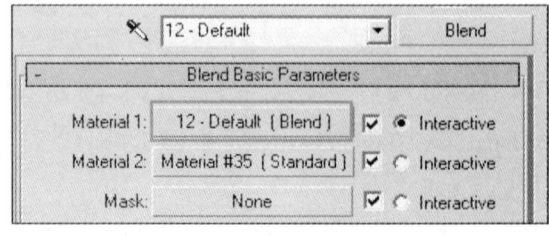

图8-54

如图8-54所示,第一次Bend材质成为第二次Bend混合的材质1了。

使用前面讲到的创作方法,可以为银票物体的材质进行多次混合,达到按设计者的要求制作旧场景的效果。如图8-55所示。

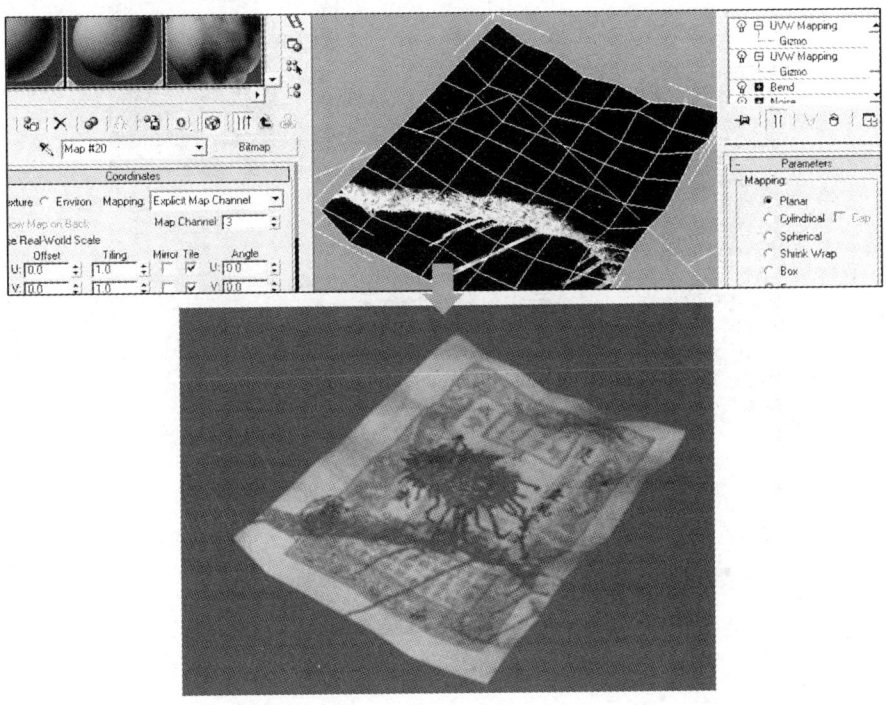

图8-55

本书配套课件包含很多Mask黑白贴图,帮助我们完成各种Blend混合材质。如图8-56所示。

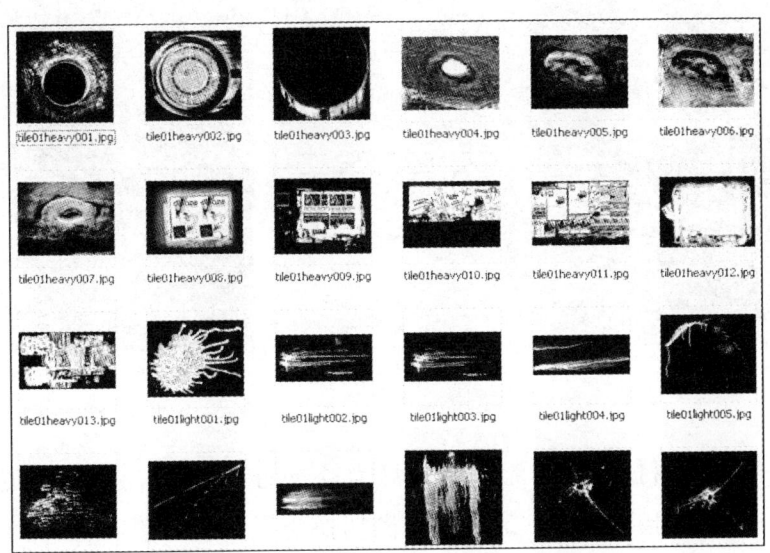

图8-56

蜡烛材质类似前面学习的玉器材质,使用半透明明暗类型,调整漫反射、高光、透光参数。如图8-57所示。

图8-57

创建帮助物体中的大气装置,选择球形的大气装置,完成后进入修改面板为其添加火焰环境效果。如图8-58所示。

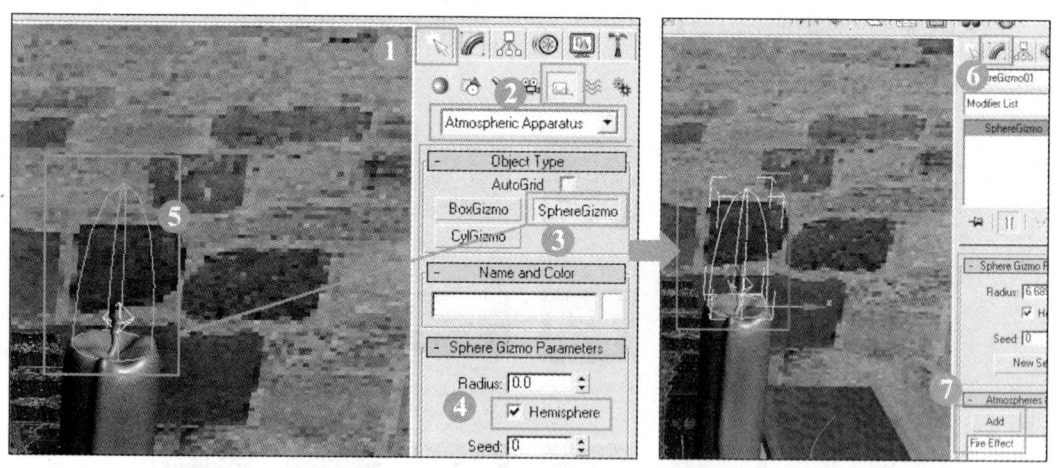

图8-58

完成其他物体材质贴图,添加聚光灯为场景的主光源,泛光灯为场景的辅助光源,激活透视图,按下Ctrl+C键将透视图切换为摄像机视图,在三视图上调整摄像机的位置。如图8-59所示。

图8-59

对场景进行渲染。如图8-60和8-61所示。

图8-60

图8-61

思考与练习

1. 简述灯光的分类和特征。
2. 灯光的阴影类型有哪些？它们各自有什么特点？
3. 灯光引入和排除的操作方法是什么？
4. 如何调节阴影贴图中阴影的颜色和清晰度？
5. 谈谈你是怎样理解灯光的衰减的？

参考文献

孙立军、张宇:《世界动画艺术史》,海洋出版社2007年版。

张慧临:《动画艺术史》,陕西人民美术出版社2002年版。

彭国华、陈红娟:《3ds Max三维动画制作技法(基础篇)》,电子工业出版社2009年版。

火星时代:《3ds Max 8白金手册3》,人民邮电出版社2006年版。

黄心渊:《3ds Max 7标准教程》,人民邮电出版社2005年版。

陈大钢:《神工鬼斧——3D模型的最优化建立》,机械工业出版社2004年版。

杜振光:《造型艺术家3ds Max》,兵器工业出版社2004年版。

宋广波:《3ds max入门与进阶》,人民邮电出版社2002年版。

廖建民、彭国华:《3ds Max全面攻克》,哈尔滨工程大学出版社2008年版。

图书在版编目(CIP)数据

三维动画基础/彭国华,陈红娟编著.—北京:中国传媒大学出版社,2015.2
ISBN 978-7-5657-1233-3

Ⅰ.①三… Ⅱ.①彭…②陈… Ⅲ.①三维动画软件—教材 Ⅳ.①TP391.41

中国版本图书馆 CIP 数据核字(2014)第 287382 号

本书更多相关资源可从中国传媒大学出版社网站下载,网址:http://www.cucp.com.cn/

三维动画基础

编　　著	彭国华　陈红娟
责任编辑	张　旭　吴　磊　李水仙
封面设计	风得信设计・阿东
责任印制	阳金洲
出 版 人	蔡　翔
出版发行	中国传媒大学出版社(原北京广播学院出版社)
社　　址	北京市朝阳区定福庄东街1号　　邮编:100024
电　　话	86-10-65450532 或 65450528　　传真:010-65779405
网　　址	http://www.cucp.com.cn
经　　销	全国新华书店
印　　刷	北京泽宇印刷有限公司
开　　本	787×1092 mm　　1/16
印　　张	19
字　　数	360 千字
版　　次	2015 年 2 月第 1 版　2015 年 2 月第 1 次印刷
书　　号	978-7-5657-1233-3/TP・1233　　定价 49.00 元

版权所有　　翻印必究　　印装错误　　负责调换